CULTURAS DE
CRESCIMENTO

Mary C. Murphy

CULTURAS DE
CRESCIMENTO

Traduzido por Melissa Lopes Leite

Título original: *Cultures of Growth: How the New Science of Mindset Can Transform Individuals, Teams, and Organizations*

Copyright © 2024 por Mary Murphy
Copyright da tradução © 2025 por GMT Editores Ltda.

Todos os direitos reservados. Nenhuma parte deste livro pode ser utilizada ou reproduzida sob quaisquer meios existentes sem autorização por escrito dos editores.

coordenação editorial: Sibelle Pedral
produção editorial: Ana Sarah Maciel
preparo de originais: Ana Tereza Clemente
revisão: Clara Diament e Luíza Côrtes
diagramação: Ana Paula Daudt Brandão
capa: DuatDesign
imagem de capa: Mamaruru / Shutterstock
impressão e acabamento: Associação Religiosa Imprensa da Fé

CIP-BRASIL. CATALOGAÇÃO NA PUBLICAÇÃO
SINDICATO NACIONAL DOS EDITORES DE LIVROS, RJ

M96c

Murphy, Mary
    Culturas de crescimento / Mary Murphy ; tradução Melissa Lopes Leite. - 1. ed. - Rio de Janeiro : Sextante, 2025.
    336 p. ; 23 cm.

Tradução de: Cultures of growth
ISBN 978-85-431-1020-2

    1. Comportamento organizacional. 2. Cultura corporativa. 3. Grupos de trabalho - Administração. I. Leite, Melissa Lopes. II. Título.

24-95511   CDD: 658.4022
                CDU: 005.551

Gabriela Faray Ferreira Lopes - Bibliotecária - CRB-7/6643

Todos os direitos reservados, no Brasil, por
GMT Editores Ltda.
Rua Voluntários da Pátria, 45 – 14º andar – Botafogo
22270-000 – Rio de Janeiro – RJ
Tel.: (21) 2538-4100
E-mail: atendimento@sextante.com.br
www.sextante.com.br

*Para Arya, Conner, Ella, Everett, Friday,
Jackson, Miles, River e Tyberius.
Para o meu amor, Victor.
Para vocês, criadores de cultura.
Vamos construir, juntos, culturas de crescimento.*

Sumário

	Prefácio	9
	Introdução	13
PARTE UM	**Uma redefinição de mindset**	23
CAPÍTULO 1	O espectro do mindset	25
CAPÍTULO 2	Mindsets organizacionais	37
PARTE DOIS	**Cultura de mindset**	51
CAPÍTULO 3	Colaboração	53
CAPÍTULO 4	Inovação e criatividade	75
CAPÍTULO 5	Disposição para assumir riscos e resiliência	103
CAPÍTULO 6	Integridade e comportamento ético	121
CAPÍTULO 7	Diversidade, equidade e inclusão	143
PARTE TRÊS	**Identificando seus gatilhos de mindset**	169
CAPÍTULO 8	Microculturas de mindset	171
CAPÍTULO 9	Situações avaliativas	181
CAPÍTULO 10	Situações de alto esforço	197
CAPÍTULO 11	Feedback crítico	223
CAPÍTULO 12	O sucesso dos outros	249
	Conclusão	275
	Agradecimentos	279
	Notas	285

Prefácio

Num dia memorável de 2006, recebi Mary Murphy em minha sala. Na época, ela era uma estudante de pós-graduação muito admirada em nosso departamento de Stanford. Por isso, fiquei feliz quando ela marcou um horário para conversar e estava ansiosa para ouvir o que tinha a dizer. Mal sabia que aquele bate-papo mudaria tudo dali para a frente.

Deixe-me contextualizar a situação antes da conversa com Mary. Décadas de pesquisas sobre mindsets (mentalidades ou configurações mentais) haviam apontado que um indivíduo pode acreditar que suas capacidades intelectuais importantes, como a inteligência, são fixas e não podem ser desenvolvidas. E caso encerrado. Chamamos isso de "mindset fixo" e mostramos que induz as pessoas a se afastar de desafios que possam revelar baixa capacidade intelectual, a interpretar erros ou derrotas como reflexo de falta de competência e, portanto, a desistir mais facilmente diante de uma dificuldade. Outras pessoas tinham um "mindset de crescimento" – a crença de que as habilidades podem ser desenvolvidas ao longo do tempo por meio de trabalho árduo, boas estratégias, e muita ajuda e apoio. E mostramos que essa convicção impele as pessoas a assumir desafios que podem aumentar suas competências, a aprender com erros e derrotas, e a perseverar de forma mais efetiva para obter conquistas no longo prazo.

Quando veio à minha sala naquele dia, Mary disse algo assim: Adoro o seu trabalho e acho que é muito importante, mas você tem tratado o mindset como algo que existe apenas na cabeça de uma pessoa. Sim, os indivíduos têm diferentes tendências de mindset e isso pode fazer uma grande diferença – mas o ambiente, o contexto social, a cultura, a organização em que alguém está inserido talvez tenham também um mindset. Que pode estar incorporado nas filosofias e práticas dominantes do grupo ou da organização e afetar as pessoas envolvidas, não importa qual seja o seu mindset individual.

Já sabíamos que, embora um ou outro mindset possa prevalecer, as pessoas não ficam estacionadas no mesmo mindset para sempre. Um grande revés ou fracasso, por exemplo, pode induzir as pessoas a um mindset fixo, mesmo que no geral operem a partir de um mindset de crescimento. Mas a ideia de Mary ia além disso. Ela alegava que, independentemente do mindset pessoal de um indivíduo, o ambiente profissional ou escolar em que ele se encontra exercerá um grande impacto em sua vida. Isso quer dizer que alguém pode ter o mindset de crescimento mais poderoso do mundo, mas, dependendo do lugar onde estiver, não conseguirá colocá-lo em prática. Esses lugares são ambientes de mindset fixo, ou o que ela chama de "culturas de gênio".

Como um ambiente profissional ou escolar teria um mindset fixo? Suas filosofias e práticas podem estar impregnadas pela ideia de que as capacidades intelectuais são fixas e não podem ser desenvolvidas – analogamente ao conceito de que algumas pessoas são inteligentes e outras não. Esse ambiente pode valorizar o desempenho perfeito imediato, sem períodos de confusão ou dificuldade. Pode valorizar a aparência de genialidade em vez do aprendizado e do crescimento. Pode valorizar os que parecem ter um toque de gênio em detrimento daqueles que a cultura acredita que não têm. Independentemente do mindset de uma pessoa, é o mindset do ambiente que irá prevalecer. É difícil enfrentar grandes desafios ou reconhecer as adversidades e aprender com eles quando se está sendo julgado como inteligente ou não, digno ou não.

Em resumo, a mensagem de Mary era a seguinte: o ambiente em que você se encontra pode ter sua própria cultura de mindset. Pode ser uma cultura que acredite no desenvolvimento da capacidade profissional de todas as pessoas e dê valor a isso. Ou uma que acredite na competência fixa e espere que alguns indivíduos tenham mais capacidade intelectual e outros, (permanentemente) menos.

Fiquei empolgada. Percebi de imediato que se tratava de uma ideia nova e importante – para a pesquisa e, mais ainda, para a sociedade. Então eu disse "Vamos nessa!", e, antes que percebêssemos, Mary havia lançado seu programa de pesquisa, hoje renomado.

Nesses estudos, Mary demonstrou repetidas vezes que as organizações e equipes que têm um mindset de crescimento e o infundem em suas políticas e práticas contam com funcionários mais motivados e comprometidos, mais criativos e inovadores, mais cooperativos uns com os outros. Eles também são menos inclinados a agir de maneira desonesta, burlar regras ou roubar ideias alheias. Nos cursos universitários, os professores que criam uma cultura de mindset de crescimento têm alunos mais motivados, que aprendem mais e tiram notas mais altas. Essas culturas de crescimento reverenciam cada indivíduo, dão suporte ao desenvolvimento de suas capacidades técnicas e criam as condições necessárias para que todos possam oferecer uma contribuição valiosa. Nessas culturas, grandes ideias e grandes colaborações advêm de muitas pessoas, em todos os níveis e em todas as áreas da organização – e não somente daquelas identificadas como brilhantes, talentosas ou com "alto potencial".

Não me canso de dizer o quanto era valiosa essa nova perspectiva. Não bastava ensinar os membros de uma organização ou estudantes a ter um mindset de crescimento. A responsabilidade de agir de acordo com esse mindset não era mais exclusivamente pessoal. Cabia aos líderes da organização ou da sala de aula criar esse tipo de cultura, com práticas que motivassem, apoiassem e recompensassem a aprendizagem e a evolução de todos. A análise de Mary inspirou todos nós que realizamos pesquisas sobre mindset a estudar formas de criar essas culturas – desenvolvendo e testando com rigor técnicas que professores ou gestores pudessem usar de maneira efetiva. Minha empolgação com a ideia de Mary só aumentou com o tempo.

Mary já estudou e trabalhou com muitas organizações em todo o mundo – tanto "culturas de gênio" quanto "culturas de crescimento". Aprendeu como se apresentam, como funcionam e como cada mindset opera. Neste livro, ela compartilha essas informações fascinantes e inestimáveis para que todas as organizações e grupos possam trilhar o caminho do crescimento. Isso se dará por meio de culturas que ajudem todos a atingir o seu potencial e contribuam para a produtividade, a inovação e o sucesso da organização ou do grupo como um todo. Imagine se isso acontecesse em nível nacional ou mesmo global. Eis o livro que pode tornar esse sonho realidade.

– Carol S. Dweck, ph.D
Professora da cátedra Lewis e Virginia Eaton de psicologia
na Universidade Stanford
Autora de *Mindset: a nova psicologia do sucesso*
Stanford, Califórnia

Introdução

Imagine que é seu primeiro dia em um novo emprego e você está cheio de energia. Durante anos se perguntou como seria trabalhar ali e agora, enfim, conseguiu: um cargo cobiçado em uma das organizações de maior destaque na sua área. Sabe que será um desafio, mas se sente preparado. É uma oportunidade incrível de aprender – você mal pode esperar para começar.

Você olha o relógio e vê que está na hora da sua primeira reunião de equipe das manhãs de segunda-feira. À medida que a sala de conferências vai se enchendo, há um burburinho no ar. O homem sentado ao seu lado se apresenta.

– Você é novo aqui. Onde se formou? – pergunta.

Você responde, e ele assente com a cabeça.

– Nada mau. Eu me formei no MIT com dois bacharelados – conta ele.

A reunião começa, e, quando o chefe pede atualizações de status aos líderes do projeto, cada um conta vantagens de suas vitórias. Quando vem à tona que um prazo importante foi perdido, o clima fica tenso; sobram acusações sobre quem é o responsável, mas não há uma resposta clara. Por fim, o chefe pede ideias sobre como resolver um problema espinhoso que vem frustrando a equipe. Você fica tentado a levantar a mão, julgando ter uma boa sugestão, mas se contém. Considerando o que acabou de testemunhar, tem medo de passar vergonha. E se a sua ideia *não* for muito boa? O que seu chefe e os outros vão pensar a seu respeito? Melhor permanecer calado.

No final da reunião, você sente um aperto na boca do estômago. Pergunta a si mesmo se não cometeu um erro. Talvez, no final das contas, não tenha as qualificações necessárias.

Agora, vamos voltar ao início e considerar outro cenário.

É seu primeiro dia, você está cheio de energia e olha o relógio. Está na hora da reunião de equipe das manhãs de segunda-feira. Depois das apresentações, o chefe lhe diz:

– Sei que vai trazer conhecimento e experiências valiosas para a equipe. Estamos felizes por ter se juntado a nós.

Em seguida, vêm as atualizações de status. Os líderes do projeto compartilham seus êxitos, bem como uma dificuldade que estão enfrentando, e a equipe oferece sugestões para resolver o problema. Um prazo importante foi perdido e, em vez de apontar culpados, o time discute o que pode aprender com aquele erro, como melhorar processos para garantir que não aconteça de novo e o que farão para avançar à próxima etapa. Por fim, o chefe pede ideias para solucionar uma questão espinhosa que vem frustrando a equipe. Você espera enquanto outras pessoas falam, mas, ao perceber que tem uma sugestão em que ninguém pensou, você se manifesta, e sua ideia é recebida com entusiasmo.

Ao final da reunião, você se sente parte do time. Consegue ver como os membros da equipe colaboram para resolver problemas, propõem soluções inovadoras e assumem riscos juntos. Está animadíssimo para enfrentar quaisquer desafios e oportunidades que o amanhã trouxer.

Esta é uma história de duas culturas: uma cultura de mindset fixo – que chamo de cultura de gênio – versus uma cultura de mindset de crescimento – uma cultura de crescimento. Como mostram esses dois breves exemplos, quando se trata de desempenho individual, coletivo e organizacional, a cultura importa. Desde o início.

Ao longo deste livro, explicarei a diferença entre essas culturas de mindset, mas, de cara, vale a pena destacar que, quando Satya Nadella se tornou CEO da Microsoft, uma das primeiras coisas que fez foi assumir um compromisso público para transformar a cultura da empresa. Ele sabia que o sucesso da Microsoft dependia da capacidade da empresa de desenvolver os produtos mais inovadores e criativos, então perguntou: "Como um mindset de crescimento pode nos ajudar a alcançar isso?"[1] Em outras palavras, de que modo as empresas colocam em prática o mindset de crescimento e fazem uso dele para resolver alguns de seus problemas mais difíceis?

Em 2014, quando Nadella assumiu, o valor das ações da Microsoft era de aproximadamente 36 dólares.[2] Em novembro de 2021, atingiu um pico de mais de 340 dólares,[3] e, quando as ações das empresas de tecnologia despencaram em 2022, as da Microsoft mantiveram um desempenho sólido. A empresa passou a depender fortemente do Windows para rivalizar com a gigante Amazon Web Services (AWS) em sua participação no mercado de computação na nuvem, tornando-se, em 2021, a segunda empresa na história dos Estados Unidos (depois da Apple) a atingir um valor de mercado de 2 trilhões de dólares.[4]

A Microsoft é apresentada como um exemplo de aplicação desta ou daquela estratégia, e, portanto, mencioná-las em mais um livro pode parecer chover no molhado. No entanto, a maior parte dos sucessos pelos quais a empresa vem sendo aclamada deriva de um único ideal: a determinação de Nadella em desenvolver uma cultura de mindset de crescimento. Hoje, enquanto o mundo da computação se concentra na promessa da inteligência artificial, a Microsoft está tentando melhorar a cultura do ambiente de trabalho, atribuindo à tecnologia o papel de ajudar todos nós a incorporar o mindset de crescimento com mais frequência. Após alguns tropeços constrangedores com seu chatbot Tay[5] (e, mais recentemente, com o Bing[6]), Nadella instruiu a equipe de engenharia a encontrar maneiras de ajustar seus produtos tornando-os mais inclusivos e orientados para o crescimento. Meus colaboradores e eu nos unimos a esses esforços e estamos trabalhando juntos para elaborar ferramentas baseadas em IA que ajudarão professores e gestores a criar culturas de mindset de crescimento em suas salas de aula e com suas equipes.

Mas o que é exatamente uma cultura de mindset de crescimento? Qual é a verdadeira promessa, como ela se mostra na prática e o que uma transição para esse tipo de cultura exige? Explicarei tudo isso neste livro. Mostrarei também que as culturas de mindset de crescimento não funcionam apenas nas grandes corporações; elas impulsionam os resultados em escolas, organizações sem fins lucrativos, equipes esportivas – basicamente em qualquer lugar onde haja duas ou mais pessoas trabalhando juntas. (Três dos quatro times de basquete que chegaram às finais da NBA de 2023 eram orientados para o crescimento, ou seja, tinham treinadores ou lideranças que defendiam em público uma abordagem voltada para o crescimento.)[7] Veremos ainda as evidências científicas mais recentes sobre o mindset individual e como elas se conectam com o que aprendemos sobre a cultura de mindset.

A transformação da Microsoft se deve muito à leitura que Nadella fez do livro *Mindset*, da professora de psicologia Carol Dweck, de Stanford, publicado pela primeira vez em 2006 e até agora lido por mais de sete milhões de pessoas em mais de quarenta idiomas. O mindset se refere às nossas crenças sobre a maleabilidade da inteligência: se ela é essencialmente fixa ou se pode ser desenvolvida. Crer em um mindset fixo é afirmar que as pessoas "têm" ou não inteligência, ao passo que crer em um mindset de crescimento é sugerir que a inteligência é algo que se pode desenvolver e expandir. O conceito de mindset tem revolucionado nossa compreensão dos indivíduos. O mindset das pessoas pode nos indicar como elas respondem a desafios e contratempos, os objetivos que perseguirão e como se comportam. Operar a partir de um mindset fixo pode levar as pessoas a desistir diante de uma frustração, a correr menos riscos no que diz respeito a sua aprendizagem e seu desenvolvimento e a ocultar erros.

Eu era estudante de pós-graduação quando conheci Carol e comecei a trabalhar com ela em 2006. Fiquei impressionada ao observar como o mindset é importante não apenas para o indivíduo, mas sobretudo em grupos. Aquilo que mais influencia você a operar a partir de um mindset fixo ou de crescimento em determinado momento *não está* necessariamente na sua cabeça – está fora dela. É isso mesmo: o mindset não está apenas na sua mente. Depois, como colega de Carol, passamos mais de uma década analisando como o mindset funciona nos níveis coletivo e organizacional. Os resultados são transformadores e mudam de maneira significativa a compreensão de como os sistemas e as equipes funcionam. E falam sobre o impacto que exercemos uns sobre os outros.

Imagine um peixe nadando em um lago. Dizer que o mindset é uma característica individual é o mesmo que dizer que o comportamento desse peixe depende apenas dele. Isso ignora por completo o que está acontecendo na água (ou os outros peixes nadando no entorno). Da mesma forma, a cultura do mindset em que *nós* nadamos tem um impacto significativo em nossos pensamentos, nossa motivação e nosso comportamento.

Hoje em dia, sobretudo nos países ocidentalizados, tudo diz respeito à iniciativa pessoal. Independentemente do que esteja acontecendo ao redor, podemos aprender a dominar a mente para que, em última análise, tudo esteja sob controle – ou pelo menos é o que diz o senso comum. Esse conceito é usado para culpar indivíduos e nos cegar para as falhas das organizações. Não estou aqui para atenuar a iniciativa individual nem as competências de ninguém, mas para trazer à tona as poderosas influências que nos cercam. Examinamos o cenário para conhecer as normas, o que se espera de nós e como podemos ter sucesso e conquistar admiração. É a cultura que nos traz essas informações.

Uma organização pode ter uma cultura que venera e recompensa habilidades fixas. Como resultado, pode admirar e elogiar aqueles que são considerados gênios e julgar e culpar os que não estão à altura. Como você agiria nessa cultura? O que motivaria você? Ir contra a cultura seria como nadar contra a correnteza. É possível, sem dúvida, mas, no fundo, o sucesso é improvável.

Uma cultura de mindset de crescimento é aquela que valoriza, promove e recompensa o crescimento e o desenvolvimento de todos os membros. É claro que não se pode deixar de lado os resultados financeiros, mas essas organizações acreditam que a prosperidade e o sucesso vêm de as pessoas aprenderem, crescerem e se desenvolverem de maneiras que levem elas mesmas e a empresa a progredir.

A cultura de mindset em que estamos nadando nos afeta em um nível mais profundo, mudando a forma como vemos a nós mesmos. Ainda que sem saber, podemos abraçar o mindset de nossa organização como se fosse nosso, e isso se reflete na forma como vemos e valorizamos os outros. Passamos a reforçar a cultura de mindset, fortalecendo-a e perpetuando-a.

Cada grupo de pessoas tem uma cultura de mindset. A verdade, no entanto, é que a maioria das organizações *não tem ideia* de qual é sua cultura de mindset nem de como ela influencia o grupo e os resultados. Ao longo deste livro, destacarei como a cultura de mindset aparece no local de trabalho, em escolas, nas famílias, nos esportes, e usarei o termo "organização" para me referir a esses diferentes grupos. Também empregarei as palavras "líder" e "funcionário" como uma generalização, para facilitar a leitura. Mas saiba que promover uma cultura de mindset de crescimento é possível em quase todos os contextos, muito além do local de trabalho.

Em vez de algo que reside dentro de nós, o mindset pode ser mais bem compreendido como um sistema de interação de três círculos concêntricos: seu mindset pessoal pode ser afetado pela cultura de mindset local do seu grupo ou sua equipe, que, por sua vez, é influenciada pela cultura de mindset mais ampla da organização. Assim como acontece com os indivíduos, a cultura de mindset organizacional não é inteiramente fixa ou de crescimento: opera num espectro. Ao longo da última década de pesquisa, minha equipe e eu identificamos os dois extremos desse espectro: as culturas de gênio e as culturas de crescimento.

O termo "cultura de gênio" soa bem, você não acha? Mas vamos analisar alguns líderes emblemáticos de uma cultura de gênio: primeiro, a CEO da Theranos, Elizabeth Holmes, que abandonou Stanford para fundar uma agora infame empresa de exames de sangue. Holmes teve o apoio de membros do corpo docente da universidade, que achavam ter descoberto o próximo gênio do Vale do Silício. Depois que a liderança da Theranos não cumpriu sua promessa e mentiu sobre os problemas da empresa, Holmes foi considerada culpada de fraude e conspiração.[8] Há também Arif Naqvi, que se disfarçou de investidor de impacto e cujo fundo de private equity, chamado Abraaj, visava apoiar o capitalismo consciente. Tal como Holmes, Naqvi deslumbrou os investidores, que ficaram impressionados com sua aparente genialidade, mas era tudo encenação. Na realidade, Naqvi roubou 780 milhões de dólares do fundo.[9] Também há Charlie Javice, a CEO da Frank, empresa de assistência financeira anunciada como "a Amazon do ensino superior". Javice impressionou os investidores iniciais e logo se tornou uma queridinha da mídia de tecnologia; mais tarde, porém, foi acusada pelo Departamento de Justiça norte-americano de "inflacionar falsa e substancialmente o número de clientes de sua empresa" para convencer o banco JPMorgan Chase a adquiri-la por uma soma elevada.[10]

Uma cultura de gênio está alinhada com o mindset fixo. Incorpora a convicção dominante de que o talento e a capacidade são inatos: ou você tem ou não tem. Culturas de gênio valorizam a genialidade e a inteligência acima de tudo – ainda mais quando parecem surgir de maneira natural. As culturas de gênio se concentram quase exclusivamente em alta inteligência fixa, de modo que as pessoas que se candidatam a empregos nessas organizações incluem com frequência seus QIs, pontuações em exames e prêmios e realizações acadêmicas e intelectuais, na esperança de ser consideradas dignas e estar entre os poucos escolhidos.[11]

As culturas de crescimento também buscam pessoas inteligentes. No entanto, esperam que estejam altamente motivadas e entusiasmadas para continuar desenvolvendo suas capacidades intelectuais e profissionais por meio do aprendizado, da experimentação de novas estratégias e da busca por ajuda quando estiverem estagnadas. É provável que os candidatos a emprego destaquem os próprios sucessos e também os desafios que superaram para chegar até ali, o comprometimento com o trabalho e o desejo de se desenvolver ainda mais. Uma cultura de crescimento é centrada na crença de que o talento e as competências podem ser aperfeiçoados e melhorados por meio de boas estratégias, orientação e apoio organizacional.

A exemplo do que ocorre com o mindset individual, a cultura de mindset também é um forte indicador de comportamentos e resultados. Pesquisas mostram que o mindset organizacional pode prever o sucesso de indivíduos, equipes e organizações. Influencia a colaboração entre as pessoas; se apresentam ideias e soluções inovadoras; se estão dispostas a correr riscos; se tendem a se envolver em comportamentos eticamente problemáticos, como reter informações, esconder erros e roubar ideias; e, por fim, se a empresa é capaz de se beneficiar de conhecimentos e talentos de grupos de origens diversas ou se sua perspectiva permanece limitada. Você verá neste livro como Satya Nadella criou uma cultura de crescimento que moldou a estratégia de investimento da Microsoft, sua capacidade de colaborar com a Apple e outros concorrentes, seu potencial de se recuperar de falhas técnicas. E conhecerá outras histórias de sucesso de culturas de crescimento, como a de duas irmãs que desejam revolucionar o mercado do vinho com uma abordagem orientada para soluções e, assim, tornar produtos de alta qualidade acessíveis a mais consumidores; e a história de uma faculdade comunitária que transformou o ensino e melhorou imensamente os resultados acreditando na capacidade de aprendizagem de todos os estudantes.

O mindset organizacional pode ser moldado de maneira consciente. Ao trabalhar com líderes, gestores e colaboradores individuais, minha equipe e eu identificamos em primeira mão o poder das culturas de crescimento para motivar pessoas e impulsionar o desempenho individual e organizacional. Descobrimos como ajudar as organizações a incorporar e promover um mindset de crescimento. Compreendemos o que configura a cultura de mindset de uma empresa, e como alterar políticas, práticas e normas de modo a ajudar pessoas a adotar o mindset de crescimento.

Detectamos, ainda, uma conexão entre a cultura de mindset e a diversidade e inclusão. Constatamos que o mindset organizacional determina se as empresas identificam, recrutam e retêm pessoas de origens diversas. Isso nos levou a criar a Equity Accelerator, a primeira organização de pesquisa dos Estados Unidos focada na aplicação das ciências sociais e comportamentais ao desafio de criar – e manter – ambientes de aprendizagem e de trabalho mais equitativos. Fomentar culturas de mindset de crescimento inclusivas é parte importante do que fazemos lá, e mostrarei como reproduzir essa prática nas suas próprias equipes.

Ao longo deste livro, abordaremos pesquisas pioneiras que revelam como você e seu time podem inspirar o mindset de crescimento. Veremos como empresas e organizações renomadas em diversos setores mudaram a forma como os funcionários trabalham para criar culturas de crescimento. Exploraremos os mundos da educação, das organizações sem fins lucrativos, dos esportes e de vários outros segmentos para observar como culturas de crescimento florescem em todos os lugares – como o caso de um supervisor escolar no estado de Nova York que reverteu as enormes desigualdades entre crianças brancas e não brancas em seu distrito ao remodelar a cultura de mindset local. E a história de uma padaria/fundação que aplicou princípios de mindset de crescimento nas contratações e no desenvolvimento de pessoas, criando oportunidades de carreira para ex-detentos ao mesmo tempo que administrava um negócio de enorme sucesso.

Mostrarei, ainda, como direcionar a si mesmo para o mindset de crescimento *e* inspirar as pessoas ao seu redor, promovendo uma equipe que abraça a cultura de crescimento. Este livro traz muitos exercícios, ferramentas e práticas para iniciar ainda hoje e mudar a forma como sua organização trabalha em conjunto. Você identificará quais estímulos desencadeiam em si mesmo o mindset fixo e o de crescimento (todos temos os dois dentro de nós), aprenderá a perceber as pistas que o induzem ao mindset fixo e a revertê-las, transformando-as em situações inspiradoras e de desenvolvimento. A partir dessa posição estratégica, você será capaz de ajudar outras pessoas a tomar a mesma atitude – e construir a cultura de mindset que deseja.

Este livro mudará o que você sabe sobre mindset e proporcionará mais clareza à medida que aprender a ler novos insights e ações baseados em evidências dos quais você, sua equipe e sua organização poderão se beneficiar. Na Parte Um, vamos redefinir mindset, reformulando o entendimento de como funciona. Na Parte Dois, examinaremos o mindset organizacional em profundidade, observando como ele atua em cinco áreas-chave:

- Colaboração – se apresentamos maior probabilidade de competir ou de trabalhar em parceria com os colegas;
- Inovação – se podemos acessar novas ideias ou estamos fadados a repetir o passado;
- Disposição para assumir riscos e resiliência – se estamos dispostos a correr riscos ou nos sentimos compelidos a agir com cautela;
- Integridade e comportamento ético – se pegamos atalhos ou burlamos as regras para atender às expectativas de desempenho, ocultar erros ou melhorar a reputação;
- Diversidade, equidade e inclusão – se procuramos recrutar e reter uma força de trabalho com talentos e perspectivas variados, ou contratamos com base num padrão restrito acreditando que daí virá o sucesso.

Mostrarei como identificar o mindset de sua organização e suas influências, explicando como dar uma guinada para o crescimento e permanecer lá. Na Parte Três, veremos como os indutores de mindset nos afetam como indivíduos. Apresentarei os quatro tipos de indutores situacionais comuns que nos levam ao mindset fixo ou ao de crescimento:

- Quando enfrentamos situações nas quais nossos esforços serão avaliados;
- Quando encaramos desafios difíceis;
- Quando recebemos feedback crítico;
- Quando deparamos com o sucesso alheio.

Você aprenderá a reconhecer quais situações tendem a direcioná-lo para um ponto ou outro do espectro e como invocar seu mindset de crescimento com mais frequência.

Ainda que sejamos poderosos como indivíduos, não podemos fazer muita coisa sozinhos. O melhor e maior trabalho vem da colaboração com outras pessoas para atingirmos o máximo potencial coletivo. O mindset é um esforço de equipe, e incentivo você a compartilhar o que irá aprender. A própria essência de uma cultura de crescimento é lutar pelo crescimento de todos. Isso só acontecerá se adotarmos o mindset de crescimento, arregaçarmos as mangas e trabalharmos juntos.

PARTE UM

Uma redefinição de mindset

CAPÍTULO 1

O espectro do mindset

Entendemos tudo errado sobre mindset. Bom, nem *tudo*, mas simplificamos drasticamente esse conceito, com prejuízo para nós mesmos.

O conceito de mindset parece fácil de entender: ou a pessoa acredita que a inteligência e a capacidade são essencialmente adquiridas e não podem mudar muito, ou acha que elas podem se desenvolver ao longo do tempo. No entanto, ao refletir sobre as experiências pessoais, você pode sentir que existe algo mais complexo aí.

Pense em algum momento no qual você teve de enfrentar um desafio. Como reagiu? Digamos que seu chefe tenha lhe pedido algumas ideias para arrecadar fundos e ajudar a sanar uma previsão de déficit. Talvez você tenha sido cauteloso, sugerindo apenas iniciativas alinhadas com o que a organização já havia feito no passado. Ou talvez tenha visto naquele pedido a oportunidade de experimentar algo novo e se esforçado para oferecer soluções originais. Ou talvez tenha começado listando as ideias usuais, mas depois decidido ir um pouco além.

Ninguém tem apenas um mindset fixo *ou* apenas um mindset de crescimento. Embora possamos favorecer um ou outro, todos temos ambos – e todo mundo alterna entre eles. Além disso, quando passamos do fixo para o de crescimento, nem sempre é como apertar um interruptor e ligar ou desligar a luz; às vezes é mais como ajustar um dimmer, regulando a luminosidade.

O mindset existe em um espectro. E o lugar onde nos situamos nesse espectro em determinado momento está relacionado com a situação em que nos encontramos e com as pessoas que nos cercam.[1]

Até aqui, nosso pensamento sobre mindset não refletia essa complexidade. Desde que Carol Dweck introduziu o conceito pela primeira vez,[2] temos visto com frequência a seguinte ilustração[3] nas salas de aula e nas redes sociais:

QUE TIPO DE MINDSET VOCÊ TEM?

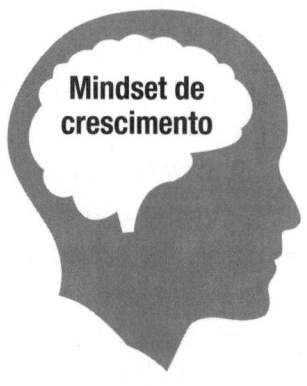

- Posso aprender tudo o que quiser.
- Persevero quando estou frustrado.
- Estou disposto a me desafiar.
- Consigo aprender com meus erros.
- Gosto quando dizem para eu me esforçar.
- O sucesso dos outros me inspira.
- Acredito que meu esforço e minha atitude determinam tudo.

- Sou bom em algo ou não sou.
- Desisto quando estou frustrado.
- Não gosto de ser desafiado.
- Não sirvo para tal trabalho quando erro.
- Gosto quando me dizem que sou inteligente.
- Sinto-me ameaçado pelo sucesso do outro.
- Sei que minhas habilidades determinam tudo.

O que há de errado com essa imagem? Ela sugere que o mindset está localizado inteiramente no cérebro e pede que identifiquemos *qual é o nosso tipo* de mindset, o que implica que um exclui o outro. Consegue enxergar a ironia aqui? Pensar que sempre incorporamos o mindset fixo ou o de crescimento é uma forma muito fixa de ver o mindset.

A imagem também mostra a superioridade de um mindset sobre o outro: o de crescimento é bom e o fixo é ruim. Como veremos adiante, embora pessoas e culturas mais propensas ao mindset de crescimento possam ter muitas qualidades admiráveis, esses mal-entendidos levaram a moralização do conceito, sobretudo no sistema educacional norte-americano e nas empresas que adotaram a ideia.[4] Quando enxergamos o mindset como um traço fixo que reside na cabeça de um indivíduo e acreditamos que uma pessoa com um mindset é melhor que alguém com outro mindset, é fácil usá-lo para classificar e rotular as pessoas. Significa também que colocamos o ônus da mudança sobre o indivíduo, em vez de considerar o contexto e a cultura que criam e mantêm o mindset.

A cultura do mindset existe fora de nós e é uma criação ativa e colaborativa. Ainda assim, os líderes organizacionais se concentram no mindset individual, como se identificar e reter funcionários com "mindset de crescimento" criasse uma organização com essa característica. Muitos sistemas escolares perguntaram a mim e aos meus colegas se existem testes para avaliar os professores quanto ao mindset fixo ou de crescimento. Gestoras de investimento solicitaram que eu as ajudasse a criar avaliações para identificar em quais empreendedores investir. Com frequência, as organizações desejam usar essas informações para seleção e contratação. As premissas por trás dessas investigações são as seguintes: (a) o mindset é estático; (b) é inteiramente individual; e (c) tais avaliações revelarão a "verdade" sobre o mindset de alguém – se é de crescimento (ou fixo) e, portanto, se será um bom funcionário (ou não). E, quando atribuímos essas crenças aos indivíduos, eles as replicam nos outros.

No instituto de formação de professores que meus colegas e eu criamos,[5] vemos docentes que endossam essa falsa visão dicotômica do mindset rotulando os alunos que têm problemas de motivação ou de desempenho: "Sinto muito, mas esse garoto tem um mindset fixo e não há nada que eu possa fazer a respeito" ou "Esta geração de estudantes tem mindsets muito fixos". Quando perguntamos aos professores o que estão fazendo para ajudar os estudantes a avançar em direção ao mindset de crescimento, eles às vezes respondem: "Esse não é o meu trabalho. Os pais é que precisam trabalhar com eles para desenvolver esse mindset." Rotular certas crianças como incapazes de mudar é a própria definição de um mindset fixo – por parte do professor. E, como alguns professores desejam que a aprendizagem aconteça de forma fácil e rápida (outra atitude de mindset fixo), podem causar um curto-circuito nos esforços dos estudantes – e, portanto, em sua aprendizagem – ao oferecer imediatamente as respostas corretas ou ao assegurar a eles: "Está tudo bem, nem todos podem ser bons em matemática."[6]

Tudo isso interpreta de modo errado o que é o mindset, bem como os fatores que o determinam a cada momento. E transforma o mindset num jogo de apontar culpados, algo que não ajuda ninguém.

Pergunte a qualquer pessoa qual é o seu mindset, e a resposta exata será: depende. Mesmo entre nós que estudamos mindset, ninguém tende ao de crescimento o tempo todo. **Dependendo da situação, nosso mindset fixo ou de crescimento pode ser ativado.**

Conheça o espectro do mindset.

O ESPECTRO DO MINDSET

Dependendo da circunstância, somos impelidos ao longo de um espectro mais em direção ao mindset fixo ou ao mindset de crescimento.[7] Porém, neste espectro, temos uma posição de referência padrão. Talvez você tenda a permanecer na extremidade de crescimento do espectro ou sua reação inicial aos desafios seja mais fixa. (Mas não se apegue muito a essa ideia, pois nossa posição de referência pode mudar com o tempo e em diferentes situações.)

Compreender nossa posição de referência do mindset pode ser um ponto de partida útil, como mostra o trabalho clássico de Carol Dweck,[8] mas nenhum de nós vive no vácuo. Uma das descobertas mais surpreendentes da nossa pesquisa é a forma como as pessoas se movem ao longo do espectro com base em indutores previsíveis e discerníveis.[9] É por isso que as avaliações destinadas a identificar nosso "único mindset verdadeiro" muitas vezes falham.

CULTURA DE MINDSET

A cultura que nos rodeia é uma das *maiores* influências em nossas crenças, nossas motivações e nosso comportamento.[10] Essa cultura de mindset existe no nível do grupo e no da organização.

A cultura de mindset é tão poderosa que pode bloquear o mindset de crescimento de um indivíduo.[11] Porém, quando os líderes se concentram no desenvolvimento de profissionais, quase sempre ignoram o impacto da cultura de mindset que criaram. Em muitos casos, nem sequer estão cientes disso. A CEO da Barre3, Sadie Lincoln, acreditava que o mindset de crescimento estava na essência de seu negócio de fitness. Foi assim até que uma pesquisa sigilosa envolvendo todos os funcionários destruiu a imagem que ela havia trabalhado arduamente para desenvolver – a da líder perfeita que fazia tudo parecer fácil.[12] "Eu tentava interpretar esse papel, mesmo que nem sempre fosse verdade", diz Lincoln. "Não percebia que havia criado uma cultura de perfeição. Por causa disso, perdemos a autenticidade, a confiança e a capacidade de inovar juntos." A perfeição é parte de uma cultura de mindset fixo. Num ambiente que exigia um desempenho aparentemente sem esforço e impecável (modelo que vinha do topo), os funcionários se sentiam desmotivados e desmoralizados em vez de revigorados e inspirados a enfrentar desafios. Essa é a cultura de mindset em ação. Até mesmo uma líder atenta como Sadie Lincoln ficou perplexa ao saber que, em vez de uma cultura de crescimento, ela havia criado de modo involuntário o que chamo de cultura de gênio, uma organização cujas políticas, práticas e normas incorporam crenças de mindset fixo.

Lincoln sabia que ela e sua equipe precisavam reformular a cultura corporativa, começando por assumir o papel dela na criação de uma atmosfera tóxica. (Veremos como fez isso no Capítulo 11.) Não foi fácil – e houve sequelas. "Perdi talentos durante esse período difícil", contou em entrevista à *Marie Claire*.[13]

Algumas pessoas que acreditavam na cultura do mindset fixo da perfeição sem esforço acharam perturbador ver Lincoln reconhecendo seus fracassos. Mas as que ficaram ajudaram-na a construir a nova cultura de mindset de crescimento da empresa. E, como Lincoln revelou em 2020 a Guy Raz, numa entrevista ao podcast *How I Built This*,[14] as lições que sua equipe aprendeu durante esse período ajudaram a navegar com sucesso pela pandemia da covid-19 – quando inúmeras outras empresas de fitness faliram. Poucos dias depois de fechar todas as unidades físicas nos Estados Unidos, a Barre3 reabriu como uma plataforma de exercícios on-line.

O lockdown, porém, foi apenas o início do que Lincoln e a equipe teriam que enfrentar. Em resposta ao movimento Black Lives Matter (Vidas Negras Importam), recorreram a especialistas e começaram a formular um plano para tratar de questões de racismo estrutural, diversidade, equidade e inclusão que identificaram dentro da empresa.[15] Como Lincoln disse a Raz: "Este é um dos momentos mais difíceis, profundos e importantes de nossa história na Barre3 (...). Sou uma mulher branca na liderança com um imenso privilégio e, inconscientemente, construí uma empresa de líderes que se parecem muito comigo", incluindo proprietários de franquias e instrutores. A empresa tem trabalhado com seu parceiro de DE&I (diversidade, equidade e inclusão) para educar líderes e proprietários de franquias, além de remodelar suas práticas de divulgação de vagas e contratação entre grupos sub-representados. Eles compartilham seus planos por meio do blog da empresa, criaram um conjunto de métricas internas para medir os avanços e atuam para reconfigurar seus sistemas de modo a tornar as políticas centradas em DE&I uma prática padrão em toda a organização.[16]

CULTURAS DE GÊNIO E CULTURAS DE CRESCIMENTO

O mindset organizacional se refere às crenças compartilhadas sobre inteligência, talento e capacidade mantidas por um grupo de pessoas em uma organização.[17] Esse mindset é revelado por meio dos dispositivos culturais do grupo: políticas, práticas, procedimentos, normas comportamentais, mensagens dos líderes e outras pessoas poderosas, materiais organizacionais importantes (tais como o site, a declaração de missão e outros documentos básicos).

Mindsets organizacionais também existem em um espectro que vai do fixo ao de crescimento.[18] As equipes não têm um mindset estático; elas se movem entre um e outro em resposta às oportunidades e aos desafios que surgem e às possibilidades oferecidas pela organização. As crenças do mindset organizacional – isto é, o grau em que determinado grupo acredita que a inteligência, o talento e a capacidade são fixos ou maleáveis – influenciam o comportamento e a forma como nos apresentamos e também orientam nossas interações e expectativas em relação aos outros.[19] Essas convicções fundamentais moldam a maneira como as pessoas em um grupo pensam, sentem e se comportam. Nos ambientes de trabalho, a cultura de mindset tem um efeito cascata que afeta tudo: colaboração e inovação; contratação, demissão e promoção; comportamento ético (ou antiético); diversidade e inclusão; sucesso nos resultados financeiros. Na escola, a cultura de mindset impacta as experiências, o envolvimento e o desempenho dos estudantes nas aulas, e influencia quais alunos os professores e gestores consideram dignos de conteúdos desafiadores e investimento adicional.

Organizações de mindset fixo – ou culturas de gênio – acreditam e veiculam que as habilidades das pessoas são imutáveis ou fixas.[20] Ou as pessoas "têm" algo ou não têm, e há pouco que se possa fazer para mudar esse fato. As práticas de avaliação de "busca por estrelas" e "classificações forçadas" são uma consequência comum de culturas de gênio de mindset fixo. Se a liderança pressupõe que alguns têm algo e outros não, o foco naturalmente se volta para encontrar, recrutar e promover estrelas e ignorar ou demitir todos os outros. Em culturas de gênio, os sistemas incentivam seus colaboradores a competir entre si para provar seu valor e ver quem chega ao topo (muitas vezes a qualquer custo).

Ironicamente, quando as pessoas ouvem o termo "cultura de gênio" sem contexto, seus olhos se arregalam. "Opa, isso parece bom!", exclamam. Nossa sociedade tem um fascínio cultural pela ideia do gênio e pela percepção de que alguns seres especiais têm capacidades e habilidades inatas que estão além do alcance dos meros mortais. Chegamos até a deturpar a história para recontar narrativas enfatizando a jornada do gênio ou do herói solitário que, em virtude do talento inato, tem um momento de brilhantismo que muda o mundo. De maneira paradoxal, conforme a vida cotidiana exige mais interdependência, colaboração e trabalho em equipe, mais parecemos apegados a essas narrativas de gênios. Como escreveu a professora Marjorie Garber, de Harvard, na revista *The Atlantic*: "Quanto mais a sociedade se afasta da iniciativa individual – quanto menos o indivíduo parece ter poder real de mudar as coisas –, mais idealizamos o gênio, que é, por essa definição, o oposto do empreendimento colaborativo. Parte da resistência à ideia de que Shakespeare escreveu peças em colaboração com outros dramaturgos e até com atores de sua companhia provém da nossa necessidade residual, e às vezes desesperada, de manter a noção idealizada do gênio individual."[21]

Como Garber ressalta depois, Joseph Addison, um cronista do século XVIII da história da genialidade, descreveu dois tipos de gênio popular no início dos anos 1700: o natural e o adquirido. A pessoa poderia demonstrar brilhantismo desde a tenra idade ou desenvolvê-lo por meio de trabalho árduo (ou do que chamo *esforço efetivo*). Hoje em dia focamos quase exclusivamente a primeira manifestação, a ponto de idolatrá-la. É por isso que a cultura de gênio, à primeira vista, tem tanto apelo.

Quando perguntei a Carol Dweck de onde acha que vem o nosso apreço pela genialidade, ela especulou: "Acho que grande parte vem do legado da hierarquia", explicando que os que estão no poder, nascidos em ambiente privilegiado e educados em escolas de prestígio, tendem a procurar maneiras de justificar por que são melhores que os outros.[22] O professor de psicologia Claude Steele, de Stanford, ecoou uma ideia semelhante: "É provavelmente a raiz de uma ideologia que sustenta o privilégio de poder. Se você tem, você tem; se não tem, azar o seu. Isso me garante certo status se eu for um gênio e tiver aptidões superiores às dos outros – me dá a sensação de exclusividade, afinal tantas pessoas podem não conseguir chegar lá, e é apenas a ordem natural das coisas." Claude acrescentou que esse tipo de pensamento "legitima e redime privilégios. A verdade é que me tornei habilidoso porque tive uma base muito boa, mas a ideia do gênio me exime de pensar sobre minha posição dessa maneira – posso pensar nela em termos de 'este é um dom que eu tenho'".[23] Em consonância com essas análises, a pesquisa que conduzi mostra que a mentalidade do gênio ajuda a manter o status quo. Aqueles que mais se beneficiam do status quo – os poucos que são considerados estrelas – têm interesse, consciente ou inconscientemente, em mantê-lo como está. Ao mesmo tempo, alivia a pressão sobre os que não foram agraciados com o talento; afinal, se não tenho talento, é provável que as pessoas esperem menos de mim.[24]

Talvez seja lógico, então, gravitarmos em torno da construção de culturas de gênio. Com um gênio no comando – e o máximo deles que pudermos encontrar, alocados por toda a organização –, deveríamos ser bem-sucedidos, certo? Não é o que minha pesquisa mostra. Como você verá nos próximos capítulos, ironicamente, as culturas de gênio produzem *menos* genialidade – isto é, tendem a mostrar menos inovação, criatividade, crescimento sustentado, resultados consistentes. O dinamismo das pessoas, a disposição para assumir riscos que levarão à próxima grande ideia ou inovação e o desejo de colaborar com os colegas ou profissionais de outros setores podem ser enfraquecidos dentro do modelo da perfeição sem esforço estabelecido pelas culturas de gênio.

Por outro lado, com sua ênfase em abraçar a complexidade, as possibilidades e o esforço dedicado, as culturas de mindset de crescimento – ou culturas de crescimento – podem às vezes parecer mais exigentes. Numa organização em que a aprendizagem é contínua, há sempre mais formas de melhorar e novos horizontes a buscar.

Ainda assim, o mindset de crescimento é equivocadamente julgado como mais leve e menos rigoroso. Da mesma forma, as culturas de crescimento são vistas como aquelas em que os líderes fornecem acolhimento incondicional, positividade e estímulos intermináveis, ao mesmo tempo que recompensam mais o esforço que os resultados. Isso vai contra os achados da minha pesquisa.[25] Apurei, por exemplo, que os estudantes universitários não consideram as aulas ministradas por professores que criam uma cultura de mindset de crescimento mais fáceis ou menos rigorosas. Pelo contrário, descrevem essas aulas como bastante complexas e, às vezes, até irritantes. Quando um professor opera em seu mindset de crescimento enquanto conduz uma aula, ele está sempre desafiando os alunos a se esforçar para aprender e evoluir. Esses professores não se sentem satisfeitos se um único aluno estagnar no aprendizado; eles pressionam pela melhoria contínua, mesmo entre aqueles que já estão indo bem. Do ponto de vista dos estudantes, isso nem sempre é agradável. Mas eles tendem a apreciar essa atitude no longo prazo porque se saem melhor e aprendem mais.

Nas culturas de crescimento, as pessoas acreditam que o talento e a competência podem ser desenvolvidos com esforço, persistência, boas estratégias, busca por ajuda e suporte. Com frequência elas são solicitadas a refletir sobre o próprio progresso e desenvolvimento, em vez de apenas relatar se alcançaram ou não o objetivo. Também se exige delas que identifiquem o que fizeram para alavancar esse progresso (incluindo coisas que não deram certo, e não apenas as que tiveram êxito). Por fim, são convocadas a usar esse conhecimento para melhorar a organização. As culturas de crescimento oferecem estratégias e estruturas tangíveis que incentivam a inovação e expandem as habilidades de sua força de trabalho. Isso quer dizer que o compromisso da cultura de crescimento com o desenvolvimento é desafiador – demandando empenho, atenção e dedicação para identificar proativamente formas de aprimoramento –, mas, em essência, os indivíduos não são abandonados à própria sorte para alcançar tais objetivos; a organização fornece suporte e recursos para auxiliá-los ao longo do caminho.

Minha pesquisa mostra que a cultura de mindset de uma organização influencia cinco maneiras comuns de trabalhar bem (ou não) em equipe: colaboração; inovação; disposição para assumir riscos e resiliência; integridade e comportamento ético; diversidade, equidade e inclusão (DE&I). Essas *normas comportamentais* (definidas como regras tácitas de comportamento que são consideradas aceitáveis ou desejáveis dentro de um grupo) estão interligadas.[26] Assim, quando uma equipe tem problemas com colaboração e inovação, também está pelejando com disposição para assumir riscos, ética e DE&I. Na Parte Dois, mostrarei como a cultura de mindset molda cada uma dessas normas e como tirar proveito delas para construir confiança organizacional, satisfação e comprometimento dos funcionários, além de gerar lucro. Não é pouco. E é até justo questionar como sabemos que tanta coisa é moldada pela cultura de mindset.

O mindset organizacional como sistema de criação de significado

O mindset de uma organização pode se basear em uma crença compartilhada, mas tem implicações para pessoas com outros princípios, objetivos e comportamentos.[27] Quando deparamos com contratempos, quando somos convocados a canalizar esforços substanciais para o trabalho, ou quando precisamos dominar um assunto novo, as crenças fundamentais de mindset endossadas por uma organização ditam aos indivíduos a melhor forma de reagir. Em culturas de crescimento, os sinais externos nos levam a enquadrar esses desafios como oportunidades para expandir nossas competências e nos desenvolver tanto profissional como pessoalmente. Em culturas de gênio, temos uma propensão maior a ver essas situações como impulso para nos defendermos e provarmos o nosso valor, mesmo à custa dos outros, se for preciso. Em vez de aprender, procuramos elevar nosso status ou reforçar nossa posição.

As organizações não incorporam de modo pleno uma cultura de gênio ou uma cultura de crescimento em todos os momentos e em todos os contextos. Elas não são feitas de pedra. Da mesma maneira que acontece com o mindset pessoal, o mindset organizacional existe em um espectro.[28] E, embora haja uma cultura de mindset abrangente e reconhecível no nível da organização (a posição de referência da cultura), internamente há uma variedade de *microculturas de mindset*. Ainda que a organização como um todo possa incorporar em grande parte um mindset fixo, certas divisões, departamentos ou equipes podem estar mais orientados para o de crescimento.

Há, então, o mindset no nível individual. Por meio de pesquisas, isolamos quatro situações comuns e previsíveis, denominadas *gatilhos de mindset*, que nos levam a incorporar o mindset pessoal fixo ou de crescimento. (Você e outras pessoas podem ter outros gatilhos não listados aqui, mas estes são os que, de acordo com análises da literatura e relatos de experiências de trabalho em uma variedade de organizações, aparecem de forma mais confiável.)[29] É útil compreender essas situações porque elas fornecem insights sobre quando tendemos a incorporar o mindset fixo e como nos reorientar em direção ao de crescimento. Abordaremos isso na Parte Três. (E, se você ainda está um pouco confuso sobre como tudo se encaixa, não se preocupe – ficará bem claro à medida que avançarmos.)

Agora, vamos repensar a ilustração de mindset pessoal apresentada no início deste capítulo. No lugar daquelas duas cabeças opostas, aqui está uma imagem mais precisa de como o mindset funciona. Esta versão considera a influência tanto da cultura de mindset quanto dos indutores de mindset que nos movem ao longo do espectro entre crenças pessoais fixas e as de crescimento.

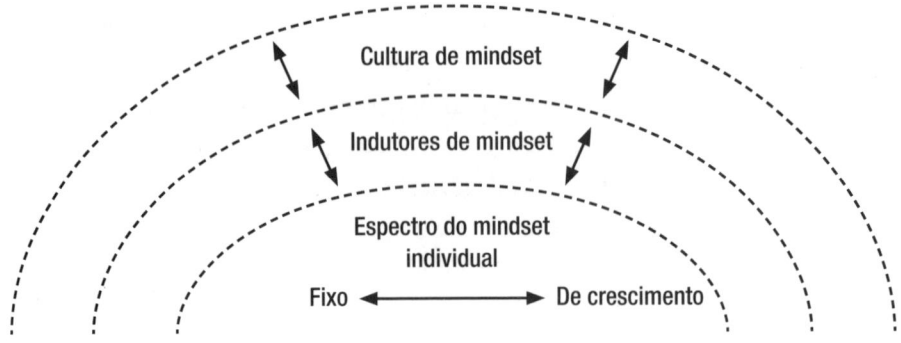

Embora os indivíduos tenham algum controle sobre as crenças de mindset pessoal, fatores externos, como a cultura de mindset de uma organização, desempenham um papel importante e subestimado na configuração de nossos pensamentos, motivações e comportamentos.

A organização em que você trabalha tem uma cultura de mindset – a questão é: você sabe qual é, e como está afetando você e outras pessoas?

CAPÍTULO 2

Mindsets organizacionais

William James, considerado por muitos um dos fundadores da psicologia norte-americana, escreveu que um indivíduo tem "tantos eus sociais diferentes quanto há grupos distintos de pessoas cujas opiniões são importantes para ele".[1] Você pode ver esse conceito em ação quando considera seu comportamento em diferentes situações profissionais e sociais. Se eu estiver no casamento de uma amiga na igreja, por exemplo, agirei de maneira apropriada a esse contexto, que será diferente de quando eu estiver em sala de aula ou saindo com amigos numa sexta-feira à noite. Várias facetas da nossa identidade emergem e nosso comportamento muda dependendo do ambiente. A cultura de mindset dos grupos é uma característica do ambiente que destaca diferentes partes de nós mesmos.

Uma das primeiras vezes que percebi como diferentes culturas de mindset mudam as pessoas foi durante os anos de pós-graduação. Como a maioria dos departamentos de psicologia, o de Stanford é constituído por várias áreas: psicologia social, psicologia cognitiva, psicologia do desenvolvimento, neurociência. No final de cada ano, os alunos de doutorado são convidados a fazer apresentações para recapitular os projetos em que têm trabalhado e compartilhar os progressos alcançados. Para a maioria dos estudantes, esses seminários podem ser estressantes, ainda mais para alunos de pós-graduação do primeiro e do segundo ano que se apresentam diante do corpo docente.

Certa tarde, na sala de Carol Dweck, mencionei ter reparado em como os alunos de dois dos seminários tiveram desempenhos tão diferentes. O primeiro seminário tinha uma cultura de mindset fixo evidente de "se provar e realizar". Na plateia estavam alguns dos mais eminentes e condecorados membros do corpo docente – muitos haviam sido eleitos para a Academia Nacional de Ciências, o mais prestigioso corpo de cientistas do país. Competitivos, os membros do corpo docente disputavam para ser os primeiros a encontrar a falha fatal em cada palestra, para derrubar a ideia de forma mais eficaz e para superar uns aos outros com o comentário mais devastador. Com os professores lutando entre si para ser as estrelas do espetáculo, os alunos sofriam. Haviam trabalhado o ano todo em seus projetos e eram os especialistas, mas, de repente, se viam dominados pela incerteza, esquecendo detalhes importantes na apresentação. Gaguejavam, apesar de conhecer o conteúdo de trás para a frente. Depois, ficavam frustrados e abatidos: "Por que não falei isso ou aquilo? Poderia ter respondido àquela pergunta de tantas maneiras... Os dados nem sequer respaldam a interpretação daquele professor!"

Embora houvesse docentes igualmente eminentes no segundo seminário, a atmosfera refletia mais uma cultura de crescimento. Ainda era um ambiente crítico, em que os professores apontavam falhas e problemas, mas, em vez de competir para mostrar quem era mais inteligente, adotavam uma abordagem de "decompor para reconstruir". O corpo docente acreditava que o seminário era uma ocasião para revelar os desafios da pesquisa e aprender como enfrentá-los. Interagiam uns com os outros para oferecer sugestões no sentido de aprimorar os modelos de estudo e a abordagem analítica, a fim de fortalecer o projeto. Os alunos ainda mostravam nervosismo diante de um grupo tão respeitado, mas não se atrapalhavam nem ficavam paralisados como os alunos do seminário de mindset fixo. Eram capazes de responder perguntas e debater ideias com os professores sobre maneiras de melhorar o trabalho. Saíam motivados e determinados a realizar as mudanças que fortaleceriam os estudos.

Após descrever a forma como esses seminários moldavam o comportamento dos alunos, perguntei a Carol:

– Alguém já estudou o mindset como um fator cultural? Como uma qualidade de um grupo ou ambiente?

O rosto dela se iluminou, e, com um grande sorriso, ela balançou a cabeça e disse:

– Não! Ninguém nunca examinou isso. Mas, Mary... deveríamos fazer isso juntas!

Foi então que nasceu o conceito de *cultura de mindset*.

Ao longo das últimas três décadas, pensava-se que o mindset fosse quase exclusivamente algo inerente ao indivíduo. Um grande conjunto de pesquisas havia mostrado o que acontece quando pessoas operam a partir de um mindset fixo ou de crescimento, mas ninguém tinha examinado como pensamos, sentimos e nos comportamos quando deparamos com o mindset de uma organização – nem mesmo levantado a hipótese de que havia algo como o mindset organizacional.[2]

COMO AS ORGANIZAÇÕES SINALIZAM SUA CULTURA DE MINDSET

Uma das maneiras pelas quais minha equipe avalia como as pessoas respondem à cultura de mindset é apresentar a elas a missão de empresas alinhadas com uma cultura de gênio ou com uma cultura de crescimento.[3] Além da missão, outros dispositivos culturais, como sites, documentos de criação, processos de integração e políticas de avaliação e promoção, desvendam a cultura de mindset de uma empresa. Juntos, formam um perfil. Quando as organizações se concentram estritamente nos resultados – oferecendo aos funcionários "oportunidades de provar seu valor" e "entregar um desempenho do mais alto nível"; quando se vangloriam de ser "orientadas para resultados"; ou quando valorizam explicitamente as "melhores pessoas" e seus "talentos naturais e êxitos", sem mencionar o crescimento e o desenvolvimento necessários para chegar lá –, transmitem uma cultura de mindset fixo. Esses pressupostos indicam uma cultura em que ou se tem sucesso ou se fracassa; ou os funcionários são estrelas ou não são; somente o resultado final importa.

A maioria das organizações de mindset fixo e de crescimento compartilha algumas características. Todas desejam um desempenho excelente – quem não quer? – para garantir bons resultados. No entanto, *a forma como* esperam que os funcionários alcancem o sucesso é diferente. Organizações com culturas de crescimento se concentram no progresso e fornecem suporte para que isso aconteça. Oferecem oportunidades de crescimento aos funcionários em vez de "oportunidades de demonstrar suas competências".

São apaixonadas pelo avanço e pelo desenvolvimento – dos resultados financeiros e, igualmente importante, de seus funcionários. As organizações com culturas de crescimento tendem a considerar mais características essenciais para o sucesso além de mera habilidade, talento ou potencial intelectual, como motivação, criatividade, capacidade de resolver problemas e vontade de evoluir.

Minha pesquisa mostra que organizações com culturas de crescimento desfrutam de culturas empresariais mais efetivas e têm funcionários mais satisfeitos e de alto desempenho.[4]

O quadro a seguir resume algumas diferenças entre as duas culturas que podemos captar quando analisamos características culturais da empresa, como missão e anúncios de vagas.

MINDSETS ORGANIZACIONAIS

Estas são as características que observamos em empresas nos extremos do espectro da cultura de mindset:[5]

Cultura de gênio	Cultura de crescimento
• Oferece oportunidades de desempenho máximo.	• Oferece oportunidades de crescimento máximo.
• Enfatiza os talentos e os êxitos dos funcionários.	• Enfatiza a motivação e o empenho dos funcionários.
• Tem foco em resultados.	• Tem foco em resultados e processos.
• Estimula os melhores – melhores instintos, melhores ideias, melhores pessoas.	• Promove o gosto pelo aprendizado, pela paixão, pela criatividade e pela desenvoltura.

Se você começou a desconfiar de que sua organização é guiada principalmente pela cultura de gênio e está se perguntando como direcioná-la para o crescimento, saiba que a cultura de mindset *pode* ser mudada. No entanto, assim como manobrar um grande navio, essa guinada não é fácil.

Muitas empresas recaem naquela dicotomia de mindset capciosa e falsa. Mas não se preocupe: é possível. Na Parte Dois, mostrarei como começar e algumas abordagens que você pode passar a usar imediatamente, com você mesmo ou com as pessoas que gerencia.

O CICLO DA CULTURA DE MINDSET

Se você não sabe bem onde sua organização se posiciona no espectro do mindset, a pergunta óbvia é: "Como faço para descobrir?" Talvez você esteja contando com um questionário para ajudar a identificar líderes ou funcionários de mindset fixo. Esse desejo é compreensível, sobretudo num mundo obcecado por rankings e avaliações estáticas. No entanto, quando se trata de mindset, essas avaliações têm grandes chances de induzirem ao erro. Podem mostrar a crença de alguém sobre sua capacidade e inteligência no momento, mas não revelam onde – nem sob quais circunstâncias – o mindset fixo ou de crescimento dessa pessoa aparece, ou o que você, como supervisor ou mentor, pode fazer para apoiá-la na realização de seu potencial.

A questão não é: "Você é uma pessoa com um mindset fixo ou com um mindset de crescimento?" A questão é: "*Quando* você está em seu mindset fixo e *quando* está em seu mindset de crescimento?" No nível organizacional, a questão não é: "Como podemos evitar a contratação de pessoas com mindset fixo?" A questão é: "O que leva os funcionários a adotar visões e comportamentos de mindset fixo ou visões e comportamentos de mindset de crescimento? Como podemos moldar o ambiente de modo a incentivar um mindset de crescimento na maior parte do tempo?"

Ao se preocupar em avaliar os referenciais do mindset dos indivíduos, as organizações acabam por colocar uma quantidade excessiva de foco no que os funcionários acrescentam ao quadro e não o bastante sobre como o quadro é construído.

Vamos dar uma olhada no que acontece quando tentamos rotular as pessoas de acordo com o mindset. Digamos que um gerente de recrutamento esteja procurando alguém genial com um talento inato. Essa heurística de genialidade – um atalho cognitivo que procura pessoas e padrões associados à genialidade – rapidamente se transforma em um viés.[6] Quando pensamos em quais qualidades indicam genialidade e talento inato, imaginamos logo que os resultados serão influenciados pelas normas culturais da sociedade, assemelhando-se a estereótipos. Afinal, quem em nossa cultura costuma ser considerado gênio? Se você pesquisar imagens de gênios no Google, verá uma coleção de fotos de Albert Einstein.[7] Embora procurem indivíduos que os líderes veem como talentosos inatos, as culturas de gênio afastam de maneira implícita pessoas que pertencem a grupos cujas competências e habilidades têm sido historicamente excluídas e estereotipadas como inferiores – não porque esses grupos careçam de genialidade e talento inato, mas porque não se encaixam automaticamente no padrão de genialidade que as culturas de gênio valorizam.

Quais grupos serão excluídos em uma cultura de gênio vai depender do setor. Na tecnologia e em outras áreas STEM [acrônimo em inglês para Ciências, Tecnologia, Engenharia e Matemática], os homens brancos (às vezes asiáticos também) tendem a incorporar o protótipo do gênio. Pense nos fundadores mais famosos das empresas de tecnologia: quase todos são homens brancos ou asiáticos. Quem não se enquadra no protótipo de um gênio inato nessas áreas? Mulheres, negros, latinos e indígenas, pessoas LGBTQIAPN+, indivíduos com deficiência. Nas culturas de gênio, os processos para encontrar pessoas que correspondem aos protótipos acontecem de forma mecânica e inconsciente.[8] Os tomadores de decisão constroem uma imagem de quem contratar sem sequer considerar como alguém fora daquele estereótipo poderá contribuir. Uma cultura de crescimento enfatiza competências e habilidades de alto nível, e, além disso, prioriza a motivação das pessoas, a trajetória de crescimento, a dedicação e a vontade de se desenvolver continuamente. Independentemente de raça, gênero, idade, nível de capacidade ou grupo demográfico, a vontade de crescer é uma qualidade disponível para todos.

Esse é um exemplo de como uma crença fundamental dá origem a normas comportamentais.[9] Para entender melhor o processo, consideremos um exemplo diferente: crenças sobre o tempo. Se uma organização ou equipe acredita que o tempo é um bem escasso e que se deve aproveitar ao máximo cada minuto, então as normas sobre quando as reuniões começam (na hora marcada, sempre) e chegar atrasado (não faça isso – ou haverá consequências!) são claras. Isso molda o comportamento das pessoas (chegue às reuniões na hora marcada). Em contextos nos quais se acredita que o tempo é abundante, ele pode ser – e muitas vezes é – usado para reflexão. Em vez de acelerar a implementação de ideias (e potencialmente estragá-las no processo), a organização pode favorecer uma abordagem mais ponderada e reflexiva. Edgar Schein, professor emérito do Instituto de Tecnologia de Massachusetts (MIT), estudou cultura organizacional durante décadas e demonstrou como tais normas advêm de crenças fundadoras.[10] Essas normas estão enraizadas nas organizações e dão forma aos comportamentos inconscientes e já esperados que constituem a essência da cultura organizacional.

Assim como o tempo, o mindset é uma das crenças fundamentais sobre o comportamento humano.[11] É a pedra angular da cultura de uma organização. As crenças fundamentais sobre a fixidez ou a maleabilidade da inteligência, do talento e da capacidade conduzem todos os processos organizacionais importantes a ciclos de autorreforço. Chamo isso de ciclo da cultura de mindset organizacional.

COMO MINDSETS ORGANIZACIONAIS CRIAM E RECRIAM VALORES CULTURAIS

- Contratamos outras pessoas que mostrem essas características valorizadas
- Apresentamos características de mindset fixo ou de crescimento para selar a contratação
- Demonstramos características valorizadas no trabalho (avaliação/promoção)
- Assumimos e internalizamos essas características valorizadas

Dependendo do que julgamos ser os valores de uma empresa, apresentamos características de mindset fixo ou de crescimento para sermos contratados ou, mais tarde, para sermos designados a equipes ou atribuições de prestígio. Uma vez contratados, demonstramos essas características para adquirir os "presentinhos" da organização: avaliações positivas, mais promoções, bônus. Conforme incorporamos as características de mindset fixo ou de crescimento valorizadas pela equipe (para que possamos ganhar respeito e elogios), começamos a acreditar na encenação. Empenhados em alinhar nosso comportamento com nossas crenças, passamos a acreditar que essas características representam quem somos. Para seguir dando conta de nossa dissonância cognitiva, internalizamos o mindset da organização, tornando-o nosso.[12]

Na pesquisa do meu laboratório, detectamos o seguinte: pessoas que apresentavam características de mindset preferidas pela organização ao longo do tempo passaram a celebrar esses traços nos outros. Quando estavam em posição de contratar, eram mais propensas a selecionar candidatos que demonstravam as mesmas particularidades de mindset, reforçando ainda mais o mindset da organização.[13] Esses ciclos que se retroalimentam moldam as experiências do indivíduo dentro da empresa, e isso, por sua vez, pode influenciar seu desempenho, sua persistência e seu engajamento. Como resultado, há um impacto significativo nos resultados individuais e organizacionais.

Os funcionários confiam menos e têm menos comprometimento com culturas de gênio em comparação a culturas de crescimento.[14] Como as culturas de gênio acreditam que algumas pessoas têm determinado atributo e outras não, os profissionais precisam comprovar suas habilidades e executar ideias com constância, e são avaliados por sua performance mais recente. Nesse cenário, os colegas competem entre si e se perguntam quem poderá tomar o seu lugar. Essa cultura enfraquece a confiança nas pessoas com quem você trabalha e mina a sua confiança na organização para apreciar e valorizar suas capacidades profissionais. Não é difícil entender, portanto, por que os funcionários são menos comprometidos nas empresas com fortes culturas de gênio. Eles estão mais dispostos a aceitar ofertas de outras empresas e mais propensos a procurar estratégias de saída precoce, quando comparados aos funcionários em culturas de crescimento.

O mindset organizacional molda as normas comportamentais

Se uma empresa afirma que seu valor fundamental é a colaboração, é mais provável que tenha uma cultura colaborativa? Ou a forma como as pessoas se comportam e interagem umas com as outras reflete com mais exatidão a cultura? Meus colegas e eu descobrimos que, embora os valores expressos na missão possam indicar o mindset de uma organização, esse vínculo não é categórico.[15] Para entender como o mindset influencia de fato o comportamento, precisamos examinar a questão com mais profundidade. A colaboração, a disposição para assumir riscos, a inovação e a integridade são normas associadas à confiança e ao compromisso com a organização e têm impacto na produtividade e no sucesso financeiro. No entanto, sabemos relativamente pouco sobre as crenças que moldam essas normas. Em outras palavras, qual é a inter-relação? Meus colegas e eu decidimos analisar como o mindset organizacional afeta os funcionários em seu ambiente de trabalho – neste caso, em empresas incluídas na Fortune 500 (lista das quinhentas maiores corporações dos Estados Unidos).

Era previsível que descobriríamos distinções entre culturas de gênio e culturas de crescimento, mas a magnitude dessas diferenças foi surpreendente. **Em nossa análise, detectamos que os funcionários de organizações com fortes culturas de gênio estavam 40% menos satisfeitos com a cultura da empresa em comparação com aqueles que trabalhavam para organizações com fortes culturas de crescimento.**

Analisamos a missão das empresas da lista Fortune 500 – que representam dois terços do produto interno bruto dos Estados Unidos – e as comparamos com os dados de satisfação dos funcionários divulgados pelo site Glassdoor. Os resultados foram evidentes: o mindset declarado na missão dessas empresas tinha um impacto distinto na experiência dos funcionários com a cultura da empresa. A mera proclamação das normas e dos valores desejados não garante que eles se tornarão realidade.

Curiosamente, a insatisfação em empresas com culturas de gênio variava de acordo com as categorias. Quando focamos remuneração e benefícios, por exemplo, encontramos resultados de satisfação semelhantes nas duas culturas. Isso nos mostrou que os funcionários não usavam óculos cor-de-rosa em empresas com culturas de crescimento e óculos cinza em empresas com culturas de gênio, classificando tudo de acordo com as percepções principais (o que os psicólogos chamam de *efeito de halo*). Em vez disso, a cultura de mindset tinha consequências nítidas e especiais para as normas e os valores da organização. Ela não determina tudo. **O que o mindset organizacional influencia com força é a maneira como as pessoas pensam sobre si mesmas, a maneira como interagem com as outras e o desempenho da organização.**

A questão era saber se o mindset organizacional moldava o comportamento. Em outro estudo que realizamos com uma empresa de consultoria em cultura sediada em San Diego, examinamos as normas comportamentais presentes nas culturas de crescimento e nas culturas de gênio. Descobrimos que a colaboração, a inovação e a integridade – associadas a resultados culturais e econômicos positivos para as empresas – não estavam presentes da mesma forma nas duas culturas. Os funcionários que trabalhavam em culturas de gênio relataram que a organização apoiava menos a colaboração, era menos inovadora e incentivava menos a disposição para assumir riscos intelectuais. Informaram ainda que os pares eram mais propensos a se envolver em comportamentos antiéticos, como trapacear, burlar regras, reter informações, guardar segredos uns dos outros, bem como negociar promoções ou atribuições valiosas por baixo dos panos. Como seria de esperar, os funcionários eram menos inclinados a confiar na empresa e menos dedicados quando ela incorporava uma cultura de gênio.

Algo extraordinário que constatamos foi que os mindsets organizacionais são poderosos o bastante para moldar o comportamento das pessoas. Lembre-se de minha afirmação anterior de que uma cultura de gênio tem capacidade de se sobrepor às inclinações de um indivíduo para um mindset de crescimento. A maioria de nós já testemunhou ou mesmo viveu situações em que alguém que tende a ser voltado para o crescimento tenta persistir diante de uma cultura organizacional rígida e limitadora, para depois se conformar com a cultura ou desistir e sair. Como a nossa análise mostrou, em culturas de gênio mais fortes, os funcionários experimentavam uma cultura empresarial menos adaptativa.[16] Em termos psicológicos, eles também eram menos comprometidos. Relatavam menos confiança de que sua empresa os trataria de forma justa e expressavam um desejo maior de buscar outras oportunidades, em comparação com funcionários em culturas de crescimento mais fortes.

Ficamos curiosos sobre como as percepções dos gestores em relação às normas comportamentais da empresa se comparavam com as dos funcionários, e como eles avaliavam aqueles que supervisionavam. Mais uma vez, o que encontramos nos surpreendeu. Os gestores que trabalhavam em culturas de gênio mais fortes relataram que seus subordinados diretos eram menos colaborativos e menos inovadores, e se comportavam de maneira menos ética em comparação com os gestores em culturas de crescimento mais fortes. Os gestores também foram capazes de detectar diferenças na confiança na empresa e no comprometimento dos funcionários, relatando níveis mais baixos de um e de outro numa cultura de gênio. As diferenças que os gestores notaram entre seus funcionários foram semelhantes às que os próprios profissionais relataram; em outras palavras, as percepções das duas partes batiam. O que não havíamos previsto foram os efeitos da cultura de mindset no desempenho e no potencial de liderança.[17]

Se uma cultura de gênio se preocupa em atrair e selecionar os melhores talentos e valorizá-los e promovê-los ao longo do tempo, os gestores não deveriam achar que seus funcionários são os mais talentosos e têm o maior potencial de liderança quando comparados com os gestores em uma cultura de crescimento? Em vez disso, foram os gestores das culturas de crescimento que relataram níveis mais elevados de desempenho entre seus funcionários e que sentiram que eles demonstravam maior potencial de liderança. Aqueles que vivem em uma cultura de gênio podem ver a si mesmos como estrelas com potencial de liderança, e seus gestores podem inicialmente acreditar nessa premissa, mas depois das avaliações as convicções parecem se dissipar. E talvez eles não estejam errados, já que em uma cultura de gênio é difícil para qualquer um atingir seu verdadeiro potencial.

Agora que entendemos a importância do mindset organizacional, vamos descobrir em qual deles você está inserido.

Identificando indutores de uma cultura de mindset

Minha equipe e eu fomos chamados muitas vezes para ajudar as empresas na avaliação e na mudança da cultura de mindset. Foi assim que descobrimos que uma de nossas ferramentas mais eficazes é a *auditoria de indutores*. Educamos os funcionários sobre a natureza dinâmica dos mindsets fixo e de crescimento, junto com as quatro situações comuns que induzem as pessoas a passar de um mindset para outro. Em seguida, pedimos que considerem as políticas e práticas que encontram rotineiramente em sua organização e que podem (talvez até de maneira involuntária) divulgar mais um mindset fixo ou um de crescimento. As organizações enviam sem querer mensagens de mindset ambíguas aos funcionários. As auditorias de indutores podem ser efetivas na identificação dessas inconsistências, às vezes bastante sutis, e também no envolvimento dos funcionários em repará-las.

Esses indutores são encontrados no que os gestores dizem e fazem. Em 2016, um grande banco multinacional contatou nossa equipe de pesquisa para identificar como a cultura de mindset estaria moldando as experiências de seus funcionários. No decorrer do trabalho, descobrimos que o mindset dos gestores em relação aos funcionários formatava o comportamento dos gestores. Os gestores que endossavam mais crenças de mindset de crescimento sobre seus funcionários usavam mais estratégias voltadas para o crescimento no momento de treiná-los e interagir com eles. Esses gestores normalizavam a dificuldade e a confusão entre seus subordinados diretos – sobretudo quando o funcionário estava trabalhando para desenvolver uma nova habilidade. Eles também eram mais inclinados a investir tempo e energia em todos os funcionários, não apenas naqueles com quem se conectaram de imediato ou nas estrelas, algo consistente com sua crença de que todos podem se desenvolver e crescer. Por fim, recrutavam toda a equipe para ajudar quando as pessoas tinham problemas, encarando os desafios a ser superados por "nós", em vez de uma montanha a ser escalada sozinho.

Gestores com mais crenças de mindset fixo em relação aos funcionários preferiam estrelas de alto desempenho que não precisassem de muito desenvolvimento. Acreditavam que um bom gestor mantém os profissionais de maior desempenho motivados e felizes, por isso entregavam o trabalho chato e desinteressante àqueles que consideravam ter menos potencial. Esses gestores alegavam que era melhor tranquilizar um funcionário em dificuldades dizendo que a tarefa em questão não parecia estar em sua área de pontos fortes. Por fim, ofereciam maiores oportunidades de desenvolvimento àqueles que elegiam como mais talentosos, em vez de se concentrar no desenvolvimento de toda a equipe. Esses comportamentos de mindset fixo dentro das diferentes microculturas de mindset criadas pelos gestores são perceptíveis na maioria das empresas.

Intrigada com as descobertas naquele banco e em outras corporações, trabalhei com o empresário Ben Tauber e o psicólogo Christopher Samsa num levantamento com 165 fundadores de startups do Vale do Silício. Num estudo separado com Kathleen Boyle Dalen e Wendy Torrance, da Fundação Ewing Marion Kauffman, investigamos o mindset de mais trezentos empreendedores. Nos dois casos, queríamos examinar como o mindset dos fundadores influenciou as culturas que criaram em suas empresas. Em conformidade com os resultados das empresas da lista Fortune 500, descobrimos que os fundadores que admitiam mais crenças de mindset fixo constituíram empresas com culturas mais competitivas interpessoalmente. Nelas, os empregados eram mais propensos a se envolver em comportamentos antiéticos e consideravam a organização menos tolerante a erros. As empresas lideradas por fundadores mais orientados para o mindset de crescimento proporcionavam mais apoio aos colaboradores que estavam dispostos a assumir riscos e eram mais flexíveis e adaptáveis à mudança. Essas organizações tinham culturas empresariais mais inovadoras, mais éticas e menos competitivas interpessoalmente. A rotatividade de pessoal era menor, com os funcionários relatando mais confiança e comprometimento. A cultura também tinha impacto no sucesso dos empreendedores quando precisavam captar recursos.[18] **Além de produzir grande efeito sobre as percepções e o comportamento, o mindset influencia os resultados financeiros.**

EFEITOS DA CULTURA DE MINDSET

Agora, vamos examinar mais de perto como o mindset impacta o comportamento e os resultados nas organizações. Na Parte Dois, abordaremos os cinco conjuntos de normas comportamentais e os resultados sobre os quais a cultura de mindset exerce influência.

- *Colaboração*: se as pessoas estão dispostas e motivadas a trabalhar juntas ou se ficam estagnadas na competição interpessoal;

- *Inovação*: se os funcionários se sentem apoiados e encorajados a pensar grande, ou se a sua criatividade é podada por um raciocínio limitado;
- *Disposição para assumir riscos e resiliência*: se os funcionários se sentem capazes e recebem os recursos necessários para dar passos ousados e se conseguem se recuperar caso fracassem; ou se os funcionários e as organizações optam pela cautela por medo de falhar e se tornam frágeis diante de reveses;
- *Integridade e comportamento ético*: se os funcionários são incentivados a fazer a coisa certa ou a tomar atalhos duvidosos; e
- *Diversidade, equidade e inclusão*: se as organizações podem atrair e reter uma larga representatividade enquanto apoiam o sucesso de todos os funcionários, ou se criam culturas exclusivas que incluem e apoiam apenas alguns selecionados.

Vamos ao primeiro item: colaboração.

PARTE DOIS

Cultura de mindset

CAPÍTULO 3

Colaboração

Como professora novata na Universidade de Indiana, uma das primeiras reuniões do corpo docente de que participei foi sobre como distribuir os aumentos por mérito no departamento. Da mesma forma que em muitas organizações, esses aumentos anuais tendem a ser minúsculos – talvez de 1% a 2% ao ano, isso quando há fundos para tal.

No passado, um comitê de avaliação de mérito inspecionava os relatórios anuais de produtividade de todos os mais de sessenta membros do corpo docente (incluindo quantos artigos escrevíamos, quantos estudantes de doutorado orientávamos, quantas bolsas ou subsídios recebíamos, etc.) e avaliava e classificava cada professor. Para o meu espanto, descobri que cada membro do corpo docente receberia uma carta em seu escaninho mostrando a classificação geral, da pontuação mais alta para a mais baixa, com sua posição grifada em amarelo. Nosso departamento é incrível, com alguns dos professores mais produtivos do país, seja por causa de publicações, subsídios, prêmios, vínculos com academias nacionais e avaliações de ensino, seja pelo número de alunos que estiveram sob sua orientação e que obtiveram empregos. No entanto, o dia em que as cartas chegavam aos escaninhos era o mais temido por muitos professores.

Nesse sistema, o corpo docente de nível júnior quase sempre empacava nos últimos lugares. Como poderiam competir quando colegas mais experientes tinham muito mais recursos e oportunidades, como a capacidade de construir laboratórios maiores, com mais estudantes e funcionários, além de subsídios mais altos que poderiam bancar uma produção maior? Para os acadêmicos seniores, a inevitável compressão salarial que ocorre ao longo do tempo tornava o sistema injusto. Com 25 anos de casa, como os aumentos anuais não acompanhavam a inflação, seus salários estavam próximos do salário inicial do corpo docente de nível júnior. E quase todos concordavam que, no geral, o sistema de classificação criava uma concorrência interdepartamental excessiva, tudo para um aumento potencial de 1% a 2% ao ano.

Os professores não eram os únicos que enfrentavam problemas criados por esses sistemas de classificação. Algumas semanas depois, ao passar pelo grande auditório onde aconteciam as aulas, notei algumas folhas de papel afixadas na parede do lado de fora: ali estavam as notas das provas de todos os alunos matriculados em Introdução à Psicologia, listadas da mais alta para a mais baixa. Alguns estudantes ignoravam de propósito os papéis; outros se aglomeravam correndo os dedos pelas listas, procurando seu número de matrícula e esperando encontrá-lo na primeira ou segunda folhas, e não na quarta ou quinta.

Das salas de aula às corporações, o tempo todo temos que disputar uma posição. Numa sociedade que reivindica valores meritocráticos fortes (embora ultrapassados e equivocados), parece razoável distribuir recursos – seja admissão em aulas mais avançadas, bolsas de estudo, promoções ou aumentos – de acordo com um conjunto de critérios. No entanto, dentro das organizações, a competição interna que essas práticas encorajam tem consequências indesejadas, como minar a colaboração.

Antes de levantar a mão e defender os méritos da competição, leia o que tenho a dizer. A competitividade no *mercado* parece ser um componente necessário do sucesso a longo prazo, sobretudo para as empresas capitalistas: queremos ser a empresa, a marca ou a escola que as pessoas escolherão. O que estou descrevendo não é a competitividade entre organizações, mas *dentro* delas. Quando as pessoas são incitadas a lutar umas contra as outras internamente por status e recursos, quando existe pressão para se provar melhores que as outras e quando as oportunidades de sucesso são limitadas, predominam os problemas e não as soluções. Alguns líderes acreditam que criar uma espécie de atmosfera de *Jogos vorazes* é a maneira mais adequada de incentivar os funcionários a dar o melhor de si, mas sabemos como essa narrativa termina, e as pesquisas sustentam essa proposição. **Quando as chances de sucesso são escassas, o mindset fixo das pessoas tende a ser**

ativado. No longo prazo (e às vezes até no curto prazo), o comportamento resultante pode prejudicar o próprio desempenho e limitar seu potencial – e, por extensão, o da sua organização.

Neste capítulo, veremos como o mindset organizacional influencia o ambiente de modo a torná-lo mais competitivo ou mais colaborativo. Também examinaremos algumas políticas e comportamentos que moldam e reforçam a cultura de mindset, e como o mindset afeta os resultados organizacionais. Por fim, trarei algumas sugestões sobre como você pode incentivar uma abordagem de colaboração orientada para o crescimento em sua organização.

Talvez você ache que a competição entre os funcionários seja necessária para a inovação e o crescimento. No entanto, embora ela possa produzir alguns resultados positivos entre alguns indivíduos – por métricas limitadas e durante um período de tempo limitado –, o custo desses resultados pode ser alto. Promover a colaboração não significa apenas fazer com que as pessoas se sintam bem, mas também criar o tipo de ambiente que produza realizações duradouras e sustentáveis entre mais indivíduos na organização.

Por sua ênfase na colaboração, algumas pessoas acreditam que faltam às culturas de crescimento a vantagem competitiva e o dinamismo necessários para o sucesso. Nosso trabalho mostra o contrário. Essas organizações têm muito dinamismo, mas não veem as conquistas como algo que precisa ser transformado em arma e apontado para dentro delas, separando as pessoas em vencedores e perdedores, como acontece nas culturas de gênio. **As culturas de crescimento tiram proveito da tensão entre o ponto em que os indivíduos e a organização estão e o ponto onde querem estar, e a utilizam para alimentar esforços colaborativos que impulsionem todos em direção ao seu objetivo.** Nossos estudos mostram que as culturas de crescimento podem ser excepcionalmente competitivas no mercado – e sem os danos colaterais às pessoas que as culturas de gênio costumam causar.[1]

Antes de nos aprofundarmos em como promover uma cultura de colaboração voltada para o crescimento, vamos examinar por que ela é mais efetiva que colocar as pessoas umas contra as outras.

COMO A COMPETIÇÃO INTERNA CRIA PERDEDORES – E COMO PODEMOS FAZER MELHOR

Adam Neumann afirmava que a WeWork prosperava na competição. O ex--CEO era conhecido por colocar pessoalmente os funcionários uns contra os outros. No documentário de Jed Rothstein, *WeWork: Or the Making and Breaking of a $47 Billion Unicorn* (WeWork: ou a ascensão e queda de um unicórnio de 47 bilhões de dólares), uma ex-assistente de Neumann descreveu uma avaliação de desempenho interna que ocorreu em uma das salas de conferência envidraçadas da WeWork. Na ocasião, Neumann lhe afirmou que estava fazendo um bom trabalho. No entanto, quando outra funcionária passou, ele apontou para ela e disse: "Mas você não é ela. Poderia ser, mas não tem a confiança que ela tem." A assistente conta que foi para a casa e se perguntou o que precisava fazer para ser como a colega. "Estamos sempre com esse medo de 'Alguém vai roubar meu emprego. Tenho que brigar para ficar aqui!'", conta ela. "O tempo todo eu sentia que não podia nem respirar." Ela acrescentou que Neumann advertia os funcionários, dizendo-lhes: "Eu poderia demitir todos vocês e cuidar de tudo sozinho."[2]

A WeWork comprou a ideia de que funcionários de baixo desempenho deveriam ser demitidos continuamente – por isso, dispensava 20% de sua força de trabalho todos os anos. Esse processo, chamado classificação forçada,[3] havia sido popularizado pelo ex-CEO da GE, Jack Welch, mas era apelidado na WeWork de "Jen-ocídios",[4] uma referência à advogada e executiva Jennifer Berrent, responsável pelas demissões. Para quem ficava, permanecer entre os 80% melhores representava um desafio. Os funcionários raras vezes recebiam recursos ou apoio para cumprir metas estratosféricas, e era comum esses remanescentes – muitos deles millennials que tinham sido atraídos pelo convite de Neumann para "fazer o que amam" – saírem da empresa após apenas 18 meses. Talvez por terem chegado ao limite.

Funcionários com mindset de crescimento se sentem frustrados em culturas de gênio por causa das oportunidades limitadas de desenvolvimento. Como percebem que não serão valorizados e precisam defender o tempo todo a própria posição, não podem correr os riscos que o verdadeiro crescimento exige. Tudo isso impacta os resultados organizacionais. A alta rotatividade custa caro, não apenas financeiramente, mas para a reputação da organização. Em um mercado competitivo, ao tentar recrutar os colaboradores mais requisitados, as empresas com elevadas taxas de rotatividade podem, ironicamente, perder sua vantagem competitiva.

De acordo com dados do Centro para o Progresso Americano,[5] as empresas gastam cerca de 20% do salário anual de um funcionário para substituir trabalhadores que ganham menos de 50 mil dólares por ano. A substituição de funcionários de nível superior é ainda mais dispendiosa – chega a várias vezes o seu salário anual. A Gallup estima que a rotatividade entre os millennials custe à economia dos Estados Unidos por volta de 30,5 bilhões de dólares por ano.[6] Entre suas prioridades, os millennials relatam valorizar um senso de propósito no trabalho e estar em uma empresa cujos valores se alinham com os seus.[7] Como revelou nosso estudo dos dados do Glassdoor, os funcionários das culturas de gênio estavam menos satisfeitos com seus empregadores que os das culturas de crescimento.[8] Se uma organização pretende desenvolver um grande banco de talentos, sobretudo de trabalhadores mais jovens, tornar público que ela está dedicada a investir neles pode ser fundamental para atrair e reter pessoas que são – e podem se tornar – colaboradores excelentes e comprometidos.

Quando ocorreu a *Great Resignation* (Grande Demissão) de 2021 e mais de 30 milhões de norte-americanos abandonaram seus empregos,[9] algo sem precedentes, os especialistas em comportamento organizacional observaram que as pessoas não se demitem apenas de um emprego, mas de culturas de local de trabalho ruins.[10] Diante do potencial êxodo em massa de funcionários, as culturas de crescimento estavam em uma posição melhor para reter talentos e acolher pessoas que valorizam os níveis mais elevados de desenvolvimento individual e suporte que essas culturas oferecem.

Uma das influências mais poderosas para um funcionário em termos de experiência, motivação e desempenho é a percepção que ele tem do mindset de seu supervisor.[11] Na verdade, essa noção pode ser até um melhor indicador desses resultados do que o mindset autorrelatado por um líder. Parte da razão dessa discrepância é que os líderes que operam a partir de um mindset fixo são suscetíveis a ter maiores pontos cegos em sua autoconsciência. Somente quando deixou a empresa a ex-assistente de Neumann percebeu a lacuna entre a empresa que Neumann e os executivos descreviam e sua própria experiência com a cultura organizacional.[12]

Colocar o próprio sucesso ou o fracasso nas mãos de um único líder carismático é fácil em culturas de gênio porque elas perpetuam essa mitologia da genialidade. No entanto, como a nossa pesquisa revelou, os efeitos do mindset de uma organização são mais pronunciados quando os funcionários aderem a esse mindset.[13] Se nos apressarmos em atribuir a ascensão e queda da WeWork exclusivamente a Neumann e sua personalidade megalomaníaca, como muitos fazem, ignoraremos o fato de que, na cultura que ele promoveu, legiões de executivos, supervisores e investidores participaram e incentivaram esse comportamento, criando um ciclo de cultura autossustentado.

Ironicamente, a WeWork se vendeu com base na força de sua cultura, mas a experiência das pessoas com essa mesma cultura contrastava com a forma como o site corporativo a retratava ou como Neumann a apresentava.[14] A empresa tinha uma cultura forte, embora não fosse aquela que vendia. Essas lacunas entre o que uma empresa afirma valorizar e a cultura real que as pessoas vivenciam (denominadas *lacunas entre valor e implementação*) custam caro. Neumann foi demitido após uma oferta pública inicial fracassada na Bolsa de Valores.[15] Na ocasião, a avaliação da empresa despencou de 47 bilhões de dólares para 9 bilhões em apenas algumas semanas, quando ficou claro que as finanças da WeWork eram em grande parte maquiadas, sustentadas por uma combinação da habilidade de Neumann como vendedor com investimentos descomunais de fundos de capital de risco.

Como vemos em exemplos modernos como os da WeWork[16] e da Theranos,[17] bem como em exemplos mais antigos, incluindo os das empresas Wells Fargo[18] e Enron,[19] abordagens que colocam as pessoas umas contra as outras são comuns em culturas de gênio. E, de forma desconcertante, a classificação forçada parece estar de volta ao setor de tecnologia.[20] Mas a competição não precisa ser formalizada por meio dessas práticas para encorajar o comportamento competitivo interpessoal. Em vez disso, pode decorrer das *percepções* das pessoas sobre o mindset de sua organização.[21] Se elas percebem que sua empresa endossa ideias de mindset fixo, isso basta para fazer a equipe brigar por uma posição. Os funcionários tendem a se comportar de maneira a demonstrar seletivamente seus talentos e habilidades, enquanto escondem seus erros e suas fraquezas. A pressão para exibir sua inteligência os faz competir entre si em vez de colaborar; afinal, numa cultura de gênio, a colaboração dificulta a identificação da contribuição pessoal. Quando os produtos de trabalho são um esforço de equipe, é mais difícil ser reconhecido como a estrela do time. Nas culturas de gênio, as pessoas tendem a evitar tarefas inovadoras ou projetos arriscados, uma vez que assumir riscos pode levar ao fracasso, e o fracasso pode sinalizar baixa capacidade. Por fim, quando se sentem pressionadas a provar o próprio valor, algumas tendem a se envolver em comportamentos antiéticos, como não repassar informações ou esconder erros para ser vistas como inteligentes e capazes. Esses comportamentos reforçam ideias de mindset fixo de que alguns têm certos atributos e outros não, e o ciclo da cultura se perpetua.

Como a cultura de mindset molda o comportamento dos indivíduos

Na minha pesquisa com empresas da Fortune 500,[22] descobri que, quando as empresas apontavam para uma cultura de crescimento – seus sites e sua missão descreviam o compromisso com o desenvolvimento dos funcionários –, os participantes do estudo esperavam que essas empresas fossem mais colaborativas. Quando promoviam uma cultura de gênio – ou seja, procuravam recrutar apenas os melhores candidatos com foco exclusivo nos resultados e no desempenho –, os participantes esperavam que elas fossem mais competitivas interna e interpessoalmente. Para nós, porém, percepções externas em relação a essas organizações não eram suficientes (embora pudessem influenciar potenciais decisões dos profissionais de entrar ou não nessas organizações). Precisávamos saber qual era a ideia que funcionários e supervisores tinham do mindset de sua organização e como essas percepções afetavam a forma como eles se comportavam no trabalho.

Em parceria com uma consultoria especializada em gestão, recrutamos várias empresas da Fortune 1000, abrangendo setores como energia, saúde, varejo e tecnologia. Fizemos aos funcionários diversas perguntas para averiguar o mindset de sua organização (por exemplo, se a maioria dos líderes parece acreditar que o talento é fixo ou maleável), além das normas comportamentais de colaboração e competição em sua empresa. Eles deveriam responder até que ponto concordavam ou discordavam de afirmações como estas:

- É importante para esta empresa que as pessoas trabalhem em parceria. Elas são bem-vistas por tomar esse tipo de atitude.
- É extremamente importante mostrar sempre a todos nesta empresa quão inteligente eu sou.
- É muito importante demonstrar que sou mais talentoso que os outros no trabalho.
- É importante que meu gestor não pense que eu sei menos que os outros no trabalho.

Os resultados foram claros. Os funcionários inseridos em culturas de gênio relataram que a maioria das pessoas na empresa era mais propensa a se envolver em situações de competição interna e interpessoal que em situações de colaboração. Nas culturas de crescimento, as pessoas eram mais inclinadas a trabalhar em parceria para resolver problemas e alcançar metas. Os supervisores também notaram e confirmaram essas diferenças. Tais resultados são significativos porque o fato de os funcionários verem uma organização como mais orientada para a colaboração ou para a competição tem impacto na confiança e no comprometimento deles em relação à empresa. **Para os funcionários em culturas de crescimento, a ideia de que a cultura deseja e apoia a colaboração promove a confiança e o comprometimento em relação à empresa. Em culturas de gênio, a sensação de que a competição interpessoal é a norma faz com que os funcionários se sintam menos comprometidos.**

As culturas de gênio demonstram seus valores de mindset fixo estabelecendo normas comportamentais competitivas e dedicando menos recursos ao crescimento e desenvolvimento dos funcionários. Como as estrelas já são estrelas, aqueles que apresentam desempenho inferior podem ser dispensados. Como escreve a CEO, empreendedora e professora de administração Margaret Heffernan: "Quando louvamos pessoas com desempenho excepcional, infantilizamos todos os demais, transmitindo a mensagem de que todo mundo pode – e até deve – ser passivo diante de capacidades superiores."[23] E o fato de as organizações terem uma cultura baseada em um funcionário-estrela ou uma cultura baseada em equipes afeta as percepções fora dos muros da empresa. Basta perguntar aos fãs de qualquer outro time de beisebol como eles se sentem em relação ao New York Yankees.

A propósito, uma equipe de pesquisadores da Universidade do Kansas e da Universidade Estadual Murray se concentrou em franquias esportivas para investigar a afinidade e as crenças das pessoas sobre equipes "compradas" versus equipes "construídas". As equipes "compradas" adquirem estrelas de outras organizações, ao passo que as equipes "construídas" desenvolvem seus talentos ao longo do tempo. Quando indagadas, as pessoas preferiram as equipes construídas. Isso não se aplica apenas aos esportes, mas a outras profissões.[24]

Questionadas sobre por que torciam pelas equipes construídas, a resposta mais comum era a percepção de que essas equipes tinham que trabalhar mais e se esforçar mais para ter sucesso, algo que admiravam e respeitavam. Elas também admiravam as organizações por investir no desenvolvimento de seu pessoal. Consideravam que equipes com estrelas adquiridas pegavam um atalho para o sucesso. A segunda resposta mais frequente era a ideia de que as equipes construídas teriam um "senso de coesão e cooperação" maior por ter se desenvolvido *em parceria*. Esses estudos são condizentes com nossas conclusões da pesquisa com as empresas da Fortune 500: os supervisores em culturas de crescimento reconheciam um desempenho melhor e mais potencial de liderança em seus funcionários que os supervisores em culturas de gênio, nas quais se esperava que as estrelas "compradas" demonstrassem as capacidades pelas quais tinham sido adquiridas.

Uma empresa que adota a abordagem de "construção" é a Atlassian, desenvolvedora de softwares que cria produtos, como sistemas de gerenciamento de projetos, para auxiliar equipes. Em forte contraste com a abordagem de "afundar ou nadar" adotada por muitas culturas de gênio no processo de contratação, a Atlassian diz aos candidatos como podem ter sucesso – uma abordagem que não visa identificar profissionais com desempenho perfeito, mas sim estimular o potencial das pessoas quando há igualdade de condições. Os candidatos a designer, por exemplo, sabem que não serão forçados a trabalhar sob pressão porque, "quando um candidato está estressado, é difícil entender o que ele é capaz de fazer e o valor que poderia agregar à equipe".[25] Além disso, os candidatos são incentivados a mostrar o seu "eu mais autêntico" durante a entrevista e recebem informações específicas sobre o que esperar e como ter um bom desempenho, tais como "nos dê o contexto de que precisaremos para entender o seu trabalho antes de entrar em ação. Entendemos que a maioria dos projetos são colaborações, então seja sincero sobre suas contribuições específicas". No site da empresa, há informes separados de três funcionárias de origens raciais e étnicas diversas sobre como as mulheres podem ter sucesso na área da tecnologia.[26] Outra página oferece uma seção de perguntas e respostas para estagiários e recém-formados, incluindo a garantia de que "a produtividade é cíclica" e que, portanto, eles não devem se preocupar demais se nem sempre estiverem com o desempenho em sua capacidade máxima.[27] Por outro lado, a linguagem dura nos sites de organizações de mindset fixo se concentra em superlativos, como afirmar que a organização é a "líder reconhecida" no mercado e oferece uma "vantagem competitiva" para entregar um "desempenho de alto nível" e "resultados superiores".

A filosofia da Atlassian é que "o desenvolvimento da carreira começa nos primeiros noventa dias de um novo emprego".[28] Por isso, elabora um plano de noventa dias para ajudar os funcionários a começar com o pé direito – aprendendo os valores e processos da organização, para além da formação de relacionamentos iniciais que irão ajudá-los a fazer o próprio trabalho e a se desenvolver durante seu tempo de empresa. A partir daí, gestores e colaboradores atuam juntos para criar um plano de desenvolvimento de carreira, um mapa com formas de crescer na carreira e progredir na companhia. A Atlassian também compartilha as jornadas dos funcionários que subiram na hierarquia, normalizando lutas e desafios – "Nos primeiros seis meses como gestor novato, eu não tinha ideia do que estava fazendo" –, bem como os triunfos.[29] Eles ainda procuram aprender mais sobre os objetivos de carreira dos funcionários continuamente, e não apenas quando eles estão deixando a empresa.[30]

Sarah Larson, chefe de gestão e desenvolvimento de talentos da Atlassian, incentivava os gestores a não contar com as entrevistas de saída. Em vez disso, deveriam conduzir "entrevistas de permanência" com os membros de sua equipe para medir o comprometimento e a satisfação de um funcionário e, quando necessário, identificar maneiras de melhorar a experiência dele. Larson afirma que os gestores devem perguntar a todos os membros da equipe o que os motiva e quais são seus anseios no trabalho, o que os mantém lá e o que pode mantê-los lá no futuro, e quando foi a última vez que pensaram em sair. "Seu objetivo é conectar, construir confiança e preparar o caminho para um diálogo contínuo sobre a realidade atual do funcionário e os planos dele para o futuro."

Todos esses são sinais para as pessoas de que trabalham em uma cultura em que podem crescer e se desenvolver, tendo apoio para tal. De acordo com dados do Glassdoor de 2023, 93% dos funcionários da Atlassian recomendariam a empresa a um amigo, e a empresa tinha uma pontuação de 4,8 (em 5) em cultura e valores.[31] Uma informação para quem se preocupa com a possibilidade de as culturas de crescimento serem menos competitivas no mercado: em maio de 2023, a Atlassian estava avaliada em mais de 38 bilhões de dólares e seus produtos, incluindo Jira e Trello, eram classificados entre os de melhor desempenho em sua categoria.[32]

A pesquisa deixa claro que muito estresse crônico e contínuo – do tipo que está embutido em uma cultura de competitividade interpessoal – pode custar caro. A lei de Yerkes-Dodson, que ilustra a relação entre pressão e desempenho, mostra que, em certo grau, o estresse começa a prejudicar o aprendizado durante tarefas desafiadoras.[33] **Quando os funcionários são motivados a ter um bom desempenho por medo de perder o emprego para colegas concorrentes ou estrelas que serão contratadas para substituí-los, isso compromete o seu senso de segurança psicológica e, potencialmente, sua saúde a longo prazo, afetando sua capacidade de se desenvolver e se aperfeiçoar.**

A pressão em si não é o fator determinante no desempenho – afinal, ter algumas situações e prazos estressantes faz parte de quase todos os ambientes de trabalho. A questão é se podemos canalizar essa pressão para estimular a colaboração, a parceria e a inovação, reformulando o estresse como algo que podemos superar juntos, reunindo energia, recursos e contribuições; ou se o estresse é exacerbado pela necessidade de vigiar os colegas de trabalho e alcançar objetivos sozinho, uma abordagem que esmaga a criatividade e a coesão. Com o tempo, os funcionários podem ficar frustrados (ou adoecer fisicamente) e ir embora. E, mais uma vez, nossa pesquisa mostrou que, em uma cultura de gênio, é mais provável que os funcionários estejam procurando trabalho em outro lugar.[34]

Agora que exploramos alguns dos impactos negativos da concorrência interna e como isso atrapalha a colaboração, vamos analisar mais detalhadamente como a colaboração *impulsiona* o desempenho e os resultados nas culturas de crescimento.

COMO AS CULTURAS DE CRESCIMENTO PROMOVEM A COLABORAÇÃO E SUPERAM A COMPETIÇÃO

Quando era criança, Jennifer Doudna se interessou pela descoberta da estrutura de dupla hélice do DNA, uma façanha de James Watson e Francis Crick.[35] No entanto, conhecer a contribuição de Rosalind Franklin, uma cientista, para esse achado foi a fagulha que faltava. Ler sobre Franklin revelou a Doudna que as mulheres também podiam ser cientistas, uma constatação que moldaria o curso de sua vida e também da pesquisa genética. Doudna, trabalhando em paralelo com colaboradores dentro e fora de seu laboratório, faria uma série de descobertas científicas que levaram ao desenvolvimento do CRISPR – uma tecnologia de edição genética que um dia poderá erradicar diversas doenças congênitas terríveis, usada atualmente para desenvolver novos métodos para detectar e combater ameaças virais.

O fato de Watson e Crick não terem reconhecido a contribuição de Franklin para o achado deles pode ter influenciado Doudna. A carreira dela se destacou pelas descobertas de ponta que seu laboratório fez e *pela forma como* foram feitas. Contrariando a mentalidade de gênio tão predominante na ciência, a equipe de Doudna demonstra um grau incomum de parceria, baseada na crença da própria cientista de que a colaboração pode produzir um progresso mais efetivo e soluções melhores que qualquer pesquisador trabalhando isoladamente. Em 2020, ela recebeu o Prêmio Nobel de Química junto com Emmanuelle Charpentier, que atua em outro laboratório e com quem trabalhou em pesquisas importantes para o desenvolvimento do CRISPR.

Na pandemia de covid-19, Doudna convocou uma força-tarefa multiorganizacional para pesquisar como a tecnologia CRISPR poderia ser usada na luta contra o Sars-CoV-2. Para isso, deixou de lado uma rivalidade antiga com o colega pesquisador de edição genética Feng Zhang.[36] Os dois concordaram em unir seus recursos e compartilhar publicamente suas descobertas, sem preocupação com o licenciamento de patentes. O resultado foi um teste de diagnóstico baseado no CRISPR que recebeu autorização de uso emergencial da agência federal reguladora norte-americana no início de 2022.[37]

Para Doudna, a cultura em seu laboratório é fundamental.[38] Como Walter Isaacson narrou no livro *A decodificadora*, ao contratar alguém para sua equipe, Doudna "colocava tanta ênfase em garantir que a pessoa se encaixasse no grupo quanto na avaliação de seus feitos em pesquisa". A certa altura, Isaacson contestou a abordagem da cientista, perguntando-se se ela estaria deixando de identificar alguns "gênios individualistas". Doudna respondeu: "Sei que algumas pessoas apreciam conflitos criativos. Mas eu gosto de ter no laboratório pessoas que trabalham bem em parceria." Como parte de seu processo de entrevista para estudantes de doutorado, Doudna consulta sua equipe para garantir que todos concordem sobre a melhor escolha. "O objetivo é encontrar pessoas autogerenciadas, mas que demonstrem coleguismo", diz ela.

Quando a motivação intrínseca se combina com uma cultura de mindset de crescimento, a competição com colegas de equipe torna-se desnecessária para seduzir as pessoas. O que as mobiliza é um fogo interior para crescer, aprender e realizar em conjunto. A própria Doudna é conhecida por ser bastante competitiva; no entanto, dentro da equipe, ela incentiva e espera colaboração, por meio da qual os pontos fortes e as especialidades de cada cientista podem fertilizar um território compartilhado de investigação a partir do qual novas descobertas venham a surgir. Ela define a cultura do laboratório a partir do topo.

Certa vez, quando Doudna percebeu que um aluno não estava se esforçando, ela o chamou e disse: "Você não está assumindo os projetos que um aluno como você está pronto para aceitar. Por que fazemos ciência? Para abordar grandes questões e correr riscos. Se você não experimentar outras coisas, nunca fará uma descoberta." Com o incentivo, uma supervisão atenta e o apoio contínuo de Doudna, o pesquisador realizou várias descobertas que representaram avanços na área. Doudna aplicou essa mesma abordagem fora de seu laboratório, cofinanciando uma conferência CRISPR a fim de reunir presencialmente cientistas que trabalham com edição genética, criando um ambiente em que se sintam seguros para partilhar dados inéditos e novas ideias.

A ênfase na colaboração e na coesão da equipe vem ajudando a criar e sustentar uma cultura de crescimento que faz do laboratório de Jennifer Doudna um dos mais bem-sucedidos, inovadores e financeiramente competitivos do gênero. Porém, a menos que uma organização aja com intencionalidade ao promover a colaboração, ela pode, de modo involuntário, transmitir aos seus funcionários uma mensagem muito diferente. Foi o que descobrimos em nossa pesquisa com um banco multinacional.

Embora as mensagens sobre mindset venham de vários lugares, os funcionários aprendem muito com os supervisores sobre comportamentos que a organização valoriza. Ao analisar dados de várias pesquisas com milhares de funcionários e gestores, encontramos um conjunto de estratégias gerenciais que influenciavam os funcionários a ser mais competitivos ou mais colaborativos com os colegas. Uma das estratégias para manter felizes os funcionários mais destacados era atribuir a eles as tarefas mais difíceis, deixando os trabalhos monótonos a cargo de pessoas menos talentosas. A ideia era evitar a desmotivação dos funcionários com desempenho superior. Sem saber, esses gestores fomentavam uma cultura de gênio. Assim que os funcionários notavam os comportamentos de mindset fixo de seus gestores, começavam a disputar uma posição entre si. Por outro lado, os gestores mais orientados para o crescimento distribuíam projetos difíceis para toda a equipe e trabalhavam com os colaboradores para identificar como ter sucesso.

Na Patagonia, marca de roupas e acessórios esportivos, os gestores empregam essa abordagem de alto engajamento e voltada para o crescimento na contratação e no desenvolvimento de pessoal. Desde o início, Yvon Chouinard, fundador da empresa, teve a intenção de promover a colaboração. "Não procuramos 'estrelas' em busca de tratamento especial e regalias", diz ele. "Nossos melhores esforços são colaborativos, e a cultura da Patagonia recompensa aquele que joga para o time, ao mesmo tempo que tem baixa tolerância com aqueles que precisam de holofotes."[39] Esse é um excelente exemplo em que o mindset fixo (em relação à colaboração – ou você colabora ou está fora) pode proporcionar algo positivo. (Para além da tolerância zero para com aqueles que procuram elevar o próprio status em relação aos outros, Chouinard e o restante da liderança da Patagonia são inflexíveis quanto à sustentabilidade e aos padrões éticos.)

A Patagonia busca grandes profissionais, desde que estejam mais focados nos resultados do grupo e da organização do que em rankings ou resultados individuais. "Não queremos drones que seguem instruções. Queremos funcionários que questionem a sensatez de algo que considerem uma má decisão." Esta última parte é essencial para preservar os elevados padrões éticos e de qualidade da Patagonia para os seus produtos. As equipes de design e produção trabalham em estreita colaboração – se não for assim, uma simples mudança de design pode exigir que a produção mude de fábrica, o que significa um novo processo de certificação para garantir que os materiais e o tratamento dos trabalhadores estejam de acordo com os padrões.

A Patagonia costuma preencher cargos promovendo internamente. Isso funciona porque, como Doudna, a companhia dá muita atenção à contratação por adequação cultural, perfil colaborativo e potencial. Talvez alguns funcionários demorem mais a acertar o passo porque há mais habilidades específicas que precisam aprender, e tudo bem que seja assim. O modelo da Patagonia deu tão certo que de tempos em tempos a empresa precisa segurar seu crescimento para garantir a manutenção de seus padrões de impacto ambiental. No entanto, foi dos poucos grandes varejistas que preservou a rentabilidade e cresceu durante as maiores recessões econômicas.

Líderes como Doudna e Chouinard exercem um impacto enorme no mindset organizacional, como outros empreendedores que encontrei em minha pesquisa. No estudo com a Fundação Kauffman, descobrimos que as empresas com mindset de crescimento tendem a ter fundadores que acreditam numa correlação positiva entre esforço e capacidade: quanto mais esforço você dedica, mais fortes se tornam suas habilidades. As empresas com mindset fixo, ao contrário, defendem uma correlação negativa entre capacidade e esforço: se você tiver que se esforçar, é sinal de baixa competência profissional. Organizações lideradas por fundadores mais orientados para o crescimento apresentaram comportamentos menos competitivos e mais colaborativos que aquelas comandadas por fundadores com convicções mais fixas.

Mas será que as empresas com culturas de crescimento pagam um preço por essas normas colaborativas (em vez de competitivas)? De jeito nenhum. Como observei anteriormente, havia menos rotatividade nessas organizações, e as empresas lideradas por fundadores com mindset de crescimento tinham maior probabilidade de cumprir as metas anuais de captação de recursos que haviam estabelecido para si mesmas. E não é que os fundadores com mindset de crescimento estabelecessem metas mais fáceis – eles eram tão ambiciosos quanto seus pares com mindset mais fixo.

Talvez você ainda resista, acreditando que a competição interna às vezes impulsiona os melhores resultados. Uma possível área em que profissionais tenham realmente que ser superestrelas, porque o que está em jogo é a vida ou a morte, como a cirurgia, talvez pudesse ser a exceção em que a competição confere uma vantagem. O renomado neurocirurgião David Langer diz o contrário, e ele deve saber do que fala. Langer é chefe da neurocirurgia do Hospital Lenox Hill da cidade de Nova York, classificado pelo *U.S. News & World Report* como um dos melhores centros nacionais em neurologia e neurocirurgia.[40] "Sem colaboração", diz ele, "não existem grandes equipes nem pessoas motivadas a ajudar umas às outras, tudo desmorona (…). É o nosso foco, o nosso coração e a nossa cultura colaborativa que garantem o sucesso. Foi esse tipo de química especial que nos permitiu competir com os maiores departamentos de neurocirurgia."[41]

CRIANDO UMA CULTURA DE CRESCIMENTO COLABORATIVA

Aqui estão algumas maneiras de construir sua própria cultura de crescimento colaborativa e, ao mesmo tempo, minimizar a concorrência interna negativa em sua organização.

Conduza uma auditoria de indutores

Ao conhecer uma organização, minha equipe quase sempre realiza uma auditoria de indutores, em que identifica as políticas, as práticas e as normas em vigor e se elas estão empurrando as pessoas na direção de um mindset fixo ou na de um mindset de crescimento. Você pode fazer algo semelhante em sua empresa. Procure se concentrar nas situações regulares e rotineiras que podem gerar conflitos entre as pessoas, minando a coesão do grupo.

Quando fazemos uma auditoria de indutores, começamos com os grupos de afinidade da organização, que representam pessoas de origens negativamente estereotipadas, estruturalmente desfavorecidas ou numericamente sub-representadas. Pela minha pesquisa, esses indivíduos tendem a estar mais atentos aos indutores do ambiente de trabalho que indicam se uma empresa pratica normas de respeito, inclusão e colaboração. Perguntar a membros de grupos de afinidade racial sobre sua experiência de colaboração e inclusão nas equipes me diz muito sobre as normas comportamentais de uma empresa. Às vezes ouço que essas pessoas se sentem como "uma decoração de vitrine", "troféus" para "fazer a empresa parecer legal", mas, quando se trata de trabalho, não recebem atribuições desafiadoras e acesso a redes de contato que lhes permitirão crescer e se desenvolver. Isso revela um problema de cultura. Não é incomum ouvir de funcionários que alguns profissionais têm permissão para cometer erros e aprender com eles, mas que essa flexibilidade não se estende aos demais na empresa (as pessoas me dizem que essa anuência segue critérios raciais e de gênero).

Quando inicio a auditoria de indutores, descrevo o espectro do mindset e depois falo sobre como diferentes políticas e práticas podem comunicar esses mindsets. Em seguida, pergunto às pessoas: "Em quais interações, políticas ou práticas em seu trabalho diário você sente que mensagens de mindset fixo ou de crescimento são divulgadas?" E partimos daí. Para obter instruções detalhadas sobre como realizar uma auditoria de indutores, acesse o site www.marycmurphy.com [em inglês].

Veja o que os dados indicam

Um equívoco comum é achar que culturas de crescimento são menos orientadas por dados que culturas de gênio. Na verdade, acontece o inverso. Por causa da crença em gênios, as pessoas confiam mais em seu instinto (ou no do gênio); além disso, analisar os dados pode desafiar a genialidade de alguém. O treinador de corrida Steve Magness, que denunciou as práticas antiéticas e abusivas do treinador da Nike, Alberto Salazar, lembra-se de um incidente no qual Salazar reclamou que uma corredora em particular – recém-chegada à sua primeira equipe no campeonato mundial – era "muito gorda". Magness mostrou a Salazar gráficos com dados indicando que a atleta tinha um percentual de gordura corporal excepcionalmente baixo. Salazar teria respondido: "Não dou a mínima para o que a ciência diz. Sei o que meus olhos veem: ela precisa perder peso." (Segundo Magness, Salazar vivia ameaçando reduzir a duração de seu contrato caso ele não continuasse "provando" seu valor.)[42] Muitas vezes consigo afirmar que estamos lidando com uma cultura de gênio quando há relutância em examinar dados ou compartilhá-los entre equipes, divisões e grupos contratados para ajudar a empresa a melhorar.

Em culturas de gênio, as pessoas podem insistir que a competitividade interpessoal é um elemento-chave do sucesso, e, no entanto, se forem examinados, os dados contarão uma história diferente – divergente da mitologia corporativa. Em nossa pesquisa, vimos que equipes com culturas de crescimento mais fortes adotam normas comportamentais mais cooperativas no trabalho, o que prevê um desempenho mais elevado nas avaliações trimestrais (e maior satisfação dos funcionários).

Pode ser uma surpresa para os líderes que, sem olhar os dados, jamais saberiam disso. Ainda assim, não acredite apenas na minha palavra: veja o que seus próprios dados dizem.

Reformule a competição

Na série *Friends*, todo mundo sabe que Monica é extremamente competitiva – com qualquer pessoa, por qualquer coisa. Em um episódio, ela fica arrasada ao descobrir que não faz as melhores massagens, como acreditava. Ao contrário, suas massagens são as piores. Para amenizar o golpe, seu namorado, Chandler, reformula a notícia, dizendo a Monica que ela pratica as "melhores massagens ruins".[43] Reformular a competição não tem a ver com satisfazer egos frágeis, mas sim com injetar um pouco de diversão e criatividade em como ela pode acontecer.

Em vez de os funcionários se enfrentarem para derrotar uns aos outros, como em um mindset fixo, como você pode incentivá-los a competir nas dimensões de colaboração, crescimento e desenvolvimento? A empresa de tecnologia DigitalOcean oferece incentivos e prêmios não financeiros por comportamento colaborativo, incluindo aparelhos Kindle pré-carregados com livros de negócios escolhidos pelo CEO.[44] Na PepsiCo, os bônus anuais dos funcionários estão vinculados ao que eles fizeram para ajudar outros funcionários a ter êxito. Pense em como você pode reimaginar incentivos e estruturas avaliativas para valorizar os indivíduos e as equipes que mais se desenvolvem ou demonstram capacidade de inovar juntos. E se houvesse um reconhecimento a um projeto que contou com a maior colaboração entre equipes ou entre departamentos? Que tal desafiar as equipes a apresentar ideias para uma competição orientada para o crescimento?

Refaça seu sistema de avaliação

Em 2013, a Microsoft abandonou seu sistema de avaliação por curva forçada.[45] Se a sua organização utiliza esse sistema (ou uma abordagem belicosa semelhante para fazer as pessoas competir por recursos preciosos), considere outro método de avaliação e distribuição de recursos que não incentive a rivalidade, e sim a colaboração com os colegas de trabalho.

Quando a Patagonia começou a questionar seu próprio sistema de recursos humanos, uma das mudanças foi eliminar o sistema de avaliação individual. Dean Carter, diretor de recursos humanos da empresa, diz que passou a aplicar os modelos do movimento de agricultura sustentável à gestão de pessoas. Pelo enfoque agrícola padrão de hoje, quando uma planta amadurece, colhemos os seus frutos ou a cortamos e depois lavramos o solo. Como explica Carter, essa prática esgota o solo e exige investimentos para fertilizar o terreno e reiniciar o processo. É uma abordagem toda concentrada na extração, e é como tendemos a tratar as pessoas que trabalham dentro de uma organização. Na agricultura regenerativa, os agricultores dão atenção tanto ao que entra na terra quanto ao que sai dela para que o solo permaneça saudável.

Carter percebeu que, sem querer, a Patagonia estava erodindo o próprio solo ao se concentrar quase exclusivamente no que a empresa poderia obter dos funcionários sem se preocupar em retribuir. Ele perguntou: "Quais dos nossos processos em RH parecem mais extrativos por natureza e quais são mais regenerativos?" Essas perguntas levaram a equipe de Carter a examinar o processo anual de avaliação de desempenho, que criava um ponto de desconforto durante o ano (parecido com o que meus colegas e eu vivenciávamos no decorrer do processo anual de aumento por mérito). Como Carter descreve, era um "momento que tanto o funcionário quanto o gerente odiavam, do qual todo mundo precisava se recuperar até o próximo ciclo". As pessoas ficavam esgotadas com as críticas, e a empresa oferecia aumentos e bônus para fertilizar outra vez o solo e tentar recuperar o moral. Quando Carter anunciou que a Patagonia estava reformulando o processo de gestão de desempenho, os funcionários "literalmente ficaram de pé e aplaudiram". Embora a empresa seja conhecida por dar aos funcionários ampla autonomia para tomar decisões sobre a melhor forma de realizar o trabalho, a participação foi recorde quando pediu ideias sobre como refazer a gestão do desempenho. "Nas sessões que realizamos, só havia lugar para ficar em pé."

Agora, em vez de uma avaliação anual, o RH fornece uma ferramenta que os funcionários podem utilizar para ajudar a melhorar a performance, "e eles podem se apoiar nela tanto quanto necessário com base em sua situação pessoal e em suas necessidades, e nos requisitos de seu gestor, sem aquele efeito fiscalizador do RH", diz Carter. A nova abordagem resultou na melhoria do desempenho dos funcionários e liberou o RH para procurar insights e dados interessantes a fim de ajudar as pessoas a se desenvolver ainda mais. Por meio das novas dimensões de análise de desempenho, o RH está obtendo informações muito mais úteis, relata Carter. Ele acrescenta que o sistema "libera tempo para que o funcionário e o gestor façam um trabalho melhor, ou, no caso da Patagonia, talvez para pegar umas ondas".[46] [Os funcionários da empresa podem sair para surfar durante o expediente. A sede da empresa fica em Ventura, cidade litorânea na Califórnia.]

Como parte do Programa de Avaliação de Talentos, o desenvolvedor de softwares GitLab incentiva os gestores a analisar o desempenho passado e também o potencial de crescimento dos funcionários. Tal como a empresa descreve: "O potencial de crescimento se refere à capacidade e ao desejo de um membro da equipe de assumir com sucesso responsabilidades cada vez maiores ou mais complexas e aprender novas competências, em comparação com seus pares e com as responsabilidades das funções descritas na respectiva categoria de cargos. Isso pode incluir o potencial de crescimento para passar ao próximo nível de sua categoria e/ou a um movimento lateral."[47] Ao determinar o potencial de crescimento de um funcionário – avaliado em relação aos quatro pilares principais de adaptabilidade, capacidade de expansão, consistência e autoconsciência –, os gestores conseguem calcular a melhor trajetória para ele concretizar esse objetivo.

Fiel ao estilo de uma cultura de crescimento, a empresa observa que o potencial pode se alterar ao longo do tempo em relação às mudanças no conjunto de competências e habilidades de um funcionário, para além de seus interesses. Você pode incorporar algo semelhante para os profissionais de sua empresa, ajudando-os a identificar e concretizar oportunidades de desenvolvimento.

No início deste capítulo, descrevi a maneira desconfortável que meus colegas do corpo docente usavam para divulgar as avaliações dos alunos todos os anos. Agora, delineamos até que ponto os professores colaboram entre si em artigos, projetos e bolsas; o diagrama da rede de colaboração do nosso departamento está afixado na recepção, junto aos escaninhos dos professores. Pense em quais métricas você pode usar em sua organização para estimular uma cultura de crescimento colaborativa e desafiar a cultura de gênio competitiva. Lembre-se dos planos de desenvolvimento altamente individualizados da Atlassian, em que se espera que todos continuem crescendo e tenham suporte para isso. E, algum tempo depois de o novo sistema entrar em vigor, não se esqueça de checar os dados para ver como ele está impactando métricas como desempenho e retenção, por exemplo, em comparação com o sistema anterior, para que você possa fazer os ajustes necessários.

CAPÍTULO 4

Inovação e criatividade

Quando se trata do futuro da energia, não temos escolha a não ser mudar a forma como agimos até aqui. As empresas que trabalham com a produção de combustíveis fósseis terão que migrar de um modelo relativamente testado e comprovado para um modelo com muito mais incógnitas e complexidades. Na definição da Shell: "Como saímos de um mundo de variabilidade quase previsível para um mundo de incerteza elementar?" Uma transição energética global está em curso. "Não sabemos qual é sua velocidade, não sabemos qual é seu tamanho, mas sabemos que está chegando", diz Jorrit van der Togt, vice-presidente executivo de RH da Shell (e, por acaso, ph.D em psicologia social).[1] Para navegar em um futuro incerto, a Shell precisaria transformar todo o seu negócio. Mas como?

Van der Togt analisou vários setores para observar se outras organizações de longa data haviam conseguido gerir com sucesso uma mudança tão grande. Acabou chegando à Microsoft e sua transformação de retardatária a líder em tecnologia na nuvem. O CEO Satya Nadella orquestrou o movimento ao mudar a cultura organizacional: de uma cultura de gênio para uma cultura de crescimento. Van der Togt sabia que seria preciso uma transformação cultural semelhante na Shell para satisfazer as novas demandas energéticas globais.

Por coincidência, enquanto a Shell procurava um novo rumo a seguir, Van der Togt estava no processo de atualização do programa de desenvolvimento de funcionários, e entre os candidatos a parcerias possíveis para ajudá-lo estava Stanford. Van der Togt pegou um voo para Palo Alto e passou um dia inteiro ouvindo apresentações de professores sobre como as organizações podem lidar com momentos de transformação como o que a Shell enfrentava. Foi assim que nos conhecemos. Depois da minha fala sobre mindset organizacional, as coisas começaram a fazer sentido para ele. Ele sabia que a Shell tinha uma necessidade urgente de inovar e precisaria implementar toda a criatividade que tivesse para resolver os desafios. Talvez focar no mindset organizacional pudesse ajudar a companhia com essas prioridades, assim como havia ajudado a Microsoft.

Fui para a cidade de Haia, nos Países Baixos, para uma série de reuniões com o então CEO, Ben van Beurden, e membros da equipe executiva que concordavam com Van der Togt. Eles entendiam que a cultura organizacional é impulsionada pelo topo e que, portanto, a mudança teria que começar por eles: precisariam liderá-la e formatá-la. Cada executivo trabalhou em sua própria história de mindset – refletindo sobre situações em que tinham adotado o mindset fixo, como e por que mudaram para o mindset de crescimento, e como essa mudança os havia ajudado em suas carreiras.

Compreensivelmente, a equipe executiva queria testar nosso modelo de mudança de cultura de mindset. Os gestores poderiam ter optado por um teste de baixo risco, de modo que, se não funcionasse na Shell, o impacto negativo potencial seria mínimo. No entanto, fizeram uma escolha estratégica de se concentrar em um dos aspectos mais importantes e desafiadores da organização: a segurança. "No nosso caso", diz Van der Togt, "trabalhamos numa indústria inerentemente perigosa, em que as operações podem resultar em fatalidades. Por isso, a segurança era o maior *case* de implementação para nós."

Historicamente, a Shell vinha operando em grande parte como uma cultura de gênio, sobretudo no quesito segurança. Isso faz sentido, certo? A segurança é uma área em que protocolos rígidos parecem apropriados. Todos na Shell, inclusive os executivos, usavam cordões no pescoço com cartões que descreviam os princípios de segurança que a organização prezava. O problema era que, embora o compromisso rigoroso da Shell com a segurança tivesse sido bem-sucedido na redução de acidentes, eles não conseguiam atingir a Meta Zero Acidente, por mais checklists que implementassem ou análises pós-incidentes que realizassem.

Criada em 2007, a Meta Zero Acidente era o santo graal da segurança da Shell: seu objetivo era zerar danos e vazamentos em todo o sistema da organização, incluindo pessoal, processos e operações de transporte – desde a extração de petróleo do solo até o transporte por caminhão, trem e navio; o armazenamento em tanques enormes; o uso para fabricar produtos que seriam distribuídos para todo o planeta. A empresa reconhecia que as fatalidades e os vazamentos eram inaceitáveis, mas ainda não tinha conseguido atingir a Meta Zero. Eles haviam feito progressos ao longo dos anos, reduzindo os números aos poucos, mas se perguntavam se uma cultura de mindset de crescimento poderia enfim ajudá-los a eliminar essa brecha.[2] As pessoas conseguiriam abandonar o mindset fixo e as formas rotineiras de operar e abraçar a aprendizagem, sobretudo quando, inevitavelmente, erros eram cometidos? À medida que a Shell muda o seu modelo de negócio e estabelece novas metas para a transição energética, equilibrando o imperativo da segurança, os desafios e riscos para a inovação tornam-se ainda maiores que em outros setores. Juntos, trabalhamos em maneiras de ajudar as pessoas a procurar meios de melhorar os protocolos de segurança e incentivar os funcionários a incorporar seu "mindset de aprendiz", como a Shell denomina, quando se trata de questões de segurança. Mais adiante neste capítulo, veremos como a companhia se saiu ao mudar o mindset organizacional em busca da Meta Zero.

Assim como a colaboração, a criatividade e a inovação são influenciadas pela cultura de uma empresa. A colaboração alimenta a inovação, de modo que as culturas de crescimento se beneficiam duplamente do investimento em colaboração, uma vez que incentiva as pessoas a apresentar novas ideias ou a combinar conceitos atuais de novas maneiras. Embora as culturas de gênio possam inovar e de fato inovem, como a Shell com questões de segurança, estão trabalhando contra restrições estruturais e interpessoais criadas por normas mais voltadas para um mindset fixo. Operar em culturas de gênio é como pilotar um avião em meio a fortes ventos contrários: você pode chegar ao seu destino, mas seus gastos serão maiores, você poderá se atrasar e a viagem será bem mais estressante. E, embora as culturas de gênio possam produzir inovações significativas, fica a pergunta: que realizações maiores poderiam ter alcançado – com custos menores, talvez – se tivessem invocado o mindset de crescimento com mais frequência?

As culturas de crescimento são aquilo em que pensamos quando falamos de *organizações de aprendizado*; todos os dias é uma caça ao tesouro, com funcionários ávidos por encontrar novas ideias para aperfeiçoar produtos e processos. As culturas de gênio são basicamente *organizações de acomodação*, ou seja, que se apoiam no status quo ou em como as coisas eram feitas no passado para direcionar os esforços atuais. Às vezes, elas podem oferecer recursos e incentivos para inovar, mas, em geral, concedem esses "presentes" apenas a algumas estrelas ou como estímulo para "projetos de estimação" dos líderes.

Neste capítulo, veremos como as culturas de crescimento e as de gênio inovam de maneiras diferentes, bem como os impulsos ou obstáculos específicos que o mindset pode suscitar.

COMO O MINDSET IMPULSIONA OU IMPEDE A INOVAÇÃO

Em se tratando de inovação, talvez a última área que venha à sua mente seja a contabilidade. No entanto, Candace "Candy" Duncan conseguiu inovar exatamente nesse campo ao inspirar as pessoas a pensar fora da caixa, e fez isso transitando no delicado equilíbrio entre a criatividade e o cumprimento de rígidas regras jurídicas e éticas. Duncan foi sócia-diretora do escritório da KPMG da área metropolitana de Washington, tornando-se a primeira mulher sócia-diretora da empresa e conduzindo suas prioridades de crescimento com qualidade em funções de auditoria, impostos e consultoria. Embora seu currículo seja extenso, quem trabalhou para Duncan na KPMG costuma associá-la a uma pergunta que ela fazia com frequência: "Como podemos elevar o padrão?"

Duncan disse em uma entrevista que lançava o mesmo desafio a todos que trabalhavam para ela: "Faça o seu melhor todos os dias. Parece fácil, mas experimente fazer o seu melhor todos os dias da próxima semana. Do próximo mês. Não pegue atalhos. Acredito que estabelecer essa meta seja útil, quer você tenha acabado de sair da faculdade, quer esteja assumindo uma nova posição de liderança aos 51 anos. Você ficará surpreso com o resultado ao longo de um ano. Veja o que conquistei durante minha carreira de 37 anos."[3] Liderar pelo exemplo tem sido essencial para o sucesso de Duncan ("Nunca peço a alguém que faça algo que eu não faria", diz ela).[4]

A força do exemplo está embasada por um estudo acadêmico com consultores financeiros: aqueles que operavam em um mindset de crescimento mostravam-se mais dispostos a fazer mais por seus clientes quando viam outras pessoas se comportando assim.

Duncan diz que uma das chaves para a inovação num cenário repleto de restrições regulamentares é incentivar equipes colaborativas e engajadas. "Acho que nove em cada dez vezes uma equipe apresenta uma resposta melhor", disse ela. "Uma equipe diversificada terá mais experiências a oferecer. É inteligente para o negócio. Por que não usar o melhor de tudo que você tem?" Ela acrescenta que essa diversidade de ideias dos funcionários de todos os níveis da organização mostrou pontos cegos que não tinha observado em si mesma: "Às vezes você não sabe o que não sabe. Pode trabalhar com alguém e não entender por que essa pessoa faz o que faz, mas se estiver disposto a se instruir verá as coisas de maneira diferente." Ser curiosa e estar disposta a aprender com todos – os principais valores de Duncan – são marcas registradas do mindset de crescimento.

Quando se trata de cultura corporativa, muitas empresas se apoiam em um conjunto de valores que cascateia por toda a organização. Vários dos valores fundamentais originais, e agora abomináveis, do aplicativo de compartilhamento de corridas Uber indicavam seu mindset de cultura de gênio: (1) estar sempre trabalhando; (2) ser dono, não locatário do próprio veículo; (3) fazer grandes apostas ousadas; (4) celebrar as cidades; (5) ter obsessão pelo cliente; (6) atuar de dentro para fora; (7) permitir que os criadores criem; (8) fazer mágica; (9) priorizar a meritocracia e confrontar os colegas sempre que isso puder levar a um resultado melhor; (10) ser uma liderança otimista; (11) confrontar com princípios; (12) manter-se entusiasmado; (13) ter mindset de campeão/vencedor; (14) ser autêntico.[5] Como é possível que um funcionário se concentre em vencer e priorizar a meritocracia *e* ser ele mesmo? Como escreveu o jornalista do *The New York Times* Mike Isaac em *A guerra pela Uber*, durante os primeiros anos na empresa as avaliações de desempenho observavam qualidades como impetuosidade, produtividade, entusiasmo e inovação. "Uma pontuação baixa podia significar demissão", relatou Isaac, "ao mesmo tempo que uma pontuação alta influenciava aumentos salariais, promoções e bônus anuais." Não é de surpreender que as pontuações, revelou ele, "dependessem da proximidade de determinado funcionário com o gestor ou chefe de departamento que estava conduzindo a avaliação".

A antiga cultura de mindset fixo da Uber carecia de padrões claros e apropriados. Muitas vezes, porém, as pessoas veem as culturas de crescimento de maneira estereotipada por sua amplitude e ausência de limites precisos. A verdade é que, nas organizações com mindset de crescimento, os indivíduos aprendem onde estão os verdadeiros limites e exercitam a criatividade e a inovação dentro deles. Na KPMG, em meio a limites jurídicos e regulatórios significativos, Duncan enfrentou desafios numa área em que nenhuma criatividade levaria sua equipe a atingir o objetivo – pelo menos não de maneira ética.[6]

Suponha que tenha havido uma paralisação do governo e, ao mesmo tempo, uma agência governamental acabasse de abrir um projeto de licitações. Você não pode fazer perguntas aos funcionários federais sobre esse projeto porque, supõe-se, eles não deveriam estar trabalhando. Duncan se lembra de um gestor da KPMG de Nova York que se recusava a aceitar que o escritório de Washington não pudesse obter novas informações para tornar sua proposta mais competitiva. A equipe dela fez o que pôde para ser criativa, para "interpretar as informações que a agência do governo nos havia fornecido e abordá-las em nossa proposta". O gestor insistia para que contatassem os funcionários federais envolvidos na licitação, mas ela sabia que isso seria ilegal. Duncan resolveu o problema recrutando dois supervisores daquele gestor para explicar a ele as possíveis implicações legais, e o gestor acabou recuando. Duncan havia mostrado como manter uma posição firme mesmo quando pressionada a burlar as regras.

Na Uber, a criatividade tinha um lado sombrio, como gastar dezenas de milhões de dólares todos os anos para influenciar os legisladores a trabalhar a seu favor e usar ferramentas de alta tecnologia para enviar spam àqueles que não o faziam. A empresa também rastreava clandestinamente os movimentos dos usuários do aplicativo depois que deixavam o carro; recrutava ex-funcionários da CIA, da Agência de Segurança Nacional e do FBI para espionar funcionários do governo; ampliava o número de motoristas contratando indivíduos com registros suspeitos, que não se qualificariam a uma carteira comercial regular. Uma "inovação" da Uber, que os funcionários apelidaram de "Inferno", foi um programa de alta tecnologia que monitorava as atividades dos motoristas da Lyft, muitos dos quais também trabalhavam para a Uber. Uma de suas táticas era manipular estrategicamente as taxas de pagamento para tentar fazer com que esses motoristas aceitassem mais corridas da Uber.[7] Tais exemplos são uma ilustração poderosa, embora infeliz, de como as normas comportamentais de uma organização se alimentam mutuamente, incentivando os funcionários a inovar a todo custo, o que pode encorajar lapsos éticos como parte do preço a pagar pelo sucesso.

Em um mundo de soma zero (em que um lado precisa perder para que o outro ganhe), a Uber estava disputando um jogo que poderia perder. Isso quase aconteceu quando a campanha #DeleteUber, de grande alcance, revelou algumas das táticas da empresa, e quando uma postagem viral no blog de Susan Fowler, na época engenheira da Uber, expôs a cultura de assédio sexual da empresa. O cofundador e então CEO Travis Kalanick, retratado como a principal fonte dos problemas de cultura da Uber, foi afastado. No entanto, a cultura tem raízes profundas, como aprendeu Frances Frei, professora da Harvard Business School, contratada como vice-presidente sênior de liderança e estratégia para reparar a cultura da Uber. Frei reforçou fortemente a educação executiva para ajudar a corrigir lacunas entre as funções dos gestores e suas capacidades profissionais. No entanto, em sua avaliação, "tornou-se evidente que a capacitação precisava ir muito além disso".[8] O novo CEO da Uber, Dara Khosrowshahi, eliminou os 14 valores de Kalanick, substituindo-os por outros mais centrados na inclusão e na ética, tais como "Nós celebramos as diferenças" e "Fazemos a coisa certa".[9] Ainda assim, há muito trabalho a ser feito para que a Uber aprenda com seus erros, conserte sua imagem e alcance seu verdadeiro potencial – e uma guinada na cultura de mindset constitui grande parte dessa mudança.

Agora que vimos exemplos de inovação em uma cultura de crescimento e em uma cultura de gênio, vamos dissecar alguns elementos da cultura organizacional para identificar como o mindset organizacional impulsiona ou impede a inovação.

Como o mindset impacta a criatividade

Em culturas de crescimento, a criatividade é competência de todos, e não algo atribuído a alguns "criativos" talentosos, como acontece nas culturas de gênio. Quando estamos no "modo de provar e realizar", pesquisas mostram que essas pressões prejudicam a capacidade de inovar. Especificamente, quando estamos preocupados com a forma como nossos esforços serão recebidos e como seremos julgados por eles, temos menos recursos cognitivos para empregar na tarefa em questão.[10] Em uma série de experimentos, pesquisadores aplicaram vários testes de raciocínio lógico ou verbal a estudantes de graduação e pós-graduação. Em seguida, deram a eles uma série de instruções não muito sutis concebidas para ativar seu mindset fixo, como por exemplo: "Durante esta tarefa, os pesquisadores avaliarão sua performance. É importante que você tenha um bom desempenho e obtenha uma pontuação alta para demonstrar sua competência. Saiba que muitos estudantes farão esta tarefa, portanto você deve tentar se destacar positivamente, ou seja, ter um desempenho melhor que a maioria." Quando provocados a adotar um mindset fixo, os estudantes tinham um desempenho pior, preocupados com a avaliação.

Essas descobertas corroboram a hipótese de que a preocupação com a comparação social e a tentativa de exibir a própria capacidade consomem memória de trabalho. Quando os funcionários estão apreensivos com as repercussões de um desempenho ruim, têm menos recursos intelectuais para entregar, o que significa menos inovação e menor capacidade de resolver problemas. (Aliás, chamamos essa tagarelice mental de *pensamentos irrelevantes para a tarefa*, porque não precisamos deles para solucionar problemas difíceis.) Por outro lado, um conjunto diferente de estudos mostrou que pessoas com mindset de crescimento em relação à capacidade criativa tinham muito mais interesse no pensamento criativo, além de um desempenho melhor.[11]

Em termos cognitivos, acredita-se que a criatividade envolva pelo menos dois tipos diferentes de pensamento: divergente, em que a pessoa busca múltiplas direções e soluções; e convergente, em que tenta descobrir uma única solução ideal ou mais correta. Pesquisadores realizaram um estudo para mensurar o pensamento divergente e, em particular, para observar a relação entre o mindset e a geração de soluções criativas. Aqueles que endossavam crenças de mindset de crescimento sobre a própria capacidade criativa produziam ideias mais diversas e originais que aqueles que acreditavam que sua criatividade era limitada.[12]

Em outro estudo, pesquisadores mensuraram o pensamento convergente dando aos participantes dez minutos para resolver problemas cuja solução dependia de perspicácia.[13] Por exemplo: "O brinco de uma mulher caiu em uma xícara cheia de café, mas não molhou. Como isso é possível?" (Não vou deixar você na curiosidade. A resposta é: a xícara continha pó de café.) Aqueles com mindset fixo gostavam menos da tarefa, eram mais propensos a experimentar emoções negativas e tinham pior desempenho. Já os participantes com mindset de crescimento demonstravam mais prazer, experimentavam emoções positivas durante a tarefa e se esforçavam mais para resolver os problemas. **Ambientes que impelem as pessoas ao mindset de crescimento em relação à criatividade têm maior probabilidade de estimular a autoeficácia e a motivação dos funcionários a respeito de suas próprias habilidades criativas, o que os ajuda a se tornar solucionadores mais efetivos de problemas.**

Fomentando a flexibilidade

Segundo uma citação frequentemente atribuída a Charles Darwin, "não é a espécie mais forte que sobrevive, nem a mais inteligente, mas aquela que se adapta melhor às mudanças".[14] Na psicologia, a flexibilidade cognitiva descreve a capacidade de o indivíduo mudar o pensamento ou a atenção diante das transformações em seu ambiente. A partir dessa definição, é fácil perceber por que a flexibilidade é um componente essencial da inovação. No entanto, as empresas são confrontadas com o seguinte dilema: agir de maneira cautelosa e maximizar seus recursos (conceito conhecido como *explotação*) ou procurar novos produtos, áreas ou parcerias para o crescimento (conceito conhecido como *exploração*).[15] Indivíduos e organizações que adotam de modo mais constante o mindset de crescimento tendem a ser mais flexíveis.[16]

Jacqueline Novogratz vinha se destacando na carreira de altas finanças, mas estava inquieta porque alimentava o desejo de fazer uma diferença real no mundo. Por isso, aceitou a oportunidade de viajar para a África, onde começou a trabalhar com programas de microcrédito para empresários locais em Ruanda e outros países. No entanto, encontrou sistemas falidos que emperravam a oferta de auxílio significativo, o que a desmotivou. O financiamento das organizações que tentavam ajudar os empresários africanos era dificultado por restrições rigorosas, que não atentavam para a forma como as economias locais realmente funcionavam nem para o que, de fato, beneficiaria os empresários e aqueles a quem atendiam.[17]

Quando se trata de investimento de impacto, é muito comum que as pessoas que fornecem o dinheiro ofereçam também as soluções, alinhadas com o que irá funcionar *sob a perspectiva delas*. Por estar em campo, Novogratz viu repetidas vezes como essa abordagem deixa a desejar. Não raro, os financiadores se sentem bem com suas contribuições, mas elas pouco ajudam de fato as pessoas em situação de pobreza. Depois de cofundar um programa de microcrédito bem-sucedido, Novogratz decidiu expandir sua perspectiva. A Acumen, organização que criou, é um fundo de investimento global sem fins lucrativos que leva apoio financeiro e de consultoria a empreendedores locais – na África e em outros lugares do mundo. Esse apoio ajuda a desenvolver e ampliar conceitos já comprovados para ajudar quem vive na pobreza. Em vez de um retorno financeiro para si mesmos, os financiadores da Acumen esperam retornos na forma de crescimento, inovação e ganhos financeiros para as comunidades locais. O modelo inovador da organização combina o conceito de capital de risco com a compaixão da filantropia e um respeito genuíno pelas pessoas a que presta assistência.

Entre os empresários que a Acumen apoiou está Ankit Agarwal, um homem determinado a diminuir a poluição no sagrado rio Ganges. Todos os dias, hindus de toda a Índia visitam os templos do país, levando oferendas de flores e comida aos deuses. À medida que as flores se acumulam, os sacerdotes as jogam nos rios locais. Os arranjos flutuantes compõem uma visão bonita, mas, como as flores, em muitos casos, são tratadas com pesticidas, elas poluem os cursos de água. Era o caso do Ganges. Agarwal e seu melhor amigo e parceiro de negócios, Karan Rastogi, criaram um empreendimento que abordava vários desafios ao mesmo tempo. A empresa deles, Phool (que significa "flor" em híndi), coleta flores nos templos ao longo do Ganges, borrifa-as com um produto de limpeza orgânico para remover toxinas e depois as transforma em varetas de incenso. Além de manter os pesticidas longe dos cursos de água, as varetas são um substituto mais saudável para o tradicional incenso de carvão, que pode prejudicar o sistema respiratório.

Agarwal e Rastogi deram um passo além ao empregar trabalhadores da casta mais baixa da Índia, anteriormente chamados de "intocáveis", que vivem na mais extrema pobreza e a quem restam os piores empregos – como lidar com resíduos humanos. A Phool oferece um salário digno e seguro-saúde, além de transporte, um local de trabalho convidativo e confortável e água potável para os trabalhadores levarem para casa, para suas famílias.

A Acumen também apoia outras iniciativas, incluindo uma empresa chamada d.light, que fornece iluminação solar e soluções de energia acessíveis a pessoas de baixa renda em todo o mundo. Até 2023, a d.light havia ajudado cerca de 140 milhões de pessoas em setenta países a ter acesso a produtos baratos e ambientalmente corretos para melhorar a qualidade de vida.[18] De acordo com Novogratz, a Acumen agora oferece suporte a quarenta empresas que trabalham com energia autônoma. "Podemos afirmar sem hesitação que queremos levar eletricidade limpa a 215 milhões de pessoas que estão muito distantes desse acesso por meio de energia solar independente."[19] Isso é impacto real.

O chamado capitalismo de *stakeholders*, que considera as necessidades de todas as partes interessadas, não atinge seus objetivos. E muitos dos problemas se devem a uma mentalidade de cultura de gênio. Quando falei com Jacqueline Novogratz, ela compartilhou uma conversa com investidores de hedge funds sobre alguns desafios que uma empresa apoiada pela Acumen na zona rural de Bihar, na Índia, vinha enfrentando com a gaseificação da casca de arroz. Eles responderam: "Por que você simplesmente não nos deixa administrar sua empresa?" Eles nunca haviam pisado na Índia e não tinham experiência com processos de gaseificação. "Era apenas a cultura de gênio subestimando os outros", disse Novogratz. "Aqueles investidores tinham uma crença arraigada de que se eles fossem fazer a mesma coisa que nós seriam muito melhores do que jamais conseguiríamos ser. Os modelos intelectuais deles podem funcionar nas próprias cabeças, mas não funcionam necessariamente na prática."[20]

A abordagem da Acumen enfatiza a escuta, a aprendizagem e a humildade – desenvolvendo uma compreensão profunda dos problemas para realizar parcerias com empreendedores na elaboração das melhores soluções. Ao identificar empreendedores que possa apoiar, a Acumen não se deixa levar por grandes promessas. Em vez de carisma, procura caráter. "Caráter é tudo", disse-me Novogratz. A Acumen busca pessoas que possam "falar sem rodeios sobre os fracassos e sobre o que aprenderam com eles, de uma forma que seja verossímil e demonstre resiliência. Elas devem mostrar capacidade de receber feedback e de escutar de verdade, além de curiosidade sobre as pessoas que vieram atender aqui. Deve haver também pelo menos alguma consciência das próprias limitações e uma tentativa de construir uma equipe composta de indivíduos que ajudem a compensá-las." Novogratz afirma que esses fatores também descrevem a equipe que ela própria construiu. Esse grupo diversificado permite que uma organização seja ágil e flexível o suficiente para operar com sucesso em mercados desafiadores e, ao mesmo tempo, resolver problemas complexos.

Marketing para o mindset

Até agora, nos concentramos quase por completo em como a cultura de mindset é evidente *dentro* de uma organização. No entanto, como mostra a nossa pesquisa, alguns sinais sobre o mindset de uma empresa são óbvios – conscientemente ou não – para aqueles que estão *fora* dos muros da organização.

Você escolhe sua marca favorita de roupa, hambúrguer ou locadora de veículos com base em seu mindset? Sim, de acordo com vários estudos, incluindo o trabalho que realizei com Carol Dweck.[21] Se está procurando um livro de culinária francesa porque pretende se desafiar na cozinha ou porque deseja exibir suas habilidades culinárias no próximo jantar em sua casa, isso pode indicar se você está funcionando mais a partir do mindset de crescimento ou do mindset fixo (respectivamente). Compreender o mindset de seus principais clientes pode ajudar uma empresa a determinar a comunicação mais efetiva para se conectar com os objetivos dos consumidores.

O pesquisador Josh Clarkson, da Universidade de Cincinnati, e eu também demonstramos que o mindset nos conduz na direção de determinados produtos porque eles nos ajudam a atingir nossas metas de desempenho ou de aprendizagem. Descobrimos que as pessoas com mindset de crescimento se sentem atraídas por produtos que aprimoram a aprendizagem ao expandir seu conhecimento da categoria. Um apreciador de vinhos merlot sintonizado com o mindset de crescimento estaria mais inclinado a experimentar um tipo inteiramente novo de vinho (um chardonnay, por exemplo) em vez de um subtipo de seu vinho preferido (como um blend das uvas merlot e cabernet sauvignon) por causa do maior potencial de aprendizado. Participantes com mindset de crescimento prefeririam sabores novos e exóticos de chocolate, um software ainda em fase de desenvolvimento, músicas de um gênero que nunca tinham ouvido antes e um novo tipo de carro esporte elétrico porque essas escolhas expandiam seu aprendizado em cada categoria de produto.[22]

As pessoas que operam a partir de um mindset fixo são mais determinadas a estabelecer metas de desempenho voltadas para a autopromoção que metas de aprendizagem. Caso se dirigissem a um espaço de degustação de vinhos, estariam mais inclinadas a mostrar aos outros o que já sabem – comentando sobre taninos ou terroir, por exemplo – do que a fazer perguntas e procurar novas informações.[23] Em nossa pesquisa, os participantes com mindset fixo tendiam mais a buscar produtos que passassem uma boa imagem deles e fornecessem informações sobre a melhor escolha em determinada categoria de produtos. Esses participantes optaram pelo blend merlot e cabernet, por chocolates com "um sabor realçado de chocolate" (em vez de novos sabores exóticos), uma nova versão do software padrão líder do setor (uma versão de algo cuja qualidade estava mais que comprovada), uma música de seu gênero favorito e um novo carro esportivo de "alta aceleração" que comprovava seu desempenho logo na descrição.

A forma de promover produtos pode determinar se eles atrairão mais pessoas com mindset fixo ou de crescimento.[24] Um vídeo da produtora Baby Einstein, que oferece a uma criança a experiência de absorver passivamente a "genialidade" apresentada, apela mais ao nosso mindset fixo. Já a plataforma de "treinamento cerebral" da Lumosity ou o aplicativo de idiomas Duolingo, que prometem o desenvolvimento de habilidades como resultado de um trabalho árduo e consistente, apelam mais ao nosso mindset de crescimento. Estudos de comportamento organizacional concluíram que aqueles com mindset fixo desejam se associar a marcas que os ajudem a se provar para os outros e demonstrem as qualidades positivas associadas a elas.[25] (Pense em quantas pessoas compram uma bolsa de luxo com o logotipo da marca estampado por toda a peça para sinalizar estilo, ou na proliferação de mercadorias das universidades de elite dos Estados Unidos para passar a imagem de inteligência.)

Organizações com mindset fixo são consideradas mais prestigiosas, mas aquelas com mindset de crescimento são vistas como as mais confiáveis. Quando uma empresa mostra estar em modo de aprendizagem, os consumidores são mais propensos a confiar nela.[26] Essa é também uma das razões para o sucesso da campanha "Nós nos esforçamos mais" da locadora de automóveis Avis. Nas peças publicitárias, a empresa reforçava o segundo lugar (atrás da Hertz) como forma de explicar por que estava motivada a fazer mais pelos clientes: "Estamos no negócio de aluguel de carros, atrás apenas de uma gigante. Acima de tudo, tivemos que aprender a permanecer vivos (...). A atitude da número 2 é: faça a coisa certa. Procure novos caminhos. Empenhe-se mais." De acordo com a revista *Slate*, os anúncios foram um sucesso instantâneo, catapultando a empresa de um prejuízo de 3,2 milhões de dólares por ano para um lucro de 1,2 milhão de dólares – a primeira vez em uma década que a empresa obteve lucro.[27]

Se é prestígio que uma cultura de gênio procura, isso poderia funcionar para eles, mas poderia também custar a confiança do consumidor. A ascensão do Bitcoin e de outras criptomoedas foi alimentada em grande parte pela queda na confiança dos serviços financeiros tradicionais, sobretudo entre os consumidores mais jovens. Uma pesquisa feita pela Meta com a geração millennial mostrou que 92% dos entrevistados não confiavam em instituições antigas para administrar seu dinheiro. Eles expressaram desconfiança nas organizações por causa da forte dependência de práticas destinadas a perpetuar o endividamento dos consumidores, para além de incidentes de má gestão. Disseram, ainda, que as empresas tradicionais não compreendem as necessidades deles.[28] Tais sentimentos abrem o mercado a novas formas de moeda, bem como a serviços ou produtos inovadores de empresas dissociadas do setor financeiro, como o Virgin Group e sua extensão de marca Virgin Money. Como se vê, a confiança pode ser um fator-chave de diferenciação. Quando a confiança diminui em uma organização ou setor, a criatividade e a inovação podem criar novas oportunidades para você.

A Virgin vem colecionando sucessos ao conquistar o consumidor oferecendo a ele vários produtos, incluindo álbuns musicais, viagens aéreas e espaciais, serviços de telefonia móvel e muito mais, embora a empresa tenha tido alguns fracassos notáveis – entre eles a Virgin Cola. Como a história nos mostrou, é arriscado mexer com o refrigerante das pessoas. Essa foi a mensagem que os consumidores transmitiram à Coca-Cola quando a empresa lançou a New Coke. Embora a bebida tenha tido um bom desempenho nas avaliações de sabor, enfrentou uma onda de resistência por parte dos apreciadores de Coca-Cola, vista pelos consumidores como uma "marca consagrada" (como as camisas polo clássicas da Ralph Lauren e os caramelos viciantes Werther's Original).[29] Essas marcas têm mais dificuldade em lançar extensões bem-sucedidas por causa do mindset fixo que geraram em sua base de consumidores sobre as qualidades previsíveis de seus produtos: os clientes aprenderam a confiar que elas nunca irão mudar. É por isso que a Coca-Cola foi forçada a lançar a Coca-Cola Classic e deixar a New Coke cair no esquecimento.

Outro exemplo foi a aposta de uma empresa de ketchup para atrair as crianças. O EZ Squirt Ketchup da Heinz transformou o condimento tradicionalmente vermelho em opções como "Verde Irado", "Roxo Vibrante" e "Rosa Apaixonado". Após algum sucesso inicial, o produto acabou fracassando, em parte porque pais preocupados com a saúde dos filhos ficaram receosos com tantas cores e sabores artificiais. Passaram a ver o novo ketchup como uma aberração em relação às opções já existentes.[30]

Algumas marcas, como a Virgin, se caracterizam por ser vanguardistas e criadoras de tendências. Estimulam um mindset de crescimento entre os consumidores, de modo que eles praticamente esperam extensões de marca – e quanto mais distantes do mercado original, talvez maior seja a expectativa.[31] Foi o caso da Virgin, companhia aérea que passou a fornecer serviços telefônicos.

O mindset organizacional também desempenha um papel na inovação quando uma empresa se compromete a identificar o seu mercado-alvo. Ele molda nossas crenças sobre grupos específicos de pessoas e o que achamos que seria ou não atraente para elas.[32] *Mindsets intergrupais* se referem às características que os indivíduos acreditam que *outros* grupos tenham e à crença de que essas características são fixas ou mutáveis. Uma abordagem fixa pode fazer com que as organizações evitem determinados mercados – como os consumidores com diversidade racial e étnica em um mercado tradicional de pessoas brancas – porque consideram esses consumidores "impossíveis de conquistar". Ou, caso entrem em novos mercados e levem consigo seu mindset fixo, podem introduzir produtos ou serviços que estereotipam os novos consumidores e, consequentemente, fracassar.[33] Um exemplo disso foi quando o Taco Bell entrou no México. O diretor-gerente da empresa naquele país afirmava com orgulho que o cardápio apresentado era quase uma réplica exata daquele disponível nos Estados Unidos. No entanto, como qualquer texano amante da cultura *tex-mex* como eu poderia ter dito a eles, certos itens populares nos Estados Unidos não são comida mexicana autêntica. Os mexicanos ficaram perplexos e, em alguns casos, incomodados com a oferta dos tacos crocantes, algo que não existe na culinária nativa daquele país. "Essas coisas não são tacos (...) são *tostadas* dobradas. São muito feias", reclamou um cliente.[34]

O McDonald's tem feito um trabalho muito melhor atendendo de modo flexível à demanda por sabores locais autênticos quando se expande para mercados estrangeiros. Por exemplo: vende cerveja em suas lanchonetes na França, na Bélgica, na Alemanha e na Áustria; *poutine* (batatas fritas cobertas com molho e queijo) no Canadá; e *vegemite* (uma pasta com um sabor bastante característico) na Austrália.[35] Quando as organizações sintonizam um mindset de crescimento para se aproximar de novos segmentos de consumidores ou mercados, é mais provável que aprendam sobre as diferentes preferências e se adaptem a elas, criando inovações que se ajustem ao mercado, mesmo que isso signifique mudar um pouco o produto no processo.

Aventurar-se em novos territórios e sentir-se confortável ao experimentar abordagens diferenciadas requer segurança psicológica. É um fator crucial para cultivar uma cultura de crescimento e se manter como tal.

Segurança psicológica

"O medo inibe o aprendizado."

É o que escreve Amy Edmondson, especialista em comportamento organizacional de Harvard.[36] Sentir medo ou ansiedade esgota nossos recursos fisiológicos. Quando estamos preocupados com a forma como avaliarão nosso desempenho, sobra menos memória de trabalho para tarefas complexas. O medo (e estar em um mindset fixo) perturba a criatividade e a capacidade de resolver problemas, fatores essenciais para a inovação. Queremos que as pessoas se sintam desafiadas, mas também que tenham acesso a recursos e se sintam apoiadas para enfrentar esses desafios. Infelizmente, como as culturas de gênio se concentram em capacidades fixas e na competição, elas colocam os indivíduos em estado de ameaça. Como Edmondson resume em seu livro *A organização sem medo*: "(...) é difícil as pessoas executarem o melhor trabalho de que são capazes quando estão com medo." Ao gerar segurança psicológica, as culturas de crescimento incentivam as pessoas a adotar um mindset de crescimento.

Quando fazia o primeiro ano do doutorado, Edmondson se juntou a uma equipe que estudava erros médicos em hospitais. O foco estava em analisar os efeitos do trabalho em equipe nas taxas de erro. Durante seis meses, enquanto enfermeiros pesquisadores coletavam dados, Edmondson observou as equipes médicas. Ao se aprofundar no estudo, ela levantou a hipótese de que as equipes mais eficientes cometeriam menos erros, mas o que os dados mostraram era confuso: equipes melhores pareciam, na verdade, cometer *mais* erros. Após uma investigação minuciosa, Edmondson descobriu que a questão não era que as equipes com melhor desempenho cometiam mais erros, mas sim que falavam mais abertamente sobre eles e estavam mais dispostas a relatar os erros que as outras equipes, propensas a deixar os erros fora de seus relatórios. A aprendizagem, combinada com a segurança psicológica necessária para se pronunciar, mantinha as equipes com melhor desempenho focadas no aperfeiçoamento contínuo.

Segurança psicológica não significa evitar críticas para que as pessoas se sintam mais confortáveis, mas sim cultivar uma franqueza respeitosa. Quando os funcionários percebem que algo não está funcionando, um ambiente psicologicamente seguro aumenta a probabilidade de eles se manifestarem, porque não temem ser ignorados, ridicularizados ou demitidos por isso. Uma cultura de mindset de crescimento vai um passo além, incentivando os funcionários a buscar oportunidades para inovar e melhorar – tanto o produto de seu trabalho quanto eles mesmos.

A segurança psicológica torna a atmosfera propícia para que os funcionários se sintam mais à vontade em compartilhar insights e ideias. Ao observar como as posições de referência do mindset de indivíduos tímidos influenciavam a maneira como lidavam com situações sociais, os pesquisadores descobriram que as pessoas tímidas que tendiam a interagir a partir de um mindset de crescimento na verdade procuravam situações sociais mais desafiadoras porque acreditavam que tais interações poderiam aumentar suas habilidades sociais. E aquelas que tendiam ao mindset fixo preferiam interações que exigiam menos delas, nas quais suas limitações sociais não seriam realçadas. Costumavam se envolver em comportamentos mais esquivos durante as trocas sociais.

Tal como Jacqueline Novogratz observou durante seu trabalho inicial antes de fundar a Acumen, a falta de segurança psicológica era uma enorme barreira ao engajamento efetivo com empreendedores na África.[37] Em vários programas com os quais trabalhou, mulheres empreendedoras com ideias inovadoras tinham aprendido a dizer aos financiadores o que eles queriam ouvir, em vez de expressar suas próprias ideias ou expor aquilo de que precisavam para ter sucesso. "Pessoas que sempre dependeram dos outros para algum tipo de caridade ou boa vontade têm dificuldade em dizer o que de fato querem porque ninguém lhes pergunta. E, quando perguntam, elas acham que ninguém quer ouvir a verdade", escreveu ela em *The Blue Sweater* (O suéter azul). Situação semelhante acontece dentro das organizações: os funcionários são tão raramente ouvidos a partir de um mindset de aprendizagem que duvidam que suas opiniões possam fazer diferença. Novogratz levou esses insights quando fundou a Acumen. Como ela diz aos filantropos e a outros parceiros que desejam se envolver com a Acumen, a liderança "começa com a escuta".

COMO A SHELL MUDOU SUA CULTURA DE MINDSET

Quando a Shell tentou cultivar uma cultura de mindset de crescimento para inovar em segurança, nem todos acreditavam que uma mudança de mindset os aproximaria da Meta Zero Acidente. E se isso os afastasse ainda mais desse marco?

Quando cheguei à sede da Shell, recebi o cordão com o cartão de segurança obrigatório que todos no prédio usam. No saguão principal, um grande monitor exibia com destaque as atualizações em relação à Meta Zero. Eles emitiam os sinais corretos para informar que a empresa valorizava sua cultura de segurança, mas o objetivo de zerar os problemas de segurança permanecia fora de alcance. A empresa deveria promover uma mudança significativa de mindset? Isso a ajudaria a chegar onde queria?

A Shell decidiu se comprometer com sua revolução cultural e compreendeu que sessões de brainstorming e uma campanha de segurança padrão não seriam suficientes. Eles precisavam direcionar *todo mundo* para seu mindset de crescimento em cada área do negócio, desde finanças, tecnologia, jurídico e RH até funcionários e prestadores de serviços envolvidos na implementação no nível básico, além de outros parceiros organizacionais, nos escritórios, em campo e nas plataformas oceânicas. Sem a adesão total, como conseguiriam o comprometimento das pessoas com o trabalho árduo de aprender novas tecnologias e um novo setor, inovar de forma criativa, porém segura, formar novas parcerias e aprender com os erros inevitáveis que ocorreriam ao longo do caminho? E, embora fosse essencial ter todos a bordo, os executivos da Shell entendiam que a mudança tinha que começar do topo.

Como parte de sua antiga mentalidade de cultura de gênio, esperava-se que os líderes da Shell agissem como quem sabe tudo, e não como aprendizes. "Se a gerência de nível intermediário estiver tentando fazer algo diferente mas o topo disser 'Os líderes sabem a resposta', haverá uma desconexão", explica Jorrit van der Togt. "Concluímos, portanto, que não podíamos ter líderes professores, que *têm* todas as respostas, mas líderes aprendizes, que ajudam os demais e estimulam as equipes a *encontrar* as soluções. Não se tratava de operar com base no nosso conhecimento, mas de descobrir uma resposta melhor e fazer isso mais depressa que o concorrente."[38] Não se trata de focar *no que* você sabe, mas em *como* você sabe. Esse mindset de sabe-tudo entre os líderes foi um dos primeiros fatores que ajudei a Shell a mudar.

Começamos com o então CEO Ben van Beurden e o comitê executivo que supervisionava todas as áreas do negócio. O comitê fez perguntas pontuais sobre o mindset e como ele se manifesta no local de trabalho, sobretudo entre gestores e funcionários. Cada executivo encontrou exemplos em sua própria carreira em que reconhecia que seu mindset fixo havia bloqueado a si mesmo ou sua equipe. E eles também se lembraram de momentos em que a mudança para o mindset de crescimento os ajudara a persistir, inovar e alcançar o que haviam conquistado em suas carreiras. Eles se comprometeram a compartilhar suas histórias com as equipes de liderança sênior que gerenciavam e a criar um sistema pelo qual esses líderes tomariam a mesma atitude até alcançar todos os níveis na hierarquia da organização.

A Shell examinou as normas comportamentais predominantes que poderiam incitar os funcionários a adotar o mindset fixo. Como as reuniões costumavam ser conduzidas? Eram ocasiões para "saber tudo" ou para "aprender tudo"? Quais processos poderiam ser desenvolvidos para direcionar as pessoas ao mindset de crescimento na maior parte do tempo?

Eles analisaram os processos de avaliação para garantir que o crescimento e o desenvolvimento fossem áreas-chave de discussão nas avaliações de desempenho. Os profissionais foram incentivados a definir metas de aprendizagem voltadas para o crescimento e a revisá-las regularmente com seus gestores e equipe, sobretudo se estivessem empacados ou encontrando obstáculos que poderiam se beneficiar de novas estratégias. Mais que tudo, porém, foram encorajados e recompensados por procurar formas de melhorar o próprio trabalho. Surgiram novos canais para oferecer ideias de aprimoramento aos gestores, no intuito de que essas boas ideias (especialmente sobre protocolos de segurança) pudessem ser testadas e implementadas em escala. De repente, não se tratava apenas de seguir a rotina de segurança descrita nos cartões pendurados no pescoço e se manifestar quando algo fugisse das normas; agora, os funcionários e prestadores de serviços eram incentivados a observar e sugerir proativamente novas ideias de aperfeiçoamento, porque estavam comprometidos em aprender como fazer as coisas de modo ainda melhor (e com mais segurança).

A partir de então, os líderes internos de RH e de estratégia incorporaram o mindset de crescimento – ou, como a Shell o chamou, "mindset do aprendiz" – em todos os aspectos do negócio. No Dia da Segurança, evento anual que reúne todos os 86 mil funcionários, a Shell discutiu a iniciativa de aprendizagem, começando com a pergunta: *O que os líderes precisam fazer de diferente?* Van der Togt explicou como as pessoas precisam "ouvir – fazer mais quatro ou cinco perguntas antes de comentarem. Nós mudamos de verdade a maneira de pensar sobre segurança, nos afastando da ideia de 'evitar erros a todo custo', porque é impossível driblar todos os erros. Agora nosso modelo é: 'Aprenda a responder rapidamente quando erros forem cometidos'". Em outras palavras, depois de lidar com a situação imediata, intensifique o aprendizado antes de seguir em frente.

A Shell colocou em prática a pesquisa sobre o papel do mindset em moldar o comportamento dos funcionários. Numa cultura de gênio, em que apenas as estrelas podem ter sucesso e as pessoas competem para ostentar seu talento e minimizar seus erros, os erros tendem a se repetir. Esses comportamentos são particularmente perigosos para uma organização que tem a segurança como ponto central. Graças ao movimento da Shell no sentido de construir uma cultura de crescimento, sua liderança ficou obcecada com o aprendizado e passou a enxergar os erros como oportunidades de desenvolver novas estratégias proativas que poderiam incrementar os resultados. O mindset de aprendiz entre os líderes criou a segurança psicológica necessária para que as pessoas se manifestassem, denunciassem erros e vulnerabilidades no sistema e se mantivessem proativamente vigilantes na busca por formas de aperfeiçoar a organização. A Shell aprendeu como explorar os erros para obter um aprendizado valioso.

"Temos uma resposta muito melhor sobre como lidamos com situações de protocolo de segurança", diz Van der Togt, "mas, com o tempo, tem havido menos foco em extrair os aprendizados e mais em disseminá-los e garantir que todos na Shell aprendam com eles."

Em 2020, a Shell deu um passo enorme rumo à Meta Zero e zerou os acidentes fatais nas instalações operadas pela empresa em todo o mundo, enquanto seus concorrentes sofreram fatalidades naquele ano. A mudança para uma cultura de mindset de crescimento ajudou a organização a proteger e salvar vidas.[39]

COMO INCENTIVAR E POSSIBILITAR A INOVAÇÃO

Não há limite para as ideias que você pode apresentar para ajudar os funcionários a visualizar a inovação e a melhoria organizacional como parte do trabalho de todos. Aqui estão algumas sugestões.

Dê visibilidade a ideias de todos os lugares

Nas culturas de crescimento, as grandes ideias podem vir de qualquer lugar da organização. Segundo a filosofia da Patagonia, seu maior concorrente é a devastação ambiental – algo que eles pretendem vencer, e um esforço que exige que todos estejam dispostos a apresentar as melhores soluções.[40]

Durante as operações internas, a Patagonia manteve uma política de "livro aberto" para que os funcionários compreendessem facilmente as decisões da gestão e buscassem informações e feedback de todos os níveis da empresa. Essas ações transparentes e acessíveis mostram que valorizar as sugestões de todos não é só da boca para fora.

A Pixar emprega muitas estratégias para garantir que todos possam contribuir, e isso inclui remover barreiras físicas que impediriam a participação dos funcionários. Nos primeiros anos da empresa, havia uma mesa com um belo design no centro de uma das principais salas de reunião. Era em torno dessa mesa que a equipe criativa se encontrava para discutir os filmes em andamento. O diretor, o produtor e alguns outros membros seniores da equipe acomodavam-se em uma posição em que todos pudessem ouvi-los. Com o crescimento da equipe, os lugares ao redor da mesa foram todos ocupados, e os demais membros da equipe espremiam suas cadeiras ao longo das paredes ou ficavam em pé. Em determinado momento, alguém começou a reservar lugares para os funcionários seniores, mas isso teve um efeito não intencional. Um dia, Ed Catmull, cofundador da Pixar, percebeu que as únicas pessoas que participavam ativamente da reunião eram a "realeza" cujos lugares haviam sido reservados ou pessoas próximas a ela. Sem querer, tinham criado uma hierarquia e estavam dificultando a contribuição de outras pessoas. Acabaram então com o sistema de reservas e passaram para um espaço maior com móveis que permitiam que todos se sentassem à mesa, em sentido literal e figurado.[41]

Emma McIlroy, cofundadora da Wildfang – uma empresa inovadora de vestuário feminino que incorpora abordagens de design tradicionalmente usadas na moda masculina –, compartilha três palavras simples que não a deixam esquecer que boas ideias podem vir de qualquer lugar: *Sim, pode ser*. Quando Emma tinha 7 anos, ela se imaginava uma paleontóloga em desenvolvimento. Um dia, passeando com a mãe numa praia na Irlanda do Norte, sua terra natal, ela deparou com o que tinha certeza absoluta de ser uma pata de mamute fossilizada. A mãe de Emma sabia que o pedaço pequeno e rochoso que a filha segurava não era uma pata de mamute, mas, em vez de dizer "Nada a ver", ela assentiu e disse: "Sim, pode ser. Vamos levá-lo ao museu para descobrir." Quando reagimos às ideias dos outros com alguma variação de *Nada a ver*, isso interrompe a conversa e as possibilidades, e faz com que a pessoa do outro lado se sinta péssima e se desmotive da próxima vez, diz McIlroy. *Sim, pode ser* permite reflexão e oportunidades contínuas.

Há alguns anos, quando um funcionário de baixo escalão do atendimento ao cliente procurou McIlroy com uma sugestão, ela na mesma hora encontrou furos. Era uma ideia estranha e maluca, conta ela, e, de cara, já conseguia pensar em inúmeras razões para descartá-la. No entanto, teve que admitir que aquilo nunca havia lhe passado pela cabeça. Uma parte dela se lembrou daquele dia na praia com a mãe, e, em vez de refutar, disse ao funcionário que desenvolvesse a ideia – que fizesse algumas pesquisas e trabalhos preliminares para ver no que poderia dar. McIlroy diz que muitos jovens vão trabalhar para a Wildfang porque estão interessados em fazer parte dessa cultura em que "as ideias podem vir de qualquer lugar". Porém, "eles não têm necessariamente formação corporativa" e algumas sugestões são desinformadas em relação à experiência do mundo real. "Às vezes, quando as ideias chegam até nós, conseguimos enxergar os pontos fracos e as falhas", e o desafio é não as esmagar antes que tenham chance de evoluir. Todos os dias McIlroy precisa fazer uma escolha: "Se vou acabar com ideias ou permitir que elas cresçam."

Ela diz que manter o mindset de *Sim, pode ser* é mais difícil na prática que na teoria. Uma das coisas mais úteis é internalizar essa questão em nível individual. Em sua opinião, muitos de nós interrompemos as próprias possibilidades, por isso dizer *Sim, pode ser* para nós mesmos pode fazer uma enorme diferença na capacidade de inovar. Ajuda o fato de McIlroy ter uma alta tolerância ao fracasso, vendo-o como "parte da jornada para a inovação". Ela aprendeu a sintonizar esse mindset enquanto representava a seleção irlandesa de atletismo em torneios internacionais, entendendo que derrotas sinalizavam que estava competindo em um nível alto o suficiente.

McIlroy vê a inovação na Wildfang da mesma maneira, creditando cada grande avanço que tiveram a algum insucesso. "A cultura que construímos é muito focada em adotar e aceitar o fracasso, e depois aprender com ele e compartilhar aprendizados (...). Quando a liderança aceita e assume a falha, confere a mesma permissão ao restante da organização, que se torna um organismo – começa a crescer e se mover de modos que você não imaginava ser possíveis, porque as pessoas se sentem empoderadas para experimentar e falhar."⁴² (A propósito, sabe a pedra que a jovem Emma encontrou? Ela e a mãe a levaram ao museu e descobriram que não era uma pata de mamute. Era o crânio de um ictiossauro de 200 milhões de anos, e a equipe do museu disse a ela que era o melhor exemplar desse crânio já encontrado na Irlanda. Está em exibição até hoje no Museu Ulster, em Belfast, caso você queira conferir.)

Seja por meio de abordagens filosóficas ou da disposição do espaço físico, as culturas de crescimento procuram obstáculos e os solucionam para que todos compreendam que suas ideias são bem-vindas.

Dedique tempo para inovar

O cofundador da Visa, Dee Hock, disse certa vez: "O problema não é como colocar pensamentos novos e inovadores na mente, mas como eliminar os antigos. Limpe um canto de sua mente e a criatividade irá preenchê-lo instantaneamente."⁴³

Para algumas empresas, a estratégia é liberar espaço na agenda dos funcionários. No Capítulo 3, descrevi a predisposição da empresa de software Atlassian para a colaboração. Como a cultura de mindset funciona como um sistema de significado coeso, as mesmas organizações que apresentam normas orientadas para o crescimento, como a colaboração, também são suscetíveis a incorporar outras normas orientadas para o crescimento, como a inovação. A Atlassian combina esses padrões com seus dias ShipIt, nos quais os funcionários têm 24 horas para formar grupos e tratar de qualquer problema que lhes interesse, desde resolver entraves com o sistema de suporte técnico até providenciar jogos de fliperama para a sala de descanso dos funcionários. Um dos benefícios dos dias ShipIt trimestrais é que promovem a colaboração entre funcionários de todos os departamentos, o que pode levar a mais inovação no futuro.⁴⁴

Muitas organizações têm estruturas semelhantes para incentivar a inovação, mas a ideia nasceu na 3M, um conglomerado multinacional conhecido por sucessos comerciais como o Post-it, mas que produz cerca de 60 mil produtos e opera 46 plataformas tecnológicas. Todos os anos, cerca de um terço da receita de vendas da empresa provêm de produtos desenvolvidos nos cinco anos anteriores, e essa meta é deliberada. De acordo com a 3M, a capacidade de gerar novos produtos de sucesso se deve à ênfase na colaboração. De fato, a empresa é reconhecida por ter criado o "15% do Tempo" – um programa no qual todos os funcionários são incentivados a usar 15% do tempo para abordar questões e desafios que tenham despertado seu interesse pessoal –, isso lá em 1948. (E, sim, *todos* os funcionários, não apenas os engenheiros, têm direito ao programa 15% do Tempo, porque, como diz a empresa, eles acreditam que grandes ideias podem vir de qualquer lugar – outro indicador de uma cultura de crescimento.) Mas o programa 15% do Tempo não foi feito para que apenas gênios solitários parem e inventem algo. Depois que os funcionários concretizam seus conceitos, eles os apresentam aos colegas, buscando colaboradores que tenham apreciado a ideia e vejam potencial suficiente para ajudar a desenvolver os projetos.

Talvez o resultado mais conhecido do programa 15% do Tempo seja o famoso Post-it, que o cientista Arthur Fry desenvolveu a partir de um adesivo criado por outro funcionário da 3M. Como descreveu a jornalista Katherine Schwab na revista *Fast Company*: "Uma vez por ano, cerca de duzentos funcionários de dezenas de divisões fazem cartazes de papelão descrevendo seu projeto de 15% do Tempo, como se estivessem apresentando maquetes de vulcões em uma feira de ciências do ensino médio. Eles se posicionam ao lado do cartaz, aguardando feedback, sugestões e possíveis colaboradores." Um gerente da divisão de abrasivos afirma: "Para o pessoal técnico, é o evento mais empolgante e de maior engajamento que temos na 3M."[45]

A Google permite que os funcionários dediquem até 20% do horário de trabalho a projetos paralelos criados por eles mesmos. Aliás, as ideias para o Gmail e o Google Maps nasceram desses projetos paralelos.[46] Na empresa W.L. Gore, não são considerados projetos paralelos, mas apenas projetos: a cultura permite que os funcionários desenvolvam as próprias ideias e, de modo semelhante à 3M, convençam os colegas de trabalho a colaborar para concretizá-las.[47] Esse grau de liberdade pode ser um desafio para algumas pessoas, por isso os gestores seniores incentivam os novatos a não assumir mais responsabilidades do que podem em termos realistas e a convocar outros para ajudar. Embora grandes ideias sejam valorizadas na Gore, a capacidade de concretizá-las também o é. Se a ideia de alguém não inspira os outros a se juntar a ela, isso fala por si só; mas, se as pessoas começarem a sondar e se interessarem em testá-la, serão bem-vindas para se juntar à equipe. Sabendo que parte do processo de invenção do tecido Gore-tex foi resultado de um acidente experimental, a empresa está empenhada em percorrer novos caminhos para ver até onde podem levar.

Invista em construir segurança psicológica

Construir segurança psicológica envolve um compromisso sincero e consistente, e o acompanhamento ao longo do tempo – aquelas centenas de pequenas conversas mantidas de maneira significativa. Porém, como salienta Jorrit van der Togt, a segurança psicológica por si só não basta. "É importante sentir-se seguro", disse ele, "mas isso sozinho não impulsiona o progresso verdadeiro (...). A segurança psicológica é o tom de base, não a música."[48] Esse é o mindset de crescimento. Na hora de escolher a música, lidere pelo exemplo, demonstrando seu próprio mindset de crescimento diante das adversidades pessoais ou organizacionais, e aproveite ao máximo as oportunidades para assumir riscos com consciência.

Angela Glover Blackwell é uma advogada, defensora dos direitos civis e fundadora da PolicyLink, organização sem fins lucrativos que atua pela equidade social e econômica, com foco em minorias raciais e comunidades vulneráveis. Quando trabalhou com Jacqueline Novogratz na Fundação Rockefeller, ela observou que, ao desenvolvermos culturas que ficam confortáveis com contribuições e vão em busca delas em toda a organização e na comunidade, podemos invocar a "liderança minoritária", que tem potencial de fortalecer uma empresa. Blackwell explica: "Os indivíduos do grupo dominante presumem que as regras funcionam porque sempre pareceram justas para eles. Por outro lado, as pessoas que se consideram excluídas do sistema tiveram que aprender a transitar na cultura dominante para ter sucesso. Estar sintonizado com a forma como os outros atuam e tomam decisões é um conjunto crucial de habilidades que precisamos inculcar em nossa próxima geração de líderes."[49]

Essa próxima geração de líderes pode já estar dentro de sua empresa. Ao cuidar da segurança psicológica, você garante que eles possam fazer contribuições poderosas, inclusive ajudando a organização a lidar com riscos de maneira mais efetiva e a desenvolver maior resiliência. Adiante, vamos explorar como culturas de gênio fortes podem desfavorecer pessoas não brancas e destruir a segurança psicológica. Se você deseja estabelecer uma cultura de crescimento, proporcionando contextos seguros para os indivíduos avançarem em direção ao crescimento, o mindset é fundamental. O objetivo é remover barreiras e ameaças para que as pessoas se sintam livres para mostrar o melhor desempenho.

Procure em outro lugar

Às vezes, quando pensamos em inovação, nós nos concentramos apenas em novas ideias, mas a inovação também pode incluir novos usos para ideias existentes ou buscar inspiração em outro setor e utilizá-la de forma diferente.

Uma equipe de pesquisadores de gestão pretendia observar como as pessoas acessam e implementam conhecimentos de áreas adjacentes. Em um estudo, eles recrutaram centenas de carpinteiros, telhadores e patinadores que percorriam lojas fazendo pequenos serviços e pediram a todos que dessem ideias sobre como motivar pessoas de outras áreas a usar equipamentos de segurança. (Muitos rejeitavam o equipamento, alegando desconforto.) Perguntaram a eles como as máscaras respiratórias recomendadas para carpinteiros, os cintos de segurança que os telhadores deveriam usar e as joelheiras dos patinadores poderiam ser redesenhados para incentivar seu uso. A conclusão do estudo: praticamente todos eram melhores em sugerir melhorias inovadoras nos equipamentos dos outros grupos que em seus próprios. Às vezes, olhar para áreas adjacentes e análogas pode nos ajudar a quebrar as barreiras mentais e mudar para o modo *Sim, pode ser*.[50]

A empresa de consultoria financeira e de investimentos Motley Fool, conhecida por sua cultura irreverente e inovadora, inventou uma caça ao tesouro em busca de novas ideias. Durante a Caça às Grandes Ideias, os funcionários se dividem em equipes, e cada time passa algumas horas visitando uma organização de sua escolha (pode ser de qualquer tipo, desde uma empresa até uma organização sem fins lucrativos). Todos precisam trazer pelo menos uma ideia interessante que tenham encontrado. Quando os Fools, como se autodenominam, visitaram a Honest Tea, cuja maioria dos funcionários trabalhava remotamente, aprenderam como a empresa de bebidas otimizava as comunicações organizacionais para dar aos trabalhadores tempo e espaço para se concentrar. Em vez de enviar e-mails separados ou atualizações por meio de plataformas de produtividade como a Slack, eles compilavam tudo em um único boletim informativo diário chamado "Chá da Tarde", ideia que os Fools consideraram adotar.[51]

Tome nota de suas surpresas

Minha colega Kimberly Quinn recomenda o que ela chama de "diário de surpresas". Quando ela ou seus alunos têm uma hipótese sobre como algo funciona, mas deparam com descobertas que parecem estranhas ou que os surpreendem no laboratório, anotam em um diário. Desses achados podem surgir padrões que lhes permitam rever sua teoria. O que torna o diário de surpresas efetivo é que ele elimina a propensão a nos envolvermos em um viés de confirmação – isto é, a tendência de esperar que as ideias e o comportamento das pessoas sejam condizentes com aquilo que supomos. Se enxergamos uma estratégia como algo óbvio, testado e aceitável, tendemos a procurar maneiras de confirmar que essa estratégia é a ideal. O viés de confirmação nos afunda ainda mais em nosso mindset fixo. Quando uma estratégia diferente parece ter sucesso, ficamos surpresos. Em vez de descartar ou encobrir ocorrências cujos resultados não correspondem ao que esperamos, podemos tomar nota disso no diário de surpresas. Essa é uma das maneiras que Quinn encontrou para promover uma cultura de crescimento em seu laboratório, ajudando os alunos a registrar novos achados, muitas vezes confusos, e, quem sabe, ver as direções inovadoras para as quais essas surpresas apontam.[52]

CAPÍTULO 5

Disposição para assumir riscos e resiliência

"Queremos falar sobre assumir riscos."

Eu já havia escutado alguma versão desse mesmo pedido muitas vezes. Aquela tinha vindo do Twitter. Vijaya Gadde, que na época era o diretor jurídico da rede social, e outros executivos haviam identificado um desafio com sua equipe jurídica global: os advogados estavam relutantes em assumir riscos. Era compreensível, uma vez que advogados são treinados para tomar decisões conservadoras; seu trabalho é dizer *não* ao cliente a fim de evitar possíveis riscos legais. Mas, neste caso, o excesso de cautela estava limitando as oportunidades do Twitter de ser mais inovador. Gadde queria minha ajuda para descobrir como impelir os advogados a ser menos avessos ao risco. Minha tarefa incluía identificar quaisquer fatores culturais que pudessem, involuntariamente, levar os profissionais a exercer essa cautela excessiva. Em vez de se perguntarem "Como posso manter o Twitter protegido de qualquer risco que nos exponha a desafios jurídicos?", a equipe executiva queria que eles se indagassem: "Como posso fazer meu trabalho com responsabilidade e ao mesmo tempo ajudar a empresa a se tornar mais inovadora?"

Eu não sabia que, quando Gadde me chamou, o então CEO Jack Dorsey e a equipe executiva estavam encarando várias decisões de alto risco sobre rotular fake news na plataforma e intervir quando alguma postagem fosse considerada inflamatória e potencialmente perigosa. Não é que os advogados não quisessem fazer isso, mas tomar essa decisão exporia a organização a desafios legais. Na opinião dos executivos, compreender a microcultura do mindset jurídico e chegar a um acordo sobre a linguagem e os objetivos compartilhados poderiam ajudar na disposição de assumir riscos calculados e na inovação.[1]

O Twitter convocou um retiro geral com as equipes jurídicas, políticas e de confiança e segurança do mundo todo. Cerca de duzentas pessoas viajaram para São Francisco e se reuniram na sede da empresa, ávidas para discutir como o Twitter poderia se tornar uma organização com mindset voltado para o crescimento. Houve um momento em que perguntei ao grupo: "Quais são seus verdadeiros medos em relação a assumir riscos? O que os assusta em avançar mais até a beira do penhasco – não para cair, mas para se aproximar mais e mais na direção de assumir riscos calculados?" Não me surpreendi com a conclusão. O comportamento deles de prezar pela cautela não se devia a alguma aversão inerente a assumir riscos nem a falta de inteligência ou capacidade criativa. Eram funcionários inteligentes e dedicados que queriam fazer o certo pela empresa. "E se estivermos errados e expusermos o Twitter a um processo judicial?", eles responderam. "E se formos demitidos por tomarmos a decisão errada?"

Esse tipo de medo é comum em culturas de gênio. Há grande ansiedade sobre como gestores e executivos reagirão ao fracasso. Será considerado uma limitação pessoal, uma prova de mau julgamento? Ou um sinal de baixa capacidade e competência? Eles serão rebaixados ou demitidos? No caso dos *tweeps* (como se autodenominam), os advogados preocupavam-se com a possibilidade de ser demasiado progressistas em seu aconselhamento jurídico se, por exemplo, tomassem medidas para rotular o conteúdo como falso e enganoso. Temiam expor a empresa a riscos legais e, por extensão, colocar os próprios empregos em perigo e prejudicar suas chances de recolocação. Quando o mindset fixo dos funcionários é ativado dessa forma, eles se tornam (compreensivelmente) menos propensos a assumir riscos.

Nas culturas de crescimento, assumir riscos ainda é arriscado – o resultado é sempre incerto –, mas as pessoas compreendem que o risco é essencial para o crescimento e a inovação, e necessário para alcançar os objetivos. Os riscos são assumidos após um planejamento meticuloso, e é provável que haja um plano de contingência (ou vários) caso a aposta seja malsucedida. Quando o resultado é falho em uma organização com mindset de crescimento, as pessoas se preocupam menos em apontar culpados e mais em como resolver o problema e aprender com ele. Trata-se de perguntar "O que não saiu como planejamos e como podemos fazer as coisas de maneira diferente?" em vez de "Qual foi o gênio que estragou isso aqui?". Quando erros são cometidos, os funcionários precisam ter conhecimento deles (e o mais rápido possível), mas, em culturas de crescimento, as autópsias visam o aprendizado, não envergonhar e punir os infratores. Vimos isso na maneira como a Shell mudou sua resposta a incidentes de segurança – de uma resposta mais focada na identificação dos culpados a outra que priorizava a identificação das lições que poderiam ser aprendidas.

Assumir riscos e inovar andam lado a lado. **Se uma organização deseja permanecer atualizada e relevante, a disposição para assumir riscos é um comportamento imprescindível.** As culturas de crescimento e as culturas de gênio diferem no fato de apoiar e encorajar, ou não, a tomada de riscos, começando pela forma como entendem o risco.

RECATEGORIZANDO O RISCO

As organizações categorizam o risco de maneiras diferentes. Aquelas com culturas de gênio mais fortes, em que a reputação e a sobrevivência estão em jogo, são mais propensas a ver o risco de maneira negativa. Quando os funcionários se arriscam, ficam preocupados e ansiosos, porque as consequências pessoais e profissionais do fracasso são muito intensas. Nas culturas de crescimento, assumir riscos é compreendido como uma oportunidade de aprendizado, uma estratégia para ajudar as pessoas a alcançar seus objetivos. Por serem menos apegadas ao status quo que as culturas de gênio, as culturas de crescimento tendem a estar mais conscientes dos desafios e perigos de *não* mudar ou tentar coisas novas, como a iniciativa de rotular e agir contra o discurso inflamatório em uma plataforma social.

Se estamos sempre focados no aprendizado e na colaboração, pode-se presumir que a conversa continuará indefinidamente e que nunca tomaremos decisões ou correremos riscos. Perguntei ao meu amigo e colaborador de pesquisa Ben Tauber – ex-CEO do Instituto Esalen, cofundador e ex-CEO do Velocity Group, empresa de coaching executivo do Vale do Silício, e ex-

-gerente da Google e da Adobe – se há momentos em que é útil recorrer ao mindset fixo, como nos vários estágios de uma startup. Ben recordou nossa pesquisa sobre ser ou não benéfico para os fundadores manter o mindset fixo durante o processo de captação de recursos.[2] Quando a questão era fazer com que investidores e capitalistas de risco se aventurassem e aportassem dinheiro, entrar no modo "provar seu valor e executar" pareceu valer a pena para fundadores como Elizabeth Holmes, da Theranos, Travis Kalanick, da Uber, e Adam Neumann, da WeWork, que uma vez se gabou: "Ninguém diz *não* para mim."[3] (Mesmo após os fracassos colossais da WeWork, alguns investidores parecem felizes em dar outra chance a Neumann, canalizando investimentos maciços para seu empreendimento seguinte, o Flow.[4]) No entanto, nossos dados mostraram o oposto: os fundadores que operavam a partir do mindset de crescimento durante o pitch tinham maior probabilidade de atingir seus objetivos de captação de recursos que aqueles com um mindset fixo.

"Quando você apresenta seu negócio nesse estágio inicial", disse Tauber, "o que importa é o investidor de risco se perguntar: 'Eu acredito que essa é a pessoa que pode dar conta do recado?' Nossa hipótese inicial era de que talvez os fundadores com mindset fixo fossem mais convincentes. Mas preciso fazer uma distinção entre crença e comportamento. Mindset é uma coleção de crenças. Quando estou em meu mindset de crescimento, estou aqui para aprender. Comportamento, porém, tem a ver com a forma como a pessoa se comunica, e ela pode ter um mindset de aprendizagem e ainda assim se comunicar com confiança."[5] É mais provável que as pessoas com mindset de crescimento tenham explorado sua ideia mais profundamente e aprendido o máximo possível sobre como fazê-la funcionar, incluindo os riscos no caminho. Quando estamos no mindset de crescimento, nossa visão é mais ampla e mais precisa. Estamos mais abertos a enxergar os desafios e temos mais humildade em relação às nossas ideias, por isso estamos mais dispostos a testá-las e refiná-las. Assim, quando os empreendedores vão apresentar sua ideia, estão respaldados pelos benefícios do conhecimento e da confiança proporcionados por seu mindset de crescimento.

O Vale do Silício é famoso pelo mantra "erre rápido".[6] Mas talvez pudéssemos ser mais beneficiados pelo mantra "aprenda rápido". Isso manteria os investidores focados em apoiar fundadores dedicados à criação de culturas de mindset de crescimento e levaria a maiores chances de sucesso. Para avaliar como um empreendedor pode lidar com as decisões e mudanças complexas necessárias para lançar um negócio, o investidor de risco pode procurar pistas de que o fundador é mais propenso a operar com base em seu mindset de crescimento na maior parte do tempo – e desenvolverá processos e normas que inspirem uma cultura de crescimento em sua organização emergente. Deve ter cuidado com os fundadores que enfatizam a própria genialidade inerente ou a genialidade de suas ideias em detrimento de sua capacidade de se aperfeiçoar continuamente.

"No mindset fixo", me disse Ben, "podemos acabar empacados, culpando a equipe ou fatores externos se o nosso plano não estiver dando certo. Quando estamos no mindset de crescimento, tendemos a experimentar mais. 'Se a diferença entre A, B e C é pequena, que tal tentarmos A e, se não funcionar em duas semanas, tentarmos B?'"[7] Desde que sejamos claros em relação à métrica de sucesso, podemos traçar estratégias, definir metas e ser mais flexíveis em nossos pensamentos e ações.

Quando Satya Nadella assumiu a Microsoft, seu desafio era reinventar uma cultura que tinha "matado a colaboração" e "mutilado a inovação".[8] Ao agir com muita cautela, a Microsoft havia chegado tarde ou perdido diversas ondas de tecnologia, como a dos smartphones. Depois, uma "onda de concorrência externa se abateu sobre a empresa, fazendo com que talentos abandonassem o barco", concluiu um estudo de caso da London Business School. Enquanto o antigo CEO da empresa, Steve Ballmer, era conhecido por sua aversão ao risco, Nadella mostrou ser o oposto. Ele acreditava que o mindset era, pelo menos em parte, responsável pelo fato de a empresa estar beirando a irrelevância no mundo da tecnologia. "Cada funcionário tinha que provar a todo mundo que era o mais inteligente da sala. A prestação de contas – entregar no prazo e atingir os números – era mais importante que tudo (...). A hierarquia e o status tinham assumido o controle, e a espontaneidade e a criatividade haviam sido prejudicadas." Após uma ronda prolongada de escuta e aprendizado, Nadella redirecionou a Microsoft para se concentrar em tecnologias móveis e na nuvem e enfatizou os recursos de IA. Ele também percebeu que os funcionários gastavam uma quantidade excessiva de tempo desdenhando das ideias das pessoas (e, em alguns casos, das próprias pessoas) em vez de abordá-las com curiosidade. Ele sabia que a cultura precisava mudar.

Na Microsoft de hoje, as contribuições se concentram sobretudo no que funciona numa ideia e na exploração do que pode ajudá-la a funcionar ainda melhor. As culturas de crescimento, no entanto, não carecem de pensamento crítico e franqueza. Como Nadella escreveu em seu livro *Aperte o F5*: "O debate e a discussão são essenciais. Melhorar as ideias uns dos outros é crucial."[9] Lembre-se de que as organizações com mindset de crescimento contam com mais segurança psicológica, um elemento fundamental da franqueza. O foco está nas ideias das pessoas, não em suas capacidades inerentes. Analisar com rigor uma ideia e descobrir como aprimorá-la é diferente de uma crítica abjeta que visa mais proteger a própria posição dentro da hierarquia organizacional que agregar valor. Aliás, em *Aperte o F5*, Nadella observou que os funcionários da Microsoft queriam desesperadamente "um roteiro para remover a paralisia" ou uma maneira de se destravar. Mudar para uma cultura mais voltada para o crescimento ajudou.

Nadella incentivou os funcionários da Microsoft a passar mais tempo conversando com os clientes para saber o que não estava funcionando e o que poderia atendê-los melhor. Essa abordagem elimina uma camada de risco porque torna a empresa mais propensa a construir algo que resolva os problemas dos consumidores. Kinney Zalesne, ex-gerente geral de estratégia corporativa da Microsoft, acredita nesse tipo de colaboração para a Microsoft e para o mundo na resolução de problemas complexos. Ele me disse: "Acho que não há nada mais importante no avanço de nossa sociedade que o choque e a interseção de ideias. Se elas estão surgindo apenas em uma pequena empresa ou apenas em um setor, já não é disso que precisamos. Os problemas que enfrentamos globalmente são tão grandes que temos que encontrar soluções que surjam na interseção de diferentes disciplinas e abordagens, e creio que o mindset de crescimento é o alicerce para iniciarmos esses diálogos."[10]

O objetivo não é apenas ter funcionários mais felizes e melhores resultados – embora, é claro, isso esteja na pauta. "A resolução de problemas daqui para a frente exigirá um pensamento interdisciplinar, ousado e não ortodoxo. Isso deve ser ensinado a todos e valorizado pelas empresas e pelos governos."

Nenhuma pessoa pode ser totalmente "interdisciplinar"; isso requer extrair o melhor de uma gama diversificada de pessoas imbuídas de diferentes conjuntos de conhecimentos e experiências. Se as organizações e os indivíduos acreditarem que é arriscado demais compartilhar ideias e recursos entre grupos e áreas; se os funcionários estiverem demasiado concentrados em competir uns com os outros para unir seus conhecimentos e recursos; e se as organizações atrelarem seus vagões a algumas estrelas em vez de construir ótimas equipes, não seremos capazes de criar e alcançar as soluções necessárias para estar à altura dos desafios diante de nós.

Fazer as pessoas se inteirarem dos dados também ajuda culturas de crescimento a determinar quais riscos vale a pena correr e como assumi-los.

DIMINUIR O RISCO BASEANDO-SE EM DADOS

Ao considerar as duas culturas de mindset, me pergunto: "Qual é a mais arriscada?"

Refletindo sobre nossas descobertas – e como acadêmica –, estou mais inclinada a tomar decisões baseadas em dados. Acontece que compartilhar dados é uma das abordagens mais eficazes utilizadas pelas culturas de crescimento para tornar a mudança organizacional menos arriscada. Descobri isso em 2020, numa colaboração com a Microsoft e a Keystone, uma firma de consultoria, quando examinamos as práticas de coleta e uso de dados de várias empresas.

Nas culturas de crescimento, descobrimos que os dados eram bem acessíveis. Todos entendiam como acessá-los e usá-los para embasar as tomadas de decisão, não apenas o pessoal de tecnologia e análise. Por causa disso, compartilhavam um contexto e uma compreensão da situação atual – e o que os modelos previam para o futuro. Vimos também que os líderes em culturas de crescimento tinham mais segurança em partilhar sua visão com suas equipes e em convidar os integrantes delas para o processo, no intuito de tornar essa visão realidade. Ao operar num ambiente com uma visão clara, com um processo orientado para o crescimento e uma análise de dados relevantes para avaliar se estavam caminhando na direção certa, as equipes avançavam e geravam soluções mais criativas.[11]

Enquanto isso, em culturas de gênio, os dados eram isolados por guardiões fortes. Em algumas das empresas que entrevistamos, o departamento de tecnologia podia levar meses para fornecer as informações solicitadas pelas pessoas – víamos equipes de dados guardando o material de referência e compartilhando-o com relutância somente quando um líder sênior insistia em obtê-lo. Ironicamente, em culturas de gênio encontramos líderes mais propensos a confiar em seu instinto em vez de consultar os números (quando sabemos que a tomada de decisão ideal deve ser feita em função tanto do conhecimento quanto da intuição).

Os dados ajudaram Louis Wool – com o posterior apoio de outros administradores, professores e membros do conselho escolar – a fazer a transição de um distrito escolar inteiro de uma cultura de gênio para uma cultura de crescimento. Quando Wool se tornou superintendente interino do Distrito Escolar Central de Harrison (HCSD, na sigla em inglês), no condado de Westchester, que fica a meia hora de carro ao norte da cidade de Nova York, ele viu a história que os números contavam – em métricas como desempenho dos alunos e alocação de recursos – e soube que poderiam fazer melhor. Embora seja considerado um distrito de "baixa carência" em termos gerais, Harrison Central abrange uma área economicamente diversificada – variando de setores de alta renda a populações da classe trabalhadora – e tem um corpo discente bastante diversificado em todas as escolas. "Vim para uma comunidade que parece ser bem abastada", disse-me Wool, "mas 25% da comunidade recebe almoço gratuito ou com preço reduzido."[12]

O ex-membro do conselho de educação David Singer descreveu o HCSD como uma atmosfera de mindset fixo repleta de "intolerância branda de baixas expectativas".[13] Em toda a comunidade, entre professores, administradores, pais e o conselho escolar, não se espera que os alunos de origens racialmente diversas e socioeconomicamente desfavorecidas tenham um bom desempenho. Para eles, é um desfecho inevitável. Mas Wool viu algo diferente: a falta de equidade que bloqueava o caminho para alguns estudantes o pavimentava para outros. Escolas em áreas de renda mais elevada recebiam mais fundos e os alunos de lá tinham acesso aos livros escolares mais recentes, ao passo que em outros lugares os livros escolares eram desatualizados e insuficientes para todos. Quando os dois grupos de estudantes se juntavam no segundo ciclo do ensino fundamental e no ensino médio, seus resultados variavam, não por causa de sua capacidade inata, mas por diferenças no acesso e nas oportunidades. Wool se debruçou sobre os dados do distrito, dos orçamentos às métricas de desempenho, e elaborou um plano para equilibrar a divisão das verbas e das oportunidades entre as escolas de modo a proporcionar maior equidade a todos os estudantes.

"Alguns indícios de oportunidades desproporcionais eram vergonhosamente evidentes", disse Wool. "Nunca tinha havido uma criança hispânica numa turma de curso avançado na história do distrito. Eu poderia separar as quatro escolas de primeiro ciclo do ensino fundamental do distrito às cegas, por CEP, e prever quais crianças acabariam recebendo o que costumava ser chamado diploma Regents, um diploma de nível universitário, e quais não receberiam. Eu poderia prever, com 100% de precisão, quais crianças de 10 anos terminariam ou não na turma de cálculo avançado. E ninguém acreditava que isso fosse um problema. Ninguém estava gritando: 'Vamos corrigir isso!'"[14]

Wool decidiu mudar as políticas e práticas do distrito e também sua cultura de mindset como um todo. O objetivo fundamental era alcançar a equidade para os estudantes. As mudanças incluíram grandes revisões nos orçamentos escolares, nos sistemas de avaliação dos professores e na mensuração do progresso dos alunos. Ele enfrentou uma forte oposição (que incluiu ameaças físicas) de professores, de membros do conselho escolar e de pais ricos; este grupo, aliás, afirmava que algumas mudanças, como acabar com o sistema de separação por desempenho e permitir amplo acesso aos cursos avançados no ensino médio, resultariam em um currículo menos rigoroso. Uma preocupação comum entre pais e professores, quando as escolas passam a ter currículos e práticas mais equitativos e inclusivos, é que essas mudanças "empobrecerão" o currículo e atrasarão os alunos "mais inteligentes e mais dotados". Em outras palavras, vão atrapalhar as estrelas privilegiadas – e, na maioria dos casos, brancas. **Pesquisas mostram de forma consistente que, quando implementadas de forma ponderada, as modificações que visam a equidade resultam em um desempenho melhor de *todos* os alunos.**[15] No caso do HCSD, as mudanças organizacionais e culturais foram tão bem-sucedidas que, em 2009, Wool foi nomeado Superintendente do Ano de Nova York,[16] e os índices de desempenho dos alunos continuaram altos.[17]

A mudança mais drástica que Wool implementou e que melhorou a cultura do distrito foi eliminar todos os pré-requisitos para ingressar em determinados programas. "Não acredito em características fixas ou em uma avaliação única que determine o seu destino", ele me disse. As mudanças pareceram arriscadas para todos. "Todo mundo estava perdendo alguma coisa. Professores perdendo o senso de eficácia. Alguns pais perdendo o senso de prerrogativa. As crianças temiam que as coisas só piorassem. Para realizar mudanças em uma situação como essa, você tem que forçar a barra quando todos dizem que você está errado."

Quero deixar claro que isso não se baseou em um palpite que Wool teve nem se trata de tomar medidas que seriam ruins para o distrito ou para a comunidade. Tendo conduzido uma análise rigorosa dos dados do distrito e considerado experiências anteriores de bons resultados em outra escola com poucos recursos, Wool estava realizando um esforço com base em evidências para melhorar a situação de todos os alunos do distrito. Ele acredita que manter a humildade e checar com constância o plano e o progresso foi essencial para impulsionar a mudança. "É então que um mindset de crescimento aparece de verdade", me disse.

Os desdobramentos falam por si sós. Os dados de desempenho mostram resultados mais significativos para os alunos em geral, independentemente de suas origens, em todo o distrito. Como muitas escolas, o HCSD costumava separar por desempenho o programa de matemática do segundo ciclo do ensino fundamental, de modo que apenas algumas crianças tinham acesso a disciplinas de nível avançado, como álgebra. No último ano em que o sistema de separação esteve em vigor, apenas cerca de 10% dos alunos demonstraram proficiência em um teste de avaliação de competências em álgebra. Então, Wool removeu a separação, disponibilizou álgebra para todos os estudantes e forneceu suporte para ajudá-los a ter sucesso. Em 2023, passadas quase duas décadas dessa mudança, o índice médio de aprovação em álgebra aumentou para 90%, com 52% pontuando no nível de proficiência.[18]

"Uma coisa que diferencia meu comportamento do da maioria é que não sou muito movido pelo medo do conflito", Wool explicou. "Nesta altura da vida, passo um bom tempo atuando como mentor – de jovens superintendentes, jovens administradores –, e eles sempre erram por excesso de cautela. Preocupam-se sobretudo com 'Como faço para manter meu emprego?' em oposição a 'Como faço para realizar o trabalho certo?'"[19] O segredo aqui é que o conflito é baseado em questões, e não interpessoal. Não se trata de os funcionários serem competitivos ou discutirem entre si, ou de o chefe liderar com mão de ferro. Trata-se, sim, de estar disposto a mergulhar com todo mundo em um debate sobre o trabalho, observando as métricas pré-acordadas, sentindo-se acolhido e seguro para expressar sua opinião respeitosamente, mesmo que seja diferente da de outra pessoa. É importante ressaltar que a liderança define o tom para enfatizar que riscos e conflitos são aceitáveis, e até bem-vindos, desde que estejam apoiados em informações e visem melhorias.

Esta é uma conclusão essencial para aqueles que têm a impressão de que as culturas de crescimento são lugares felizes, tranquilos e com poucos conflitos. Elas estão entre os ambientes mais rigorosos e desafiadores (e é por isso que alguns se esforçam tanto para manter uma cultura de gênio). Conforto não tem nada a ver com culturas de crescimento em oposição a culturas de gênio. **Alcançar maior equidade, diversidade e inclusão não significa aumentar o conforto das pessoas. Trata-se de remover barreiras e obstáculos às oportunidades que se apresentam somente para algumas, de modo que o sucesso esteja ao alcance de todas.** O objetivo é eliminar *intimidações*, para que todos os alunos e funcionários trabalhem de acordo com sua capacidade. Quando essas barreiras são removidas, os estudantes podem encarar programas de estudos mais rigorosos; nas empresas, os funcionários ficam livres para utilizar mais recursos pessoais a fim de enfrentar os desafios da inovação e assumir os riscos que acompanham a sua resolução.

Assumir riscos não quer dizer mergulhar neles cegamente. As equipes com mindset de crescimento se apoiam em dados para transitar pelas mudanças organizacionais e ponderar se vale a pena arriscar. Também utilizam dados para determinar se essa decisão, uma vez tomada, está conduzindo ao sucesso ou precisa ser reconsiderada e ajustada. Estão abertas às evidências que mostram que suas decisões podem (ou não) contribuir para o resultado desejado. As verdadeiras culturas de crescimento utilizam dados para considerar quais riscos correr no que diz respeito a tempo, energia e recursos, e depois avaliar se esses riscos estão compensando.

O diretor de RH da Patagonia, Dean Carter, que conhecemos no Capítulo 3, usa o modelo de agricultura regenerativa com base em dados para orientar a tomada de decisões. Quando a empresa alterou a semana de trabalho padrão para que os funcionários corporativos tivessem as sextas-feiras de folga a cada 15 dias, eles entrevistaram as pessoas antes e depois para "mensurar o que estávamos acrescentando e o que estávamos retirando", diz Carter. A outra razão para as entrevistas foi para ter certeza de que a mudança na agenda proporcionaria os benefícios e o impacto pretendidos. Eles mediram os níveis de produtividade dos funcionários, o quanto trabalhavam e seu nível de engajamento. Carter chama esses elementos de "extrativos": "A empresa ainda está obtendo das pessoas o que investe nelas?" Avaliaram também o que a empresa estava acrescentando à vida delas. "Essa mudança na agenda ajudou em seu relacionamento com o cônjuge? Você teve mais tempo de qualidade com seus filhos? Conseguiu preparar refeições saudáveis? Foi ao médico? Percebeu algum progresso em seu relacionamento com a comunidade e em sua capacidade de contribuir com ela?" O que descobriram foi que esses fatores apresentaram melhora, para além do engajamento dos funcionários, ao passo que a produtividade e o tempo gasto trabalhando permaneceram estáveis.

Realizar um acompanhamento para determinar se as mudanças que implementaram alcançam os resultados almejados é o tipo de abordagem rigorosa e voltada para o crescimento que é essencial para o modelo da Patagonia de tomar decisões com o futuro em mente. "Se estou zelando por esses funcionários como se fosse empregar essa população pelos próximos cem anos, então, sim, não quero que eles fiquem estressados", explica Carter. "Quero que cuidem bem de seus filhos, porque é muito provável que daqui a cem anos eu esteja empregando não somente seus filhos, mas também seus netos."[20]

A propósito, a empresa ostentou uma taxa de rotatividade voluntária de funcionários inferior a 4% ao longo de 2021, quando a média da área foi pelo menos três vezes maior. Manteve uma impressionante taxa de retenção de 100% de mães trabalhadoras ao longo de um período de cinco anos. Durante a *Great Resignation*, com as empresas lutando para reter os empregados e um grande percentual de mulheres, especialmente, deixando o trabalho, os números da Patagonia indicaram uma grande vantagem competitiva.[21] Quando as empresas se concentram demais no que podem obter dos trabalhadores a curto prazo, ignorando em grande medida o que dão em troca, mostram-se mal equipadas para o sucesso a longo prazo. Os dados ajudam as culturas de crescimento a obter uma imagem clara de como é a vida de seus funcionários e como podem ajudá-los a experimentar mais equilíbrio – para o bem das pessoas e da empresa.

FATORES QUE INFLUENCIAM A DISPOSIÇÃO PARA ASSUMIR RISCOS EM CULTURAS DE CRESCIMENTO

Dentro das organizações, de onde vêm as ideias de mindset fixo sobre assumir riscos? Fui à caça da fonte durante minha temporada com a equipe jurídica do Twitter. Descobri que, para algumas pessoas, tudo começava com o processo de entrevista e contratação. Os entrevistadores com frequência indagavam sobre realizações intelectuais e pareciam considerar o tipo de universidade que as pessoas frequentaram (universidades de prestígio = mais inteligentes) e empregos anteriores (como experiência em outras empresas) como os aspectos mais importantes. Isso significava que talvez ignorassem excelentes candidatos de universidades menos graduadas ou com experiências mais diversas que, embora não correspondessem 100% ao que estariam fazendo no Twitter, ainda poderiam ser valiosos para a empresa. As perguntas sobre cenários hipotéticos pareciam ter respostas nitidamente certas ou erradas, o que é um mau preditor do desempenho real, uma vez que, no decorrer de um trabalho, espera-se que as pessoas pesquisem e aprendam sobre contingências relevantes, em vez de apenas reagirem no ato, sem informações. Uma vez contratados, percebiam que as oportunidades de aprendizagem e desenvolvimento – como a orientação para recém-admitidos – eram restritas a um único dia. Com frequência, as pessoas eram bombardeadas com informações e depois deixadas por sua conta e risco. Essa mentalidade de "afundar ou nadar" indicava mais uma cultura de gênio que uma cultura de crescimento.

Os *tweeps* queriam mudar esses processos para encorajar um mindset de aprendizagem. Achavam que examinar a qualidade – e não a quantidade – da experiência ou da formação dos candidatos seria um indicador melhor da disposição para o desenvolvimento. "Fale sobre uma ocasião em que você enfrentou um desafio e como o superou", por exemplo. E consideravam fundamental contratar com base em competências relevantes em vez de em situações hipotéticas. Um candidato a uma vaga na equipe de Confiança e Segurança precisa ter princípios éticos; portanto, perguntar sobre momentos em que ele se viu desafiado nesse aspecto e como lidou com isso seria mais revelador que perguntar como ele enfrentaria com uma situação inventada.

Os *tweeps* também recomendavam conectar potenciais funcionários a grupos de afinidade relevantes, como Twitter Women, Twitter Asia e Blackbirds, após a primeira entrevista. Dessa forma, os candidatos poderiam aprender mais sobre a cultura da empresa a partir das perspectivas desses grupos, com estratégias para transitar com sucesso na estrutura organizacional. Os *tweeps* sugeriam estender a orientação ou, melhor ainda, criar oportunidades para que os recém-contratados aprendessem continuamente juntos ao longo do primeiro ano de trabalho. Achavam que, além de esse período estendido de aprendizagem poder criar uma cultura de parceria e conexão entre equipes, o próprio trabalho melhoraria quando as pessoas partilhassem estratégias e experiências entre diferentes funções. Queriam mais material de comunicação interna, como guias, ferramentas e manuais, para que todos tivessem oportunidades de aprender, em vez de ter que desvendar tudo sozinhos.

Essas sugestões aprimoraram o processo de contratação, ao mesmo tempo que mostravam como os funcionários vivenciavam a cultura do Twitter. Mas o que mais me impressionou foi a disposição das pessoas em trabalhar juntas para descobrir maneiras de cultivar uma cultura de crescimento mais forte. O fato de se sentirem confortáveis ao levantar questões que poderiam representar obstáculos e ao debater formas de aprimorá-las expunha um poderoso senso de segurança psicológica.

Quando a edição original deste livro seguia para publicação, o Twitter (agora chamado X) iniciava uma mudança estrutural – e é um bom exemplo de como a cultura organizacional pode ser frágil e dependente do líder. Duas semanas após Elon Musk comprar a empresa e assumir o cargo de CEO, ele desmantelou todos os grupos de afinidade do Twitter, demitiu mais da metade da força de trabalho e apresentou um ultimato agressivo aos funcionários remanescentes. Seu e-mail para a equipe parece uma página retirada do manual da cultura de gênio. Ele escreveu: "No futuro, para construir um Twitter 2.0 inovador e ter sucesso em um mundo cada vez mais competitivo, precisaremos pegar pesado. Isso significará trabalhar longas horas em alta intensidade. Somente um desempenho excepcional receberá uma nota de aprovação."[22] Os funcionários tinham até as cinco da tarde do dia seguinte para dizer se estavam "dentro" clicando no link de uma pesquisa no e-mail. Como seria de esperar em uma cultura de gênio, na qual a confiança e o compromisso organizacional são notoriamente baixos (e sobretudo quando os funcionários já haviam trabalhado muito para cultivar uma cultura de crescimento inclusiva), mais da metade dos que tinham permanecido até ali abandonou o barco.

Para construir e manter uma cultura de crescimento, os líderes precisam obter a adesão das pessoas, como fizeram a Shell, a Microsoft, Louis Wool. Uma vez a bordo, demonstre que você apoia os agentes de mudança quando eles assumirem riscos calculados, incentive o aprendizado e incorpore essas lições à medida que avança. Se deseja que os funcionários sejam inovadores, precisa saber que a disposição para assumir riscos é um elemento indispensável. Concentre-se em como você e sua organização poderão criar um contexto no qual as pessoas se sintam confortáveis para se aventurar no desconfortável território do risco.

COMO SUA ORGANIZAÇÃO PODE APRENDER A ASSUMIR RISCOS (CALCULADOS) E SE TORNAR MAIS RESILIENTE

Aqui estão algumas táticas para ajudá-lo a incutir e inspirar um mindset que acolhe o risco calculado em sua organização.

Busque o risco

Não é o caso de andar por becos escuros à noite nem de pedir a pimenta mais ardida no seu próximo burrito, e sim de buscar riscos de maneira sensata. Em nosso mindset de crescimento, damos saltos ponderados na direção que queremos seguir. Corredora de provas de média distância, Emma McIlroy, cofundadora da Wildfang, aprendeu que muitas vitórias eram sinal de que não estava se esforçando o suficiente – estava agindo com cautela excessiva ao competir em um campo que não apresentava desafios à altura.[23] Se você não fracassou nos últimos tempos, pode não estar se arriscando o tanto que deveria para obter progresso de verdade na vida – e a mesma hipótese pode se aplicar à sua organização. (Aliás, pesquisadores indicam que o "ponto ideal" de fracasso é de 15% de seus esforços dando em nada.[24]) Se for esse o caso, identifique áreas em que você pode praticar a ativação de seu mindset de crescimento em relação ao risco. Comece reconhecendo de uma a três áreas no trabalho ou na vida em que poderia correr alguns riscos calculados. Talvez se aproximar de um colega que admira para aprender o que ele está fazendo bem ou solicitar mais desenvolvimento profissional a fim de estar pronto para o próximo desafio. Faça sua pesquisa, ajuste o paraquedas e dê esse salto!

Use os dados como aliados

Os dados são nossa régua no risco calculado. Familiarizar-se com eles, não importa a posição em que você esteja na organização, vai ajudá-lo a se sentir mais confiante ao se aventurar em um novo território e a determinar desde o início, e ao longo do processo, se o risco que assumiu está deixando você mais perto ou mais longe de seu objetivo. Os dados não lhe dizem se está certo ou errado (essa é uma visão de mindset fixo), mas indicam onde você está no momento e como poderia ser a trajetória do passado ao presente e do presente ao futuro. Defina pontos em que você fará verificações e refletirá sobre o processo. Reavalie, experimente uma nova estratégia ou mude de direção se descobrir que o risco não está compensando.

Faça uma viagem no tempo

De tempos em tempos, você pode revisitar seu histórico de riscos que não trouxeram o resultado esperado. Tendemos a fugir de fracassos passados porque podem desencadear nosso mindset fixo: as falhas nos levam a crenças autolimitantes sobre nossas capacidades. Mas se revisitarmos essas experiências com o bloco de notas e a caneta nas mãos, poderemos explorá-las para obter algum aprendizado. Reflita e faça anotações sobre o que você aprendeu com situações conflitantes e como lidou com elas. O fracasso acionou seu mindset fixo ou o de crescimento? Você abandonou o barco ou arregaçou as mangas, ajustou as velas e avançou em direção ao horizonte? O que o provocou ou fez com que reagisse de uma maneira ou de outra? Como essa experiência influenciou seu comportamento dali em diante? Como seu mindset de crescimento atual avaliaria a utilidade desse risco? Se deparasse com a mesma oportunidade hoje, assumiria o risco ou não? Ou você assumiria, mas abordaria o risco de forma diferente, e, em caso afirmativo, como?

Preste atenção nas mensagens que está enviando

Como os *tweeps* e eu descobrimos ao analisar os processos de contratação da área jurídica, podemos às vezes enviar mensagens de mindset fixo sem querer. O recrutamento e a seleção são áreas em que isso é particularmente comum. Para infundir um mindset de crescimento nesses departamentos, esteja disposto a investir em pessoas que talvez não se encaixem em seu protótipo do gênio (sobretudo por causa de sua identidade ou origem). Concentre-se naquelas que estão ansiosas para levar suas competências para a organização e mobilizá-las para reconsiderar suas abordagens. Pode parecer arriscado no início, mas é uma maneira impactante de criar uma cultura de crescimento.

Outra forma de apoiar o risco é estabelecer uma atmosfera em que os funcionários sejam estimulados a arriscar e percebam, ao observar os demais, que é seguro fazê-lo. Se as pessoas virem outras sendo demitidas quando assumem um risco e entenderem que arriscar não compensa, é provável que não experimentem algo radicalmente diferente. Por isso, celebre as iniciativas de risco de funcionários em eventos da empresa, no site ou nas comunicações internas. Aponte os sucessos e destaque também as falhas e os insights úteis que geraram.

Críticas à parte, uma das coisas que o fundador da Amazon, Jeff Bezos, faz bem é defender o risco e abraçar o fracasso que vem no pacote, desde que acompanhado de algum aprendizado. Bezos aplaude os fracassos da Amazon porque isso significa que eles estão experimentando ideias. Para cada Fire Phone, espera-se que haja mais Kindles, Fire Sticks e Alexas.[25] Sem dúvida, este é um exemplo incomum, uma vez que a Amazon tem desafios em outras áreas, porém, mais uma vez, ilustra a complexidade da cultura organizacional. Pode haver bolhas de mindset de crescimento em algumas áreas, mesmo que outras partes da cultura operem com comportamentos de mindset fixo. Criar e sustentar uma cultura de crescimento em uma organização é uma empreitada difícil, mas vale o risco.

CAPÍTULO 6

Integridade e comportamento ético

Se uma pessoa trapaceia ou infringe as regras, ela não tem ética. Essa é a conclusão a que a maioria de nós chega: que o comportamento de um indivíduo é determinado por quem ele é como pessoa, e não por fatores situacionais. Mas é o contrário: a situação em que nos encontramos, e sua cultura, desempenha um papel bem mais importante em moldar o nosso comportamento que o nosso caráter.

Essa teoria se tornou realidade para mim quando um de meus assistentes de pesquisa em Stanford violou o padrão que eu julgava ter estabelecido para o comportamento ético. Perto do final do trimestre, quando parecia que não iríamos bater nossa meta de recrutamento de estudantes para participar de um estudo, uma assistente começou a dizer aos estudantes que assinalassem os números mais elevados do nosso formulário de qualificação para aumentar suas chances de ser aceitos. Quando eu soube disso, depois de perguntar como estávamos conseguindo tantos novos participantes qualificados, precisei interromper o estudo. Não poderíamos continuar sem saber quem de fato se qualificava.

A estudante ficou envergonhada e arrasada – afinal, ela só queria ajudar. Fui obrigada a reportar a situação ao conselho de ética da universidade, e a investigação que se seguiu colocou em risco as chances de a jovem ingressar na faculdade de medicina. No final das contas, conseguimos restaurar o relacionamento, e encontrei um trabalho que a estudante poderia fazer no laboratório enquanto eu buscava restabelecer minha confiança nela. Mas, depois de refletir sobre como havíamos chegado àquele ponto, percebi que ela não era a única culpada.

Pensar na endêmica cultura de gênio na universidade, em que os alunos sentem uma pressão interminável para provar que são inteligentes o bastante, me fez refletir sobre a cultura que eu havia criado em minha equipe – a ponto de impelir a estudante a pensar que pegar atalhos seria aceitável e até apreciado. Como líder do laboratório, o que eu havia falado ou feito para que essa aluna se sentisse dessa forma? Eu estivera tão concentrada em alcançar os números que havia enfatizado somente como era importante atrair pessoas para o estudo – sem parar para perguntar aos meus assistentes (encarregados de fazer acontecer) o que eles estavam vendo e aprendendo em campo. Nosso objetivo era realista? Precisávamos de um plano B? Existiam estratégias diferentes que poderíamos usar para atrair pessoas?

Eu havia nos direcionado para os números sem considerar a pressão que eles exercem sobre os alunos para provar seu valor e executar os planos. Talvez não fosse surpreendente que uma aluna dedicada, não querendo me decepcionar, fizesse qualquer coisa para atingir nosso objetivo. Será que eu havia replicado a cultura de gênio da universidade de forma consciente e explícita? Claro que não. Mas minha falta de atenção proativa à cultura que estava formando localmente indicou que a cultura dominante da universidade em que operávamos influenciava todos nós, nossos pensamentos, motivações e comportamento. A partir de então, tornei-me muito mais consciente quanto à criação e à manutenção da cultura do meu laboratório – dedicando tempo para verificar e avaliar como ela é identificada pelas pessoas; observando como nossas políticas, práticas e normas refletem a cultura a que aspiramos; sugerindo medidas viáveis que podemos tomar para continuar a construí-la e mantê-la como uma cultura de crescimento inclusiva.

A falta de ética e integridade não se resume a trapacear ou pegar atalhos. Abrange uma série de comportamentos inescrupulosos, desde reter informações e incorrer em formas sutis de puxar o tapete dos colegas (*Ah, deixei você de fora do convite para a reunião?*) até acobertar erros e cometer sabotagem e fraude. Esses comportamentos são mais frequentes em culturas de gênio. **Não é que as culturas de crescimento nunca experimentem lapsos éticos, mas, quando eles ocorrem, é mais provável que as organizações com mindset de crescimento reflitam sobre o que houve, atribuam** responsabilidades e ajam de maneira categórica para corrigir os problemas.[1] Também são mais proativamente vigilantes às violações, ao passo que as culturas de gênio são mais inclinadas a ignorá-las ou a tentar encobri-las.

Quando falamos sobre a disposição para assumir riscos que acompanha a inovação, queremos encorajar a quebra metafórica de regras: o objetivo é levar as pessoas a pensar além do que já foi feito e a usar a criatividade na resolução de problemas. Não nos referimos à quebra *real* das regras. Neste capítulo, vamos tratar dos limites que *não devemos* ultrapassar. Os lapsos éticos corroem a integridade de uma instituição e podem resultar em danos graves.

A seguir, alguns exemplos de como a ética e a integridade se mostram em culturas de crescimento e em culturas de gênio.

ÉTICA E INTEGRIDADE PELAS LENTES DO MINDSET

Em 2017, dois meses depois de deixar a Uber, a engenheira Susan Fowler narrou suas experiências em seu blog pessoal. Ela escreveu sobre o primeiro dia na nova equipe: "Meu gerente me enviou uma série de mensagens pelo chat da empresa. Ele estava em um relacionamento aberto, pelo que disse, e... procurava mulheres com quem transar. Ficou claro que estava tentando me convencer a ter relações sexuais com ele, e isso passava tão obviamente dos limites que na mesma hora fiz print dessas mensagens de bate-papo e o denunciei ao RH." Os representantes de RH da Uber descartaram as reclamações dela, dizendo a Fowler que o melhor que podiam fazer era advertir o gerente e ter uma conversa séria com ele. A resposta da diretoria foi ainda mais contundente: o funcionário "'tinha um alto desempenho' (...) e eles não se sentiriam confortáveis em puni-lo pelo que provavelmente fora apenas um erro inocente".[2]

Embora os "idiotas brilhantes"[3] – termo usado por Arianna Huffington, ex-membro do conselho da Uber, para descrever muitas das contratações dessa empresa – possam sobressair em culturas de gênio (em muitos casos, são os únicos a se destacar), o sucesso deles tem um custo. Uber, Theranos[4] e WeWork[5] são excelentes exemplos de organizações que sofreram grandes lapsos de ética e integridade, assim como o Goldman Sachs.[6] Apontado como uma das instituições que mais contribuíram para a crise financeira de

2008, o Goldman segue recebendo acusações de violações éticas profundas. Um artigo de 2018 no *The New York Times* descreveu a ligação do ex-sócio do Goldman, James Katzman, para a central de denúncias da empresa. Katzman reportou várias violações, incluindo "repetidas tentativas de obter e depois compartilhar informações confidenciais do cliente". Segundo consta, a liderança sênior pressionou Katzman a voltar atrás nas alegações. Ele se recusou a obedecer e deixou o banco no ano seguinte, tendo assinado um termo de confidencialidade que o proibia de falar sobre as denúncias.

Em seu livro *Bully Market – My Story of Money and Misogyny at Goldman Sachs* [Mercado intimidador – Minha história de dinheiro e misoginia no Goldman Sachs, em tradução livre], Jamie Fiore Higgins, ex-diretora-geral do Goldman, descreve uma cultura de racismo, sexismo e competição acirrada, no aspecto comportamental; e, em termos processuais, de políticas e práticas que incentivavam esses comportamentos, como a classificação forçada. De acordo com Higgins, a cultura é comunicada muito antes de os possíveis funcionários do Goldman começarem a trabalhar, com os recrutadores dizendo aos candidatos que teriam sorte em trabalhar para o banco. Uma vez contratados, são informados de que seu status de funcionários do Goldman os torna estrelas no mundo bancário. Ficam sabendo ainda que, a menos que provem consistentemente seu valor, enfrentarão cortes salariais ou demissão.[7]

Isso não quer dizer que as culturas de crescimento devam evitar os melhores na hora de contratar. Todas as empresas desejam contratar profissionais inteligentes e capazes – e nem todos são idiotas brilhantes. Como vimos com a equipe jurídica global do Twitter, a forma como as empresas escolhem quais profissionais inteligentes e capazes de alto desempenho contratar pode ter um grande impacto. A questão é se, uma vez dentro da empresa, os funcionários se veem rodeados por uma cultura que irá estimular mais o seu mindset fixo ou o de crescimento. Na Uber, é provável que alguns colaboradores já chegassem prontos e dispostos a violar as regras (e podiam ter sido contratados por essa atitude), mas, para a maioria, foram as mensagens profundas e contundentes que receberam de seu ambiente que encorajaram um comportamento antiético.

Será que existe algo que uma cultura de gênio possa fazer para evitar comportamentos antiéticos?

Imagine se, em seu processo de recrutamento e seleção, você alardeasse que contrata apenas os "melhores e mais brilhantes" em sua área ou setor. Quando a pessoa que está contratando oferece a vaga a um candidato, ele é informado de que é uma estrela e é bem-vindo a bordo. Especialmente se a sua organização tiver uma cultura de gênio, talvez você tenha acabado de condicionar esse funcionário a futuros lapsos de integridade e ética.

A Good Food Institute (GFI) trabalha de maneira determinada para evitar a contratação de "idiotas brilhantes". Trata-se de uma organização científica e tecnológica que pretende gerar uma mudança drástica na indústria alimentar mundial. A GFI atua para impulsionar a ciência a fim de criar produtos à base de plantas e do cultivo celular. Em vez de tentar criar uma Impossible Foods ou Beyond Meat [empresas americanas que desenvolvem alternativas às carnes tradicionais], o fundador da GFI, Bruce Friedrich, montou uma ONG, e não uma empresa, porque "podemos ser milhares de vezes mais efetivos no impacto da missão como uma organização sem fins lucrativos".[8] Eles não queriam que suas descobertas científicas ficassem aprisionadas pelos muros da propriedade intelectual, por isso trabalham num modelo de ciência aberta, financiando pesquisas e partilhando os resultados livremente com outras organizações.

O processo de contratação da GFI ressalta que os candidatos devem trabalhar bem em equipe e elimina aqueles que preferem buscar o status de estrela. Friedrich admite que de vez em quando há falhas no processo, mas, numa atmosfera tão orientada para o crescimento, essas escolhas equivocadas tendem a se revelar muito depressa. Os funcionários recebem apoio para corrigir o curso, mas, se não o fazem, são dispensados.

Laura Braden, diretora associada de assuntos regulatórios da GFI, disse em uma entrevista que uma das coisas que distingue a empresa de qualquer outro lugar em que trabalhou é a adesão rigorosa da GFI aos seus valores organizacionais fundamentais: acreditar que a mudança é possível, fazer o maior bem que puderem, compartilhar conhecimento livremente, agir com base em evidências e chamar todo mundo para o debate. Como disse Braden: "Estamos sempre avaliando e reavaliando as prioridades dentro dos departamentos com base nesses valores, que estão no centro do nosso trabalho. Pensamos neles ao tomar decisões."[9] Tais valores têm sido úteis para seu departamento decidir sobre a destinação de recursos – onde a GFI está posicionada de forma única e onde outras organizações poderiam fazer o trabalho.

A equipe de Braden tem a notável tarefa de defender, nacional e internacionalmente, regulamentações justas e apropriadas para produtos à base de plantas e de cultivo celular. Além de as proteínas alternativas constituírem um mercado relativamente novo, as regulamentações variam muito entre os países. O cenário é espinhoso, com os interesses da agricultura tradicional buscando barrar ativamente novos produtos e tecnologias (tentando, por exemplo, impedir que as proteínas alternativas utilizem palavras como "leite" ou "hambúrguer" na publicidade e nos rótulos dos alimentos). Ao mesmo tempo que procura manter as portas abertas para proteínas alternativas, parte do trabalho da equipe de Braden é avaliar as regulamentações em busca de lacunas que poderiam permitir às empresas tomar atalhos que comprometessem a segurança dos produtos.

A GFI ainda aplica uma abordagem orientada para o crescimento em suas parcerias. O critério para definir com quem trabalhar é a possibilidade de ajudá-los a fazer o máximo de mudanças no setor. Isso os coloca ao lado de organizações e interesses que, à primeira vista, podem parecer parceiros improváveis, como as tradicionais produtoras de carne JBS, Tyson, Smithfield e Cargill. Friedrich me explica: "Se você quer popularizar a ideia de carne feita de plantas ou do cultivo de células, precisa fazer com que essas empresas lancem seus próprios produtos à base de plantas e células."[10] Isso também ajuda a transformar concorrentes em colaboradores. À medida que aumentam sua participação no mercado de carnes alternativas, esses concorrentes passam a se interessar por uma regulamentação justa para proteínas alternativas e, assim, cada vez mais, essas grandes produtoras se encontram no mesmo lado da mesa que Braden. Esse é o tipo de inovação colaborativa que as culturas de crescimento procuram criar. É também o tipo de pensamento abrangente e orientado para o crescimento que Kinney Zalesne descreveu como essencial para resolver problemas sociais complexos.

Agora que vimos alguns exemplos de como a ética e a integridade se revelam em culturas de gênio e em culturas de crescimento, vamos examinar algumas razões por trás disso.

COMO O MINDSET ORGANIZACIONAL CRIA AS CONDIÇÕES PARA O COMPORTAMENTO ÉTICO OU ANTIÉTICO

Nas culturas de crescimento que abraçam a ideia de "aprender tudo" em vez de "saber tudo", lapsos éticos como trapacear não estão alinhados com as crenças e os objetivos centrais da cultura porque frustram a possibilidade de aprendizagem. Quando você está trapaceando ou manipulando as métricas, não consegue discernir de verdade o que funciona e o que não funciona. Em culturas de gênio, uma crença central é que estar entre as estrelas é mais importante que qualquer outro fator. Se é necessário um comportamento antiético para alcançar ou manter esse status, que assim seja. Muitas vezes, isso não é deliberado por parte da liderança. É raro encontrar uma organização que queira que os funcionários se comportem dessa forma, ou mesmo que perceba que é a configuração que ela mesma criou. Por isso, é tão crucial estar atento às mensagens que a sua cultura está tentando comunicar.

Tanto as culturas de gênio quanto as culturas de crescimento estão preocupadas com metas de desempenho, mas, ao contrário das empresas com mindset mais fixo, as que têm mindset de crescimento estão perseguindo metas de aprendizagem: sim, queremos ter êxito, mas estamos aprendendo e crescendo no processo? E, quando falhamos, estamos aprendendo de maneira semelhante, que nos dê embasamento para fazer melhor na próxima vez, ou que nos mostre quando é hora de mudar de rumo?

Um dos principais fatores que podem encorajar comportamentos antiéticos e atalhos desleixados são as metas de desempenho e os incentivos que a organização oferece.

Metas de desempenho e incentivos

Metas e métricas equivocadas podem prejudicar a capacidade de um funcionário de demonstrar os valores fundamentais da organização ou de agir de acordo com eles. Se uma organização afirma que valoriza a segurança mas suas métricas se concentram inteiramente na velocidade com que um funcionário realiza o trabalho ou no volume que produz, essas prioridades conflitantes podem colocar os colaboradores numa situação difícil. Eles enfrentam a escolha entre ficar aquém de seus objetivos ou tomar atalhos para chegar lá.

Um exemplo de fracasso nessa área foi o escândalo das emissões da Volkswagen, no qual engenheiros instalaram softwares – chamados de "dispositivos fraudulentos" – em cerca de 11 milhões de automóveis a diesel. Os dispositivos forneciam dados falsos aos computadores de teste de emissões de poluentes para fazer parecer que os motores a diesel da Volkswagen liberavam menos emissões nocivas ao meio ambiente. No mundo dos negócios, muitos culparam a cultura da VW. Embora a empresa alegasse valorizar o meio ambiente, as vendas eram mais importantes. Os funcionários descrevem um "clima de medo" na VW, o que, combinado com o objetivo do ex-CEO Martin Winterkorn de se tornar o maior fabricante de automóveis do mundo, predispôs a organização a um enorme lapso ético.[11]

A cientista cognitiva Susan Mackie me descreveu uma desconexão que encontrou entre valores e incentivos em seu trabalho com um call center do setor bancário. Das 104 ligações de clientes para encerrar uma conta, houve apenas quatro em que um atendente fez algum esforço para tentar reter o correntista. O problema era que os funcionários do call center haviam recebido instruções direcionadas a tarefas (como fechar uma conta) e não instruções direcionadas a objetivos (como tentar reter uma conta). Além disso, o desempenho dos funcionários estava sendo avaliado por métricas que respaldavam o comportamento vinculado a tarefas, como a velocidade com que processavam as chamadas. Quando eles recebiam uma solicitação para encerrar uma conta, sabiam que a maneira mais rápida de abordar aquele atendimento era concedê-la. Em seguida, passariam o caso para a equipe de recuperação de clientes, que tentaria reabrir a conta. Não era o resultado que o banco buscava, mas era isso que tanto o treinamento quanto a métrica de desempenho incentivavam os funcionários a fazer.

De acordo com Mackie, "Para desbloquear o potencial de cada interação com o cliente, as organizações devem desenvolver os membros da equipe direcionando-os para metas e não para tarefas. No entanto, as abordagens atuais para incrementar a destreza no atendimento ao cliente se concentram na construção de competências relacionadas com tarefas, tais como abrir e encerrar contas e corrigir erros na fatura. Embora essas habilidades sejam essenciais para a capacidade de o funcionário cumprir uma regra", explica ela, "as empresas falham ao não oferecer as qualificações necessárias para identificar o objetivo do cliente e como alcançá-lo."[12]

Uma abordagem orientada para o crescimento reconheceria a complexidade das interações com os clientes e permitiria que as pessoas praticassem habilidades e desenvolvessem competência para reconhecer e responder adequadamente ao longo do tempo. As organizações devem focar em ajudar os funcionários a cultivar um conjunto básico de competências que possam ser aplicadas de maneira dinâmica para alcançar um resultado que atenda tanto os objetivos do cliente quanto os da organização. Além disso, as métricas de desempenho dos funcionários devem refletir as metas da organização e incentivar comportamentos que os satisfaçam.

Trabalhando com Susan e sua equipe, a organização mudou suas métricas de resultados para número de contas preservadas, em vez da velocidade com que o atendente processava a chamada ou quantas chamadas por dia ele processava. Só então começaram a obter os resultados desejados.

É importante assegurar que a estrutura de compensação que criamos sinalize e apoie os valores que desejamos cultivar dentro da organização. Como Verne Harnish – fundador da Scaling Up, uma organização que presta consultoria a empreendedores, e autor de *Scaling Up Compensation* [Ampliando a compensação, em tradução livre] – me disse, em vez de apenas declarar às pessoas que você deseja um crescimento de dez, vinte ou até cinquenta vezes, tente detalhar esse crescimento para torná-lo significativo. Pela experiência de Harnish, as empresas que se concentram somente no crescimento financeiro entram em colapso após alguns anos. As organizações que crescem por meio do aprendizado têm maior probabilidade de se perpetuar. Podem pensar grande porque estão operando em um espaço temporal mais longo, e é mais provável que acabem atingindo a meta de crescimento de cinquenta vezes.[13]

Na ciência acadêmica, o objetivo da aprendizagem é prejudicado por dois incentivos estruturais: a pressão para publicar e a pressão para fazer com que os resultados pareçam perfeitos. Eles já levaram muitos pesquisadores, proposital ou inconscientemente, a se envolver em práticas de pesquisa questionáveis (PPQs) para mostrar seu trabalho sob a melhor luz possível. Essas práticas incluem não mencionar todas as variáveis que um estudo mensurou e retirar resultados do manuscrito quando estes não se revelaram do jeito como os cientistas previam – uma prática conhecida como *viés de publicação*. Outra PPQ é interromper a coleta de dados quando uma equipe vê resultados desejáveis, excluindo assim a possibilidade de que dados adicionais possam compor um quadro diferente. Daí a atual crise de replicação em disciplinas científicas, em que se tornou bastante comum que estudos subsequentes não consigam reproduzir os resultados relatados pelos investigadores originais. Para que a ciência avance, precisamos saber o que funciona e o que não funciona. Como afirma Simine Vazire, pesquisadora da Universidade de Melbourne, "Queremos ser críveis ou incríveis?".[14]

A atração pelo incrível foi o que levou o pesquisador genético He Jiankui a violar o acordo entre a pioneira do CRISPR, Jennifer Doudna, e colegas pesquisadores. Doudna e seus colegas haviam pisado no freio em relação a quando – e até mesmo *se* – a tecnologia deveria ser usada em embriões humanos viáveis. Vendo uma oportunidade de deixar sua marca como gênio, He Jiankui se rebelou, usando o CRISPR para modificar embriões implantados em duas mulheres que mais tarde deram à luz os primeiros bebês geneticamente modificados do mundo.[15] O cientista foi levado a julgamento na China, onde foi condenado a três anos de prisão e recebeu uma multa de 430 mil dólares e uma proibição vitalícia de trabalhar em ciências reprodutivas. O tribunal declarou: "No intuito de buscar fama e lucro, ele violou deliberadamente as regulamentações nacionais relevantes e ultrapassou os limites da ética científica e médica."[16]

A transformação de uma organização ou do panorama da pesquisa científica em uma cultura de crescimento pode ocorrer de várias maneiras. Incentivar e recompensar cientistas que compartilham informações e colaboram é um bom ponto de partida. O movimento está sendo liderado em grande parte pela PLoS (Public Library of Science, ou Biblioteca Pública de Ciências), uma editora de acesso aberto que opera como organização sem fins lucrativos e foi criada para tornar mais acessível a ciência revisada por pares. Quando conversei com a CEO da PLoS, Alison Mudditt, ela disse que focar a percepção da genialidade científica está "em desacordo com os valores essenciais da ciência. Isso se deve, em muitos aspectos, aos imperativos desse sistema de crédito bastante disfuncional. É tudo uma questão de guardar seus dados para o caso de você conseguir outro subsídio ou uma promoção, e de não os compartilhar caso alguém publique antes a sua pesquisa". Ela observou que "os cientistas, como todos nós, repetem comportamentos que são recompensados. Se olharmos para a moeda corrente da ciência, os editores de revistas tendem a favorecer a publicação de artigos que contam uma história bonita e organizada (...). Mas os dados reais são confusos. Por isso, ser transparente pode sujeitar os pesquisadores à crítica". Mudditt destacou que a forma como os subsídios são concedidos coloca pesquisadores individuais sob os holofotes, em vez de contar a história dos dez estudantes de pós-graduação, pós-doutorandos ou cientistas pesquisadores que podem ter feito grande parte do trabalho. Tudo isso cria e alimenta uma falsa narrativa sobre como a ciência é produzida.

"Na PLoS, chegamos à conclusão de que dois desafios principais estão impulsionando isso: um sistema de incentivos que favorece a novidade e a publicação em um pequeno número de periódicos bastante seletivos", disse Mudditt. Conheci colegas que foram informados de que seu trabalho nos próximos anos não seria fazer a melhor e mais impactante pesquisa possível, mas garantir publicação em um ou dois periódicos específicos e prestigiados, a fim de garantir promoção e estabilidade no cargo. Em quase todos os ambientes universitários, os professores são julgados com base em onde publicaram e com que frequência. Quando o sistema funciona dessa forma, é possível observar por que as PPQs acontecem.

A PLoS está trabalhando para contar histórias mais precisas, inclusive para "publicar estudos rigorosos, bem conduzidos, mas, em última análise, nulos – ou seja, que falharam".[17] Como Stuart Firestein, ex-presidente do Departamento de Ciências Biológicas da Universidade Columbia, escreve em seu livro *Fracasso – Por que a ciência é tão bem-sucedida*: "Deixar de apreciar suficientemente o fracasso leva a visões distorcidas da ciência." O fracasso, escreve ele, é o pilar sobre o qual todo o avanço científico é construído.[18]

Em um vídeo da Universidade Stanford celebrando o seu Prêmio Nobel de Química de 2022, Carolyn Bertozzi declarou: "Às vezes, a ciência é considerada difícil e frustrante, porque existe uma elevada taxa de fracassos. Na verdade, não existem fracassos. Existem, sim, experiências cujos resultados você não previu. É a sua chance de aprender algo novo."[19] Se não tivermos um registro dos resultados, como saberemos o que tentar em seguida? Se criarmos uma atmosfera em que as falhas devem ser escondidas e partilharmos apenas o que confirma o que já suspeitávamos ser verdade, estreitaremos o âmbito da investigação científica e diminuiremos o ritmo das descobertas. E, se continuarmos a venerar o gênio solitário, o desejo de alcançar esse status continuará levando alguns cientistas a cometer lapsos éticos significativos, como fez He Jiankui.

Outra forma de promover culturas de crescimento e comportamento ético é incentivar uma abordagem mais inclusiva e colaborativa à pesquisa. Em 2020, liderei um grupo de 28 pesquisadores de diversas áreas e origens para analisar duas formas distintas de melhorar a ciência em todas as áreas: o Movimento pela Reprodutibilidade e o Movimento pela Ciência Aberta.[20] De maneiras diferentes, ambos estão reagindo à cultura de gênio predominante na ciência (que nós, brincando – ou não – apelidamos de "King Science", ou "Ciência do Rei") que perpetua a mitologia de mindset fixo do gênio solitário, em que um único pesquisador com bons recursos (em geral o investigador principal) recebe a maior parte ou todo o crédito pelo trabalho de sua equipe e acumula seus recursos, dados e materiais até que seu grupo obtenha o máximo benefício na forma de subsídios e publicações.

O Movimento pela Reprodutibilidade tem um quê de competitividade interpessoal e, talvez sem querer, reproduziu uma cultura de gênio, rotulando quais descobertas são "certas" ao escolher estudos para replicar e vendo quais efeitos as pessoas dentro do movimento podem reproduzir quando tentam refazer o trabalho de outros pesquisadores – assumindo o papel do crítico que determina quais pesquisas e ideias são válidas (ou não), ao mesmo tempo que incorpora uma dicotomia de mindset fixo de "verdadeiro ou falso".

O Movimento pela Ciência Aberta enfatiza uma abordagem mais interdependente e colaborativa para a partilha de dados, materiais e códigos, atuando para resolver problemas multidimensionais como dependência química, mudança climática ou pobreza com grandes equipes multidisciplinares. O objetivo de seus adeptos é tornar as ferramentas da ciência mais acessíveis para todos, a fim de acelerar descobertas.

Nossa equipe descobriu que, em todos os campos da ciência, esses dois movimentos operam de modo relativamente independente um do outro – adotando duas abordagens culturais distintas. Embora ambos queiram melhorar a forma como a ciência é feita, têm maneiras muito diferentes de atingir o objetivo. Os cientistas de um campo tendem a se ater a ele, e é raro que atravessem fronteiras e publiquem no contexto do outro.

Uma certeza: esses movimentos diferem em suas culturas de mindset. Uma descoberta: a ciência aberta promove maior equidade e inclusão, atraindo um quadro mais amplo de cientistas, contemplando mais mulheres e pessoas de origens culturais diversas. Como? Incorporando os objetivos pró-sociais e coletivos (em vez de independentes e competitivos) valorizados por esses grupos. Ao aplicar um dicionário de texto validado aos resumos de milhares de artigos nessas literaturas, detectamos que os cientistas do Movimento pela Ciência Aberta usaram uma linguagem mais interdependente e colaborativa para descrever a própria ciência que os do Movimento pela Reprodutibilidade. E, embora a participação das mulheres em posições mais prestigiosas na lista de autores tenha aumentado ao longo do tempo no Ciência Aberta, está diminuindo no Movimento pela Reprodutibilidade. Além de isso impactar na diversidade dentro da pesquisa científica, define quais pesquisas são conduzidas e como. Estudos anteriores mostraram que mulheres e pessoas não brancas escolhem realizar pesquisas que tenham objetivos de cunho social e com tendência a melhorar a saúde e o bem-estar da sociedade.

Não encontramos esse tipo de problema com ética e integridade relacionado com a cultura de mindset apenas em instituições educacionais ou na pesquisa científica. Em meus estudos com grandes empresas e startups,[21] perguntamos aos participantes até que ponto eles concordavam ou discordavam das declarações sobre as normas comportamentais de sua organização em relação a ética e integridade, tais como:

- Nesta empresa, as pessoas escondem informações umas das outras.
- Nesta empresa, quando cometem erros, as pessoas assumem total responsabilidade por eles.
- Nesta empresa, é comum ver pessoas trapacearem, pegarem atalhos e burlarem as regras.
- Nesta empresa, as pessoas são tratadas de forma justa.
- Nesta organização, as pessoas são confiáveis.
- Nesta organização, a ética é muito importante.

Perguntamos também aos participantes se concordavam com declarações sobre a abordagem da gestão ao comportamento ético, tais como:

- A gestão desta organização disciplina o comportamento antiético quando ele ocorre.
- As penalidades por comportamento antiético são rigorosamente aplicadas nesta organização.
- A diretoria desta organização segue padrões éticos elevados.

Em cada caso, uma das descobertas mais consistentes em nossos estudos é que as culturas de gênio estão associadas a maiores lapsos de integridade e ética, ao passo que nas culturas de crescimento os funcionários são mais propensos a ver padrões éticos mais elevados e maior integridade nos colegas de trabalho, nos gestores e na organização.[22]

As culturas de crescimento valorizam a transparência e compartilham informações (em vez de as guardarem para si no intuito de superar outros), e, quando as pessoas cometem erros nessas organizações, assumem a responsabilidade (em vez de apontarem o dedo). Culturas de gênio têm mais negociações por baixo dos panos e menos probabilidade de aplicar punições quando são descobertas violações éticas, fechando os olhos para elas ou as ignorando, sobretudo quando a culpa recai sobre alguém com alto desempenho.

COMO A COMPETIÇÃO INTERPESSOAL AFETA A ÉTICA

Desde a admissão na faculdade de medicina, os futuros médicos são preparados para ser altamente competitivos. No entanto, o mesmo impulso competitivo que pode ajudar alguém a concluir com sucesso uma formação médica rigorosa pode torná-lo mais propenso a lapsos éticos na profissão.

A dra. Jennifer (Jen) Danek, médica da Universidade de Washington e uma de minhas colaboradoras de pesquisa, sabe disso por experiência própria. Ela teve a sorte de frequentar uma faculdade de medicina que funcionava em grande parte como uma cultura de crescimento. Os estudantes recebiam apoio para obter êxito, em vez de ser encorajados por táticas competitivas para provarem continuamente que mereciam estar lá. "Todo mundo iria se sair mal em alguma prova – talvez de gastroenterologia ou endocrinologia – em algum momento do curso. Havia uma política de que você podia repetir uma de suas provas", explica Jen. "Você fazia a segunda chamada e passava.

Não era nada de mais. Uma amiga foi mal na prova de anatomia duas vezes, mas isso aconteceu em parte porque o inglês não era sua primeira língua. Na terceira vez em que ela fez a prova, o professor ficou acordado até as três da manhã estudando com ela, afirmando: 'Você vai passar nesta prova. Vamos passar juntos.' Era como se nos dissessem desde o início: 'Nós selecionamos você, agora você é um de nós e vai ser bem-sucedido.'"

Jen sentiu o que os estudantes de outras faculdades de medicina passam quando, mais tarde em sua formação, ela pediu transferência para poder ficar perto de um familiar doente. "No primeiro dia, nos reuniram e nos deram um conjunto de regras, dizendo que, se não as seguíssemos, estaríamos fora. E eu pensando: 'Somos médicos e adultos, e vocês estão nos tratando como crianças de 5 anos.' Só me recordo de pensar que precisava sair daquele lugar o mais rápido possível, antes que eles me idiotizassem. Eu tinha a sensação de que a cultura não iria trazer à tona o que há de melhor em mim se eu permanecesse ali." Essa cultura também contribuía para o sigilo e a falta de ética. Ela se lembrou de um residente que recebia dinheiro de uma empresa farmacêutica para finalidades nebulosas (ele não divulgou qual era a empresa). Para Jen, não apenas os pacientes estavam doentes, mas também a cultura.

O campo da medicina funciona como uma cultura de gênio em que os médicos – especialmente os cirurgiões – estão no topo da hierarquia. Muitas vezes, diz Jen, enfermeiros ligavam para ela pedindo ajuda no meio da noite com um caso em que ela não atuava como médica principal. Quando ela perguntava por que não chamavam o cirurgião do paciente, eles diziam que tinham medo de acordá-lo (quase sempre era do sexo masculino) e levar bronca. Ainda assim, ela acha que a medicina está dando uma virada em direção a uma cultura de crescimento, graças sobretudo ao foco nos resultados. Quando o mau comportamento contribui para a doença e até para a morte, alguma coisa precisa ser feita.

Uma dessas mudanças estruturais (e culturais) inclui rondas em grupo, durante as quais todos da equipe de atendimento do paciente se reúnem para discutir o plano de atendimento. Quando apenas um médico dá as ordens, pode deixar passar alguns sinais importantes. "É tão complexo que um único ser humano não consegue fazer tudo muito bem", diz Jen. "Isso levou a uma guinada mais equalizadora para o trabalho colaborativo." Ainda existe uma hierarquia, explica Jen, e o médico continua no comando, mas, em uma ronda em grupo, ela recebe informações de um enfermeiro que, por sua interação próxima com o paciente, pode notar detalhes de que o médico não se deu conta. E se o farmacêutico estiver ali, poderá apontar que um medicamento que estão cogitando receitar iria interagir negativamente com outro que o paciente já vinha tomando e discutir um curso de ação diferente.[23]

Uma abordagem mais voltada para o crescimento implica mais erros sendo reportados. Isso significa mais oportunidades para corrigir erros e melhorar o atendimento ao paciente, algo semelhante ao que Amy Edmondson viu em sua pesquisa sobre erros médicos.[24] "Eu me sinto mais livre com esse tipo de sistema", observa Jen, "e acho que todos se sentem da mesma maneira, porque há um senso maior de responsabilização do grupo pelo resultado."[25] Essas mudanças na medicina procuram neutralizar a competitividade e impulsionar a aprendizagem e a comunicação com o intuito de aprimorar os resultados.

As culturas de crescimento também podem encorajar alguns dos benefícios da competição.

Logo após a Segunda Guerra Mundial, a economia do Japão estava em dificuldade, e o país se concentrava em apoiar alguns setores-chave que poderiam injetar o tão necessário dinheiro nos cofres do país, entre eles a indústria relojoeira. Durante anos, a Seiko foi uma fabricante respeitável, mas enfrentava um grande desafio para manter a confiabilidade na marca. Se a empresa quisesse superar a Suíça, líder do setor, precisaria inovar e depressa. Até então, a Seiko vinha tentando replicar elementos do design suíço, mas tomou uma decisão ousada ao abandonar essa estratégia, concentrando-se na construção de tecnologia própria a partir do zero.

Para fomentar seus esforços, a Seiko atiçou uma rivalidade acirrada, porém amigável, entre duas de suas fábricas – uma na movimentada cidade de Tóquio e outra na zona rural de Nagano. Elas tinham culturas distintas, e a liderança da Seiko apostou que iriam adotar abordagens criativas diferentes. Estavam certos. Cada vez que uma fábrica resolvia um problema ou criava uma tecnologia superior, a Seiko desafiava a outra a superá-la. Para evitar que a competição se tornasse danosa, a liderança instituiu diretrizes. Uma delas era: a Seiko era uma família, e um ganho numa fábrica representava um ganho para toda a família. Para reforçar esse conceito e levar a inovação ainda mais longe, as fábricas eram encorajadas a recorrer uma à outra caso deparassem com obstáculos importantes; quando uma fábrica desenvolvia uma nova tecnologia, compartilhava com a outra para que ambas pudessem se beneficiar. Numa cultura de gênio, as fábricas estariam competindo pela glória individual (ou para manter seus empregos) e poderiam ter recorrido a meios desleais para chegar lá. Não compartilhariam seus aprendizados em hipótese alguma. Mas a cultura e as estruturas de comunicação criadas pela Seiko impediram que as fábricas escondessem conquistas uma da outra, e a estratégia valeu a pena.

Ao se estimularem dessa forma produtiva, as fábricas tornaram os relógios da Seiko mais consistentes, confiáveis e visualmente atraentes, e foram capazes de produzir o primeiro relógio de luxo da empresa. Em 1964, a Seiko se tornou a primeira empresa estrangeira a participar de um renomado concurso internacional de relojoaria realizado na Suíça. Cada fábrica apresentou seu próprio modelo, embora os dois relógios contassem com componentes tecnológicos ou manufaturados de ambas as fábricas. Em 1967, um relógio Seiko conquistou o quarto lugar na competição. No final de 1969, a empresa se tornou a primeira no mundo a lançar um relógio no mercado usando tecnologia de quartzo. Mais tarde naquele ano, uma evolução ainda mais consistente permitiu à empresa lançar um segundo relógio de quartzo. Esse modelo superou os produtos das fabricantes suíças, ainda focadas na tecnologia mecânica.[26]

VIGILÂNCIA CONTRA LAPSOS ÉTICOS E AS RESPOSTAS A ELES

Cultivar e preservar uma cultura de crescimento é um trabalho permanente. Como diz Emma McIlroy, organizações são organismos.[27] Elas são quase sempre influenciadas por alterações nas dinâmicas interna e externa, como mudanças no pessoal, mudanças no mercado, evolução das estruturas regulatórias e expectativas dinâmicas de clientes e funcionários. (Imagine uma mesa de som complexa num estúdio de gravação em que vários níveis têm que ser monitorados e ajustados à medida que a música é feita.) Por sua orientação para a aprendizagem, as culturas de crescimento tendem a estar mais atentas à cultura organizacional e às normas comportamentais dentro delas. Em relação às culturas de gênio, mais propensas a prestar atenção no desempenho e nos resultados individuais, as de crescimento tendem também a instituir mais sistemas de monitoramento ativo para detectar desvios de valores, padrões e progresso em direção a seus objetivos.

Mesmo quando uma organização opera a partir de um mindset de crescimento, podem ocorrer lapsos. Seres humanos são falíveis, e os sistemas que construirmos refletirão essa falibilidade. A maioria de nós não espera que as organizações sejam perfeitas, mas esperamos que, se algo der errado, elas façam seu melhor para corrigir o problema e sejam transparentes no processo, sobretudo quando há vidas em risco. Duas das falhas de produtos mais perigosas da história ocorreram quando alguém contaminou cápsulas de Tylenol da Johnson & Johnson com cianeto e quando vestígios de benzeno foram detectados na água engarrafada da Perrier.[28] Nesses exemplos, vemos tanto culturas de crescimento quanto culturas de gênio em jogo. A Johnson & Johnson procurou afirmar seu compromisso com a segurança do consumidor, retirando os produtos das prateleiras e avisando os clientes para que parassem de consumir as cápsulas até que a empresa descobrisse como e onde a adulteração havia ocorrido. A liderança da Perrier, ao contrário, saltou para o "modo provar seu valor e executar", recolhendo apenas um pequeno número de garrafas sem assumir total responsabilidade. Lembre-se: quando uma empresa demonstra estar em modo de aprendizagem, os consumidores se tornam mais dispostos a confiar nela.

Ao longo deste capítulo, você leu sobre algumas maneiras pelas quais as culturas de crescimento suscitam confiança, integridade e comportamento ético. Vejamos agora algumas dicas para a sua organização.

ESTRATÉGIAS PARA INCENTIVAR O COMPORTAMENTO ÉTICO E A INTEGRIDADE EM SUA ORGANIZAÇÃO

Use sistemas de mensuração para identificar oportunidades de desenvolvimento e aprimoramento

Certifique-se de que as métricas para avaliar o desempenho dos funcionários sejam sólidas e transparentes. Use-as para identificar quem pode precisar de mais recursos e apoio e quem pode ser um bom candidato a fornecê-los. Veja quais indivíduos e equipes têm uma trajetória ascendente e quais estagnaram ou estão retrocedendo (sinal de que poderiam usar novas estratégias e mais apoio). As culturas de crescimento valorizam a transparência: isso ajuda os funcionários a entender com clareza o que almejam e como serão avaliados, e também gera segurança psicológica, confiança e comprometimento.

Lembre-se da experiência de Susan Mackie em alinhar o desenvolvimento e as métricas dos funcionários do call center com o comportamento e os resultados desejados. A empresa com a qual ela trabalhava vinha involuntariamente aprimorando esse treinamento para o oposto do que queriam alcançar.[29] Analise como você está instruindo e desenvolvendo os funcionários e como está mensurando o desempenho deles: conduz treinamento com base em tarefas ou os ajuda a desenvolver habilidades mais abrangentes? Como as pessoas estão se envolvendo com as metas que a empresa estabeleceu? Há consequências imprevisíveis de alguma das métricas? Enquanto você está analisando essas respostas, é uma boa ideia dar uma olhada nesses alvos e examinar se são viáveis. As pessoas estão fazendo seu trabalho da melhor maneira possível ou trabalhando para parecer que estão?

Além de transparente, torne a mensuração mais incrementada. Amplie as metas de desempenho padrão (como as financeiras) com métricas que consideram o progresso de um funcionário, os desafios superados, os riscos assumidos, as atividades colaborativas, o que alcançaram trabalhando com outros departamentos. Como Susan descreve, "Adicione metas de proficiência que exijam que as pessoas façam perguntas do tipo: 'O que preciso aprender para atingir esse fim?'". E inclua metas comportamentais e orientadas a valores.

Combinados, esses objetivos vão aproximá-lo dos resultados que você deseja alcançar e ajudar os indivíduos e toda a sua organização a migrar para uma cultura de crescimento.

Contrate pela integridade

No processo de entrevista, procure sinais de alerta que possam indicar problemas éticos. Os candidatos falam em fazer "tudo o que for preciso" para cumprir as metas ou vencer a concorrência? Descubra o que querem dizer com isso. Peça que contem histórias sobre desafios éticos que tenham enfrentado no passado e como lidaram com eles.

Além de prestar atenção em quem está contratando e no que essa pessoa valoriza, você precisa ter certeza de que a gestão está cumprindo o que diz. Se os funcionários olharem para o topo e virem problemas éticos, ficarão confusos e talvez pensem que não há problema em (ou até que seja necessário) ser desleal, deixar de repassar informações ou burlar o sistema, como estão vendo os líderes fazerem.

Integre a ética em todos os lugares

As organizações com o mais alto nível de integridade vão muito além de defender os padrões éticos da boca para fora. Quando as diretrizes federais exigiram que um fornecedor do governo na área de Washington, D.C., instituísse um programa de ética, a resposta da empresa foi criar um guia padrão de comportamento para distribuir aos funcionários (sem levar em conta diferenças culturais, mesmo que a organização empregasse mais de 1.500 pessoas em diversos países). Adquiriu também um programa genérico de treinamento em ética feito por computador, em que o funcionário recebia um certificado de conclusão após responder perguntas bastante óbvias. Por fim, criou uma linha direta de ética monitorada por uma vice-presidente tão sobrecarregada que seu correio de voz ficava sempre cheio. Como a linha direta nunca tocava, eles consideraram o programa um sucesso.

Treinamentos de ética como esses, que riscam um item da lista em vez de fornecer informações úteis e práticas, são muito comuns. Marianne Jennings, professora de ética empresarial na Universidade Estadual do Arizona, escreve em seu livro *The Seven Signs of Ethical Collapse* (Os sete sinais do colapso da ética): "Os funcionários devem ter exemplos específicos de certo e errado, exemplos concretos dentro de seu setor. Explicar os limites que não devem ultrapassar para cumprir metas e, em seguida, oferecer exemplos de conduta que ultrapassam ou não esses limites dão a eles um parâmetro (...). Os valores determinam o que faremos ou não para chegar aos números."[30]

Jacqueline Novogratz diz que a Acumen trabalha para apoiar uma "filosofia de contar a verdade". "Estive em grandes instituições nas quais você era recompensado por parecer inteligente. Na Acumen, desde o início, era preciso ser capaz de contar a sua história de forma que as pessoas pudessem compreender"[31] em vez de se esconder atrás de termos complexos e frases sem sentido. (Lembre-se da descrição que o fundador da Frank, Charlie Javice, fez de sua empresa como "a Amazon para o ensino superior".)[32] A Acumen reforça essa filosofia toda semana. Em todos os seus escritórios ao redor do mundo, há uma reunião nas manhãs de segunda em que os funcionários são solicitados a destacar momentos da semana anterior em que conseguiram pôr os valores da empresa em prática. "É o tempo de contar histórias", disse-me Novogratz. "De ritualizar e reforçar as coisas que de fato importam para nós. Como CEO, posso relatar aos outros escritórios que 'houve uma situação de fraude em uma de nossas regiões. Foi assim que a equipe lidou com a situação e estou muito orgulhosa dela'. Uma cultura de reflexão pública não é uma cultura de gênio."[33]

Susan Mackie incentiva as organizações com as quais trabalha a normalizar uma *pausa para a clareza*. Ela conta que os funcionários às vezes demonstram ter "medo desse jeito transparente de ser. E dizem: 'O que vai acontecer se eu descobrir algo que implique mais trabalho? O que vai acontecer se eu encontrar algo que eu tenha de compartilhar e que me fará parecer tolo? E se eu descobrir que estamos fazendo algo que não é correto ou ético – como devo expor isso?'".[34] Semelhante às rondas médicas descritas por Jen Danek,[35] a pausa para a clareza é uma oportunidade de os funcionários verificarem algo entre eles ou com um supervisor.[36] Serve também para "dar um passo para trás e testar as suposições dos outros. Para avaliar se o que você está prestes a fazer é o certo". Marianne Jennings chama esses momentos de reflexão de "cartões de intervalo", que podem ser checklists literais ou frases simbólicas. Ela escreve: "Trata-se de uma forma universal e diplomática de os funcionários agirem com coragem e requisitarem uma pausa na corrida em direção a números e resultados."[37] A chave é incorporar esse mecanismo em seu dia a dia para neutralizar o estigma que pode surgir com a descoberta de causas de inquietude.

Na medida do possível, as culturas de crescimento incorporam a ética e a integridade em tudo o que fazem e são explícitas quanto às suas expectativas. Têm sistemas de notificação claros e acessíveis para que as pessoas se sintam seguras e estimuladas a relatar problemas, e saibam como fazê-lo. Depois que os problemas são reportados, são levados a sério – diferentemente da experiência de Susan Fowler na Uber. E não pense que você deve esperar passivamente e depender da boa vontade dos funcionários para relatar os problemas por conta própria. Considere adotar uma abordagem proativa, incluindo dimensões de ética e integridade nas pesquisas de clima com os funcionários e nas conversas regulares com as equipes e os gestores.

Multiplique a colaboração para reduzir o comportamento competitivo antiético

Instituir políticas e práticas que provem que trabalhar em parceria – e não sabotar os seus pares – é uma forma inteligente de progredir na sua organização também se comprovou um método eficaz de demonstrar compromisso com o comportamento ético. Em vez de sempre esconder o jogo, de trabalhar na surdina, os funcionários verão que a empresa está mais interessada no sucesso do grupo. É até possível que os profissionais se distingam em ambientes competitivos, mas a maneira como trabalham para desenvolver suas habilidades e a disposição de fazer parceria sempre por uma causa maior levam a um papel de destaque.

Quando se fala em colaboração, não se está querendo dizer que potenciais parceiros estão nos mesmos lugares de sempre, mas sim em todos os níveis e em todo o organograma, até mesmo fora da empresa. É fácil pensar que temos todas as respostas, mas se as culturas de crescimento são organizações que aprendem é porque também são organizações que *ouvem*. Fazer perguntas e escutar as respostas (e só então agir de acordo com o que aprende) geram confiança – um componente fundamental da integridade – e propagam aprendizado por toda a organização. Se os líderes organizacionais estiverem focados em emitir decretos, provavelmente deixarão passar oportunidades revolucionárias de ouvir e aprender.

CAPÍTULO 7

Diversidade, equidade e inclusão

Imagine a seguinte situação: você é uma mulher preta que acabou de se formar na faculdade e duas grandes empresas estão tentando recrutá-la. Ao examinar os sites e os materiais que lhe enviaram, você nota que a maioria das pessoas retratadas é branca. Quando dá uma olhada nos perfis da diretoria, todos, exceto a líder de RH, são homens. Você se pergunta se seria realmente bem-vinda nesse ambiente.

Ou então você é um homem, gerente em um banco internacional. Seu chefe o chama para uma conversa em particular e diz que está organizando um encontro com a equipe na casa dele sexta-feira à noite para estimular a união do grupo: "É um evento social, as esposas são bem-vindas!", diz ele e sorri. Você engole em seco. *Mas será que meu marido seria bem-vindo?*, você se pergunta.

Ou então você recebe o convite para a festa anual da empresa em um local que desconhece. Você o encaminha para seu interlocutor no RH. "Esse lugar parece ótimo!", você escreve. "É acessível para cadeirantes?" Poucos minutos depois recebe uma resposta: "Estamos muito animados com a festa. Não sei se tem acessibilidade, vou verificar e depois entro em contato com você."

A DE&I abrange muito mais que a simples contratação de uma força de trabalho amplamente representativa. Embora cada uma das partes seja muito importante para o bom andamento da empresa, a diversidade, a equidade e a inclusão se referem a três processos organizacionais distintos.

Diversidade inclui contratar e reter pessoas de grupos diversos, estruturalmente desfavorecidos e historicamente excluídos. É uma questão de representatividade numérica e sub-representação.

Equidade diz respeito à forma como as pessoas são tratadas e a como os recursos e o poder são distribuídos numa empresa. As diferentes necessidades dos indivíduos são compreendidas e atendidas? Há igualdade de condições? Ou os dados mostram que integrantes de determinados grupos sociais são beneficiados de maneira sistemática? Talvez eles costumem ser mais favoravelmente avaliados, promovidos ou agraciados com bons cargos. Quando uma organização deseja alcançar a equidade, leva em consideração o ponto de partida de todos, fornece às pessoas os recursos de que necessitam para ter êxito e remove obstáculos sistêmicos que poderiam limitar o avanço ou o acesso a oportunidades. É importante ressaltar que equidade não é o mesmo que igualdade. Se igualdade significa que todos são tratados do mesmo modo, equidade pode exigir que alguns indivíduos ou grupos recebam suporte adicional para garantir que todos estejam capacitados a ter sucesso dentro da organização.

Inclusão está relacionada ao fato de as pessoas sentirem (ou não) que fazem parte de uma organização e que são valorizadas e respeitadas. A inclusão é uma experiência subjetiva, e quem tem autoridade para determinar se uma empresa é de fato inclusiva são as pessoas oriundas de contextos estruturalmente desfavorecidos e historicamente excluídas. As métricas para avaliar o processo de inclusão de uma empresa são as percepções e experiências dessas pessoas sobre seu grupo ser valorizado e respeitado. Muitas tentam diversificar a força de trabalho, mas dão a missão por encerrada logo após a contratação. Depois que os funcionários estão em seus postos, a maioria faz pouco ou nada para cuidar da equidade e da inclusão.

Como as pessoas podem saber se serão valorizadas, respeitadas e incluídas – ou desvalorizadas, desrespeitadas e excluídas – em determinado ambiente? A pesquisa que conduzi originalmente com meu orientador de pós-graduação, Claude Steele – e agora ampliada por muitos outros –, corrobora o que chamamos de *hipótese dos indutores*.[1] Basicamente, as pessoas respondem a essas perguntas ao observar os *indutores situacionais* ao seu redor. Em todos os ambientes, cada um de nós está atento a deixas, mensagens e sinais que nos dizem como nossas identidades sociais podem ser vistas e valorizadas. Olhamos em volta para ver quem está incluído em reuniões ou equipes de alta visibilidade, ou é considerado para projetos de peso ou promoções. Se nenhuma dessas pessoas se parecer conosco — sob vários aspectos, desde características demográficas até identidades socioeconômicas e educacionais –, estaremos menos inclinados a acreditar que essas oportunidades estarão disponíveis para nós. Se não houver mulheres na diretoria (ou se ocuparem apenas funções tradicionalmente associadas a mulheres, como no departamento de recursos humanos), é menos provável que acreditem que serão incentivadas e apoiadas para ascender a esse nível. A mesma situação vale para pessoas de outros grupos. Quando erros são cometidos, percebemos quem ganha o benefício da dúvida e quem não ganha. A quem são oferecidas oportunidades porque alguém de posição superior enxerga seu "potencial" e quem parece ser sistematicamente esquecido? Todos esses são indutores silenciosos, porém poderosos, que nos dizem quem é valorizado.

Ao longo da última década, minhas pesquisas mostraram que a cultura de mindset de uma organização apresenta consequências significativas para a diversidade, a equidade e a inclusão.[2] As culturas de gênio têm protótipos fortes e rígidos a partir dos quais identificam categorias inteiras de pessoas com probabilidade de ter o que é preciso ou não para o sucesso. Quem não se enquadra nesses protótipos ou não é contratado ou, se consegue entrar, é esquecido quando se trata de recursos e promoções. As culturas de crescimento valorizam uma força de trabalho diversificada por uma questão de perspectiva, e também porque sabem que isso as torna melhores. Uma equipe diversa gera um raciocínio mais abrangente e mais criatividade, o que leva a um trabalho de maior qualidade, com possíveis soluções inovadoras para desafios complexos. As culturas de crescimento acreditam que as boas ideias vêm de todos os lugares e valorizam as diferenças (culturais, econômicas, sociais). Reconhecem que a diversidade e a inclusão são difíceis, mas adotam uma orientação de aprendizagem para cultivá-las e fazem o trabalho necessário para garantir que todos obtenham o que precisam para ser bem-sucedidos.

DE&I NAS CULTURAS DE GÊNIO

Nas culturas de gênio, as oportunidades costumam ser oferecidas a um conjunto muito mais restrito de pessoas que nas culturas de crescimento. Na sociedade americana, quando pensamos em "gênio", evocamos muito mais a imagem de um homem branco que de qualquer outro grupo (lembra-se de nossa busca no Google?).[3] Pesquisas indicam que adotamos esse arquétipo já aos 6 anos de idade. Essas imagens provêm de nossa sociedade e das representações que observamos nos meios de comunicação e das histórias e da linguagem que ouvimos desde o nascimento. Muitas pessoas são excluídas por esse protótipo do gênio: negros, latinos e indígenas, pessoas com deficiência e neurodiversas, mulheres, a comunidade LGBTQ+, pessoas socioeconomicamente desfavorecidas e com educação em instituições de ensino superior comunitárias (ou sem diploma universitário). Em muitos contextos, esses grupos são estereotipados de maneira negativa em termos de inteligência ou de competência, e aqueles que pertencem a um ou mais deles têm menos chance de se enquadrar no protótipo do sucesso, sobretudo em culturas de gênio.[4] É mais provável ainda que estejam sintonizados com os indutores situacionais que, pelo menos para eles, transmitem uma mensagem clara de desajuste.

Quando percebemos indutores e temos interações sugerindo que podemos ser estereotipados negativamente por causa do grupo ao qual pertencemos, temos maior probabilidade de vivenciar a *ameaça do estereótipo*. Ficamos preocupados com a possibilidade de sermos vistos e tratados em termos dos estereótipos negativos associados aos nossos grupos de identidade social.[5]

Todos experimentam a ameaça do estereótipo em diferentes momentos da vida. Mesmo entre grupos considerados privilegiados, os brancos estão com frequência preocupados em ser (e ser considerados pelos outros) racistas; os homens se preocupam em ser (e ser considerados) machistas. Dependendo de qual região ou país você é, ou de sua orientação política ou sexual, você pode experimentar a ameaça do estereótipo por pertencer a esses grupos. No entanto, nem todos os grupos sociais são estereotipados negativamente de maneira específica nas dimensões da inteligência, do talento e da capacidade – são justamente as pessoas que fazem parte dos grupos estereotipados as mais desfavorecidas nas culturas de gênio.

A ameaça do estereótipo é agravada quando um grupo se encontra numericamente sub-representado.[6] Na verdade, a sub-representatividade numérica é um dos indutores mais fortes de ameaça à identidade. Em todo o mundo, as mulheres – sobretudo as não brancas – ainda tendem a estar, e de forma significativa, sub-representadas em cargos de gestão.[7]

Pesquisas mostram que a ameaça do estereótipo acarreta custos cognitivos, emocionais e fisiológicos vivenciados desproporcionalmente por quem pertence aos grupos sub-representados.[8] Afinal, é estressante e exaustivo sentir que você precisa o tempo todo estar atento à possibilidade de o seu comportamento ser visto como uma confirmação de estereótipos negativos. Em um círculo vicioso, esse fardo pode contribuir para a sub-representatividade permanente. As mulheres em cargos de liderança vivenciam isso quando se esforçam para garantir que não sejam vistas como delicadas e emotivas demais, ou manipuladoras e agressivas demais, ou distraídas demais com as responsabilidades maternas – tudo isso enquanto fazem seu trabalho.

Numa série de estudos, minha ex-aluna de pós-graduação Kathy Emerson e eu descobrimos que o mindset de uma organização desempenha um papel na sinalização da ameaça do estereótipo entre as mulheres em ambientes empresariais. Pedimos a homens e mulheres que lessem a missão e visitassem o site de uma empresa, ambos comunicando o mindset da organização. Tanto as mulheres quanto os homens eram menos propensos a confiar na organização de mindset fixo, mas as mulheres confiavam bem menos que os homens.[9] Por quê? Porque as mulheres *esperavam* ser estereotipadas pela gestão como menos competentes e capazes. Os homens presumiam que seriam vistos como igualmente competentes e capazes tanto numa cultura de gênio quanto numa cultura de crescimento. Os homens não confiavam na cultura de gênio não por causa da ameaça do estereótipo, mas por acharem que haveria muita competitividade e disputas interpessoais, o que indicava que seria um ambiente desagradável para quase todo mundo. Nossos estudos revelaram que o mindset organizacional é tão poderoso nesse aspecto que, quando ajustamos a proporção entre trabalhadores homens e mulheres nas empresas mostradas como exemplo para que houvesse um número igual de homens e mulheres, a cultura de gênio persistia em causar desconfiança. Portanto, se você acha que apenas contratar mais mulheres ou pessoas de qualquer outro grupo irá – por si só – mudar a percepção dos funcionários, é melhor repensar essa hipótese.

Em outro estudo, dissemos aos participantes que, após analisar os materiais da empresa, eles se reuniriam com um representante da organização, supostamente para praticar suas habilidades de entrevista. Na preparação para o momento decisivo, pedimos que imaginassem que a entrevista correu mal e pensassem nas estratégias que utilizariam para mudar a situação. Tanto homens quanto mulheres relataram se sentir mais desconfortáveis ao antever uma entrevista com a organização de mindset fixo. No entanto, o mindset da organização fez também com que muitas mulheres se desligassem do processo. Ao se preparar para a entrevista no local com a cultura de gênio, as mulheres (mas não os homens) tendiam a dizer coisas como: "Eu não estava mesmo me importando com a entrevista." Primeiro, elas experimentavam a ameaça do estereótipo, pois a cultura de gênio da empresa fazia com que se preocupassem com a possibilidade de ser estereotipadas negativamente pelos gestores – elas não confiavam em que a empresa fosse tratá-las de forma justa. Depois, quando pedimos a elas que imaginassem que aquele momento importante não estava correndo bem, a combinação de ameaça do estereótipo com desconfiança fazia com que se desligassem do processo de preparação para a entrevista.[10] Esse padrão não apareceu nas organizações com mindset de crescimento porque nelas a ameaça do estereótipo não se mostrou presente para as mulheres. **Pela própria natureza de suas crenças e suposições fundamentais, as culturas de gênio sinalizam a ameaça do estereótipo para as mulheres.**

Notamos impactos semelhantes do mindset em ambientes empreendedores. Em uma pesquisa realizada com a Fundação Kauffman, descobrimos que centenas de empreendedores de todos os setores percebiam de modo unânime que os investidores de capital de risco e investidores de modo geral eram mais propensos a endossar crenças de mindset fixo sobre empreendedorismo. Mas essas percepções em relação aos investidores não afetavam todos de maneira igual. As mulheres empreendedoras experimentavam mais ameaça do estereótipo ao apresentar propostas aos investidores, pois sentiam que eles "ficariam surpresos se alguém como eu tivesse sucesso". (E, de fato, essa percepção se concretiza cotidianamente.) O mindset fixo dos investidores não preocupava tanto os homens porque eles se aproximam mais do protótipo (estereótipo) de um empreendedor de sucesso – então, muitos sentiam que se *beneficiariam* dessas premissas.[11]

Outra pesquisa sugere que esses processos ocorrem de forma semelhante para indivíduos de minorias raciais e étnicas. Em nosso estudo com todo o corpo docente das áreas STEM (acrônimo em inglês para Ciências, Tecnologia, Engenharia e Matemática) de uma universidade, descobrimos que as crenças de mindset autodeclaradas pelos professores previram o tamanho da disparidade racializada de desempenho em suas turmas. Quando o corpo docente endossava mais crenças de mindset fixo, a disparidade de desempenho entre os alunos brancos e os de minorias étnico-raciais em suas turmas era *duas vezes* maior. Havia menor disparidade de desempenho nas turmas cujos professores tinham mindset de crescimento. Os alunos relatavam estar mais motivados e empenhados, e sentiam que o professor os inspirava a realizar o melhor trabalho possível.[12]

Temos visto repetidamente que a desconfiança dos grupos em relação às culturas de gênio não é infundada. Mencionei antes que minha pesquisa mostrou que as mulheres e as pessoas não brancas confiam menos nas culturas de gênio.[13] Em um estudo que conduzimos com um grande banco multinacional, as mulheres e as minorias étnicas em equipes de mindset fixo experimentavam uma ameaça do estereótipo maior *e* recebiam classificações de desempenho mais baixas em suas avaliações. Mesmo para aquelas que ainda não experimentavam pessoalmente esses desdobramentos, a simples percepção de que uma organização é uma cultura de gênio era motivo de preocupação.

Mas até que ponto isso importa para o desempenho organizacional? DE&I é apenas a iniciativa da moda, fadada ao esquecimento quando surgirem outras tendências de negócios, ou é algo necessário para o sucesso?

POR QUE DE&I?

Como afirmou Katherine Phillips, vice-reitora sênior da Columbia Business School, "Se você quer construir equipes ou organizações capazes de inovar, precisa de diversidade (...). A diversidade pode melhorar os resultados financeiros das empresas e levar a descobertas ilimitadas e inovações revolucionárias. (...) Quando as pessoas se reúnem para resolver problemas em grupo, agregam informações, opiniões e perspectivas diferentes". Como observou Phillips, uma análise das principais empresas do índice Standard & Poor's Composite 1500 concluiu que, em média, "a representatividade feminina no alto escalão leva a um aumento de 42 milhões de dólares no valor da empresa".[14] E um levantamento da McKinsey mostrou que as organizações com maior diversidade racial e étnica tinham uma probabilidade 35% maior de superar as concorrentes, ao passo que aquelas com maior diversidade de gênero tinham uma probabilidade 15% maior.[15] É verdade que os estudos mostram também que a diversidade pode ser complicada no início. Conflitos de ideias e comportamentos, normas e estilos de interação podem ser desafiadores e gerar desconforto.[16] No entanto, as culturas de crescimento, com foco no aprendizado, oferecem várias formas de ajudar todos a superar esses pontos de atrito e aprender com eles.

As culturas de gênio esperam que o talento apareça em um conjunto restrito de identidades – identidades que Janice Bryant Howroyd, como mulher negra, não compartilha. Howroyd é fundadora e CEO do ActOne Group, uma das maiores empresas de recrutamento dos Estados Unidos.[17] Ela abriu seu negócio quando se mudou da Carolina do Norte para a Califórnia em 1978, com apenas 1.500 dólares. Alugou um pequeno escritório em Beverly Hills, equipou-o com um aparelho de fax e um telefone, e então começou a fazer ligações para potenciais clientes. Em 2020, a ActOne divulgou uma receita de 2,8 bilhões de dólares e ficou em segundo lugar na lista das cem maiores empresas de propriedade de pessoas negras segundo a Black Enterprise. A própria Howroyd é a primeira mulher negra a construir e ter uma empresa de mais de 1 bilhão de dólares.[18]

Enquanto ela trabalhava para expandir a ActOne como um negócio "diversificado" e "de minorias", muitos acreditavam que sua empresa não tinha as competências dos negócios comandados por homens brancos. Embora recebesse cerca de um décimo das contas de outras empresas maiores, ela ainda precisava igualar ou superar essas empresas em termos de preço. Howroyd sabia que, para transpor essa distância, teria que ser criativa e invocar o poder da tecnologia. Então, contratou uma equipe para desenvolver uma tecnologia que gerasse relatórios detalhados para os clientes, algo que não iriam obter de outras empresas. O pacote de softwares se tornou tão popular que a ActOne passou a vender serviços de tecnologia, paralelamente ao fornecimento de pessoal.

Howroyd diz que como mulher negra costuma encontrar desafios em uma indústria dominada por homens brancos. Nos primeiros tempos da ActOne, para lidar com os mindsets fixos dos potenciais clientes em relação à raça e ao gênero, Howroyd pegava para si o trabalho inicial de levar sua apresentação até a porta do cliente, mas, quando chegava a hora de encontrá-lo cara a cara, ela pedia a seus funcionários brancos do sexo masculino que assumissem o controle. "Não me orgulho disso", lembra Howroyd, mas "houve momentos em que eu cedia minha inteligência a outros membros da equipe e os fazia realizar uma apresentação para que o cliente não tivesse que interagir diretamente comigo como afro-americana ou como mulher." Quando Howroyd liderava as propostas de venda, as empresas questionavam se a ActOne era capaz de fazer o trabalho. Quando os homens assumiam a liderança, as empresas pressupunham certo nível de competência e pediam a eles que descrevessem como abordariam o trabalho.

Embora Howroyd tenha enfrentado esse problema décadas atrás, a empresária negra Courtney Blagrove, que fundou o Whipped-Urban Dessert Lab com sua irmã Zan B. R., experimenta esse tipo de discriminação ainda hoje quando ela e Zan apresentam o negócio para investidores. Costumam perguntar à dupla quando o proprietário vai chegar, presumindo que seja *ele* em vez de *elas*. Também questionam se elas dominam a ciência por trás de sua marca de produtos veganos com uso intensivo de tecnologia – embora Courtney tenha um doutorado em nutrição e metabolismo; e elas são interrogadas sobre estar com suas questões jurídicas em ordem – embora Zan seja advogada.[19] As duas não se enquadram no protótipo do gênio que muitos investidores têm em mente.

A falta de diversidade no setor de tecnologia pode resultar em falhas de produtos,[20] como o dispenser de sabonete "inteligente" sem contato que não funciona em mãos negras; softwares de reconhecimento facial e de imagem que não conseguem identificar ou categorizar adequadamente rostos negros;[21] softwares de reconhecimento de voz incapazes de entender pessoas que não sejam falantes nativos de inglês. Vieses em engenheiros e sistemas contagiam os produtos. Como explica Erica Baker, engenheira e veterana em tecnologia que trabalha como diretora de tecnologia do Comitê Democrata de Campanha para o Congresso, "Cada vez que um fabricante lança um recurso de reconhecimento facial em uma câmera, ele quase nunca consegue reconhecer pessoas negras. O motivo é que as pessoas que estão construindo esses produtos são brancas e os testam nelas mesmas. E não pensam sobre isso".[22]

COMO É A DE&I NAS CULTURAS DE GÊNIO E NAS CULTURAS DE CRESCIMENTO

As culturas de gênio devem ter lá seus benefícios, pelo menos para os gênios – certo? Pelo que mostra minha pesquisa, nem tanto. As pessoas que são *positivamente* estereotipadas e se encaixam no protótipo do gênio podem se beneficiar por um tempo – desde que seu desempenho estelar esteja em ascensão. Mas é claro que estão sempre nascendo novas estrelas. Em culturas de gênio, o impulso para manter a posição e avançar na hierarquia pode sabotar indivíduos e organizações, e a queda do pedestal tende a ser acentuada. Com modelos restritivos de sucesso, as culturas de mindset fixo criam uma espécie de camisa de força mental e emocional, atrelada ao desempenho, para pessoas positivamente estereotipadas também.

Vejo essas limitações entre líderes que desejam romper com a cultura de gênio de sua empresa, seja porque sabem que ela precisa mudar para o negócio permanecer competitivo, seja porque veem no horizonte uma oportunidade que não querem que a organização perca. O problema é que existem poucas maneiras de demonstrar competência em uma cultura de gênio, e basta um lapso para indicar que você perdeu vantagem, ou pior, que talvez nunca a tenha alcançado, afinal. Especialmente em tempos de incerteza e mudança, culturas de gênio podem fazer até mesmo as estrelas se sentir encurraladas.

George Aye é ex-funcionário da IDEO, uma das principais empresas de design do mundo, considerada genial por vários meios de comunicação. Em 2021, em um ensaio na plataforma *Medium*, Aye descreveu como ele, como pessoa não branca, sofreu "bullying e humilhações" na organização onde "o perfeccionismo, um senso de urgência permanente, o paternalismo, o acúmulo de poder, o medo do conflito aberto e o individualismo estavam orgulhosamente à mostra". Aye contou que o tom foi dado já no primeiro dia, quando um colega lhe disse: "Neste lugar as opções são afundar ou nadar. Se você não tiver sucesso aqui, é porque não tem o perfil para estar aqui." A princípio, Aye pensou que havia sido contratado, portanto a regra não se aplicava a ele. No entanto, com o tempo, ele se viu trabalhando de sessenta a oitenta horas semanais, com medo de ficar abaixo da linha invisível de desempenho.

Aye relata que essa dinâmica de estar em uma "eterna entrevista" era especialmente difícil para as pessoas não brancas da empresa. Um funcionário descreveu a Aye uma situação em que havia sido chamado para revisar materiais gerados pela equipe de diversidade e inclusão, embora seu trabalho não estivesse relacionado ao time de marketing e comunicação. Mesmo se sentindo desconfortável, o funcionário concordou em colaborar, porque isso lhe daria mais visibilidade perante a equipe de liderança. Uma mulher não branca contou como havia sido "contratada com grande alarde" por sua experiência e suas credenciais, apenas para ouvir, quando pediu tarefas mais desafiadoras: "Aguarde sua hora – seja paciente." Ela ficava só observando enquanto colegas brancos com desempenho inferior ao dela recebiam as atribuições que tanto desejava.[23]

As culturas de crescimento entendem que manter políticas e práticas fortes de DE&I é um componente essencial para se tornar e permanecer um líder em sua área. De acordo com Jayshree Seth,[24] diretora de promoção científica na 3M, uma das razões para a empresa ser tão efetiva na criação de uma força de trabalho diversa e inovadora é sua visão abrangente, típica das culturas de crescimento, sobre quem pode ter uma carreira exitosa nas áreas STEM.[25] Parte do papel de Seth na promoção da ciência e das carreiras científicas é mudar o nosso protótipo de sucesso nas áreas STEM: precisamos alterar a imagem que criamos quando pensamos em cientistas e engenheiros bem-sucedidos.[26] Por meio de pesquisa interna, a empresa descobriu que, quando as pessoas imaginam cientistas, a maioria evoca um gênio do sexo masculino trabalhando sozinho num laboratório. "As pessoas não se veem naqueles jalecos misturando líquidos coloridos se essa for a única imagem que têm da ciência. Isso leva a todos os tipos de percepções equivocadas, mesmo entre as crianças", explica Seth. "As crianças veem a imagem de um cientista genial, ou de um cientista malvado, ou de um cientista solitário, ou de um cientista independente. Se não é isso que desejam para si, então se distanciam da ciência. Assim, os estereótipos, os preconceitos, as questões de gênero e tudo o mais se juntam nessa imagem, e elas pensam: 'Não é isso que eu sou' ou 'Não é isso que eu quero ser'. Esses estereótipos são um desserviço à comunidade científica, e queremos romper essas barreiras."

Parte do trabalho de Seth é estimular o interesse pela ciência entre as crianças e também entre os adultos. Mais do que tentar atrair as crianças para a ideia de uma carreira na ciência, a 3M quer aumentar o letramento em ciência em toda a sociedade. Isso ilustra um método típico da cultura de crescimento para lidar com questões desafiadoras: levantar os dados, constatar que a cultura dominante nas áreas STEM é uma cultura de gênio que exclui de modo desproporcional certos grupos e retém outros, e então desenvolver iniciativas que abordem esse problema cultural em termos amplos e de maneira inédita, monitorando o progresso e procurando proativamente formas de fazer mais.

Quando se trata de encontrar grandes talentos, os candidatos que não se enquadram no modelo do gênio têm menos probabilidade de querer se associar a culturas de gênio e, quando o fazem, são menos propensos a ter um bom desempenho durante os testes de triagem comuns. No início do capítulo, descrevi uma pesquisa que Kathy Emerson e eu conduzimos mostrando os impactos negativos das organizações de mindset fixo na confiança e na motivação das mulheres.[27] Em outro estudo, analisamos o desempenho em testes de QI padronizados que costumam ser utilizados pelas empresas em seus processos de contratação e constatamos que, em média, todos tinham um desempenho pior nesses testes quando se candidatavam a empresas com mindset mais fixo. Isso se mostrou ainda mais verdadeiro para as mulheres e as minorias raciais e étnicas, que já esperam ser estereotipadas como menos inteligentes por essas empresas. No entanto, quando se candidatavam a empresas com culturas de crescimento, esses candidatos tinham um desempenho tão bom quanto concorrentes homólogos brancos do sexo masculino, sugerindo que o problema estava na cultura de gênio.

O mito do pipeline

Quando se trata de identificar e recrutar talentos mais diversos, algumas organizações reclamam da falta de um pipeline para contratá-los. ("Adoraríamos contratar mais engenheiras, mas não conseguimos encontrar nenhuma!") Judith Michelle Williams, diretora global de pessoas e sustentabilidade da SAP especializada em diversidade e inclusão, critica esse mito.[28] De acordo com a Secretaria de Estatísticas Trabalhistas dos Estados Unidos, os negros constituem aproximadamente 5% a 6% da força de trabalho no setor de tecnologia. Como Williams disse à Diginomica, "Sou uma pessoa de dados, sempre olho os números. Se estamos com 3% de funcionários negros – e é o nosso caso –, significa que não esgotamos o pipeline. Se estivéssemos com 6%, eu poderia dizer que seria um desafio duplicar esse valor, mas não estamos. Portanto, em qualquer discussão sobre pipeline, você precisa ter certeza de que está obtendo a representatividade do pipeline existente".[29]

Como vi em minha pesquisa, a cultura de mindset é tanto a causa quanto a consequência no que diz respeito à força de trabalho diversificada. Culturas de gênio tendem a publicar anúncios de emprego mais restritos, listando as características fixas que valorizam. Essas empresas proclamam com orgulho seus valores de mindset em materiais de RH. Juntos, tais indutores provocam desconfiança entre mulheres, pessoas não brancas e outros grupos sub-representados que têm receio de ser desvalorizados e desrespeitados nessas culturas (uma preocupação que nossos dados confirmam ser válida). Assim, de certa forma, as empresas de mindset fixo estão corretas ao dizer que os pipelines estão vazios, porque *elas* não atraem os talentos diversos que gravitam em torno das culturas de crescimento.

A falta de investimento na carreira dos funcionários e ambientes menos equitativos sugerem que as culturas de gênio têm mais probabilidade de perder seus talentos quando uma organização orientada para o crescimento faz uma proposta de trabalho a eles – assim, essas empresas nunca são capazes de construir o seu pipeline interno. As culturas de crescimento, por outro lado, costumam investir arduamente em análise de dados para ver onde precisam melhorar o pipeline e o ambiente de trabalho e em programas de desenvolvimento para garantir que todos tenham chances de sucesso. Vejamos alguns exemplos do mundo real.

Ampliando o pool de talentos

Semelhante ao problema do pipeline, uma questão que os líderes levantam com regularidade é a de não conseguirem encontrar "talentos ocultos". Em vez de apenas competir pelo que consideram ser um punhado de profissionais de alto desempenho e origens diversas que passam de um lugar para outro enquanto diferentes organizações ficam caçando essas estrelas já conhecidas, as empresas querem saber como identificar novos talentos que de outra forma estariam fora da vista. Por meio da minha organização, a Equity Accelerator,[30] frequentemente trabalho para mudar a cultura de mindset da empresa, e suas políticas e práticas relativas à procura e ao desenvolvimento de talentos, para que reconheçam uma força de trabalho mais diversificada – e a atraiam com a sua cultura de crescimento.

A cultura de crescimento está descobrindo algumas maneiras de identificar talentos ocultos. Uma delas é eliminar restrições desatualizadas e desnecessárias à contratação de pessoas que de outra forma seriam qualificadas, como requisitos de formação universitária ou candidaturas de egressos do sistema prisional. Com quarenta anos de existência, a Greyston é uma combinação de padaria e fundação que busca oferecer oportunidades a um grupo de indivíduos que têm muito a oferecer à força de trabalho mas são esquecidos: ex-detentos. A empresa utiliza um modelo inovador de contratação aberta que busca e acolhe "aqueles que enfrentam rejeição em outros lugares". Eles dispensaram checagem de antecedentes, currículos, exames toxicológicos, verificações de crédito e até entrevistas. Os candidatos se inscrevem na lista de empregos da Greyston e recebem as vagas por ordem de chegada. Essa abordagem vai contra o mindset fixo – como poderemos encontrar as "melhores pessoas" se não fizermos uma triagem por qualificações especiais e eliminarmos aquelas que possam não estar à altura? Sara Marcus, diretora do Centro Greyston para Contratação Aberta, diz que a principal qualificação é um mindset de crescimento: estar disposto a aprender. Todos têm uma chance e, uma vez contratados, são responsabilizados pelo próprio desempenho. Se não conseguirem atender às expectativas apesar do treinamento, do apoio e das oportunidades de aprimoramento que recebem, serão convidados a sair. Dito isso, Marcus afirma que a Greyston encontrou "grandes talentos no grupo de pessoas que chegam às nossas portas (...). Administramos uma fábrica de alto nível e atendemos clientes de alto nível", entre eles Unilever, Ben & Jerry's e Whole Foods.[31]

Embora a abordagem específica da Greyston possa não funcionar para muitas organizações, as culturas de crescimento, ao contrário das culturas de gênio, estão dispostas a ampliar sua busca por talentos e a fornecer oportunidades de desenvolvimento aos funcionários que entram na organização.

Karen Gross, empreendedora e advogada de resgate de direitos pós-condenação, fundou o Citizen Discourse, organização de treinamento que fornece programas de estudo e espaço restaurativo para as pessoas aprenderem a se envolver no discurso cívico, a desenvolver mais empatia e a se conectar umas com as outras apesar das diferenças. Sobre contratação, ela diz: "Os indivíduos merecem uma segunda chance, e muita gente tem um mindset fixo em relação aos que estão cumprindo pena ou têm antecedentes criminais. Nós mandamos pessoas para a prisão ou as condenamos à liberdade condicional e fazemos com que concluam cursos para se reabilitarem. O objetivo é que estejam prontas para voltar a viver em sociedade. Mas nós não as tratamos como se estivessem reabilitadas. Não as tratamos como pessoas com potencial. Não facilitamos sua reintegração na sociedade e sua prosperidade. Pelo contrário, dificultamos."[32]

O mindset de crescimento busca gente dedicada e de alto desempenho que esteja disposta a se dedicar e aprender continuamente. Centra-se no futuro, no potencial das pessoas e em suas carreiras. Como as culturas de crescimento acreditam na capacidade de desenvolvimento dos funcionários, oferecem a eles oportunidades concretas e acessíveis para atingir seu melhor desempenho. Ao fazer isso, não estão apenas apoiando indivíduos ou obtendo lucro, estão investindo no futuro coletivo da sociedade.

Agora que vimos como é a DE&I nas culturas de gênio e nas culturas de crescimento, vamos examinar o que as pesquisas revelam sobre o papel do mindset em apoiar ou bloquear os esforços de DE&I das empresas.

INSIGHTS CIENTÍFICOS SOBRE DE&I E MINDSET ORGANIZACIONAL

A ligação entre mindset organizacional e DE&I ocorre no nível mais básico. O fato de estarmos em nosso mindset fixo ou de crescimento determina se somos ou não atraídos para a diversidade. Meus colaboradores de pesquisa Josh Clarkson, Josh Beck e eu demonstramos isso em uma série de estudos.[33] Nas primeiras experiências (divertidas mas indutoras de fome), mostramos aos participantes seis tipos de barras de chocolate e lhes dissemos que podiam selecionar quatro para levar para casa. A escolha podia variar entre quatro barras de chocolate diferentes, quatro do mesmo tipo, três de um e uma de outro. Quando estimulamos o mindset fixo das pessoas, elas optaram por menos variedade ("Vou levar quatro do mesmo tipo que já sei que gosto") em relação àquelas com o mindset de crescimento ("Quero uma de cada"). Vimos resultados semelhantes diante de uma oferta do tipo "Pegue cinco, leve o sexto de graça" em cremes dentais para viagem; quando pedimos às pessoas para montar um kit com seis refrigerantes de marcas diferentes; quando imaginaram uma ida ao supermercado para comprar três tipos de fruta e três tipos de suco. Em cada caso, quem operou com base no mindset fixo priorizou a uniformidade, ao passo que aqueles orientados pelo mindset de crescimento escolheram a diversidade.

O mindset não nos afeta apenas no nível organizacional ou individual; ele influencia se as interações se desdobram de maneira equitativa em pequenos grupos. Laura Kray, importante pesquisadora de equidade, liderança e gestão da Universidade da Califórnia em Berkeley, e seu colega, Michael Haselhuhn, conduziram diversos estudos para examinar como as crenças de mindset dos indivíduos sobre a capacidade de negociação (se as pessoas são negociadoras natas ou se a negociação é uma habilidade que pode ser aprendida) afetam os objetivos que perseguem, as estratégias que utilizam e seu desempenho durante as negociações. Descobriram que as equipes que adotavam um mindset de crescimento antes de uma tarefa de negociação tinham um desempenho melhor que aquelas que adotavam um mindset fixo. De fato, essas equipes com mindset de crescimento eram mais inclinadas a ir além das posições declaradas pelos negociadores, a expandir o escopo e a construir acordos que abordassem os interesses subjacentes das partes envolvidas.³⁴

O que isso tem a ver com DE&I? Em vários estudos, Kray e colegas identificaram estereótipos tóxicos e de mindset fixo sobre as mulheres que as impedem de atingir o seu potencial nas negociações e de ser reconhecidas como líderes nas organizações. Especificamente, que as mulheres são mais cooperativas e colaborativas que os homens, mas não tão ágeis na hora de se impor. As culturas de gênio – com sua propensão maior a se envolver em heurísticas e estereótipos – reforçam essas opiniões, ao passo que as de crescimento têm maior probabilidade de as desafiar. Nosso estudo com as empresas da Fortune 500 revela que aquelas com uma cultura de crescimento mais forte têm mais mulheres em seus conselhos de administração. E não é porque elas tenham, em média, mais conselheiros, uma tática comumente usada para aumentar a diversidade, adicionando assentos extras para mulheres e pessoas não brancas. As culturas de crescimento têm conselhos de tamanho semelhante aos das culturas de gênio, porém mais diversificados.³⁵

Em busca da transformação organizacional: criando culturas de crescimento equitativas

Meu trabalho mais recente ao fundar a Equity Accelerator tem se concentrado em ajudar pessoas em cargos de poder nas organizações a fazer a transição de uma cultura de gênio para uma cultura de crescimento – motivadas pelos benefícios de DE&I que essas culturas experimentam. Trabalhamos com mais de trezentos professores de áreas STEM em seis universidades nos Estados Unidos para criar culturas de crescimento em suas turmas, no que chamamos de Projeto de Experiência do Estudante.³⁶ Os professores universitários participaram de workshops e consultaram uma biblioteca de ferramentas com base em evidências e recursos práticos que desenvolvemos para ajudá-los a avaliar e remodelar as políticas e práticas de seus cursos, suas estratégias de ensino e suas interações com os alunos. O corpo docente aprendeu a descrever os pré-requisitos, a testar novas políticas de avaliação e a proporcionar oportunidades para prática e feedback em seus programas. Experimentaram também "conclusões de prova". Essas mensagens estabelecem as condições para o real significado das provas (uma oportunidade para avaliar em que nível os alunos estão naquele momento, em vez de um veredito sobre quão inteligentes ou qualificados para a matéria eles são) e ajudam os estudantes a dar sentido a seu desempenho depois. Além disso, oferecem estratégias para melhorar no próximo exame.

O que aconteceu quando centenas de professores transformaram proativamente as salas de aula em culturas de crescimento mais inclusivas? Os cerca de trinta mil alunos participantes relataram mais pertencimento e segurança identitária (sentindo-se valorizados e respeitados como membros do grupo). Esses ganhos foram ainda maiores para estudantes oriundos de meios estruturalmente desfavorecidos em termos de gênero, raça ou etnia e status socioeconômico, estudantes transferidos e aqueles que representavam a primeira geração de sua família a cursar uma universidade. Sentir-se bem é ótimo, mas essas experiências positivas previram as notas finais dos alunos. Nas turmas em que os professores criaram culturas de crescimento inclusivas, os alunos de grupos sub-representados compunham mais a distribuição de conceitos A-B (recebendo menos conceitos baixos) e eram menos propensos a abandonar os cursos.

É mais fácil criar mudanças sistêmicas e institucionais quando você está construindo uma cultura de crescimento intencional, em vez de funcionando dentro de uma cultura de gênio padrão. A cultura de gênio é predominante nas STEM, razão pela qual são uma área-chave de foco para a pesquisa da minha equipe. Quando os professores de áreas STEM criavam uma cultura de crescimento para si mesmos, primeiro formando comunidades de aprendizado entre os docentes (ou seja, reunindo-se com regularidade para compartilhar e discutir as estratégias que estavam experimentando, as mudanças que verificavam nas aulas e onde estavam estagnados), seus alunos tinham uma probabilidade maior de experimentar benefícios. Conforme a experiência e o desempenho dos alunos foram melhorando, departamentos inteiros ficaram interessados em fazer parceria conosco. A partir de então, abordagens orientadas para o crescimento começaram a aparecer nos planos estratégicos das universidades e nas negociações sindicais dos professores. A cultura do mindset de crescimento foi viralizando à medida que essas práticas mais inclusivas se espalharam para fora da sala de aula e começaram a respaldar outros aspectos do sucesso dos alunos. (É o tipo de efeito indireto que se pode esperar de uma mudança de cultura real.) Os funcionários e gestores universitários estão agora usando essas ferramentas para redefinir suas mensagens, seus sistemas de alerta precoce, suas políticas de estágio e seus ambientes físicos e virtuais no intuito de incentivar e possibilitar o êxito do estudante.

Os docentes universitários – especialmente os de universidades com pesquisa intensiva – são estereotipados como intransigentes e desinteressados ou desvinculados do ensino e da aprendizagem. Essa não tem sido a nossa experiência. O que começou como um projeto para aumentar a equidade, o crescimento e o pertencimento entre os alunos nas disciplinas de áreas STEM tornou-se uma intervenção que mudou e revigorou o corpo docente, transformando suas relações com os estudantes, com seu trabalho e com sua instituição.

Sanford "Sandy" Shugart vinha tentando resolver o quebra-cabeça do aprendizado havia anos quando assumiu como reitor (agora aposentado) do Valencia College da Flórida, uma faculdade comunitária em que estudantes de minorias étnico-raciais compõem mais de 70% do corpo discente e mais de 60% dos alunos frequentam o curso em tempo parcial porque precisam conciliá-lo com o trabalho e as obrigações familiares. "Eu estava interessadíssimo em saber por que pessoas inteligentes, sentadas lado a lado na mesma turma, aprendiam ou não aprendiam."[37] Quando chegou ao Valencia, em 2000, os dirigentes e educadores da instituição já se perguntavam: "Isto é o melhor que nossos alunos podem fazer? Tendo em vista que não há nada de errado com eles, o que está acontecendo aqui?", porque os resultados entre os alunos variavam muito. Os dirigentes estavam determinados a encontrar uma maneira de melhorar o dia a dia para todos os matriculados na faculdade. Foi o início de uma revisão sistemática que Shugart descreveu como a criação de uma *antropologia diferente* em torno da ideia de aprendizagem – centrada na crença de que "qualquer pessoa pode aprender qualquer coisa sob as condições certas". Shugart a caracterizou como uma transformação da *cultura de produtividade* do ensino superior – em que o foco está em abranger o maior número possível de alunos – para uma *cultura de aprendizagem*, na qual a eficácia é medida pelo sucesso do aluno. O novo plano era encontrar os estudantes onde eles estivessem. Era semelhante ao plano do Distrito Escolar Central de Harrison, em Nova York: eliminar qualquer barreira que os educadores conseguissem identificar e que impedisse os alunos de aprender, não apenas de maneira sistemática, mas também caso a caso.[38] Com dezenas de milhares de estudantes por ano, era uma demanda significativa a se fazer aos educadores, e, portanto, havia enorme risco de resistência.[39]

"Nenhuma cultura sobrevive isoladamente", observou Shugart. Ele não estava tentando criar uma cultura de crescimento do nada. "Podemos usar a cultura existente para alavancar o caminho para uma nova cultura. Nós nos reunimos com funcionários e educadores e dissemos, 'Se acreditamos que todos os alunos podem aprender, vamos testar cada decisão que tomarmos com duas perguntas: como isso melhora o aprendizado, e como sabemos que melhora?' Foi isso. Depois dessa reunião, tivemos centenas de pequenas conversas."

Shugart e sua equipe estavam tentando criar várias culturas de crescimento sobrepostas – uma delas no nível do corpo docente, incentivando os professores a adotar um mindset de crescimento em relação a si mesmos e sobre o que eram capazes de fazer, sobre o ambiente de aprendizagem que poderiam criar para os alunos, sobre os estudantes e suas habilidades. No nível estudantil, Shugart pensava que envolver os alunos com uma cultura de crescimento criada por professores, funcionários e administração mostraria a eles que eram valorizados e respeitados – e que a instituição acreditava em sua capacidade de aprender e se desenvolver. A ideia era de que, nesse tipo de ambiente, os alunos pudessem migrar mais facilmente para um mindset de crescimento.

Os educadores tinham um conhecimento sólido sobre grande parte do que estava impedindo o progresso dos estudantes, e não vinha deles mesmos: eram restrições criadas por estruturas e políticas da faculdade. "Então dissemos: vamos pegar os comportamentos organizacionais mais complicados que estão prejudicando a aprendizagem e transformar a organização." Shugart diz que foi a diferença entre dizer aos professores "Vocês precisam ensinar de forma diferente" e lhes assegurar "Vou tornar possível que vocês ensinem de maneira diferente". Isso incluiu revisar o sistema de efetivação dos professores para recompensar o ensino inovador e de qualidade; mudar a integração do corpo docente e os sistemas de desenvolvimento profissional da faculdade para ajudar os professores a aprender assim que começavam; mudar o ensino usando a base de evidências científicas mais atualizada disponível para uma pedagogia efetiva.

Valencia adotou um modelo centrado na aprendizagem para o desenvolvimento e a efetivação do corpo docente. Os próprios professores elaboram a parte maior do currículo com base no que sentem que precisam aprender para se tornar membros efetivos do corpo docente. Ao longo de seu período no Valencia, e especialmente quando se aproximam da efetivação, os docentes devem demonstrar seu próprio aprendizado e desenvolvimento como professores. Isso inclui mostrar como seu sistema de ensino beneficiou os alunos.

Uma das inovações foi acabar com o tradicional período de acréscimo/desistência de disciplinas no início de cada semestre. Agora, já no primeiro dia, os professores sabem quais aulas irão ministrar; antes, as turmas que não atingiam um número suficiente de alunos até a data de acréscimo/desistência eram canceladas. Essa certeza assegura que o corpo docente estará preparado para ajudar os alunos a começar a aprender imediatamente, sabendo que o curso não será interrompido dali a uma ou duas semanas – um benefício tanto para professores quanto para alunos.

A cultura no Valencia é agora impulsionada pelo corpo docente, com os educadores colaborando para oferecer seus conhecimentos nas áreas em que podem contribuir mais. A mudança não foi rápida, e, anos depois, eles ainda estão dedicados a ela enquanto as "pequenas conversas" continuam. No entanto, o mindset mudou de forma tão significativa que, como disse Amy Bosley,[40] ex-vice-presidente de desenvolvimento organizacional e recursos humanos do Valencia College, é praticamente certo que se algo novo for proposto pelo menos um professor ou funcionário perguntará: "Como isso vai afetar os estudantes?". Educadores e alunos estão cocriando um ambiente de aprendizagem.

Um dos grandes sucessos do Valencia é a sua mensagem "Seja você mesmo" para fazer com que todos se sintam bem-vindos. Eles entendem que ao gastar energia se preocupando com a forma como você será visto com base em sua origem, ou como fala ou olha, sobra menos energia para se dedicar ao aprendizado e ao ensino.[41] Em culturas de gênio, com definições restritas de quem se enquadra ou não, as pessoas podem sentir uma pressão acentuada à *alternância de código* – para se apresentar de uma maneira que seja aceitável ao ambiente, mesmo que não seja autêntica.[42] Como mostra minha pesquisa, quando aplicamos restrições de mindset fixo à forma como as pessoas que trabalham conosco devem ser, minamos a sua confiança na organização.[43]

Lanaya Irvin, uma lésbica que se veste de maneira tradicionalmente associada aos homens, trabalhava como financista em Wall Street e, como tal, esperava-se que tivesse uma aparência adequada ao meio. "Wall Street é uma cultura que exige adequação, então precisei me camuflar. Usava blusas de seda e pérolas. Vestia o uniforme de Wall Street. Tive de me hiperfeminizar para que o foco estivesse no meu conteúdo e nas minhas palavras, e não em uma aparência masculinizada." Após oito anos de carreira na empresa, à medida que ascendia na organização e ganhava mais flexibilidade, Irvin decidiu que não faria mais apresentações para o banco "a menos que pudesse se vestir da maneira como gostaria". Então, começou a fazer a transição de suas roupas no escritório. No final das contas, diz Irvin, nada mudou para os clientes. O que mudou foi que ela se sentiu mais confortável ao fazer apresentações e transmitir mensagens de liderança vestindo suas "camisas feitas sob medida e lenços de bolso. E foi uma oportunidade para eu sinalizar aos talentos emergentes que não há nada de errado em viver a sua autenticidade".[44]

Com tantos exemplos e resultados de pesquisas, tenho certeza de que você percebeu maneiras de ajudar sua organização a se tornar uma cultura de crescimento mais inclusiva. Vamos então explorar métodos específicos para transformá-la.

COMO AJUSTAR O MINDSET DE SUA ORGANIZAÇÃO PARA APOIAR A DIVERSIDADE, A EQUIDADE E A INCLUSÃO

"Avance de maneira intencional."[45] Este é o conselho que Lanaya Irvin dá às empresas quando se trata de DE&I. Irvin é agora a CEO da Coqual, think tank e assessoria que ajuda as empresas a tornar os locais de trabalho mais diversos. Muitas organizações bem-intencionadas acabam adotando uma abordagem dispersa em seus esforços de DE&I, em vez de se comprometer com um plano aprofundado e de longo prazo, enraizado em uma cultura de mindset de crescimento. Aqui estão algumas táticas para garantir que sua organização opere como uma cultura de crescimento inclusiva que atrai e retém uma variedade de talentos.

Ajuste sua auditoria de indutores

Irvin diz que é importante ter "introspecção organizacional" e diagnosticar as próprias fraquezas culturais ao avaliar sistemas que possam produzir preconceitos.[46] No Capítulo 3, descrevi como conduzir uma auditoria de indutores, algo que recomendo fortemente. Agora que você leu sobre indutores situacionais e como eles moldam experiências de pessoas de vários grupos em diferentes empresas, é hora de revisitar sua auditoria de indutores focada em DE&I com essas pistas situacionais em mente. Explore sua empresa pelos olhos de alguns funcionários atuais, ex-funcionários ou candidatos em potencial de diferentes origens ou identidades. Quais mensagens eles podem receber com base em quem está (ou não) em seu conselho de administração e posições de liderança? E quanto à linguagem dos materiais de comunicação da empresa? Quem é retratado (ou não) nesses materiais? E quanto às questões de acessibilidade? Uma pessoa que se desloca em cadeira de rodas ou que tem nanismo encontraria dificuldade em acessar algum ambiente do escritório? Que tipo de humor é considerado aceitável? É normal provocar ou zombar das pessoas com base em identidade, origem ou aparência? E quanto aos seus processos de avaliação e promoção? Todo mundo tem acesso igual a mentores e patrocinadores?

Ao conduzir sua auditoria, preste atenção nas políticas que podem ser desconsideradas, como códigos de vestimenta e outras regras sobre de que maneira as pessoas se apresentam. Elas são diferenciadas por gênero? Será que estão comunicando de modo involuntário que o sucesso tem uma aparência ou um corpo específico, impedindo os funcionários de ser eles mesmos no trabalho? Passam a mensagem de que algumas partes da identidade das pessoas podem não ser bem-vindas na organização? Não se trata de coibir a diversão; o vínculo e a coesão da equipe são essenciais para equipes de alto desempenho. Trata-se, sim, de criar um ambiente em que todos se sintam valorizados, respeitados e inspirados para fazer o seu melhor trabalho juntos – e tenham acesso igual às ferramentas e aos recursos que vão ajudá-los a chegar lá.

Compartilhe histórias

Lanaya Irvin diz: "Como líder LGBTQ+ negra e designada como mulher em Wall Street, sei por experiência própria que, na interseccionalidade, serei deixada de lado em alguns dos espaços que ocupo, apesar do acesso e do privilégio que possa ter." Irvin diz que "nunca se sentiu tão vista" como quando teve a oportunidade de compartilhar algumas dessas experiências com pessoas da empresa.[47] É importante que os líderes e outros funcionários compreendam essas dinâmicas para que todos possam estar atentos a práticas e experiências preconceituosas. Criar oportunidades para compartilhar histórias é uma forma de estimular a educação pelos pares e de cultivar uma conexão mais profunda e segurança identitária.

Crie zonas de segurança identitária para conversas desafiadoras

Uma abordagem que não depende da narrativa individual é criar oportunidades regulares para que pessoas de grupos sub-representados dialoguem com a liderança. Muitas vezes, tais sessões de escuta só são convocadas quando ocorre um incidente ou uma emergência relacionados a identidade. Ao tornar isso uma atividade rotineira – em vez de esperar por um incêndio para apagar –, a confiança e a franqueza serão cultivadas ao longo do tempo para que, quando surgirem problemas, já existam um relacionamento e uma comunicação aberta. As informações adquiridas com essas experiências podem até ajudar a embasar sua auditoria de indutores.

Ellen Pao, do Project Include, diz que é fundamental que as empresas criem estruturas seguras e de fácil acesso para manter conversas sobre DE&I.[48] Irvin acrescenta: "Você não precisa ter todas as respostas, apenas encontre uma maneira de encarar o desconforto e saiba que é melhor se mostrar de maneira imperfeita do que não se mostrar. Essas conversas são uma forma importante de garantir que os líderes mantenham a conexão humana e que as pessoas sejam ouvidas." Assim como a mudança nas políticas sobre como os funcionários se vestem ou se apresentam, essas conversas não ajudam apenas indivíduos em grupos sub-representados, mas criam um senso maior de confiança e pertencimento para todos.

Na Citizen Discourse, de Karen Gross, as conversas estão fundamentadas em um Contrato de Compaixão. Desde o início, os participantes concordam em manter um padrão de compaixão voltado ao crescimento pelas ideias e experiências uns dos outros e em se expressar de maneira que respeite os demais. As pessoas são incentivadas a demonstrar curiosidade ao conversar sobre diferenças.[49] Em vez de tentar mostrar que você sabe como manter esse tipo de conversa, numa abordagem de "fingir até convencer", adote uma orientação voltada à aprendizagem. Pesquisas mostram que ter o aprendizado como objetivo neutraliza a tensão nas interações intergrupais.

Reavalie todos os processos de RH através de uma lente de mindset de crescimento

O mindset de sua organização moldará quem você procura, quer esteja redigindo anúncios de emprego, criando protocolos de contratação, conduzindo entrevistas, integrando novos funcionários ou avaliando e promovendo os atuais. Também indicará se você é capaz de reter colaboradores talentosos de origens diversas em sua organização e se os profissionais estão motivados a aplicar seus talentos no trabalho. Analise quais habilidades são necessárias logo que a contratação é feita e quais podem ser desenvolvidas ao longo do tempo. Em muitos casos, os empregadores consideram benéfico que os funcionários passem por um processo de desenvolvimento para que a abordagem do empregador e o "DNA organizacional" sejam difundidos por toda a empresa – mas a formação e os recursos precisam ser robustos. Não é uma abordagem de mindset de crescimento contratar pessoas e depois deixá-las seguir em frente, e errar, sem qualquer orientação e suporte.

Considere tornar seu pool de candidatos ainda mais amplo. Como diz Sara Marcus, da Greyston, não é preciso dar um salto na hora da contratação: comece com a simples eliminação de checagem de antecedentes, livre-se da verificação de crédito e da desqualificação automática de ex-detentos, ou apenas reconsidere se alguém de fato precisa de um diploma universitário ou de ensino médio para executar determinado trabalho.[50] (Tenha em mente que cada vez mais universidades estão disponibilizando programas de ensino on-line, muitos gratuitos. Quase todos os cursos de graduação e pós-graduação do MIT estão on-line sem custo; portanto, a maneira como somos educados – e nos educamos – está mudando.)[51] Reveja seus modelos de contratação, avaliação e promoção, e pense nos critérios arbitrários ou obstáculos que você está criando e o impedem de acessar e reter os melhores e mais diversos talentos.

Não é fácil e vai demandar tempo, esforço e recursos, mas você está pronto para dar os primeiros passos a fim de transformar sua organização e sua equipe em uma cultura de crescimento inclusiva. Essa transformação é muito mais uma jornada que um destino, assim como identificar gatilhos de mindset e ajustar as próprias posições de referência do mindset.

Agora que vimos como a cultura de mindset é criada e reforçada no nível organizacional, vamos analisar de que modo ela funciona no nível mais micro e interpessoal. Examinaremos os quatro indutores situacionais mais comuns que levam cada um de nós a adotar o mindset fixo ou o de crescimento, e aprenderemos estratégias com o intuito de mudar de marcha e avançar em direção ao mindset de crescimento assim que nos encontrarmos involuntariamente caminhando em direção ao fixo. Veremos ainda como o poder desses momentos de mindset pode nos ajudar a construir microculturas de crescimento em nossas equipes e interações interpessoais, em que todos têm atuação e influência.

PARTE TRÊS

Identificando seus gatilhos de mindset

CAPÍTULO 8

Microculturas de mindset

O mindset não está somente em sua cabeça; suas influências estão por toda parte. Agora que exploramos o impacto da cultura de mindset mais ampla de uma organização, é hora de examinar em profundidade a influência das microculturas em diferentes situações interpessoais. Dentro de uma cultura de gênio ou de uma cultura de crescimento é possível experimentar microculturas de mindset que podem ser semelhantes ou diferentes da orientação geral do mindset da organização. Trabalhei com várias empresas da lista da Fortune 100 que pareciam incorporar uma cultura de gênio, mas quando mensurávamos a cultura de mindset encontrávamos microculturas menores – uma divisão ou duas, um departamento ou algumas equipes – que estavam cultivando uma cultura de crescimento dentro do grupo. Eles tinham formado sua própria cultura local.

Essas microculturas anômalas são importantes porque, quando uma organização empreende a difícil tarefa da mudança cultural, acabam se transformando em um bom ponto de partida. Algo nessas equipes proporcionou uma cultura diferente da cultura maior que as cerca. Compreender como essas microculturas surgiram e como se sustentam fornece indícios sobre como a mudança da cultura organizacional pode acontecer – além disso, essas microculturas são cultivadas internamente. Em vez de usar exemplos externos (que às vezes podem ser úteis), essas microculturas dentro de uma organização oferecem insights relevantes, pois têm o DNA da empresa e podem servir de modelo para o que é possível fazer dentro dela.

Nos próximos capítulos, veremos essas microculturas pelas lentes dos *gatilhos de mindset*, incluindo as quatro situações interpessoais mais comuns em que as pesquisas mostram a tendência a avançar em direção ao mindset fixo ou ao de crescimento.

OS QUATRO GATILHOS DE MINDSET

Em 2016, um banco multinacional solicitou que minha equipe e eu criássemos uma avaliação de mindset para ser usada no crescimento e desenvolvimento de seus funcionários. Embora as intenções fossem positivas, avaliar o mindset de um funcionário em uma ocasião única e definitiva não é a melhor maneira de prever como alguém se comportará no "mundo real". No entanto, vimos nesse pedido uma oportunidade de testar um cenário que vínhamos investigando.

Depois de analisar a literatura e uma grande quantidade de dados, minha equipe isolou quatro situações que pareciam mais propensas a mover as pessoas ao longo do espectro do mindset que vai do fixo ao de crescimento.[1] Agora era hora de testar nossa hipótese. Examinamos como milhares de funcionários do banco respondiam a essas quatro situações e como elas se relacionavam com seu desempenho, com os dados convergindo para esses quatro gatilhos como preditores da motivação, do comportamento e do desempenho dos profissionais. Os funcionários acharam útil conhecer os gatilhos de mindset e estavam ansiosos para aprender como lidar com eles. Os gerentes acharam útil saber quais gatilhos deixavam seus subordinados diretos mais inclinados a um mindset fixo ou de crescimento e foram capazes de usar essas informações para ajustar o feedback de desenvolvimento e as oportunidades que ajudariam os funcionários a se voltar para o mindset de crescimento na maior parte do tempo no trabalho.

Impulsionados por essas descobertas, passamos a uma investigação mais aprofundada com gestores de várias empresas para observar se esses quatro gatilhos se aplicavam a outras organizações em diferentes setores. Fomos então para a Shell e, depois, para grupos focais e workshops em empresas grandes e pequenas, com resultados semelhantes.

Cada vez que compartilhávamos esses insights, detectávamos algo surpreendente: alívio. As pessoas tinham, finalmente, liberdade de discutir quando seu mindset fixo emergia. Explicar o espectro do mindset – e mostrar como todos nós temos ambos os tipos – normalizava o mindset fixo como algo com o qual todos poderíamos nos identificar. Aprender que o mindset não é estático, e que depende da situação, livrava as pessoas da moralização e do julgamento a que estavam acostumadas. Elas se sentiam livres ao descobrir que a resposta a essas quatro situações desafiadoras não dizia respeito apenas a elas – e que suas reações eram passíveis de mudança. A resposta de cada pessoa é o resultado de uma interação complexa de suas crenças, experiências e história pessoal com a cultura da organização (transmitida por suas políticas, práticas e comportamentos).

Assim, à medida que avançarmos na exploração do mindset, tenha em mente que compreender e lidar com esses quatro gatilhos é essencial para os próprios indivíduos, para aqueles responsáveis por seu desempenho e desenvolvimento e para qualquer um que influencie a cultura da organização. Isso porque a cultura é feita por pessoas que interagem umas com as outras, e ao mesmo tempo são influenciadoras e influenciadas por esses gatilhos. Saber como o seu grupo responde a eles revela maneiras tangíveis de moldar essas situações e as interações interpessoais que, em conjunto, constituem a cultura de mindset.

1. Situações avaliativas
Se você é um funcionário planejando uma apresentação importante, um gestor aguardando os resultados de sua avaliação 360°, ou um CEO se preparando para fazer um discurso sobre uma nova política corporativa, você espera ser avaliado pelos outros. Essas situações podem nos empurrar para o "modo de provar seu valor e executar", quando nos concentramos na impressão que passamos, *ou* podem nos levar ao modo de aprendizagem, quando assumimos comportamentos orientados para o crescimento.

2. Situações de grande esforço
Muitas vezes, nos vemos em circunstâncias que exigem uma dose extra de atenção e energia. Isso acontece rotineiramente em empresas como a Google, onde as equipes são reformuladas a cada seis a oito semanas, exigindo que os funcionários aprendam com rapidez um novo fluxo de trabalho, ou sobre um produto ou serviço. Quando o mindset fixo é acionado por essas situações de grande esforço, as pessoas podem ficar tão preocu-

padas com o fracasso que recusam transferências ou promoções valiosas; no entanto, quando essas mesmas situações de grande esforço ativam seu mindset de crescimento, esses profissionais acreditam que a melhor maneira de se aprimorar e avançar é se empenhar e desafiar a si mesmos.

3. Feedback crítico

Trata-se de situações em que recebemos feedback negativo, ao contrário de quando *esperamos* ser avaliados por outras pessoas. Por uma lente de mindset fixo, o feedback crítico pode ser especialmente ameaçador, não se limitando a refletir se somos bons ou ruins numa tarefa, mas se somos bons ou maus como pessoas. Quando estamos no mindset fixo, acreditamos que por trás das críticas ao nosso trabalho há um veredito negativo sobre quem somos como indivíduos; não exibimos as limitações apenas em nosso conjunto de habilidades, mas em nosso eu e em nossa capacidade de fazer melhor. Assim, os funcionários que operam com mindset fixo evitam pedir feedback crítico, algo que prejudica o crescimento, criando um ciclo que se retroalimenta. Quando as pessoas conseguem encarar o feedback crítico com base no mindset de crescimento, aprendem e se desenvolvem. Quando movidas por um mindset de crescimento, buscam ativamente um feedback crítico. Isso não quer dizer que seja ótimo estar aquém do esperado, mas que elas aproveitam a oportunidade de se conhecer e se aprimorar.

4. Sucesso alheio

Situações em que um colega alcança algum nível de sucesso, como uma promoção ou um prêmio, podem influenciar nosso comportamento quando o testemunhamos do banco de reservas. Se o sucesso dos outros aciona nosso mindset fixo, podemos nos sentir desmotivados: "Nunca serei tão bom quanto Yen, então para que me dar ao trabalho de tentar?" Em um mindset de crescimento, é mais provável nos sentirmos inspirados pelo êxito dos outros e vê-lo como uma oportunidade de aprender novas estratégias para triunfar: "Yen arrasou naquele projeto. Talvez ela possa me dar algumas dicas."

Como mencionei no capítulo anterior, os indutores situacionais sinalizam a probabilidade de experimentarmos tratamento positivo ou negativo: seremos ouvidos? Nossas opiniões terão importância? Seremos incluídos e tratados com respeito? Os indutores situacionais nos revelam quais experiências provavelmente teremos com base em nossa identidade social e também sugerem que monitoremos pessoas, normas e interações ao nosso redor para descobrir se o nosso *ambiente local* valoriza crenças e comportamentos fixos ou orientados para o crescimento.[2]

Minha pesquisa mostra que diferentes pessoas estão mais (ou menos) atentas a diferentes gatilhos de mindset, e que os efeitos dessas situações no mindset pessoal podem variar. Um indivíduo pode considerar ameaçadoras situações de alto esforço quando começa em um novo emprego, mas tende a ver o feedback crítico como uma oportunidade para se aperfeiçoar. Alguém pode sofrer mais com situações avaliativas, mas não ter problemas em celebrar o sucesso dos outros e aprender com ele.[3] Ao longo da Parte Três, a investigação desses gatilhos de mindset vai ajudar você a descobrir seus pontos sensíveis atuais, tendo em mente que eles podem mudar com o tempo. (Se forem todos os quatro, não se preocupe: você não está sozinho.) Você também aprenderá estratégias para direcionar sua reação ao mindset de crescimento, mesmo que a cultura ao seu redor preze a genialidade.

Por todas essas razões, é útil entender qual é a *sensação* de atuar em um mindset fixo ou de crescimento. Vamos começar por esse ponto.

A SENSAÇÃO DO MINDSET

Pense em uma ocasião em que você se engajou em uma ideia nova ou cultivou um hobby porque isso lhe trazia prazer. Quando se sentiu ávido, querendo aprender tudo o que pudesse sobre o assunto e se dedicar sempre que possível, assistindo a vídeos, lendo livros e ouvindo podcasts. Você estava ansioso para entrar de cabeça e pôr a mão na massa, disposto a aprender e melhorar à medida que avançava, e experimentou o estado mais delicioso que existe: o flow, ou fluxo. É a sensação de operar no mindset de crescimento. Não significa que o que você está buscando seja fácil – raramente é. Como as pesquisas mostram, o estado de fluxo surge quando estamos operando no limite de nossa capacidade – em outras palavras, em uma área em que somos desafiados, mas com algum esforço podemos dar conta do desafio. Quando você está voltado para o crescimento, há algo de magnético associado ao que está buscando. Você está engajado não somente para riscar um item de uma lista, mas para alcançar a maestria ou o prazer. É lógico que, quando se trata de trabalho, você também pode eliminar um item de uma lista, embora se envolva com a tarefa ou o projeto com base em um mindset de crescimento, e não porque precisa – você quer.

Certa vez, durante um período sabático, eu estava andando por uma rua de San Francisco em um belo dia de primavera quando vi um lindo mural de quase dois metros de altura com letras floreadas que diziam: "Torne-se quem você está destinado a ser." Num momento de inspiração pensei: *Será que eu conseguiria produzir uma arte assim?* Minha caligrafia sempre deixou a desejar (basta perguntar aos meus alunos quando devolvo textos com comentários escritos à mão), e não sou lá muito artística ou criativa (shhh, mindset fixo!). Costumo dizer que minha talentosa irmã, Maureen, herdou os dons criativos da família e eu não seria capaz de desenhar um bonequinho de palito nem se minha vida dependesse disso. Ainda assim, ao chegar em casa, me peguei escolhendo canetas, caindo no buraco negro do lettering no YouTube, comprando cadernos de atividades e me sentindo energizada e animada para aprender algo novo – só por diversão. Obviamente, no começo eu não me saía bem (ainda estou melhorando), mas não importava. Estava aprendendo algo novo, e a sensação era ótima. Essa vontade me tirou do mindset fixo em torno da ideia de que eu não tinha o talento inerente para ser criativa. Fui impelida ao meu mindset de crescimento.

Esse exemplo era um hobby, algo que fiz por diversão. E quando se trata do nosso trabalho ou do ofício que paga as contas? Nesse sentido, vejamos o caso de Daniel "Rudy" Ruettiger, que inspirou o filme *Rudy*. Ele era tão fissurado pelo desejo de jogar futebol americano pelo Notre Dame que fez absolutamente tudo ao seu alcance dentro e fora do campo para se tornar parte do time. Isso incluiu estudar em uma faculdade comunitária, onde trabalhou duro para concluir as disciplinas e obter as notas que o qualificariam para a admissão na Universidade Notre Dame. Depois, ele teria que conseguir uma vaga no time de futebol como substituto – uma tarefa nada fácil para Ruettiger, que, embora fosse um bom jogador, com seu 1,67 metro de altura e apenas 75 quilos, não tinha porte para ser competitivo naquele nível. Mas ele estava decidido a se aprimorar. Após um tempo, obteve uma vaga no time de treinamento, que ajudava a equipe principal a se preparar para os jogos. Durante os treinos, Ruettiger dava tudo de si para ajudar seus companheiros a melhorar, incentivando-os e pressionando-os a trabalhar com mais afinco. De muitas maneiras, ele se tornou o coração da equipe. No último jogo em casa em que Ruettiger esteve qualificado a jogar, ele foi orientado a vestir o uniforme e conseguiu realizar seu sonho, entrando em campo por três jogadas. Na jogada final, ele desarmou o quarterback do Georgia Tech – sua primeira e única estatística oficial pelo Notre Dame –, sendo carregado em seguida pelos companheiros para fora do campo. Ele foi o primeiro jogador do Notre Dame a receber essa homenagem.

Ruettiger criou uma microcultura de crescimento para si mesmo em meio a mensagens estruturais e institucionais de que ele não era talhado para a equipe. As rejeições iniciais que sofreu, juntamente com sua dedicação inabalável, levaram-no em direção ao mindset de crescimento. Ele cultivou esse mindset dentro da equipe, e o resto é história.[4] Outros exemplos incluem programadores que resolvem problemas e compartilham suas soluções por diversão, simplesmente para fazer contribuições à base de conhecimento. Ou aquele aluno que se põe a aprender mais sobre um tópico do que o exigido pelo programa da disciplina.

Eis o mindset de crescimento em ação: quando o aprendizado é gratificante. Em vez de perseguir prêmios ou reconhecimento externo, nosso progresso é a recompensa; a motivação vem de dentro, e tudo o que queremos é descobrir mais e mais. Em nosso mindset de crescimento, não achamos que aprender mais seja um item da lista de "tarefas". Isso não quer dizer que seja fácil ou que de repente nos tornamos magicamente bons em alguma coisa porque gostaríamos de ser ou porque estamos com o mindset "certo". Estudos do cérebro revelam que, enquanto desenvolvemos novas competências, sentimos certa agitação à medida que nos engajamos no processo de aprendizagem. Quando operamos com base no mindset de crescimento, porém, ficamos motivados a continuar trabalhando naquilo. Com o tempo, aprimoramos novas habilidades e conhecimentos e percebemos que nosso entendimento está cada vez mais aprofundado.[5]

No outro extremo do espectro, ficamos menos entretidos no que estamos fazendo e mais preocupados com a forma como somos vistos pelos outros. Parecemos inteligentes e competentes? Se acharmos que não, podemos sentir tensão e ansiedade. Em vez de nos concentrarmos em abordar uma tarefa de modo a maximizar o aprendizado, nos fixamos em como podemos nos exibir da melhor maneira possível. Esses pensamentos e sentimentos são indicações de que estamos no mindset fixo ou caminhando em direção a ele.

Uma amiga diz que sabe que mudou para o mindset fixo quando não consegue rir com prazer de seus erros, e seu corpo parece "uma gaiola para a ansiedade". Nesses momentos, não há motivo para nos sentirmos mal – todos nós incorporamos o mindset fixo de vez em quando. A resposta mais orientada para o crescimento é aprender a reconhecer quando isso acontece e invocar as estratégias que nos ajudarão a retomar a direção do crescimento.

O que acabei de compartilhar celebra o mindset de crescimento, mas quero ter o cuidado de não deixar você com a impressão de que o mindset de crescimento é bom e o mindset fixo é ruim – um equívoco comum. O mindset é o que é. É mais vantajoso operar com base em um mindset de crescimento, mas isso não é uma regra absoluta. Lembre-se: nós oscilamos entre os dois. Vamos examinar agora com mais detalhes o tão caluniado mindset fixo.

COMPREENDENDO O MINDSET FIXO

Muita gente me pergunta se em alguma situação é bom "ter" um mindset fixo (ou, mais precisamente, estar em nosso mindset fixo, já que todos nós o temos). Posso pensar em casos para os quais a resposta é algo próximo de sim. Quando interagimos com alguém que opera com base em um mindset fixo, deveríamos ser capazes de adotar a perspectiva dele – incorporando nosso mindset fixo por um momento para enxergar o mundo através de seus olhos. Compreender os gatilhos de mindset da pessoa ou as preocupações que ela tem decorrentes de suas crenças de mindset fixo pode nos mostrar como auxiliá-la a ver outras perspectivas. Além disso, estar familiarizado com nosso mindset fixo pode nos ajudar a transitar estrategicamente por culturas de gênio de mindset fixo, como vimos em minha pesquisa.[6] Quando identificamos a cultura de mindset fixo de uma organização, podemos intuir o que a empresa quer de nós e optar por responder de forma adaptativa para conseguir a vaga. E, mais tarde, colher os frutos do contexto. As culturas de gênio são mais prevalentes em setores nos quais a segurança e os antecedentes sobre como as coisas devem ser feitas têm por base aquilo que foi realizado no passado. Isso inclui áreas como direito, medicina e contabilidade, além de funções como inserção de dados, controle de qualidade ou auditoria. Ainda assim, como vimos no trabalho de auditoria de Candy Duncan na KPMG[7] ou na Meta Zero Acidente da Shell, focada na segurança,[8] o mindset de crescimento pode ser importante para a inovação e o sucesso nesses setores.

Perguntar se um mindset fixo pode ser bom não é a questão certa. Talvez a correta seja se é vantajoso tender para o mindset fixo na maior parte do tempo. A resposta é não, porque isso restringe desnecessariamente quem acreditamos ser e o que somos capazes de fazer. Outra indagação mais adequada poderia ser se incorporar o mindset fixo alguma vez é funcional, e eu diria que sim.

Muitas pessoas de quem gosto e com quem trabalho tendem a incorporar o mindset fixo como seu sistema de crenças padrão. Quando confrontadas com algo que exigirá muito delas, a reação imediata é ver isso como um obstáculo e não como uma oportunidade. Essa reação interna é por si só ruim? Não. É funcional? Talvez. Depende de como usamos o que resulta do nosso mindset fixo. Em nosso mindset fixo, a resposta imediata pode ser estimar os problemas que deveremos ter para enfrentar o desafio ou identificar o que *não* irá funcionar. Esse tipo de reação pode nos ajudar a estruturar os parâmetros de soluções potenciais. A resposta fixa atravancaria alguém se ele permanecesse lá e se concentrasse *apenas* no que não funciona. Meus amigos e colegas que são bem-sucedidos aprenderam a reconhecer quando estão no mindset fixo. Eles veem a situação por essa lente e depois empurram a si mesmos em direção ao crescimento e fazem perguntas como: "Se essas abordagens não funcionarem, então o que poderia funcionar?"

A compreensão de cada um desses conceitos se tornará mais fácil à medida que explorarmos exemplos de pessoas lidando com os quatro gatilhos de mindset mais comuns que moldam as crenças pessoais em determinada situação. Vamos ao primeiro gatilho: as situações avaliativas.

CAPÍTULO 9

Situações avaliativas

Vou fazer um teste com você sobre o conteúdo deste livro; portanto, certifique-se de lê-lo e compreendê-lo meticulosamente. O nível de memorização e de entendimento do que você leu me dirá muito sobre quão inteligente e capaz você é – e quão bem-sucedido será no futuro.

Agora, pare e observe o que você está pensando e sentindo. Está ansioso e apreensivo, ou animado e pronto para começar? Seu corpo parece tenso e contraído ou preparado para a ação?

É lógico que você não vai ser testado de fato. A forma como reagiu à ideia de que isso aconteceria, porém, pode fornecer uma pista de como você responde ao primeiro dos quatro gatilhos de mindset: situações avaliativas.

E o que são elas? Circunstâncias em que *esperamos* ser analisados ou avaliados pelos outros. Talvez seja uma reunião de rotina na qual você sabe que será solicitado a prestar contas do trabalho de equipe. Talvez esteja prestes a fazer uma apresentação importante. Ou talvez esteja se preparando para a avaliação anual de desempenho. Seja qual for o cenário, sabe que outras pessoas estarão reagindo ao seu trabalho e avaliando você com base no que apresenta.

Ao ler esses exemplos, seu corpo pode ter oferecido outras pistas. Se você se sentiu ansioso, ou se os músculos ficaram tensos e o coração acelerou, é provável que situações avaliativas funcionem como gatilho para seu mindset fixo (pelo menos no ambiente atual). Se você sentiu empolgação em vez de ansiedade, essas situações podem despertar seu mindset de crescimento. Se pensar em conjunturas semelhantes que já vivenciou, consegue se lembrar de como se sentiu enquanto se preparava para enfrentá-las?

A situação provocou ansiedade ou empolgação? Parecia mais uma obrigação em que você foi forçado a provar seu valor ou uma oportunidade de aprender? Para todos nós, independentemente do ambiente, as situações avaliativas tendem a sinalizar uma inclinação (ou uma corrida alucinada) em direção ou ao mindset fixo ou ao de crescimento.

Descobri essa variação nas respostas em uma de minhas turmas de educação executiva na Stanford Graduate School of Business. Os participantes eram 15 CEOs holandeses que estavam na cidade para um programa intensivo de uma semana. Eu ensinava sobre as situações que nos levam a adotar um mindset fixo ou de crescimento e como identificar suas reações. Depois de descrever os gatilhos do mindset, pedi aos executivos que formassem duplas para um exercício de compartilhamento. "Muito bem", instruí, "quero que examinem estas quatro situações e discutam quais vocês identificam em suas experiências, seja no passado, quando estavam iniciando a carreira, seja no momento presente – sabendo que elas podem desencadear respostas diferentes em diferentes ocasiões da vida."

Uma das coisas de que gostei no grupo foi o estilo de comunicação direto e explícito entre eles. Enquanto prestava atenção em algumas das trocas, ouvi uma quantidade razoável de debates ríspidos porém saudáveis. Quando reuni novamente o grupo e pedi voluntários para compartilhar o que haviam descoberto, a sala ficou em silêncio. Para ser justa, compartilhar – ainda mais sendo o primeiro – requer certa vulnerabilidade, que alguns podem ver como fraqueza. Por fim, uma mão hesitante se ergueu.

– Ótimo – falei, incentivando –, vamos ouvir o que você detectou.

– Bem... – Ele limpou a garganta. – Em situações avaliativas, sinto que me queimei vezes demais ao apresentar propostas controversas dentro da empresa. Cada vez mais me pego querendo delegar a preparação delas porque isso me deixa ansioso. Assim, peço àqueles que trabalham para mim, logo abaixo da liderança executiva, que elaborem os slides ou o discurso. Talvez eu tenha que editar um pouco, mas percebo que tomo esse tipo de atitude porque, de alguma forma, me protege da reação que as pessoas possam vir a ter. Então, prevejo como elas vão reagir e delego esse trabalho para não perder o foco.

Ao redor da pequena sala, cabeças começaram a assentir e vozes passaram a murmurar.

– Ah, com certeza.

– É, concordo.

Então outra mão se levantou.

– Bem – começou outro CEO –, tenho muitos desses gatilhos de mindset fixo, mas, sinceramente, acho que situações avaliativas talvez sejam meu indutor para o crescimento.

– É sério? – perguntaram os outros.

– Sim! Adoro traçar estratégias sobre as melhores maneiras de fazer perguntas aos funcionários. Sobre como podemos estruturar ciclos de feedback para obtermos informações a fim de aprimorar a empresa. E, quando estou com esse mindset, parece que tudo é possível. Não é que espero receber muito feedback positivo, simplesmente adoro a sensação de poder planejar com antecedência como obter as informações mais úteis dos clientes.

Ele também contou que, em suas reuniões, passa mais tempo ouvindo que falando.

– Às vezes sou criticado por isso – continuou ele –, mas sinto que a maneira de tomar as melhores decisões é me abrir para aprender o máximo possível.

Observe o contraste nas respostas. Quando situações avaliativas nos induzem para o mindset fixo, enfatizamos o desempenho pessoal. Nós nos perguntamos: "Como posso me mostrar da melhor maneira?" Ao prepararmos um relatório, apresentação ou discurso, nos concentramos em exibir inteligência e competência. Pesquisamos e apresentamos materiais de maneira que, esperamos, destaque nossa genialidade. E, quando se trata de refletir sobre o nosso processo, evitamos discutir os desafios e reveses que enfrentamos por medo de que as dificuldades possam nos fazer parecer fracos ou manchar nossa reputação.

Em nosso mindset fixo, adotamos uma meta restrita orientada para o desempenho: provar nosso valor. Vemos o produto do trabalho como um teste pelo qual temos que passar demonstrando nosso intelecto. Superficialmente, pode não parecer problemático – afinal, queremos funcionários motivados e de alto desempenho, certo? No entanto, esse mindset é limitante porque o objetivo é individual (o produto deve refletir o brilhantismo do funcionário) e não coletivo ou organizacional (o produto deve contribuir para o progresso da organização). É limitante também porque um funcionário excessivamente focado no desempenho está pouco concentrado no aprendizado. Isso inibe a capacidade de coletar dados e evidências que estimularão seu crescimento e seu desenvolvimento e, por extensão, o crescimento e desenvolvimento do produto e da organização.[1]

> ### SITUAÇÕES AVALIATIVAS NO ESPECTRO DO MINDSET
>
> | FIXO | DE CRESCIMENTO |
> |---|---|
> | **Metas** | |
> | Pareça inteligente a todo custo. | Aprenda a todo custo. |
> | **Como se mostram** | |
> | "Meu principal objetivo quando faço meu trabalho é mostrar como sou bom nisso." | "É muito mais importante para mim aprender coisas novas no meu trabalho que obter as melhores avaliações." |
> | **Como moldam nossas reações** | |
> | Defensiva: "Eles não sabem do que estão falando." | Receptiva: "Isso é muito útil! Eu entendo melhor agora." |

A visão com base em um mindset de crescimento é mais abrangente; tendemos a adotar metas de aprendizagem, tais como: "Como posso usar isso para aperfeiçoar minhas ideias?" À medida que preparamos o projeto, nós nos concentramos em formas de obter feedback de outras pessoas (criando uma microcultura de crescimento à nossa volta) no intuito de aprimorar a ideia que estamos desenvolvendo. Quando apresentamos o projeto, podemos listar os sucessos até aquele momento, e também compartilhar alguns dos desafios e das dificuldades que enfrentamos ao longo do caminho e as estratégias que estamos usando para superá-los. Isso permite que outros profissionais aprendam com nossas experiências (mais uma vez, cultivando aquela microcultura à nossa volta) e ofereçam insights para nos ajudar nos dilemas atuais.

A história de Elizabeth Holmes, fundadora da Theranos, é uma advertência sobre o comportamento de mindset fixo diante de situações avaliativas. Como relatou John Carreyrou, jornalista do *The Wall Street Journal*,[2] desde cedo Holmes foi rotulada como uma criança excepcional. Durante seu primeiro ano em Stanford, ela teve a ideia de criar um adesivo que pudesse verificar níveis de determinadas substâncias no sangue. Holmes levou a ideia a Phyllis Gardner, professora de medicina. "Eu vivia dizendo a ela: 'Isso não é viável'", contou Gardner a outro jornalista,[3] mas Holmes não queria dar ouvidos a essa impossibilidade. Em vez disso, conseguiu o apoio de outro professor de Stanford, que a chamou de gênio e a comparou a Beethoven. Em 2003, aos 19 anos, ela largou a faculdade para fundar a Theranos, onde sua ideia de adesivo se transformou em planos para um dispositivo do tamanho de um computador pessoal – apelidado de "Edison" por Holmes –, que realizaria mais de 200 exames com base em uma amostra minúscula de sangue, obtida por uma picada no dedo.

Holmes logo se tornou uma queridinha do mundo da tecnologia e se viu numa situação avaliativa de alto risco: tinha que fazer jus a centenas de milhões de dólares em capital de risco e fundamentar a avaliação de sua empresa em 9 bilhões de dólares. Para ter a expansão em vista, Holmes precisava produzir um dispositivo que funcionasse. Mas não tinha como. Os engenheiros não conseguiam resolver os desafios de ter um dispositivo tão pequeno para realizar exames tão variados, e as amostras de sangue minúsculas tinham que ser diluídas para realizar pelo menos metade dos exames prometidos, minando a confiança nos resultados. No entanto, em vez de contar a verdade ou pedir ajuda ao seu prestigiado conselho ou aos seus mentores, Holmes mentiu para os investidores, os funcionários, o conselho da Theranos e as entidades reguladoras do governo.[4] Os trabalhadores falsificavam os resultados dos exames ou enviavam amostras de sangue para laboratórios padrão para análise e, em seguida, fingiam que as amostras haviam sido analisadas por máquinas da Theranos.[5] A certa altura, Holmes disse ao diretor de engenharia que fizesse sua equipe trabalhar 24 horas por dia para resolver os problemas com o Edison. Quando ele se recusou, dizendo que a equipe já estava sobrecarregada, ela contratou uma segunda equipe de engenheiros e colocou as duas em confronto direto; os vencedores manteriam seus empregos.

Como teria sido a jornada de Holmes se ela tivesse adotado o mindset de crescimento diante dessas situações avaliativas de alto risco? Poderia ter ouvido o que os funcionários lhe contavam sobre por que o Edison não funcionava e os desafios que enfrentavam. Poderia ter recorrido à sua extensa rede, incluindo seu conselho, onde estavam algumas das mentes mais brilhantes da tecnologia e alguns dos mais célebres líderes militares e políticos dos últimos tempos, em busca de ajuda. Com uma abordagem de aprendizagem, a Theranos poderia em algum momento ter cumprido sua promessa – ou se voltado para uma solução mais viável baseada em tecnologia. Reunir dados suficientes e aprender com os outros ajudam as pessoas com mindset de crescimento a migrar para novas estratégias quando fica claro que é preciso tomar outras direções. Em vez disso, em 2018 a empresa foi dissolvida e, em 2022, Holmes foi condenada por quatro acusações de fraude, e o ex-diretor de operações Ramesh "Sunny" Balwani foi considerado culpado de 12 acusações.[6]

Se Elizabeth Holmes serve de modelo para os extremos do comportamento de mindset fixo diante de situações avaliativas, Katrina Lake – cofundadora e ex-CEO da Stitch Fix (função que ela retomou interinamente no momento em que este livro era escrito) – poderia ser sua antítese. Assim como Holmes, Lake estudou em Stanford e, depois, passou dois anos numa consultoria, onde elaborou um plano para transformar o varejo, conjugando compras pessoais e tecnologia.[7] Em seu modelo, os compradores entrariam em um estabelecimento semelhante a um armazém, onde poderiam explorar as opções e apontar o que gostassem. Quando terminassem, todas as roupas, nos tamanhos e nas cores desejadas, estariam disponíveis em um provador, junto com diversas opções escolhidas por um dos personal shoppers da loja. Os colegas apontaram problemas significativos na ideia de Lake, então, após alguma deliberação, ela descartou o plano. No entanto, depois de uma passagem por uma gestora de capital de risco, decidiu abrir a própria empresa.

Antes de recorrer a investidores de risco para começar seu negócio, Lake queria desenvolver um modelo forte, embasado em muitos dados e que fosse o mais próximo possível de uma certeza para investidores em potencial. Ela se matriculou na Harvard Business School, imaginando que, além de aprender mais sobre negócios e capital de risco, ganharia tempo para testar sua ideia. Durante esse período, idealizou o conceito do Stitch Fix – um serviço por assinatura que fornecia personal shoppers para as massas. Lake (com a cofundadora Erin Morrison Flynn, que mais tarde deixou a empresa) testou a ideia exaustivamente, enquanto registrava e monitorava dados. Por fim, ela partiu com suas planilhas para buscar investidores... e foi rejeitada.

Ao contrário de Holmes, que apostou tudo em suas táticas de provar seu valor e executar, Lake continuou a refinar sua ideia, incorporando o feedback viável que recebeu dos mais de cinquenta investidores de risco que a recusaram. Para dar seguimento à trajetória de crescimento da Stitch Fix, Lake contratou pessoas "muito mais inteligentes e muito mais talentosas", incluindo um ex-diretor de operações do Walmart e um ex-diretor de algoritmos da Netflix. A Stitch Fix continuou a crescer e conquistou mais alguns investidores.

Quando Lake e sua equipe se preparavam para a maior situação avaliativa até então – abrir o capital da empresa –, eles tiveram novamente dificuldades com apoio financeiro. Dois dias antes do IPO (*initial public offering*, ou oferta inicial de ações), um dos conselheiros de Lake disse que ela tinha a opção de esperar 18 meses e tentar de novo, mas, desta vez, Lake recusou a ideia. Ainda que os investidores estivessem receosos, com tudo o que a equipe havia aprendido e criado até aquele ponto, ela estava agora confiante na reação dos avaliadores finais – os consumidores. "Se tivermos queda nas ações hoje", disse Lake, "iremos provar nosso valor. Já fomos subestimados antes."[8] Em 2017, ela se tornou a mulher mais jovem a abrir o capital de uma empresa e é considerada um dos fundadores/CEOs mais bem-sucedidos do Vale do Silício.[9]

Agora que identificamos algumas das armadilhas potenciais de um mindset de provar seu valor e executar, vamos investigar como podemos encorajar uma mudança em direção ao mindset de crescimento quando nós (e aqueles com quem interagimos) nos deparamos com nossas situações avaliativas.

FOMENTANDO UM MINDSET DE CRESCIMENTO EM SITUAÇÕES AVALIATIVAS

Aqui estão cinco maneiras de abordar situações avaliativas, com base em pesquisas e estudos de caso, para aumentar a probabilidade de nos induzir a comportamentos adaptativos e voltados para o crescimento.

Defina o contexto

Quando um líder reconhece uma situação avaliativa, ele pode *definir o contexto* para encorajar um mindset colaborativo e orientado para a aprendizagem. Em nosso trabalho com líderes, nós os ajudamos a apresentar a situação ou a tarefa utilizando uma linguagem projetada para neutralizar a tensão competitiva e estimular a colaboração e a criatividade de modo fiel ao seu estilo. Eles podem definir o que está em jogo de maneira transparente, informando aos funcionários como serão avaliados e ajudando-os a antecipar a situação enquadrando-a como uma oportunidade de aprendizagem, em vez de como uma ocasião para provar sua competência.

Numa entrevista com o empresário e escritor Dave Asprey, o escritor e palestrante motivacional Simon Sinek descreveu uma reunião que realizou com sua equipe logo após o início da pandemia de covid-19. A pandemia afetou seu modelo de negócio de apresentações e workshops predominantemente presenciais. Sinek então pediu a cada pessoa que apresentasse em até 48 horas 15 ideias para reposicionar a empresa de modo a permanecerem engajados e relevantes. Ele sabia que era uma meta ambiciosa, mas queria que se superassem com criatividade, e explicou isso a eles.

Antes de a equipe apresentar suas ideias, Sinek definiu o contexto, afastando-se de uma microcultura de provar o próprio valor e executar para se aproximar de uma microcultura de compartilhamento e apoio. "Não se trata de competição, mas de contribuição", disse ele. "Tenho plena consciência de que haverá pessoas nesta equipe que terão seis ideias incríveis e outras que não terão nenhuma, e tudo bem (...). Porque percebo que quem tem ideias não é melhor para executá-las (...). Na verdade, o que isso vai revelar é onde estão nossos pontos fortes e como vamos trabalhar juntos." Ao anunciar a reunião dessa forma, Sinek neutralizou o que poderia ter sido um gatilho de mindset fixo relacionado à avaliação, valorizando as diferentes contribuições das pessoas e reconhecendo que ter uma "ótima" ideia era apenas um dos elementos necessários para o sucesso da empresa. Sinek contou que, na reunião, a equipe discutiu as ideias principais e as estruturou em conjunto; portanto, no final, as ideias pertenciam a toda a equipe, e não a apenas uma ou duas pessoas. Embora nem todas tenham "recebido um troféu" por ter uma ideia selecionada, todas ativaram seu mindset de crescimento durante o processo e tiveram oportunidades diferentes de contribuir para o êxito da equipe.[10]

A forma como você enquadra o trabalho é importante. É igualmente fundamental permitir que as pessoas executem esse trabalho da maneira mais efetiva para elas.

SOBREDETERMINAÇÃO Algumas empresas criam um clima de *sobredeterminação*, em que os funcionários enfrentam um excesso de situações avaliativas que compromete a autonomia e a competência deles. Quando uma organização ou um gestor demanda provas sucessivas de desempenho – como verificações quase constantes ou entregas desnecessárias –, está sugerindo à equipe que não há certeza de que ela será capaz de fazer o trabalho exigido. Essa avaliação contínua pode fazer os funcionários se sentirem sob um microscópio e desencadear seu mindset fixo. Como observa a escritora Anne Helen Petersen em seu livro *Não aguento mais não aguentar mais: Como os millennials se tornaram a geração do burnout*, ambientes assim exigem que os funcionários – sobretudo aqueles que trabalham remotamente – encenem suas funções em tempo real. Em alguns casos, eles passam mais tempo assegurando aos gestores e colegas de trabalho que estão presentes e "atuando" do que de fato realizando um trabalho significativo. O esforço adicional que essa atitude requer e a frustração que ela cria, escreve Petersen, podem contribuir para o burnout relacionado ao trabalho.[11]

Mas o que gera o cenário para a sobredeterminação?

Em 2020, participei de um projeto breve com Tom Kudrle, Ellora Sarkar e a equipe deles na Keystone em que examinamos comportamentos de mindset fixo e de crescimento nas culturas de dados das empresas. Queríamos saber como o mindset das empresas em relação aos dados e ao seu uso estaria vinculado a outros resultados organizacionais, como inovação e adaptabilidade. Vimos com nitidez que as empresas com uma cultura de gênio em torno dos dados (quem pode coletá-los, para que servem, quem pode acessá-los) tinham problemas de sobredeterminação. Descobrimos que a sobredeterminação surge quando uma empresa carece de uma visão ou de um objetivo claros e não dá aos funcionários liberdade para ser criativos e inovadores. Quando a visão corporativa é confusa, os profissionais têm dificuldade de expressar o rumo que a empresa está tomando e por que eles, em suas funções, fazem o que fazem. Por causa dessa falta de clareza, os gestores tendem a monitorar os grupos e os subordinados de forma mais rígida e a impor mais restrições ao seu trabalho. Os funcionários sentem-se pressionados a provar seu valor a cada situação avaliativa porque são excessivamente controlados. Para eu ser justa com os gestores, em tais ambientes eles estão fazendo o melhor que podem para pôr ordem no caos. Em uma empresa que carece de uma visão clara, as pessoas podem seguir em várias direções porque não existe uma orientação unificada para o esforço e o engajamento dos funcionários. É por isso que os gestores os avaliam o tempo todo.[12]

A PESSOA QUE DIZ "EU SEI!" PARA TUDO O próximo insight vem de minha colaboradora Stephanie Fryberg, que tirou uma licença do emprego como professora para trabalhar no distrito escolar de seu filho, na comunidade indígena originária de sua família, com o intuito de transformá-la em uma cultura de crescimento inclusiva.[13] Você com certeza conhece alguma criança que diz "Eu sei!" para tudo – ou por ter um filho com essa característica ou por ter notado esse comportamento em sua família ou no grupo de colegas. Essa criança é aquela que, quando recebe conselhos ou instruções, responde "Eu sei!", em vez de ouvir. Algumas crianças "Eu sei!" estariam reagindo a pais sufocadores ou excessivamente instrutivos (uma possível resposta à sobredeterminação), mas, na maioria dos casos, trata-se de um indicador de que o mindset fixo delas foi acionado por aquilo que lhes parece ser uma situação avaliativa. Quando uma criança responde "Eu sei, eu sei, eu sei! Não me ajude!" está querendo dizer: "Não quero que você pense que sou imbecil" ou "Não quero que pense que não consigo fazer isso". Ela está antevendo uma situação avaliativa e teme que, dependendo do seu esforço ou do resultado dele, você a veja como incapaz.

Muitos de nós vemos graça na criança "Eu sei!", sobretudo quando ela é nosso filho, mas tendemos a ter menos simpatia pelo adulto "Eu sei!". Ainda assim, o indutor situacional de mindset é o mesmo: um receio de ser visto como incompetente, incapaz ou pouco inteligente. O refrão "Eu sei! Eu sei!" do adulto é semelhante a: "Não me diga como fazer – eu sei. Não me diga quando é o prazo; deixe comigo."

Para encorajar crianças e adultos a adotar o mindset de crescimento, defina o contexto abordando as preocupações subjacentes deles sobre como você enxerga suas habilidades. Diga-lhes que acredita que são competentes e capazes. Em vez de declarar "Isto é o que eu gostaria que você fizesse, e é deste jeito que deveria fazer", você poderia falar: "Isto é o que eu gostaria que você fizesse. Agora, sei que você nunca experimentou isso antes, ou alguns aspectos disso, e pode ser desafiador, então queria dar algumas ideias sobre como você pode abordar a questão." Ou: "Ei, você fez um ótimo trabalho agindo dessa maneira da última vez", reconhecendo suas habilidades e competências e, em seguida, acrescentando: "Agora, gostaria de ajudá-lo a expandir seu conjunto de habilidades, ou a realizar a tarefa com mais rapidez ou eficiência, tentando desta forma." Outra abordagem envolve tirar o estigma da dificuldade: "Esta é uma tarefa desafiadora para muita gente, mas trata-se de uma grande oportunidade de aprendizado." Pode ser útil também enfatizar que você está empenhado no avanço dos funcionários. "Você já vem fazendo um ótimo trabalho e quero ter certeza de que está aberto a projetos e experiências em que será desafiado, para continuar se desenvolvendo e crescendo. Gostaria de oferecer algumas sugestões que irão ajudá-lo ao longo do caminho." Esse tipo de atitude pode neutralizar o medo ou a ansiedade em relação a possíveis julgamentos sobre o desempenho.

Foco no crescimento

Outra forma de incentivar um mindset de crescimento em situações avaliativas é "injetar" comportamentos de crescimento e aprendizagem diretamente na atividade. Algumas organizações responderam ao desafio de ativar o mindset de crescimento das pessoas durante reuniões implantando um componente de "espinhos e rosas". No início das reuniões semanais, por exemplo, os participantes são incentivados a passar algum tempo conversando sobre o que mais os entusiasma ou o que consideram o grande feito da semana. Essas são as rosas. Também são convidados a refletir sobre algumas das questões espinhosas com as quais estão lidando ou sobre os obstáculos que preveem (é aqui que entra o potencial de aprendizagem). O líder pode solicitar, então, ideias ou estratégias sobre como todos podem enfrentar essas questões mais desafiadoras. Mais uma vez, as dificuldades e o pedido de ajuda são desestigmatizados e se tornam centrais nas normas regulares das reuniões.

John Mackey, cofundador e ex-CEO da Whole Foods Market, descreve uma abordagem de "desafio e apoio" para extrair o melhor das equipes. Ele escreve no livro *Liderança consciente*: "O lado do *desafio* envolve estimular os membros da equipe (...) a colocar o esforço extra necessário para alcançar o propósito mais elevado da organização (...), ao passo que o lado do *apoio* desta equação está ancorado na paciência, fornecendo estratégias e cuidando dos membros da equipe e de suas necessidades." Nesse clima, os funcionários são incentivados a encarar as situações avaliativas como oportunidades de desenvolvimento e aprendizagem, e recebem os recursos e a orientação necessários para concretizá-las.[14]

Obtenha apoio

E se você for o único? E se você for uma pessoa predominantemente voltada para o crescimento trabalhando em uma organização ou com um gestor que opera em grande parte com base em um mindset fixo? Mais uma vez, podemos tirar uma lição da pandemia de covid-19. Sentindo-se sozinhas e isoladas por causa das normas de segurança, muitas pessoas criaram seus núcleos pandêmicos – grupos de familiares ou amigos com quem socializavam. Algumas até estabeleceram miniescolas domiciliares para seus filhos com base nesses núcleos. Ou você pode seguir a dica de Bozoma Saint John e sua equipe. Saint John, Issa Rae, Luvvie Ajayi e Cynthia Erivo formam um núcleo de profissionais poderosas. Esse grupo de mulheres, que adotou o apelido de Voltron da África Ocidental [nome emprestado da série *O defensor do universo*], compartilha apoio pessoal e profissional, além de encorajamento e riso.[15] Criar essas microculturas de crescimento em grandes culturas de gênio é algo que todos podemos fazer dentro e fora das organizações.

Ao enfrentar uma situação avaliativa, como preparar uma apresentação, você pode formar sua própria microequipe para garantir insights e feedback diversos e, assim, ajudá-lo a atingir metas de aprendizagem orientadas para o crescimento (e, é claro, desenvolver um produto mais forte). Se você ainda não conhece pessoas com mindset de crescimento semelhante em sua organização, preste atenção nas reuniões e em outras situações em que o mindset das pessoas esteja em evidência. Observe quem está fazendo perguntas perspicazes e fornecendo feedback construtivo e significativo.

Ainda assim, talvez você não identifique pessoas com perfil para entrar no seu núcleo. Nesse caso, procure fora da organização. Muitos CEOs preferem ter um grupo de pares de fora de sua empresa para comparar observaçoes, porque a visão do topo pode ser diferente da visão de outros postos da empresa. Embora o feedback de todos os níveis seja importante para se tornar um líder eficaz, diante de certas questões eles precisam da perspectiva de pessoas que sabem como é ser chefe.

Oriente e solte a mão

Para se proteger contra a sobredeterminação, os líderes podem fornecer uma compreensão clara da missão da empresa e de como o trabalho dos funcionários se enquadra nela. Isso significa que uma organização precisa ter uma visão objetiva.

Além de compreender a visão e o próprio papel na empresa, os funcionários devem estar capacitados e preparados para dar suporte a essa visão. Isso requer treinamento e diálogo aprofundados, para que os profissionais entendam quais estratégias podem ajudá-los a realizar o próprio trabalho. Eles também precisam de conhecimento e fácil acesso a recursos que os sustentem ao longo do caminho. E depois? Deixe-os executar a tarefa. Se você encarregou alguém de realizar uma pesquisa com funcionários, conversou com a pessoa sobre a abordagem, informou quem e o que estão disponíveis para ajudá-la a elaborar a pesquisa, deixe-a pôr mãos à obra. Não fique muito em cima nem peça atualizações constantes, o que sugerirá que você não confia nela ou em suas habilidades.

É claro que isso não significa sair de cena. Mas se o ambiente estiver sintonizado com o crescimento, e se os funcionários estiverem bem treinados, os gestores podem confiar que eles trabalharão bem de modo independente e irão consultá-los conforme a necessidade tanto sobre os desafios quanto sobre as vitórias. (Se isso não acontecer, cabe aos gestores discernir o que é necessário para apoiar o êxito dos profissionais, como mais treinamento ou uma articulação mais clara de algum elemento essencial para a compreensão da tarefa.)

Outro benefício do método de orientar e soltar a mão é que se uma organização cultivou de fato uma cultura de crescimento orientada para a aprendizagem e confia que os funcionários vão executar um bom trabalho, saberá que eles estarão sempre atentos a formas inéditas e inovadoras de contribuir. Eles aprimorarão o próprio trabalho e procurarão mudanças potenciais para ajudar a organização a se aproximar de seus objetivos.

Dê exemplos de um mindset de crescimento

Se você é um líder, tem a oportunidade de *ser o exemplo* de um mindset de crescimento diante de situações avaliativas. Isso lhe dá a chance de aprender e crescer, para além de servir como padrão visível do comportamento que deseja encorajar nos outros e em toda a organização.

Essa estratégia reflete algo que Mark Zuckerberg e Sheryl Sandberg têm feito desde os primeiros dias no Facebook (agora Meta) com suas reuniões gerais às sextas-feiras. Juntos ou separadamente, os dois organizam grandes sessões de perguntas e respostas, nas quais dedicam os primeiros minutos para informar aos funcionários algumas das iniciativas mais recentes da empresa. Em seguida, abrem espaço para dúvidas ou sugestões sobre qualquer assunto.[16] Em uma mentalidade de mindset fixo, sabe-se que os líderes fazem o oposto, preenchendo o tempo com seu próprio discurso e deixando pouco ou nenhum espaço no final para um feedback negativo ou tópicos desafiadores.

Quando aprendemos a empregar essas estratégias em todos os níveis de uma organização, podemos observar situações avaliativas que induzem medo e mentalidade defensiva de provar seu valor e executar, e transformá-las em oportunidades que expandem nossas competências e nossa capacidade coletiva.

PERGUNTAS PARA REFLEXÃO

- Lembre-se de um momento em que o seu adulto "Eu sei!" se manifestou. Quais preocupações você mantinha sobre a maneira como estava sendo visto que o levaram a ter essa reação? O que você pode fazer para tranquilizar e fortalecer esse adulto "Eu sei!" de modo a migrar do mindset de provar seu valor e executar para o mindset de aprender e se desenvolver na próxima vez que o "Eu sei tudo" aparecer?

- Se você é um líder, como pode criar situações avaliativas que estimulem seus subordinados em direção ao mindset de crescimento? Quais linguagem e práticas pode incorporar para elaborar essas situações no intuito de facilitar o desenvolvimento das pessoas?
- Na próxima situação avaliativa com que deparar, procure observar se há tensão física e atitude defensiva, marcas registradas do mindset fixo. Uma vez identificadas, como fazer a transição para o mindset de crescimento? Lembre-se de que reconhecê-lo é o primeiro passo para mudá-lo. Como você pode abordar sua próxima situação avaliativa no trabalho com base no mindset de aprendizagem? Qual seria a sensação? Que aspecto teria? Como vai parecer?

CAPÍTULO 10

Situações de alto esforço

A página em branco. Existem poucas coisas mais inspiradoras, ou geradoras de ansiedade, que uma folha de papel novinha ou uma tela esperando para ser preenchida. A maioria dos escritores concorda que criar algo novo requer trabalho, foco prolongado, disposição para tentar e tentar de novo. Se a ideia de uma tela vazia – e a enorme quantidade de trabalho que o projeto exigirá – inspira medo ou entusiasmo, pode ser uma pista de como você tende a responder ao segundo gatilho de mindset: situações de alto esforço.

Em situações assim, o sucesso depende da aplicação de mais empenho, tempo, recursos mentais e atenção do que você aplicou no passado. Às vezes, envolve estar em um novo contexto, como começar em um trabalho ou curso, ou transferir-se para uma nova equipe em que o trabalho exige o aprendizado de habilidades, ou o uso de suas habilidades de uma maneira inédita. As situações de alto esforço surgem quando você não consegue mais se apoiar no conhecimento prévio ou quando abordagens que funcionaram antes deixam de ser viáveis.[1]

Enquanto alguns de nós evitam situações de alto esforço – as quais, pela própria natureza, trarão algum grau de fracasso –, outros, como Ramona Hood, procuram por elas. Hood é presidente e CEO da FedEx Custom Critical e a primeira mulher negra a liderar uma empresa FedEx. Ela começou como recepcionista aos 19 anos. Mãe solo, buscava sair do varejo e ter um horário mais estável que lhe permitisse equilibrar as demandas do trabalho, da maternidade e da faculdade. Hood rapidamente foi promovida para um cargo no departamento de segurança e relações com prestadores de serviços. Após vários anos, embora ela se sentisse confortável e tivesse um bom desempenho, surgiu uma oportunidade em operações, e, querendo diversificar sua experiência, Hood a agarrou. De lá, passou para vendas e marketing, depois liderou uma unidade de negócios dentro de uma empresa que a FedEx havia acabado de adquirir e, por fim, voltou para a FedEx Custom Critical a fim de encarar uma nova função em operações. Em janeiro de 2020, ela assumiu o cargo de CEO. Repetidas vezes em sua carreira, Hood enfrentou desafios e também foi atrás deles por iniciativa própria. Como ela disse à theSkimm em 2020, "Acho que teria sido fácil assumir um papel de liderança e nunca mais sair da área operacional. Eu era boa nisso. Tinha fortes habilidades e competências que transpareciam nos resultados. Mas eu sentia que era importante estar confortável com o desconforto de aprender algo novo – correr alguns riscos e ter alguns fracassos para poder crescer".[2]

Situações de alto esforço que nos estimulam em direção ao mindset de crescimento, como ilustra a atitude de Hood, decorrem da crença de que para se aprimorar e ter sucesso é preciso desafiar a nós mesmos e encontrar as estratégias que nos ajudarão a perseguir os objetivos. Procuramos oportunidades para desenvolver habilidades e nos sentimos insatisfeitos ou entediados com tarefas fáceis que não exigem esforço (ou pelo menos em muitas delas) porque sabemos que, se não estamos sendo desafiados, não estamos aprendendo e crescendo.

Quando somos levados ao mindset fixo por situações de alto esforço, é por causa de uma crença subjacente de que o empenho e a capacidade estão negativamente correlacionados – se me vejo trabalhando de maneira árdua em um projeto que parece difícil deve ser porque não tenho as qualificações necessárias para tanto. Situações de alto esforço nos tornam vulneráveis porque nos colocam num terreno novo. Se temeros ser "descobertos" e julgados inadequados, podemos reagir permanecendo em nossa zona de conforto. O fundador de uma empresa com quem trabalhei certa vez relatou um alto nível de irritação quando suas duas ou três primeiras tentativas de resolver um problema não funcionaram. Temendo as críticas negativas dos outros, e após acusar-se por seus fracassos, ele se via migrando para o mindset fixo e terceirizando a tarefa, ou apenas desistindo.

Exemplos notórios de atletas ou profissionais de alto nível induzidos ao mindset fixo por situações de alto esforço são difíceis de encontrar, porque essas pessoas desistem quando confrontadas com a quantidade de empenho necessária para chegar ao topo. Ou são aqueles atletas, artistas ou gestores que permaneceram deliberadamente em um papel mediano em sua área porque, uma vez atingido o limite de seu talento natural, uma reação de mindset fixo os impediu de ir além. A maioria de nós se lembra de um ás dos esportes do ensino médio ou do melhor aluno da turma que alcançava o sucesso com tanta facilidade que parecia destinado a conquistar o mundo. No entanto, seu brilho diminuiu quando se viu na companhia de outras estrelas – pessoas que estavam dispostas a se esforçar, pedir ajuda e buscar novas estratégias para continuar a ascender.

Voltando à página em branco, temos a história de um escritor de quem você já deve ter ouvido falar. Em vez de desistir de um projeto de alto esforço, ele aprendeu a adotar o mindset de crescimento com resultados que o transformaram em uma celebridade.

Stephen King vinha escrevendo havia anos e obtendo um sucesso modesto vendendo contos para revistas masculinas quando conseguiu um emprego como professor de inglês do ensino médio para pagar as contas. Ele começou a escrever *Carrie*, depois jogou o manuscrito no lixo. Seria um projeto muito difícil – a história precisava ser um romance para funcionar, e King não era romancista. Como disse à esposa, Tabitha, quando ela o confrontou com o rascunho das páginas que havia recolhido do lixo, ele nunca foi uma garota adolescente. Como poderia escrever sobre uma delas? King empregava a maior parte de sua capacidade cerebral dando aulas o dia todo; sobrava pouco tempo para escrever um romance inteiro. Tabitha respondeu que poderia ajudá-lo com a parte da adolescente e que ele deveria continuar com a história porque o que havia começado era promissor. Ele retomou a escrita, e *Carrie* se tornou o romance que fez de Stephen King uma referência no mundo literário.[3]

Como afirma o escritor, a lição que aprendeu com *Carrie* foi que "interromper um trabalho só porque é difícil, emocional ou criativamente, é uma má ideia". King escreveu mais de 60 livros[4] e desenvolveu a reputação de uma ética de trabalho memorável, escrevendo duas mil palavras por dia, inclusive aos feriados.[5] Ele diz que é uma falsa concepção de seu processo pensar que a regularidade gera facilidade; ele se programava para abraçar a dificuldade. Em seu livro *Sobre a escrita*, King declara: "Você pode encarar o ato de escrever com nervosismo, animação, esperança ou até desespero –

aquele sentimento de que nunca será possível pôr na página tudo o que está em seu coração e em sua mente. Pode cerrar os punhos e apertar os olhos, pronto para arrasar e mostrar a que veio. (...) Encare a escrita como quiser, menos levianamente."

Então, como podemos nos tornar mais como um King ou uma Hood, voltando-nos para o mindset de crescimento diante de situações de alto esforço? Tudo começa por abordar a crença subjacente sobre a correlação entre esforço e capacidade. Pesquisas mostram que as pessoas com inclinação para o mindset fixo tendem a ver as duas coisas negativamente correlacionadas; se eu tiver que me esforçar em alguma coisa, isso significa que não devo ser boa nisso. No trabalho, pode nos fazer pensar: *Este cargo é muito desafiador... talvez não seja o emprego certo para mim.* Ou, depois de sermos promovidos a uma função de liderança e, pela primeira vez, assumirmos desafios como criar novos relacionamentos com subordinados que antes tinham sido nossos pares, poderíamos pensar: *Talvez eu não tenha nascido para liderar, afinal de contas.* Nas salas de aula, isso pode levar o aluno a pensar: *Estou me matando com esses problemas, então não devo ser bom em matemática.*

Quando acreditamos que existe uma *correlação positiva* entre esforço e capacidade, somos mais propensos a ver os problemas como questões solucionáveis com as ferramentas certas. Consideramos o trabalho árduo e consistente um preço que vale a pena pagar para alcançar o crescimento. E, como mostra a ciência, isso é verdade no nível psicológico e também no nível celular.

OS DESAFIOS FAZEM O CÉREBRO EVOLUIR

Assim como um músculo, o cérebro se torna mais forte quando trabalhamos arduamente. A ideia parece cativante, mas será que é verdade? Afinal, o cérebro não é um músculo – é um órgão bem mais complexo. Na esperança de responder a essa pergunta, um grupo de pesquisadores colocou participantes do estudo numa máquina de ressonância magnética funcional e monitorou a atividade cerebral enquanto ouviam dois sons. As pessoas tinham que apertar um botão para indicar se o segundo som tinha duração mais ou menos longa que o primeiro. Na parte "fácil" do teste, os sons eram diferenciados com mais nitidez, enquanto na parte "difícil" o segundo som era mais parecido com o primeiro. À medida que os pesquisadores aumentavam a dificuldade, o cérebro dos participantes começava a acender na ressonância: quanto mais desafiadora era a tarefa e quanto mais esforço exigia, mais áreas do cérebro eram recrutadas para ajudar. Houve mais atividade e conectividade entre diferentes partes do cérebro durante a tarefa desafiadora, e uma das áreas que ficou ativa durante a parte difícil foi o córtex pré-frontal dorsolateral. Esta parte está associada a funções executivas de nível superior, como memória de trabalho, capacidade de alternar entre vários conceitos e raciocínio abstrato. Quanto mais somos desafiados, mais áreas do cérebro convocamos para nos ajudar e isso, em essência, aumenta a nossa capacidade para atingir o objetivo que tanto queremos.[6]

Pesquisas mostram que não é qualquer esforço que nos faz desenvolver novos neurônios e vias neurais, mas o esforço despendido no processo de aprendizagem – algo que chamamos de *esforço efetivo*. Os cientistas compararam o cérebro de dois grupos de "ratos de academia", que haviam sido submetidos a rotinas diferentes de exercícios físicos, com um grupo de controle de "ratos de gaiola" sedentários e um grupo de "ratos acrobáticos" que tinham aprendido a transpor uma pista de obstáculos – uma tarefa desafiadora mentalmente, mas não fisicamente. Embora ambos os grupos de ratos de academia tenham produzido uma densidade maior de vasos sanguíneos no cérebro que os ratos sedentários, os ratos acrobáticos desenvolveram mais sinapses por neurônio que os outros três grupos. Quando trabalhamos de modo árduo *e* aprendemos algo novo, promovemos mais conexões entre diferentes áreas do cérebro, e isso nos ajuda a concluir tarefas com mais rapidez e facilidade no futuro.[7]

As vias neurais que não usamos morrem com o tempo. O que faz o cérebro conservar essas vias – e criar outras – não é repetir várias e várias vezes as mesmas coisas que já aprendemos, mas sim encarar continuamente problemas difíceis. Assim como exercitar os músculos ou o sistema cardiovascular, quando dominamos algo tão bem que somos capazes de realizá-lo com pouco esforço, aumentamos o ego, mas não o desempenho. Temos que continuar elevando o nível do desafio. Se você ouviu o conselho de que a maneira de manter o cérebro afiado é jogar sudoku ou fazer palavras cruzadas, acredite, é verdade. Mas essas atividades são úteis até certo ponto, apenas enquanto permanecerem desafiadoras. Passar uma tarde brincando com um cubo mágico faria meu cérebro evoluir (e a minha frustração também), mas não o da matemática e cientista de dados Cathy O'Neil, que o resolve desde os 14 anos.[8] O neurocientista David Eagleman revela que, para manter o cérebro saudável, investe em atividades desafiadoras, como aprender novos softwares e falar mandarim.[9]

Se diversas vias de exploração científica afirmam que nos desenvolvemos e crescemos apenas quando nos envolvemos em tarefas desafiadoras, por que persistimos na crença de que *ter que aplicar mais esforço significa menos capacidade*? O que mantém essa ideia em alta?

ALIMENTANDO CRENÇAS FALSAS SOBRE ESFORÇO E CAPACIDADE

A Fitbit talvez seja uma das empresas do mundo fitness mais populares do momento. (Em 2023, mais de 31 milhões de pessoas em todo o mundo usavam um Fitbit pelo menos uma vez por semana.)[10] No entanto, embora a tecnologia vestível seja comum agora, em 2007, quando os cofundadores James Park e Eric Friedman decidiram colocar um sensor de coleta de dados em um dispositivo pequeno o suficiente para que a pessoa não se importasse de usá-lo o dia todo, tiveram dificuldade para criar um protótipo que funcionasse. Em 2015, a Fitbit abriu o capital, mas, pouco depois, começou a perder dinheiro. Em 2017, os funcionários deram a Park o equivalente a um voto de desconfiança (ou moção de censura). Alguns chegaram a escrever ao conselho de administração pedindo que ele fosse destituído do cargo de CEO. Por mais desolado que estivesse, em vez de ir embora Park se comprometeu a aprender com os erros e melhorar. Como ele disse ao entrevistador Guy Raz, "Meu foco principal [após a pesquisa com os funcionários] foi: 'Como colocar as coisas de volta nos trilhos?'".

Park analisou suas limitações como gestor, investigou onde a empresa havia falhado e percebeu que, por ter demorado a diversificar, estava sendo engolido pela concorrência. Além de ampliar a linha de produtos, ele fez pressão para mudar o posicionamento da Fitbit, de fabricante de aparelhos de fitness para uma "empresa de análise de dados de saúde". Em vez de apenas relatar estatísticas aos usuários, a Fitbit passou a fornecer orientação e outros tipos de suporte para ajudar as pessoas a mudar seus números. Questionado sobre como resistiu e continuou avançando quando a empresa corria um sério risco de falir, Park menciona os pais.

Em sua terra natal, a Coreia, o pai de Park era engenheiro elétrico e a mãe trabalhava como enfermeira. Depois de emigrar para os Estados Unidos (quando James tinha quatro anos), tal como acontece com muitos imigrantes, tiveram dificuldade em encontrar o mesmo nível de emprego, por isso decidiram se tornar donos de pequenos negócios. Abriram uma loja de perucas, uma lavanderia, um mercado de peixes e uma sorveteria. "Eles conseguiam mudar de um tipo de negócio para outro sem perder o pique", conta Park. Ele afirma que a determinação ferrenha e a ética de trabalho de seus pais contribuíram para seu mindset de resiliência – a ideia de que o trabalho duro é o preço do progresso. Numa história que ecoa a de muitos filhos de imigrantes que alcançaram sucesso em suas áreas, a dificuldade e o desafio eram eventos normais.[11]

Esse conselho não nasce apenas de um conhecimento inato do valor do trabalho árduo, mas de uma consciência da necessidade, bastante real, de provar o próprio valor para combater os estereótipos negativos sobre os imigrantes. No entanto, tal como acontece com Park, o efeito persistente para muitos parece ser que as situações de alto esforço ativam seu mindset de crescimento. Como o marquês de Lafayette e Alexander Hamilton cantam em uma das letras mais impactantes do musical *Hamilton*: "Imigrantes... nós damos conta do serviço."[12] Independentemente de nossa origem, as crenças e os comportamentos de nossos pais em relação ao esforço e à capacidade tendem a causar uma impressão profunda em nós.

A pesquisadora Julia Leonard e colegas lançaram uma série de estudos para determinar como o comportamento dos pais de "tomar as rédeas" afeta a persistência das crianças em afazeres difíceis. Os resultados mostraram que os pais que tendiam a assumir a tarefa no lugar dos filhos quando estes tinham dificuldades (em vez de os encorajar ou orientar sobre os métodos que poderiam tentar da próxima vez) eram mais propensos a descrever os filhos como menos persistentes.[13]

Num estudo subsequente envolvendo crianças de 4 e 5 anos, os pesquisadores as distribuíram em três grupos. No primeiro, após um intervalo de dez segundos, a pesquisadora interrompia a tentativa de resolução do quebra-cabeça pela criança, dizendo: "Hum... esse é difícil. Por que não me deixa fazer isso por você?" No segundo grupo, a pesquisadora utilizava diversas intervenções de ensino para apoiar as tentativas da criança, e, no terceiro grupo, não intervinha de forma alguma. Depois, os pesquisadores davam aos alunos uma caixa de brinquedo de madeira e os incentivavam a tentar abrir, mas era uma missão impossível, porque o brinquedo estava colado. As crianças que tinham visto a pesquisadora assumir a resolução do quebra-cabeça no lugar delas desistiam mais rapidamente que as crianças dos outros dois grupos. Como concluíram os pesquisadores, "Quando os adultos assumem o controle e resolvem problemas difíceis para as crianças, elas persistem menos". Então, vem a influência da cultura que nos cerca fora de casa.

Você deve estar familiarizado com alguma versão da reconhecida síndrome do pato de Stanford – algo que experimentei durante a pós-graduação. Para ter sucesso no ambiente educacional de elite e alta pressão de Stanford, esperava-se que você deslizasse com toda a graça pela água, embora, abaixo da superfície, estivesse batendo as patas freneticamente para não afundar. Esperava-se que tribulações e dificuldades não o abalassem. No dia a dia, os estudantes de graduação, em particular, podiam ser vistos passeando pelo diretório acadêmico ou pelas cafeterias, ouvindo música ou socializando, como se não tivessem nenhuma preocupação no mundo. Ninguém parecia ter que se esforçar muito para dar conta do recado. Ao anoitecer, eles começavam a devorar os livros, às vezes estudando sozinhos em seus quartos noite adentro em um esforço para, bem, esconder seu empenho. O preço que pagavam para se alinhar com o valor cultural do gênio era puxado: a exaustão e o sofrimento psicológico eram comuns.[14]

Outros pesquisadores e eu vimos algo semelhante na Universidade Cornell. Os funcionários do grupo de Aconselhamento de Saúde e Serviços Psicológicos de Cornell (CAPS, na sigla em inglês) compartilharam conosco que os alunos estavam enfrentando níveis enormes de ansiedade e depressão. (Cornell foi apelidada de "escola do suicídio" por causa dos altos índices de morte por suicídio entre os estudantes, embora os dados mostrem que os indicadores de depressão e pensamento suicida estão dentro da média do país.)[15] Durante o ano letivo de 2016-2017, 21% dos estudantes da Cornell procuraram a assistência do CAPS, acima dos 13% em 2005-2006.[16] Parte disso se deveu a um esforço coordenado da universidade para desestigmatizar a busca por ajuda em saúde mental. Mas os funcionários do CAPS queriam mitigar potenciais influências e normas culturais que estariam causando ansiedade e depressão.

Por meio de grupos focais com estudantes, os terapeutas do CAPS identificaram uma tendência incomum e perturbadora. Como é típico em muitas faculdades e universidades, empresas que vendem pôsteres para dormitórios – ilustrando de cachorrinhos a bandas famosas – vinham ao campus oferecer seus produtos. Nos momentos mais desafiadores do semestre, como durante as provas intermediárias e finais, o pôster mais popular era um supostamente motivacional. Dizia: *Enquanto você dorme, outra pessoa está passando na sua frente.* Pode-se argumentar que os pôsteres apenas encorajavam os alunos a meter a cara nos livros e trabalhar duro. Porém, quando essa "motivação" está ligada a um sistema de crenças culturais em que se pensa que o trabalho árduo sinaliza baixa capacidade ou talento, ela pode alimentar problemas de saúde mental.

Mais uma vez, essas crenças tendem a começar cedo. Os professores do jardim de infância até o sexto ano que frequentam nosso instituto de verão descrevem como é difícil derrubar a percepção das crianças de que se tiverem que se esforçar em alguma coisa não são boas naquilo. Os próprios professores às vezes nutrem essas mesmas crenças. Quando respondem ao nosso questionário básico de avaliação, por exemplo, e dão uma resposta afirmativa a declarações do tipo: *Detesto ver meus alunos em dificuldades*; *Ver meus alunos tendo dificuldades me deixa desconfortável*; e *Tendo a ajudar imediatamente quando noto meus alunos tendo dificuldades*. Mas o esforço é um elemento crucial do processo de aprendizagem.

Como descobriram os pesquisadores Elizabeth e Robert Bjork, quando criamos condições de aprendizagem em que o nosso desempenho aumenta rapidamente (ao "sacarmos" as coisas bem depressa), o saber a longo prazo pode ser prejudicado. Se a aprendizagem parece mais desafiadora e ocorre mais devagar, retemos o que aprendemos por mais tempo e somos mais capazes de aplicar esses conteúdos de maneira ampla no dia a dia. Isso não significa que temos que bater a cabeça na mesa o tempo todo, porém, se quisermos aprender e reter esse conhecimento, precisaremos nos desafiar.[17]

Mas esse tipo de esforço não levaria mais cedo ou mais tarde ao burnout?

Como afirma o psicólogo cognitivo Nate Kornell, "O que se quer é tornar fácil dificultar as coisas".[18] Se conseguirmos encontrar formas prazerosas de provocar erros e desafios, e de persistir e brincar com eles, o esforço se torna mais sustentável. Mas o que acontece com mais frequência nas salas de aula, pelo menos nos Estados Unidos, é que, ao deparar com alunos em dificuldade, aliviamos a pressão cedo demais dando dicas e permitindo que eles adivinhem os resultados corretos, sem refletirmos se a verdadeira compreensão foi alcançada. Na China e no Japão, os estudantes são incentivados a manter o esforço enquanto os professores os ajudam a traçar uma trajetória para a aprendizagem que inclui caminhos errados e becos sem saída.[19] Os pesquisadores Harold Stevenson e James Stigler descobriram que pais e professores chineses e japoneses dão muito menos importância a pontuações de inteligência e outras avaliações estáticas. Enfatizam, sim, o valor do esforço efetivo para a conquista. Os estudantes desses países são incentivados a compartilhar os erros para que o grupo possa dissecá-los e aprender com eles. Dessa forma, o fracasso é um encontro esperado na trajetória do aprendizado.[20]

Como Kornell e seus colegas descobriram, a ideia de uma aprendizagem *sem erros* – a percepção de que menos falhas nas provas significa um saber melhor – nos leva a supor que obter respostas erradas teria um impacto negativo no processo de instrução. É justamente o contrário; quando erramos a resposta a uma questão, temos mais chance de acertarmos no futuro se reservarmos um tempo para solucioná-la com esforço depois. E esse esforço aumenta o aprendizado e a memorização. Isso se aplica mais àqueles que têm uma resposta orientada para o crescimento a tarefas desafiadoras, uma vez que são mais propensos a prestar atenção nos erros que aqueles com mindset fixo.[21]

Ainda assim, não queremos encorajar cegamente qualquer esforço, mas enfatizar estratégias que permitam um esforço *efetivo*. É fundamental elogiarmos o empenho na direção certa. Pesquisas esclarecem ainda que a efetividade daquilo que chamamos de *elogio ao esforço* está ligada às nossas crenças sobre dedicação e capacidade. Entre os alunos que acreditavam que o esforço é uma forma importante de aumentar a capacidade, ter o empenho elogiado melhorou a visão de si mesmos e os níveis de motivação intrínseca. Quanto mais forte a crença, maior o estímulo.[00]

Como vimos, as crenças sobre a relação inversa entre capacidade e esforço começam cedo.[23] Depois, à medida que passamos a pensar em carreiras, conselheiros e orientadores nos encorajam a atentar para nossas capacidades naturais, reforçando a ideia de que existem talentos com os quais fomos dotados e outros que simplesmente passaram batido por nós.

COMO UM FOCO EXCESSIVO NOS PONTOS FORTES É FALHO

Um jovem se matriculou no seminário. Embora obtivesse notas altas em teologia, não tinha muito talento para oratória, recebendo algumas de suas piores notas nessa disciplina. Esse aluno era Martin Luther King Jr. Muitos se referem a ele como um dos oradores mais talentosos da história, mas ele não nasceu com o dom para a oratória e, sim, o desenvolveu.[24]

Se eu lhe dissesse que você tem certos talentos e pontos fortes inatos e deveria se concentrar quase exclusivamente em maximizá-los, esse conselho o deixaria desconfiado. No entanto, muitas das narrativas de desenvolvimento de carreira e realização pessoal hoje em dia atestam isso.

A abordagem geral para maximizar pontos fortes começa com uma avaliação estática, que é um caminho perigoso. A ideia de avaliar e depois se apoiar nos pontos fortes tem vários pressupostos implícitos problemáticos quando vistos à luz de pesquisas psicológicas mais abrangentes. Uma hipótese é que, no momento em que faz o teste, você tem alguns pontos fortes e alguns pontos fracos. Embora isso possa ser verdade em algum nível, depende do contexto e de uma série de fatores, incluindo o grupo com o qual você está se comparando. Sempre haverá aqueles com níveis superiores ou inferiores de habilidades, experiências ou pontos fortes. Sob essa luz, o que significa ser bom em alguma coisa torna-se relativo e difícil de medir. Nos esportes, mesmo entre os maiores atletas profissionais, sobre os quais há uma abundância de dados, ainda há uma enorme discordância sobre qual atleta individual, ou equipe, é o melhor de todos os tempos (é claro que é Serena Williams).

Embora seja verdade que podemos demonstrar certos "talentos" desde a infância, tendemos a cair na armadilha de enfatizar o valor daquilo que é fácil para nós. Uma vez que temos esse retrato daquilo em que já somos bons, começamos a moldar a vida ou o emprego organizando tudo, desde as tarefas diárias até os planos de carreira, para fazer mais dessas coisas. Isso pode gerar sucesso no curto prazo ou em ambientes que não exigem nem incentivam você a ir além, inovar ou tentar tarefas diferentes. Mas não é a fórmula para o crescimento pessoal contínuo ou para o sucesso em organizações que priorizam o desenvolvimento permanente ou abordagens inéditas. Tendo em conta sobretudo o ritmo atual da inovação, a maioria das organizações está interessada em candidatos com um histórico comprovado e um desejo de aprender e crescer – pessoas como Ramona Hood. Elas não querem profissionais de alto desempenho que não se esforçam; na maioria das áreas, buscam profissionais de alto desempenho com múltiplas habilidades – e com um mindset de crescimento em relação a elas.

Quando converso com executivos sobre os problemas do modelo "Foque seus pontos fortes", quase sempre preciso esclarecer que capacidade e mindset são características distintas – e perpendiculares. Em geral, pego um marcador e desenho no quadro branco um espaço bidimensional com o mindset no eixo horizontal, indo do fixo ao de crescimento, e a capacidade no eixo vertical, de baixa capacidade na parte inferior até alta capacidade no topo (como na imagem adiante). Se você é executivo de uma empresa, quer pessoas com alta capacidade – que estejam acima do eixo horizontal do gráfico. A questão é: você deseja que esses profissionais operem com base em seu mindset fixo em relação às próprias altas capacidades (à esquerda) ou em seu mindset de crescimento (à direita)? O modelo dos pontos fortes aposta no quadrante superior esquerdo. Diz: *Aqui estão meus dois ou três pontos fortes e competências e preciso me concentrar neles porque não podem ser alterados. Então, é melhor encontrar situações em que eu possa aproveitar esses pontos fortes.* Muita gente gosta disso em uma empresa, e você logo se verá em uma cultura de gênio de provar seu valor e executar, competitiva em nível interpessoal e pouco confiável. Ao passo que as pessoas com maior chance de sucesso – e entre as quais as culturas de crescimento têm maior probabilidade de florescer – são aquelas que adotam um mindset de crescimento sobre aquilo de que são capazes. Além de a competência e o mindset não estarem relacionados, o mindset supera a habilidade no longo prazo, porque ajuda as pessoas a tomar as medidas necessárias para desenvolver seus talentos.

CAPACIDADE E MINDSET SÃO PERPENDICULARES

	Alta capacidade	
Alta capacidade com crenças de mindset fixo sobre essas habilidades		Alta capacidade com crenças de mindset de crescimento sobre essas competências
← **Mindset fixo**		**Mindset de crescimento** →
Baixa capacidade com crenças de mindset fixo sobre essas habilidades		Baixa capacidade com crenças de mindset de crescimento sobre essas competências
	Baixa capacidade	

Em culturas de crescimento, os líderes ajudam as pessoas a desenvolver fortes habilidades e um mindset de crescimento em relação a essas competências.

Essa história sobre aproveitar os pontos fortes está ligada a outra narrativa problemática, sobre a paixão. Como se diz por aí, cada um de nós nasceu com uma paixão, e descobri-la é a chave para o sucesso. Assim como os pontos fortes e os talentos, a paixão pode ser vista como algo inato e fixo, em vez de algo desenvolvido. Em uma série de cinco estudos, Paul O'Keefe, psicólogo social da Universidade Yale, juntamente com Carol Dweck e Greg Walton, seu colega professor de Stanford, examinou como somos afetados por crenças de mindset fixo ou de crescimento sobre a paixão – mais especificamente, se concordamos com a visão de que nossos interesses são inatos ou algo que desenvolvemos. A pesquisa revelou que aqueles com uma crença fixa entendiam que, uma vez descobertas suas paixões, experimentariam uma motivação ilimitada para persegui-las e encontrariam poucas dificuldades. Essa crença os predispunha a desistir mais cedo quando estavam cara a cara com desafios inevitáveis. Em outras palavras, "Incitar as pessoas a encontrar sua paixão pode levá-las a colocar todos os ovos na mesma cesta e, então, largar essa cesta quando ela se torna difícil demais de carregar". Um mindset de crescimento em torno da paixão, porém, "pode ajudar a manter o interesse diante da frustração ou da dificuldade".[25]

Sapna Cheryan, professora da Universidade de Washington e uma das minhas colegas de pós-graduação em Stanford, estuda disparidades de gênero nas áreas STEM, incluindo ciência da computação. Sapna diz que mulheres jovens não são *socializadas* para se apaixonar por computadores ou programação.[26] Portanto, é pouco provável que corram atrás de explorar esse tipo de experiência. Basta olhar para as representações na mídia: do hacker fictício Alec Hardison, da série *Leverage – Acerto de contas*, e do irritante sujeito de TI interpretado por Jimmy Fallon no programa *Saturday Night Live*, até representações da vida real de ícones da tecnologia como Steve Jobs, Bill Gates e Mark Zuckerberg, os gênios da informática que vemos por aí são quase sempre homens. As mulheres que ingressam na ciência da computação muitas vezes iniciam sua jornada por acidente: ou entram no mundo dos jogos, ou descobrem que programar é uma maneira de resolver um problema que lhes interessa, ou a ciência da computação é um curso obrigatório que acaba despertando interesse.

A narrativa abrangente em torno da descoberta, em vez do desenvolvimento, das paixões pode contribuir para a disparidade de gênero na ciência da computação.[27] Se meninas e mulheres jovens aderem à visão do mindset fixo, podem sentir uma inclinação natural ou paixão por uma área que seja adequada a elas – como vimos, as cartas sociais estão contra elas. Junte isso à pesquisa de O'Keefe e veremos que, quando essas mulheres derem uma chance à computação, se tiverem que trabalhar duro para ter sucesso, uma crença negativa em torno da relação entre esforço e capacidade pode tirá-las do rumo. No entanto, se acreditarem – e a mídia, os líderes, os pais e os professores divulgarem – que as paixões são de fato desenvolvidas e a sociedade como um todo fizer mais para proporcionar às meninas e mulheres oportunidades de experimentar a ciência da computação, é mais provável então que consigamos diminuir as disparidades. As visões de mindset fixo sobre pontos fortes, talento e paixão podem ter impactos desiguais naquelas que não são incentivadas pelos pais, por seus pares e pela sociedade – seja por causa de papéis sociais prescritos, seja por estereótipos culturais – a desenvolver esses pontos fortes e paixões desde cedo.

Outro lugar onde é comum encontrarmos estereótipos misturados com crenças inúteis sobre talento e esforço é o mundo do empreendedorismo.

O FALSO MITO DO EMPREENDEDOR

É fácil olhar para Steve Jobs[28] ou Emma McIlroy[29] e pensar que eles fizeram tudo sozinhos. Anteriormente, falamos da mitologia do cientista genial solitário que, de repente e sem ajuda, faz uma descoberta revolucionária. Em meu trabalho com a Fundação Kauffman em torno dos gatilhos de mindset fixo ou de crescimento em empreendedores, deparei com uma narrativa semelhante: um desbravador usando casaco de moletom com capuz (geralmente do sexo masculino, geralmente jovem, geralmente branco) abrindo caminho na selva digital, trabalhando duro até vender ou abrir o capital de sua startup. Mas espere: exibir garra e iniciativa diante de uma situação demorada e extenuante de alto esforço é o mindset de crescimento em ação, certo? O problema é que todo esse trabalho empreendedor nem sempre constitui um empenho efetivo.

Não basta apenas usar a nossa garra; precisamos usá-la de maneiras significativas que de fato nos aproximem de nossos objetivos. Um mindset de crescimento não significa somente esforço absoluto; é muito mais criterioso e muito mais expansivo. Quando estamos em nosso mindset de crescimento, encontramos maneiras de abraçar o desafio e a dificuldade que ele traz. Nós nos concentramos nas possibilidades, tentamos novas estratégias, realizamos experimentos. E fazemos isso de forma consciente e ponderada.

Além do mais, quase ninguém realiza um projeto sozinho. Sempre há cofundadores, mentores ou outras pessoas que contribuem significativamente para o sucesso de uma startup. Perpetuar a ideia do *solopreneur* (ou empreendedor solo) como alguém que fez tudo *sozinho* pode desencorajar muitas pessoas, com valores interdependentes e comunitários, que prosperam nas parcerias. De acordo com os dados que minha equipe e eu coletamos, quando descrevemos os empreendedores como uma comunidade dedicada a resolver alguns dos maiores problemas do mundo, em vez de como uma coleção de gênios corajosos, atraímos mais mulheres e pessoas não brancas, que se sentem mais à vontade em uma cultura de crescimento como parte de uma comunidade de inovadores.

Outra barreira para mulheres e pessoas não brancas no empreendedorismo é a percepção de preconceito. É a ideia de que os investidores, quase todos homens brancos, não veem as mulheres ou pessoas não brancas (ou transexuais, ou qualquer um que não se encaixe no molde estereotipado de "sucesso") como empreendedores naturalmente talentosos.[30] Eles acham que as pessoas de grupos mais desfavorecidos têm que se esforçar muito mais para dar certo. Por ironia, essas pessoas o fazem – mas apenas por causa de desvantagens estruturais e de preconceitos raciais e de gênero documentados no acesso à captação de recursos, e não por falta de capacidade inerente. E é aí que a crença em torno da relação entre esforço e capacidade se torna perniciosa. Se os indivíduos desses grupos precisam se esforçar mais para ter sucesso, seriam menos "naturalmente talhados" para o empreendedorismo (ou para qualquer profissão) em comparação com seus pares brancos, do sexo masculino, de classes média e alta. Como relata o *TechCrunch*, em 2022 apenas 1,9% dos dólares de capital de risco foram para empreendedoras mulheres,[31] apesar do fato de que, como afirma a *PitchBook*, "elas tiveram *burn rates* [taxas de queima de capital] mais baixas, maior crescimento do valuation na fase inicial e quedas de valuation mais baixas na fase tardia em comparação com empresas fundadas exclusivamente por homens, ano após ano".[32] No mesmo ano, os fundadores negros receberam apenas 1% dos dólares de capital de risco.[33]

Minha pesquisa mostra que uma parte significativa dos empreendedores que são mulheres e pessoas não brancas enfrenta ameaças de estereótipo – uma preocupação de que serão reduzidos, aos olhos dos investidores, a estereótipos de capacidade negativos em relação aos seus grupos. Tudo isso resulta em menos mulheres e pessoas não brancas tentando se tornar empreendedoras ou recebendo apoio para iniciativas empreendedoras quando o tentam.[34] E é aqui que um mindset de crescimento em meio a situações de esforço bem elevado, como a abertura de uma empresa, pode ser útil e também fundamental. Katrina Lake[35] e o fundador do Calendly, Tope Awotona,[36] batalharam para atrair capital, e a mesma situação aconteceu com Robin McBride e Andréa McBride John, que se propuseram a causar uma disrupção na indústria de vinhos, em que pessoas não brancas são quase sempre excluídas.

As irmãs McBride iniciaram a jornada empreendedora importando vinhos finos da Nova Zelândia para os Estados Unidos com o objetivo de tornar esses produtos excelentes acessíveis a todos.[37] Primeiro, procuraram distribuí-los nas principais redes de supermercados. Então, um dia, um comprador da Kroger fez a pergunta que mudou todo o cenário: "Por que vocês não fazem seu próprio vinho?" O comprador estava disposto a encomendar um pedido importante para março. O problema é que era setembro, o que dava a elas quatro meses para produzir 25 mil caixas de vinho e enviá-las aos centros de distribuição da Kroger. Quando o entrevistador Guy Raz, do podcast *How I Built This*, comentou em uma entrevista posterior que a perspectiva parecia aterrorizante, Robin o corrigiu, dizendo: "Emocionante!" E Andréa acrescentou: "Empolgante!" Foi em grande parte esse mindset de crescimento diante de repetidas situações de alto esforço que ajudou as irmãs a cumprir o prazo da Kroger. Foi também o que fez da McBride Sisters Collection a maior empresa de vinhos de propriedade de negros nos Estados Unidos.[38]

Mas vamos dar um passo atrás para descobrir como as irmãs conheceram aquele comprador da Kroger: por meio de um diretor de diversidade de fornecedores em outra rede de supermercados.[39] Ele ficou impressionado com a motivação das irmãs e lhes deu várias sugestões de como poderiam ter êxito nas grandes redes, chegando até a apresentá-las a compradores de outras empresas. Assim, as duas encararam a perspectiva de atender o pedido inicial da Kroger e criar quatro variedades de vinho do zero, sem investidores e quase sem dinheiro. Como Robin salientou a Guy Raz, "As mulheres negras são as menos capitalizadas de todos os empreendedores, por isso ainda havia uma percepção de risco sobre nós".[40] A estratégia delas foi tirar proveito de seu conhecimento sobre vinhos e de suas relações pessoais, pedindo aos produtores de uvas e enólogos da Nova Zelândia e da Califórnia que confiassem nelas. As irmãs adotaram uma abordagem inclusiva, criando uma comunidade em torno do processo de criação dos vinhos, algo que vemos em organizações fundadas por pessoas de origens diversas.

Como podemos cultivar o tipo de mindset de crescimento pragmático que as irmãs McBride demonstraram quando confrontadas com situações de alto esforço? Existem muitas estratégias, incluindo uma que envolve pais e educadores.

AJUDANDO ALUNOS (E PROFESSORES) A ENFRENTAR SITUAÇÕES DE ALTO ESFORÇO

O astro do alpinismo Alex Megos havia feito uma série de primeiras escaladas em rotas bastante desafiadoras e, ainda assim, como ele admite, nenhuma delas o levara ao limite. Ele era conhecido por seu estilo de escalar rapidamente rotas difíceis. Megos disse a uma equipe de filmagem: "Nunca tentei nada que me tomasse mais de dez dias." Embora fosse aclamado como um alpinista genial – e talvez por causa disso –, ele tinha medo de pegar uma rota que exigisse um novo nível de esforço. "Aos poucos, percebi que levaria algum tempo se eu quisesse ultrapassar meu limite", disse. Em 2020, Megos realizou sua maior façanha até então: uma primeira subida em escalada livre em uma rota na qual trabalhou por cerca de sessenta dias ao longo de um período de três anos. Foi uma experiência diferente enfrentar um problema que ele não sabia se conseguiria solucionar.[41] Assim como o alpinista teve que treinar a si mesmo para enxergar desafios de alto esforço por meio de um mindset de crescimento, os líderes precisam tomar igual atitude para com os funcionários.

Uma das maneiras mais poderosas de ajudarmos os professores do nosso instituto de verão a incentivar crenças e comportamentos voltados para o crescimento em situações de alto esforço é não focar exclusivamente o comportamento individual dos alunos, mas cuidar da cultura de mindset que eles criam. No primeiro dia de aula ou bem no início do ano, os professores dessas faixas etárias (do jardim de infância até o sexto ano) costumam estabelecer *combinados de sala de aula* – um sistema em que os professores chamam os alunos para uma conversa e discutem um conjunto de acordos que se tornam os princípios organizadores da cultura da sala de aula para o ano. Em nosso instituto, compartilhamos com os professores algumas expressões que podem ajudar a construir culturas de crescimento, como acordos de que vamos "nos dedicar ao crescimento do cérebro oito horas por dia", "trabalhar duro para aprender", "cometer erros e ajudar uns aos outros a entendê-los" e "não deixar ninguém para trás em seu aprendizado".

Na execução diária, isso pode se manifestar de várias maneiras. Uma delas é os professores pedirem desculpas aos alunos quando um exercício ou problema é muito fácil. "Superestimei esse problema, achei que seria mais difícil para você – ele não fez seu cérebro crescer. Vamos ver se conseguimos encontrar um que seja mais desafiador e que o ajude a aprender." Assim, eles demonstram que são responsáveis por garantir que cada aluno seja suficientemente desafiado, para além de perpetuar e normalizar a ideia de que dificuldade e a necessidade de quebrar a cabeça para solucionar o problema farão "o cérebro crescer".

Em turmas grandes e com níveis diversos de competência, pode ser difícil oferecer a atenção individualizada que essa abordagem exige. Uma tática que pode ajudar é algo que chamamos de *problemas de bolso*. Quando os professores circulam pela sala de aula enquanto os alunos trabalham em equações matemáticas ou exercícios de ciências, eles "escondem" uma variedade de problemas mais desafiadores que podem distribuir àqueles que chegam mais facilmente às soluções. Não importa, então, em que posição o aluno está no espectro da aprendizagem, ele terá a oportunidade de se dedicar de modo consistente.

No espírito do mindset de crescimento, muitos professores desenvolvem seus próprios métodos inteligentes para criar uma cultura de crescimento em sala de aula. Quando fizemos o acompanhamento de alguns egressos do nosso instituto, ficamos maravilhados e encantados com o que vimos. Um professor afixou na parede um trabalho que mostrava em que nível os alunos estavam com seus problemas de matemática na primeira semana e em que nível se encontravam três meses depois. Isso os ajudava a ver como haviam melhorado e ressaltava o progresso como um valor fundamental daquela sala de aula. Esses são os tipos de esforços que chegam à raiz da crença negativa sobre a relação entre esforço e capacidade e a reprogramam para uma crença positiva.

Para abordar o desafio comum dos professores ao observar alunos fazendo um grande esforço, começamos por compartilhar histórias sobre pessoas que chegaram a uma solução por causa – e não apesar – desse esforço. Também os encorajamos a refletir e a dividir histórias semelhantes. Eles podem usar, então, essa mesma abordagem de compartilhamento de histórias com seus alunos. A história de Alex Megos ilustraria bem o caso, porque mostra primeiro a relutância e depois os benefícios de se desafiar em algo que você não tem certeza se consegue superar.

Se agora você está ansioso para resolver um novo problema de alto esforço ou retomar um que havia deixado sem solução, já deve ter percebido que essa estratégia de contar histórias pode ser efetiva para todos nós.

FOMENTANDO UM MINDSET DE CRESCIMENTO EM SITUAÇÕES DE ALTO ESFORÇO

Aqui estão cinco maneiras práticas de reprogramar a crença negativa em torno da relação entre esforço e capacidade e encorajar uma resposta a situações de alto esforço que seja voltada para o crescimento.

Divida o desafio em partes administráveis

Em seu livro de grande sucesso *Palavra por palavra*, a escritora Anne Lamott descreve um episódio em que seu irmão procrastinou um trabalho escolar extenso até a data-limite. Assoberbado pela enormidade da tarefa que tinha pela frente – que envolvia catalogar pássaros –, ele não fazia ideia de como conseguiria concluí-la. Então o pai lhe deu um conselho: encarar um pássaro de cada vez, palavra por palavra.[42] Isso é algo que podemos aprender a fazer também.

Tanto alpinistas quanto inventores usam a linguagem de "solução de problemas" e adotam abordagens semelhantes em relação ao esforço: dividir o desafio maior em partes menores, lidando com uma de cada vez. Embora esse conselho possa parecer banal ou óbvio, quando você é levado ao mindset fixo diante da perspectiva de uma situação de alto esforço sua visão se estreita à medida que sua ansiedade e seu autofoco se expandem. Isso pode fazer com que você esqueça a tática básica de dar um passo de cada vez.

Uma das razões pelas quais histórias como a de Megos e das irmãs McBride são efetivas em nos orientar para o crescimento é que vemos como outros indivíduos dividiram uma grande conquista em partes administráveis. Para inúmeras outras pessoas, a perspectiva de produzir e despachar 25 mil caixas de vinho em apenas alguns meses teria sido inviável, mas as irmãs tiveram sucesso porque não tentaram produzir e despachar 25 mil caixas. Concentraram-se, sim, no que precisava ser feito: escolher as uvas e elaborar os varietais, preencher os formulários dos pedidos, imprimir os rótulos.[43] Cada uma dessas tarefas era factível. Todos nós podemos cultivar essa capacidade de isolar o próximo passo, ou os próximos dois passos, e começar a partir daí. Se tivermos dificuldade em fazer isso, podemos consultar pessoas da nossa confiança, como colegas, chefes ou mentores.

O mesmo conselho se aplica aos gestores que passam atribuições de alto esforço: não permita que os funcionários caiam de paraquedas na tarefa. Para incentivá-los a ter um mindset de crescimento, aumente o desafio e o esforço aos poucos. Um bom treinador de tênis não entrega uma raquete ao jogador inexperiente e diz: "Boa sorte!" Ele mostra como segurar a raquete e, em seguida, como acertar um forehand. Depois, ele ensina o backhand e outros movimentos de forma gradativa. Se você der a um funcionário muitas tarefas ao mesmo tempo ele pode se sentir oprimido por perceber que não tem as estratégias ou os recursos necessários para dar conta do recado. Ao contrário, ao expô-lo a níveis progressivos de desafio você o ajuda a desenvolver as habilidades necessárias para avançar "palavra por palavra".

Autoafirmação

Outra tática que podemos implementar em nível individual vem de um dos meus mentores do doutorado, Claude Steele, e outro de seus alunos, Geoff Cohen: a chamada autoafirmação. O princípio por trás dessa ideia é que a maioria das pessoas deseja ver a si mesmas como boas em algo que fazem – competentes, corretas, eficazes. Quando deparamos com uma situação de alto esforço e temos uma crença subjacente de que se tivermos que trabalhar duro é porque não somos tão bons assim, o esforço compromete nossa capacidade de nos enxergarmos de maneira positiva.[44] Situações de alto esforço denunciam quem somos e desafiam as crenças fundamentais sobre nós mesmos. Quando essas situações ocorrem no trabalho, nos sentimos ainda mais ameaçados. Muitos de nós vinculamos uma parte de nossa identidade ao trabalho (de acordo com a Gallup, 55% dos norte-americanos obtêm um senso de identidade a partir do trabalho, e entre aqueles com diploma universitário a taxa é de 70%),[45] de modo que, quando a capacidade de fazer bem nossas tarefas fica ameaçada, isso nos faz questionar quem somos.

O processo de autoafirmação amplia a noção que temos de nós mesmos, para que sejamos menos afetados pelo medo e pela dúvida que uma situação de alto esforço pode suscitar.[46] O primeiro passo é listar todas as identidades, participações em grupos e papéis que você desempenha como indivíduo e que são importantes para você. (É para escrever mesmo, não apenas citá-los em voz alta ou listá-los mentalmente.) Assim, você pode escrever: *Sou irmã, mãe, texana, sou amiga, apaixonada por cachorros, etc.* Depois de completar a lista, classifique as identidades da mais para a menos importante. Em seguida, risque aquela que está ameaçada no momento, como *funcionária*. Em seguida, gaste de 15 a 20 minutos escrevendo sobre seus três traços ou características mais importantes (ou o próximo mais bem colocado, se aquele que você acabou de riscar estiver entre os três primeiros). Concentre a escrita na relevância desses papéis para você e para os outros, e no impacto positivo que essa função tem em sua vida ou na de outras pessoas.

Segundo Steele e vários pesquisadores que expandiram seu trabalho inicial, esse tipo de tarefa ajuda o indivíduo a se ver com mais amplitude. Quando um aspecto de sua identidade é posto em dúvida porque você está à beira de uma situação de alto esforço e não sabe se vai dar conta, sente-se menos ameaçado porque tem uma noção mais abrangente de quem você é do que apenas desempenhar esse único papel. Além de nos sentirmos menos ameaçados quando praticamos a autoafirmação, nos tornamos mais engajados e, portanto, temos mais chance de nos sairmos bem em situações de alto esforço.

Reprograme as crenças essenciais

Um modo poderoso de ativar o mindset de crescimento é reprogramar as crenças sobre a relação entre esforço e capacidade. Contar histórias, como já vimos, é uma das formas mais efetivas de alcançar essa meta.[47] Além dos exemplos anteriores, temos o caso do rapper e empresário Shawn Carter (mais conhecido como Jay-Z), rejeitado por todas as grandes gravadoras que abordou. Essa rejeição o levou a se tornar produtor e fundar a Roc-A--Fella Records. A lista não acaba aqui (e aumentá-la poderia ser um ótimo projeto de pesquisa para os alunos com o objetivo de ajudar a criar uma cultura de sala de aula que direcione todos para o mindset de crescimento). E, às vezes, o exemplo pode ser você. Compartilhar seus episódios de dificuldade, além de ser uma excelente ferramenta de aprendizagem para outras pessoas, o ajuda a enxergar sua experiência como uma história que ainda está sendo contada.

Lembra-se da síndrome do pato de Stanford? Para combatê-la, meu grupo no doutorado decidiu optar por escapar da lagoa. Uma vez por semana, saíamos para um happy hour, em que, além de nos divertirmos, conversávamos sobre desafios e dificuldades e sobre como estávamos nos esforçando para superá-los. Combinamos também de auxiliar e dar apoio a todos os colegas. Em vez de competir uns com os outros, adotaríamos uma abordagem de equipe e faríamos tudo juntos. O trabalho ainda era árduo e exigia muito empenho, mas grande parte dele passou a ser agradável, e sentimos que poderíamos ser desafiados, aprender *e* ter sucesso. Melhor ainda, poderíamos fazer isso como um time. Na tentativa de diminuir a ansiedade e a depressão entre os alunos, a equipe do CAPS de Cornell se empenhou em normalizar o esforço.

Como líder, você pode praticar e incentivar a contação de histórias de maneira semelhante. Uma das mais impactantes que pode compartilhar com os funcionários é a sua. Divida com eles seus exemplos de batalhas. Ao ajudar os funcionários a compreender que é por meio de um esforço contínuo e significativo que nos aprimoramos, você pode liberar um pouco da pressão e do medo de ser julgado como incapaz (ou diminuir a tendência para o autojulgamento). Além disso, deixe-os saber que você *quer* que eles se sintam desafiados para que continuem a crescer e permaneçam entusiasmados e engajados, mas você está a postos para fornecer os recursos e o apoio de que precisam para ter êxito.

Convoque a comunidade

Uma das razões pelas quais situações de alto esforço podem ser tão intimidadoras é que imaginamos que temos de avançar sozinhos. Apoiando-nos uns nos outros, nosso grupo de Stanford aumentou a capacidade coletiva e individual. Queríamos aprender e crescer como pessoas, mas isso não significava que tínhamos que fazer isso sozinhos. Uma pergunta simples, mas poderosa, pode desempenhar um papel importante: "Quais são os meus recursos?" Quando levantamos esse tipo de questão (ou orientamos os funcionários a fazê-la), aprendemos como identificar quem pode nos ajudar.

A chave para alcançar o sucesso como indivíduo é aprender como identificar as habilidades dos outros e interagir e aprender com elas. Podemos levar esse mesmo conceito para as organizações. Aprender a olhar para fora dos nossos muros, ser abertos e honestos sobre os desafios que enfrentamos e envolver outras pessoas tornam as tarefas de alto esforço mais viáveis. Existe poder nas equipes que criam microculturas de crescimento ao seu redor.

Ajuste o ambiente para o crescimento

Como fizeram os professores com seus protocolos em sala de aula, os líderes podem estabelecer acordos organizacionais e coletivos que ajustem o ambiente para o crescimento. Algumas empresas, como a Google, reformulam equipes com frequência, colocando os funcionários em situações repetidas de alto esforço.[48] Nesses casos, é essencial cercar os profissionais de uma cultura de crescimento focada na colaboração em vez de na competição, na qual se sintam seguros para cometer erros e ajudar uns aos outros a melhorar ao longo do tempo. Ao trabalhar com diferentes pessoas em áreas diversas da empresa, os funcionários têm oportunidades contínuas de aprender e de compartilhar os próprios conhecimentos e ideias para além do que uma estrutura estática típica permitiria. No entanto, esse ideal só se torna possível quando é apoiado pela cultura.

Pense em como ter o equivalente a problemas de bolso prontos para os funcionários ou para si mesmo quando não estiverem se sentindo desafiados. De acordo com dados de 2022 do Gallup, apenas 21% dos profissionais afirmam se sentir engajados no trabalho.[49] Como qualquer executivo de RH lhe dirá, a falta de engajamento é um grande desafio para a retenção de funcionários;[50] portanto, mantê-los em uma trajetória de crescimento é bom não apenas para a carreira deles, mas também para os resultados financeiros da empresa. Para os indivíduos, esses problemas de bolso podem significar colocar-se no radar de seu gestor para atribuições mais complexas e requisitar novos desafios. Talvez o gestor tenha uma tarefa que se tornou fácil para ele e se mostraria feliz em transferi-la para você. Isso lhe dará a chance de crescer e concederá ao gestor mais espaço para ele próprio aproveitar novas oportunidades.

PERGUNTAS PARA REFLEXÃO

- Em qual ocasião você se viu inclinado a adotar um mindset fixo diante de uma situação de alto esforço? Pode ser uma circunstância de trabalho, familiar ou de outro tipo. Qual foi a sensação de se ver escorregando para o mindset fixo? O que você disse a si mesmo? O que fez? O que diria ao seu antigo eu que teria sido útil ouvir naquele momento? Como guiaria a si mesmo na direção do mindset de crescimento?
- Qual é a sua história de mindset de crescimento em situações de alto esforço? Quando você se viu reagindo com base em seu mindset de crescimento? O que disse a si mesmo? O que fez? Qual foi o resultado? Você consegue compartilhar essa história com seus pares ou subordinados diretos e incentivá-los a compartilhar as histórias deles?
- Quais são os pontos fortes que você gostaria de *desenvolver* em sua vida (mesmo que isso exija muito esforço), pensando sobre eles pelas lentes do mindset de crescimento? Que passo pode dar hoje rumo ao desenvolvimento de um novo ponto forte?
- Em que área de sua vida há uma situação que exige grande esforço neste momento? O que você pode fazer para lembrar a si mesmo de que o esforço serve para desenvolver sua competência (em vez de ser

um sinal de que não tem nenhuma)? Quando comprei uma bicicleta ergométrica, estabeleci a meta de pedalar de quatro a cinco vezes por semana – mas foi difícil. (Nunca havia andado de bicicleta e o selim machucava... e muito!) Coloquei um Post-it na tela que dizia: "Só vinte minutos por dia" – porque isso era tudo de que eu precisava para ser capaz. Como você pode lembrar a si mesmo da correlação positiva entre esforço e habilidade?

- Como pode avaliar se o esforço que você está aplicando é um *esforço efetivo*? Quais são os sinais pequenos e mensuráveis de que está progredindo, mesmo que aos poucos, em direção ao seu objetivo? (Lembre-se de que o progresso gradual é bom, sustentável e melhor no longo prazo.)

CAPÍTULO 11

Feedback crítico

Você acabou de receber um e-mail do seu chefe: "Vamos marcar uma conversa esta semana. Quero te dar um feedback." Ou, talvez, enquanto você saía para o trabalho pela manhã, seu cônjuge tenha dito: "Vamos reservar um tempo neste fim de semana para discutir a nossa relação." Quando você sabe que está para receber feedback, como se sente? Fica com medo e se prepara para o pior? Ou se mostra animado e interessado em ouvir o que o outro tem a dizer? Às vezes, o feedback crítico alimenta a ansiedade; às vezes, sinaliza oportunidades; às vezes, é uma mistura de ambos. E é por isso que o feedback crítico é o terceiro gatilho de mindset.

Como diz uma citação comumente atribuída a Aristóteles, "Só existe uma maneira de evitar as críticas: não fazer nada, não dizer nada e não ser nada".[1] Seja uma avaliação de desempenho, uma nota em uma prova ou uma opinião em alguma plataforma de avaliações, estamos todos destinados a receber feedback crítico. (Sem querer ofender Aristóteles, mas não dizer e não fazer nada também pode gerar críticas.) Diferentemente das situações avaliativas – em que as pessoas estão em modo de preparação e *antecipam* a possibilidade de uma avaliação positiva ou negativa –, com o gatilho do feedback crítico, as pessoas de fato recebem algum tipo de avaliação rigorosa. Se o mindset fixo é acionado pelo feedback crítico, tendemos a reagir na defensiva quando ele chega, desconsiderando a validade da avaliação, o conhecimento ou a capacidade da pessoa que a oferece, ou deixando de enxergar ou de processar a crítica.

Pelas lentes do mindset fixo, vemos o feedback como um veredito sobre sermos bons ou ruins no trabalho ou em uma habilidade ou tarefa específica – ou, na ponta mais extrema, sermos pessoas boas ou ruins.[2] Nossa atenção se estreita e nos fechamos em nós mesmos, acreditando que a crítica é sobre nós como pessoa, e não sobre nosso trabalho ou comportamento. Quando nos concentramos demais em nós mesmos, perdemos as oportunidades que o feedback tende a oferecer: em vez de enxergarmos uma possibilidade, enxergamos um veredito. Nosso mindset fixo nos diz que as pessoas têm ou não habilidades naturais. É por isso que o chamado feedback negativo pode ser particularmente ameaçador. Nós o ouvimos e pensamos: "Acho que não sou bom nisso", e acreditamos que não temos recursos para melhorar.

Outras vezes, o feedback crítico pode nos impelir ao mindset de crescimento. Através dessas lentes, experimentamos o feedback crítico como uma oportunidade que fornece insights sobre os pontos em que nosso trabalho ou nossa abordagem poderia ser aprimorado – informações essenciais se quisermos fortalecer o trabalho ou expandir as competências. A crítica construtiva tem o potencial de nos ajudar a avaliar em que ponto estamos para traçar uma rota até onde queremos chegar. Quando partimos do mindset de crescimento, entendemos o feedback crítico como uma oportunidade de aprender e crescer, e também podemos nos sentir irritados ou frustrados quando os outros se esquivam de fornecê-lo ou quando o feedback que oferecem é vago ou não é útil.

Quando recebemos feedback crítico pela primeira vez, é comum nossa voz interna declarar: "Ui, essa doeu!" Lembre-se de que, quando a cofundadora e CEO da Barre3, Sadie Lincoln, recebeu um feedback devastador por meio daquela pesquisa anônima com funcionários, seu mindset de crescimento não foi imediatamente acionado. Quando os resultados apontaram para ela como a fonte dos problemas da empresa, Lincoln disse: "Fiquei bastante abalada." Sua reação imediata foi se colocar na defensiva. Em conversas com ela mesma e com alguns confidentes, considerou as críticas injustas, criticou os críticos e até pensou em vender a empresa.

Assim que a dor da alfinetada começou a passar, Lincoln recorreu a um círculo de pares – todos fundadores de empresas – em busca de conselhos. Depois de acalmá-la, o grupo a ajudou a ativar o mindset de crescimento. Antes de detalharmos como, vamos nos concentrar em um passo simples, mas fundamental, que Lincoln deu e que lhe permitiu passar da dor inicial à disposição de ouvir e aceitar o feedback que era válido: ela fez uma pausa e, durante esse período de recolhimento, foi capaz de neutralizar as emoções.[3]

A menos que viva sempre sob a razão e a lógica, você já sabe que existe uma teoria clássica segundo a qual as emoções são incontroláveis: algo acontece conosco, sentimos uma emoção, e esse pulsar estimula uma resposta corporal. Pulamos e vibramos, choramos, ligamos para um amigo em busca de empatia, conforme a necessidade. A neurocientista Lisa Feldman Barrett afirma que os dados contam uma história diferente: não reagimos às emoções, nós as criamos. Quando o cérebro recebe informações sensoriais, executa uma série de simulações para tentar responder à pergunta: "Com que esse novo estímulo sensorial mais se parece?" Na *teoria da emoção construída*, de Feldman Barrett, o cérebro usa o que ela chama de conceitos de emoção com base em experiências passadas, na criação e na cultura para guiar nossas ações e dar significado às sensações. O cérebro executa uma busca em seu banco de dados histórico e, quando faz a correspondência das sensações que estamos experimentando com um conceito de emoção que existe em seu arquivo, constrói essa emoção. Tudo isso acontece tão depressa que *parece* automático, quando, na realidade, o cérebro é muito rápido e excelente em utilizar esse sistema de correspondência e previsão. Às vezes, porém, a correspondência resultante não descreve com exatidão a experiência. Quando sentimos o coração acelerado e a palma das mãos suada, o cérebro pode rapidamente disparar uma resposta de medo. Mas não estamos de fato apavorados porque estamos prestes a fazer uma grande apresentação aos nossos colegas, estamos entusiasmados. Felizmente, com alguma conscientização, podemos corrigir esses erros. Em outras palavras, contamos com muito mais opções do que imaginávamos sobre como nos sentimos. Nessa lacuna entre o estímulo e a resposta, temos a oportunidade de ativar de modo consciente nosso mindset de crescimento.[4]

Outro fator que ajudou na virada de mindset de Lincoln foi acalmar sua postura defensiva para que o cérebro lógico pudesse atuar.[5] (Como mostram as pesquisas, o cérebro tem mais dificuldade em ouvir feedback negativo quando reações de autoproteção estão envolvidas.)[6] O que aconteceu foi que uma pessoa de seu grupo de pares tinha conhecimento em pesquisa e encorajou Lincoln a não ignorar o feedback, mas a se aprofundar nele. "Ela me ajudou a processá-lo a partir da perspectiva dos dados e a expressar as emoções", diz Lincoln. Ao se distanciar para analisar o feedback, excluíram "as coisas que não eram produtivas" – sobretudo comentários pessoais inúteis sobre Lincoln. Em seguida, elas se concentraram nos insights profissionais que Lincoln tivera dificuldade de perceber. Por fim, outra pessoa do grupo compartilhou sua experiência de ter aprendido e crescido ao receber um feedback crítico rigoroso. "A combinação desses dois fatores me transformou", reflete Lincoln.

Especialmente quando está em desacordo com nossas expectativas, o feedback crítico pode ser doloroso de início. Esse desconforto é algo que a maioria de nós experimenta, seja qual for a posição de referência do mindset. No entanto, podemos exacerbar essa dor quando nos ancoramos no mindset fixo e deixamos que ele ameace nossa identidade como pessoa capaz e competente. Como observa Lincoln, antes da pesquisa com os funcionários da Barre3, "Eu me identificava muito com a ideia de ser uma líder querida cujo valor estava associado a ser bem-sucedida". Quando o feedback crítico lhe mostrou que sua autoavaliação estava em desacordo com a forma como os outros a viam, ela se sentiu magoada e chateada.[7]

Quando estamos no mindset fixo, nossa autoestima deriva de estar no topo (em vez de estar em se desenvolver e aprender). O feedback que diz o contrário pode nos desorientar, como se ficássemos sem chão. Em resposta, nos tornamos como o frágil Frankie Merman da série *Seinfeld* que, ao ser confrontado com feedback crítico, corria para a floresta e se escondia em um buraco;[8] ou como o coronel Nathan Jessup de Jack Nicholson em *Questão de honra*, explodindo de indignação quando suas táticas eram questionadas.[9] No mundo do trabalho, isso pode se traduzir em descartar o feedback crítico (ou aqueles que o fornecem) e até mesmo desencorajar a prática de dar e receber feedback. Também pode se manifestar na forma de um recuo em atribuições difíceis ou de grande visibilidade que, embora um pouco mais arriscadas, poderiam proporcionar oportunidades de crescimento. Quando estamos no mindset fixo, tendemos a nos esconder ou a agir com cautela para evitar o feedback negativo que talvez resultasse do enfrentamento de um desafio. A melhor atitude a tomar, porém, é reagir como Sadie Lincoln e passar do desconforto inicial para uma posição em que priorizamos o crescimento.

A criança da mochila (e o adulto também)

Anteriormente, descrevi a criança que diz "Eu sei!" para tudo porque não está disposta a receber conselhos ou instruções por medo de ser considerada incompetente ou incapaz. Se a criança "Eu sei!" tem um equivalente no feedback crítico, é a criança da mochila.

Em nosso instituto de verão para professores, ilustramos a resposta de mindset fixo ao feedback crítico com um exemplo muito comum que os professores reconhecem: o aluno que recebe uma avaliação, olha para a nota e enfia a folha de papel no fundo da mochila. Se houver um momento de correção da avaliação, em que o professor e os alunos revisam a prova com as soluções e as estratégias que poderiam ter sido empregadas, a criança da mochila se desliga da atividade. (É claro que esse tipo de comportamento pode não ser apenas o resultado do mindset. Um aluno que recebe uma nota baixa pode ter esse tipo de comportamento porque sabe que um desempenho ruim significará um tratamento severo em casa. Aqui, quando estou discutindo indutores de mindset individual, estou descrevendo o comportamento e as crenças que um indivíduo mantém sobre sua performance.)

Vemos uma resposta semelhante no local de trabalho quando os funcionários que recebem feedback de um gestor, como uma avaliação 360° anual ou trimestral, verificam sua pontuação final (e talvez se receberão um aumento) e depois fecham o documento ou o guardam em uma gaveta, em vez de ler e refletir sobre o conteúdo do feedback em si. E isso pode acontecer quer recebamos conceitos altos ou baixos. Quando estamos em nosso mindset fixo, a única pergunta que fazemos é: sou bom o bastante ou não? Se o feedback indicar que poderíamos melhorar em uma ou mais áreas – como esperaríamos que acontecesse, caso o gestor estivesse operando com base em seu mindset de crescimento –, é possível entrarmos em modo defensivo. Podemos nos associar a colegas que sabemos ter desempenho inferior, desqualificar o gestor (*Ele não sabe o que estou realmente fazendo*) ou dar outras desculpas (*Estou em uma equipe fraca*). De um jeito ou de outro, perde-se a oportunidade de aprender.

Antes de analisarmos como migrar para o mindset de crescimento quando somos avaliados pelos outros (ou como encorajar os funcionários avaliados a fazê-lo), vamos explorar como o mindset influencia nossa vontade e nossa capacidade de receber, interpretar e aproveitar o feedback crítico.

COMO O MINDSET INFLUENCIA A MANEIRA PELA QUAL FILTRAMOS O FEEDBACK

Você quer ser *melhor ou* se sentir *melhor*? Essa é a questão com que somos confrontados quando recebemos um feedback crítico. No cerne dela está a autoestima.

Quando o feedback está em contradição com a forma como nos vemos, qual é o fator que determina se vamos encarar o problema por meio de uma ação direta ou se ficaremos na defensiva? Para responder a essa pergunta, meu amigo da pós-graduação David Nussbaum e Carol Dweck realizaram uma série de pesquisas.[10] Em cada uma, estudantes universitários foram divididos em dois grupos e induzidos a um mindset fixo ou de crescimento após ler um pequeno artigo de conteúdo científico. O texto proclamava que "as pesquisas atuais mostram que quase toda a inteligência de uma pessoa é herdada ou determinada em uma idade muito jovem" – uma visão de mindset fixo –, ao passo que outro artigo afirmava que "pesquisas atuais mostram que a inteligência pode aumentar substancialmente" – uma perspectiva de mindset de crescimento. Em seguida, para desafiar a autoestima dos participantes, os pesquisadores deram a eles apenas quatro minutos para ler um trecho denso, longo e bastante confuso de *A interpretação dos sonhos*, de Freud. Os participantes, então, responderam a um questionário de compreensão da leitura com oito perguntas.

Depois de supostamente avaliar o questionário, os pesquisadores disseram aos participantes que o desempenho deles os colocara no trigésimo sétimo percentil dos estudantes da universidade – uma pontuação que esperavam que fosse abalar e desanimar os participantes. Neste ponto do estudo, os universitários eram apresentados ao parâmetro crítico: enquanto se preparavam para passar por um desafio de leitura dinâmica, recebiam uma lista com as pontuações de oito participantes anteriores do estudo, variando do décimo quarto ao nonagésimo oitavo percentil, e eram informados de que poderiam clicar nos participantes anteriores para ver as estratégias que haviam empregado quando concluíram a mesma tarefa. Os universitários que tinham adotado o mindset fixo tendiam a reagir defensivamente, optando por rever estratégias de participantes anteriores que haviam tido um desempenho *pior* que o deles. Isso fazia com que se sentissem melhor com eles mesmos naquele momento (*Caramba! Veja só o que aquele cara fez de errado*), mas não lhes dava nenhuma ideia de como melhorar na rodada seguinte. No entanto, quase todos aqueles que tinham adotado o mindset de crescimento optavam por ver as estratégias daqueles que haviam se saído *melhor* que eles, colocando-se em uma posição de aprender estratégias novas ou diferentes antes do próximo teste.

A pesquisa de Nussbaum e Dweck estudou o comportamento consciente diante de um feedback negativo explícito. No entanto, a neurociência indica que, ao incorporar o mindset fixo, as pessoas podem nem se dar conta do feedback crítico.[11] Por meio de um exame de eletroencefalografia (EEG), pesquisadores avaliaram a atividade cerebral entre grupos de estudantes quando tinham que responder perguntas. Um estudo pedia aos universitários que completassem uma tarefa de conhecimentos gerais (respondendo a questões do tipo: "Qual é a capital da Austrália?"). Após cada pergunta, os pesquisadores mostravam se a resposta estava correta ou incorreta. Se estivesse incorreta, mostravam aquela que seria a correta. Ao dividir o feedback em duas partes, os estudiosos podiam monitorar o que aconteceu no cérebro dos participantes quando receberam pela primeira vez uma indicação geral de desempenho e, em seguida, o que aconteceu quando lhes foi fornecida uma oportunidade de aprendizagem/correção.

Independentemente das posições de referência do mindset dos participantes, os exames mostraram que todos eles tiveram uma atividade cerebral semelhante quando visualizaram de início o feedback de desempenho: a sensação de errar foi ruim para todos. No entanto, quando receberam o feedback corretivo, os participantes com mindset de crescimento mostraram muito mais atividade em uma área do cérebro associada à correção de erros. É importante ressaltar que se tratou de uma atividade neural *pré-consciente* – eles não precisavam pensar a respeito, o cérebro estava voltado para o crescimento. Depois, os participantes com mindset de crescimento tiveram um desempenho melhor em um reteste surpresa do material. Estudos adicionais apoiam a teoria de que, no mindset de crescimento, o cérebro *automaticamente* lida com nossos erros e procura maneiras de corrigi-los, facilitando respostas melhores no futuro. Isso sugere que nossas crenças sobre a fixidez ou a maleabilidade da inteligência podem influenciar o cérebro no sentido de tornar essas crenças uma profecia autorrealizável. A pesquisa também mostra que o mindset tem um impacto significativo na precisão de autoavaliações, especialmente diante do fracasso.

Em uma edição de 2020 de seu podcast *Dare to Lead*, a professora, pesquisadora e autora Brené Brown entrevistou a professora de Harvard e autora Sarah Lewis. Na entrevista, Lewis descreve um espaço que ela chama de *vazio*, que seria a sensação de quando "o feedback que você recebe o força a limpar seu campo de possibilidades e se reimaginar do zero". Brown responde: "Há uma parte de mim que, em meio ao fracasso, se mostra entusiasmada e apaixonada pelo vazio, pela ideia de começar de novo." Brown então propõe que a vergonha é inimiga do vazio. "Você não consegue aproveitar a oportunidade do vazio se estiver se autodepreciando por causa do fracasso."[12]

Lewis concorda, assim como eu, e as pesquisas respaldam a ideia de Brown. Quando sentimos vergonha por causa de um feedback crítico, estamos levando o feedback para o lado pessoal – como uma avaliação de nós mesmos como indivíduos, o que indica estarmos no mindset fixo.[13] Como acabamos de ver, o mindset fixo também pode, em nível neuronal, nos tornar menos capazes de "aproveitar a oportunidade do vazio". É mais difícil nos reimaginarmos e recalibrarmos as autoavaliações se estivermos focados em nossa falta inerente de capacidade ou valor – ou em refutar ou desacreditar o feedback.

Apresentamos também esse tipo de reação em situações interpessoais e sociais. Se formos confrontados com a acusação de ter dito ou feito algo racista, nosso mindset fixo assume o controle com demasiada facilidade. Nossa resposta imediata é defensiva, como oferecer desculpas para tal comportamento – *Não foi minha intenção* ou *Não foi isso que eu quis dizer*. Essas acusações são ainda uma forma de feedback crítico. Quando alguém aponta um comportamento questionável ou inaceitável, nos sentimos uma pessoa má no mindset fixo. E pesquisas mostram que tendemos a atacar, rotulando quem destacou nosso comportamento como alguém muito sensível ou criador de caso, mesmo que pudesse estar tentando nos ajudar.

Infelizmente, em nosso mindset fixo, tendemos a desacreditar o feedback em vez de tentar aprender com ele. Algumas das pesquisas que realizei com minhas colaboradoras Aneeta Rattan, Katie Kroeper, Rachel Arnett e Xanni Brown mostram que, em nosso mindset de crescimento, ficamos menos na defensiva em resposta até mesmo a esse tipo de feedback crítico. E o que é mais importante: nos mostramos mais dispostos a acreditar que enfrentar o racismo (o sexismo, etc.) é uma forma viável de ajudar os outros a melhorar.[14]

Se, como Brown, temos o mindset de crescimento acionado pelo feedback crítico, as informações sobre onde falhamos e como poderíamos fazer melhor são mais relevantes para nós.[15] Pesquisas apontam que essa relevância ampliada nos torna mais capazes de filtrar a qualidade do feedback que recebemos a fim de determinar o que é importante e útil para o nosso crescimento e o que podemos descartar – refletindo o processo que Sadie Lincoln conduziu ao analisar o feedback dos funcionários com seu grupo de pares.

Quando estamos no mindset de crescimento, o aprendizado e o desenvolvimento são prioridades, por isso estamos sempre atentando para o ponto onde nos encontramos e recalibrando nossas percepções e expectativas, ajustando a autoconsciência nessas áreas. Somos capazes de nos engajar em um processo de discernimento mais sutil ao depararmos com um feedback crítico do que quando estamos no mindset fixo. Se recebermos feedback que não corresponde ao ponto em que acreditamos estar, nos tornamos mais bem equipados para avaliar sua utilidade.[16]

O efeito Dunning-Kruger é um tipo de viés cognitivo no qual tendemos a superestimar nosso conhecimento ou nossas habilidades em determinadas áreas. O conceito vem de pesquisas nas quais os psicólogos sociais David Dunning e Justin Kruger testaram os participantes em uma variedade de fatores, incluindo lógica e senso de humor. Como se apurou, muitos dos que tiveram o pior desempenho julgavam-se detentores de competências acima da média. Os pesquisadores concluíram que essas lacunas na autoconsciência são o resultado de um *duplo fardo*: a nossa capacidade inferior nos impede de perceber que temos menos capacidade. É difícil saber o que não sabemos.[17]

Em trabalhos subsequentes, Joyce Ehrlinger, juntamente com Ainsley Mitchum e Carol Dweck, analisou como o mindset influencia a tendência de sermos vítimas do viés "melhor que a média" do efeito Dunning-Kruger. Seus estudos mostraram que aqueles que tendem a operar no mindset de crescimento têm mais probabilidade de oferecer autoavaliações mais bem calibradas e precisas – porque estão motivados a melhorar. E para progredir, primeiro você precisa saber em que ponto está. Assim, as pessoas que operam com base no mindset de crescimento tendem a se engajar em mais autoavaliações (e não menos) a fim de determinar em que ponto estão em sua própria trajetória e o que precisam fazer para seguir avançando.[18] No mindset fixo, como não temos uma percepção plena e precisa de nossos erros e tropeços, não estamos tão bem calibrados e acabamos com um grau menos preciso de autoconsciência. Assumimos as tarefas fáceis, nos destacamos nelas e, no final, acabamos tendo um conceito mais elevado de nossas competências. Se as tarefas se tornarem mais desafiadoras, é provável que tropecemos no gatilho do alto esforço ou no gatilho do feedback crítico, ou em ambos.

Alguns de nós são tão cronicamente orientados para o crescimento que alternamos logo para o modo de aprendizagem, como Brené Brown exemplificou quando disse que parte dela ficava entusiasmada com a perspectiva de uma tela vazia apagada por um fracasso.[19] No entanto, muitos (talvez a maioria) de nós experimentamos pelo menos uma perda inicial quando recebemos uma avaliação menos que excelente. E essa reação pode, é claro, ser amplificada pela linguagem em que o feedback é dado ou pela maneira como é passado. Adiante, descreverei estratégias para fornecer feedback útil que estimule as pessoas em direção ao mindset de crescimento. Mas, primeiro, vamos ver como podemos migrar para o mindset de crescimento quando recebemos feedback e como filtrar o feedback para obter o máximo de aprendizado e desenvolvimento.

RECEBENDO FEEDBACK: COMO PASSAR DO MINDSET FIXO PARA O DE CRESCIMENTO

Primeira bailarina negra a ser promovida a dançarina principal nos 75 anos de história do American Ballet Theatre, Misty Copeland está acostumada a receber críticas – algumas delas produtivas e úteis, outras decididamente não.[20] Quando um bailarino está se preparando para um número, o feedback crítico é detalhado e contínuo. No entanto, embora esse feedback seja essencial para o aperfeiçoamento, o corpo e a sensibilidade de cada bailarino são diferentes, e, até certo ponto, cabe a eles discernir o que os ajudará a crescer como bailarinos e o que poderá levar a uma lesão que acabará com sua carreira – uma distinção difícil. Em entrevista ao theSkimm, Copeland disse que aprender a filtrar o feedback crítico tem sido uma ferramenta essencial para o sucesso. "Meu corpo reagia antes da minha mente ao que eu sabia ser certo para ele", conta Copeland. "Aprender a ouvir o meu corpo me permitiu filtrar respeitosamente o que absorvo." Isso demonstra um grau elevado de autoconsciência física e mental.

Copeland tem recebido outro tipo de feedback: críticas focadas em seu tipo de corpo e cor de pele. Como ela revela, comentários frequentes de que ela não tem corpo de bailarina ou que é muito musculosa são "mensagens em código que os bailarinos negros ouvem desde sempre". É uma maneira aceitável de dizer: "Você não tem a cor de pele certa para o balé." Por algum tempo, esse feedback quase a tirou dos trilhos. Ela desenvolveu hábitos alimentares pouco saudáveis e questionava se de fato tinha o que era necessário para atingir seus objetivos de se tornar uma dançarina de alto nível.[21] (Como observa a historiadora cultural e autora Brenda Dixon-Gottschild, no balé há um foco na assimilação e na uniformidade que trabalha contra as bailarinas negras. Como descreverei com mais detalhes a seguir, a crítica baseada na identidade, ou a percepção dessa crítica, pode agir como um poderoso gatilho de mindset.)[22]

Copeland diz ter aprendido que, embora seja essencial ouvir o que os outros têm a dizer, é igualmente importante "não se perder nas palavras alheias".[23] Em alguns casos, ela confronta as críticas racistas, posicionando-se em entrevistas e repostando alguns dos comentários negativos em seus perfis nas redes sociais. Em uma postagem ridicularizando sua atuação em *O lago dos cisnes*, Copeland observou elementos racistas e teve o cuidado de reconhecer pontos potencialmente válidos (embora subjetivos) relacionados à sua dança: "Estou feliz que isso tenha sido compartilhado porque sempre estarei me aperfeiçoando e nunca vou parar de aprender."[24]

Em um relato sobre as críticas que recebia na faculdade de design, a premiada designer e autora Jessica Hische diz: "Na faculdade, vinte pessoas demonstram felicidade ao esculhambar o dia todo o seu trabalho." Quando questionada sobre por que não se sentia ofendida com as críticas, Hische explica que quase sempre foi capaz de "ver a desaprovação como um pacote completo, pensando na pessoa que a faz assim como no julgamento em si". Se um colega que estava avaliando o trabalho de Hische não tentava executar as mesmas abordagens ou técnicas pelas quais a estava criticando, ela dava menos peso ao feedback dele. Enfatizava o feedback de professores que tinham um padrão elevado e que demonstravam, por meio de suas carreiras, que de fato conheciam o ofício.[25] Em outras palavras, levava em conta a fonte para além daquilo que é falado.

Vamos começar analisando o que pensamos de avaliações críticas e elogios. Em vez de descrever o feedback como "bom/ruim" ou "positivo/negativo", quando estamos no mindset de crescimento caracterizamos o feedback por sua utilidade em nos ajudar a melhorar ou nos desenvolver. No mindset fixo, o comentário "Este relatório é uma droga" é classificado como negativo, ao passo que "Este relatório é ótimo" é visto como positivo. No entanto, do ponto de vista do mindset de crescimento, nenhuma dessas avaliações simplificadas é satisfatória. Quando o objetivo principal é o aprendizado e o desenvolvimento, o valor do feedback que recebemos está mais relacionado à utilidade dele – e o feedback crítico tende a ser mais útil que um vazio tapinha nas costas.

As críticas e os elogios que contribuem para o crescimento e o desenvolvimento são *específicos* e têm valor *prático*. Caso contrário, não há como avançar. No exemplo anterior, o feedback contém informações – de que o relatório atingiu ou não o objetivo –, mas em nenhum dos casos a informação pode se transformar em ação. Dizer "Este relatório é uma droga" não oferece pistas para corrigir um trabalho de qualidade inferior. Dizer "Este relatório é ótimo" não explica como repetir ou mesmo incrementar o sucesso na próxima vez.

Quando o feedback crítico nos leva ao mindset fixo, ficamos concentrados em nós mesmos e vemos a avaliação como um julgamento de quem somos. Quando nos orientamos pelo crescimento, em vez de nos fixarmos em nós mesmos, a atenção se volta para objetivos mais amplos e para a rota que nos levará até eles. Em vez de pensar "Não me saí bem – sou um fracasso", nossa reação é: "Não me saí bem – o que preciso fazer de diferente para ter êxito da próxima vez?"[26]

John Mackey, ex-CEO da Whole Foods Market, escreve em *Liderança consciente* que a empresa se dedica à "evolução constante da equipe", algo que ele considera crucial para o sucesso de cada integrante em ser promovido internamente. Parte desse esforço para proporcionar desenvolvimento contínuo é o programa de "reciclagem" da empresa, que identifica líderes que foram promovidos cedo demais e, em vez de demiti-los, faz com que retrocedam ao ponto em que eram bem-sucedidos. Em seguida, fornece a eles orientação detalhada e suporte para se saírem melhor da próxima vez.[27]

Mark Dixon já passou pela reciclagem: em 1988, foi promovido a líder da equipe de uma loja em Dallas. Como observa Mackey, a loja era uma dor de cabeça para a empresa porque se localizava em uma região com pouquíssima conscientização sobre alimentos naturais ou orgânicos, e Dixon teve problemas desde o início. Após dois anos, o volume de vendas estava baixo e o moral da equipe da loja só diminuía. Mackey e seus colegas tomaram a decisão de nomear um novo líder para a loja, mas, em vez de demitir Dixon, rebaixaram-no ao cargo anterior e forneceram apoio, incluindo treinamento adicional de liderança, para ajudá-lo a crescer nas áreas em que não havia sido bem-sucedido. Mais tarde, Dixon liderou com êxito três outras lojas, foi promovido a vice-presidente regional e depois chefiou toda a região sudoeste por mais de uma década. Quando se aposentou, em 2020, Dixon entrou para o Hall da Fama da Whole Foods.

Sem dúvida, o feedback crítico pode nos tornar vulneráveis. É improvável que Dixon tenha recebido a notícia de seu rebaixamento com entusiasmo, mas, quando a liderança da Whole Foods trabalhou com ele para identificar uma forma de avançar, ele conseguiu acionar o mindset de crescimento para assumir o desafio. Em breve, aprenderemos algumas táticas específicas que podemos empregar para nos abrirmos às oportunidades que o feedback tem a oferecer. Primeiro, vejamos algumas armadilhas potenciais para quem dá feedback e como evitá-las.

FEEDBACK DE VALOR: O QUE FAZER PARA NÃO ACIONAR O MINDSET FIXO DOS OUTROS

A forma como damos feedback pode influenciar as pessoas a adotar um mindset fixo ou de crescimento. Ajudar a impulsionar alguém em direção ao crescimento começa pela ativação de nosso próprio mindset de crescimento *antes* de iniciarmos o processo de avaliação. Se tendemos a ter o mindset fixo ativado por situações de feedback, sentiremos dificuldade em fornecer aos outros um feedback voltado para o crescimento. A mudança de mindset tem início pelo modo como pensamos sobre os objetivos do feedback. Pensamos nele como uma condenação ou como uma oportunidade? Vemos a tarefa de dar feedback e avaliar o trabalho como o lado ruim da gestão de pessoas ou como um componente essencial para estimular o desenvolvimento delas? Uma vez acertado nosso mindset em relação ao feedback crítico, estaremos mais aptos a fornecer um feedback voltado para o crescimento de outros profissionais.

Assim como o feedback não ajuda se for vago, não será útil se focar talentos inatos ("Você é um gênio."). A maioria de nós gosta de receber tapinhas nas costas, mas, às vezes, **elogios pouco específicos, que não estão vinculados ao nosso trabalho e ao nosso comportamento, podem acionar nosso mindset fixo, levando-nos a adotar no futuro atitudes mais conservadoras e avessas ao risco.**

Imagine o seguinte cenário: você passa semanas preparando uma apresentação e, depois de finalmente concretizá-la, seu chefe diz "Bom trabalho!" e se dirige à próxima reunião. De início, a sensação é ótima, mas, à medida que o elogio se esvai, você se pergunta: "Do que ele gostou? E como faço isso de novo?" Você sabe que *algo* funcionou, mas, sem uma visão clara sobre o quê, quando chegar a hora de preparar a próxima apresentação é provável que procure repetir cegamente a fórmula do sucesso anterior, por medo de perder o status de "grande palestrante" – sem saber qual é essa fórmula de fato. É improvável também que você tente desenvolver o que funcionou (como poderia, sem saber o que foi?) ou inovar ainda mais.

Agora imagine uma outra cena em que seu chefe diga: "Ótima apresentação! Foi concisa, a história que você compartilhou relacionada ao setor foi impactante, e os dados que citou de forma clara e poderosa embasaram suas considerações. Da próxima vez, eu gostaria que você oferecesse uma ou duas soluções potenciais, mesmo que pareçam ousadas demais. Se reservar mais tempo para perguntas e respostas, poderemos discutir as ideias." Agora, além de você saber o que funcionou e se sentir bem com os elogios, ouviu algumas dicas sobre como tornar sua próxima apresentação ainda melhor. Ficou claro que seu chefe se dedica ao seu desenvolvimento; ele acolhe suas ideias, e a conclusão subentendida é que você tem um futuro nessa empresa, o que contribui para sua segurança psicológica.

O ideal é que o feedback crítico seja contínuo em vez de se limitar a uma única avaliação anual ditada pelo RH. Quando normalizam o feedback como uma parte rotineira e esperada das interações, os gestores diminuem a probabilidade de os funcionários temerem que uma bomba seja jogada em cima deles toda vez que o chefe os chamar para conversar; em vez disso, os funcionários se acostumam a receber sempre insights destinados a guiar seu crescimento. No exemplo anterior, o chefe ofereceu incentivo e orientação para que o colaborador mirasse alto ao propor possíveis soluções. Isso contribui ainda mais para a segurança psicológica, porque transmite apoio para ir além e para correr riscos.

Ao oferecer feedback crítico voltado ao crescimento visando ações corretivas (o chamado feedback "negativo"), queremos direcioná-lo para aquilo que as pessoas precisam melhorar. Queremos fornecer informações e estratégias práticas sobre como elas podem prever e superar dificuldades e alcançar seus objetivos. E queremos nos concentrar em comportamentos, escolhas e processos que os funcionários possam controlar. Por outro lado, o feedback de mindset fixo inclui o foco em talentos ou habilidades inatas (*Tudo bem, talvez este não seja um de seus pontos fortes*) ou em situações externas fora de seu controle (como criticar dados em uma apresentação fornecida por outra divisão), o que pode fazer com que as pessoas se sintam impotentes.

Quando se trata de fazer elogios (ou dar feedback "positivo") para direcionar as pessoas ao mindset de crescimento, destaque o esforço efetivo, o processo que usaram e a persistência, em vez de quão inteligentes ou talentosas elas são ou como o desempenho pareceu fácil, coisas que empurram os indivíduos para o mindset fixo. O elogio voltado para o crescimento é específico sobre o que as pessoas estão fazendo com excelência, para que o destinatário não fique com a sensação de que seu trabalho foi bem-sucedido graças a algum processo mágico e místico que pode ter dificuldade em recriar.

FEEDBACK CRÍTICO NO ESPECTRO DO MINDSET

FIXO	DE CRESCIMENTO
• Vago	• Específico e direcionado
• Concentração em talentos ou habilidades inatas ou em situações externas fora do controle das pessoas	• Concentração em comportamentos, escolhas e processos que as pessoas podem controlar
• Elogio à inteligência e à perfeição	• Elogio ao esforço efetivo, ao processo e à persistência

Quando esquematizamos esses elementos do feedback voltado para o crescimento, eles parecem relativamente simples e, com alguns exemplos e prática, fáceis de entender. No entanto, há outra camada do feedback que pode ser bem mais desafiadora: os vieses. Eles podem ser de gênero ou invocar ameaças de estereótipo e, como raramente são intencionais, tendem a ser bastante difíceis de detectar em muitos casos, a menos que você saiba o que está procurando.

Um exemplo de feedback associado a vieses não intencionais surgiu durante minha reunião com a equipe do Facebook (agora Meta). (Quero deixar claro que não estou implicando com a Meta – como você está prestes a ver, os vieses aparecem em todos os lugares, e os funcionários de lá reconheceram que esse tipo de feedback era problemático, embora comum; daí o desejo de trabalhar nisso.) Agora que já instruí você, veja se consegue identificar o viés inconsciente neste feedback: "Percebi que você não está participando muito das reuniões. Adoraria que você encontrasse a sua voz."

Isso não é tão ruim, certo? O gestor quer que o profissional se manifeste; deve valorizar o que tem a dizer. E, no entanto, se eu lhe pedisse para adivinhar o gênero dos funcionários a quem esse feedback foi fornecido com mais frequência, o que você diria? Associaria a expressão "encontre a sua voz" a um gênero mais que a outros?

Há muitas razões pelas quais alguém pode não falar numa reunião. As pessoas podem estar mais focadas em ouvir e coletar informações e ter ideias a sugerir posteriormente. Talvez não haja espaço para se manifestar e não sejam pessoas dispostas a interromper ou atropelar outras para ser ouvidas. Além disso, há o conhecido "duplo vínculo" que alguns grupos enfrentam nos ambientes de trabalho: ser muito calado ou muito gentil significa que você não é assertivo o suficiente – não tem perfil de liderança –, mas ser assertivo pode ser interpretado como não se dar bem com os outros. A suposição de que alguém fica quieto durante uma reunião porque não tem confiança para se manifestar é normalmente aplicada às mulheres, como foi neste exemplo. Quando encorajamos uma mulher a "encontrar a sua voz", evocamos estereótipos sobre a iniciativa e a assertividade femininas. (É lógico que pessoas de qualquer gênero podem não ter confiança para se pronunciar, mas, como descreverei mais tarde, as razões delas podem se tornar evidentes numa *conversa de feedback* que leve em conta fatores estruturais e normas.)

Mais uma vez, como gestores, quando estamos no mindset fixo ao avaliar os outros, é provável que isso influencie a forma como damos feedback e *se* o oferecemos de fato. Podemos optar por fornecer feedback apenas aos funcionários com os melhores desempenhos e ignorar quase todo o restante. Ou talvez não saibamos como oferecer feedback produtivo e, em vez de buscar instrução, evitamos a situação. Isso pode ser particularmente frustrante para funcionários com mindset de crescimento, que consideram o feedback essencial para o aprendizado e o desenvolvimento. Não fornecer feedback pode ser contraproducente, fazendo com que esses profissionais se sintam ameaçados, invisíveis e desacreditados em suas habilidades para progredir. Na melhor das hipóteses, os funcionários com mindset de crescimento irão pressionar você por feedback, buscar feedback de outros gestores ou colegas, ou até mesmo tentar mudar de equipe. Na pior, eles podem ficar desmotivados ou sair da empresa.

O viés – ou, mais precisamente, o medo de ser visto pelos outros como parcial – é outra razão pela qual alguns gestores se recusam a dar feedback. Claude Steele fornece um exemplo instrutivo desse tipo de situação. Uma professora do ensino fundamental está realizando reuniões de pais e professores. Dois pais chegam sorridentes e prontos para ouvir sobre o filho. A professora, sra. Williams, faz elogios detalhados, enumerando as áreas em que ele está se saindo bem: é participativo, parece ter um bom relacionamento com os colegas, é querido. No entanto, ela está relutante em compartilhar suas preocupações sobre o atraso no progresso acadêmico do garoto. Neste cenário, o aluno em questão é negro, e a sra. Williams é branca. Ela está bem ciente dos estereótipos culturais negativos predominantes na sociedade americana sobre os negros e a inteligência, e receia que, ao levantar suas preocupações sobre as dificuldades acadêmicas do menino, seja vista como uma pessoa que reforça esses estereótipos. Em outras palavras, tem medo de que os pais pensem que ela é racista. No entanto, se negar esse feedback aos pais do menino e, talvez mais importante, ao próprio menino, ele perderá a oportunidade de melhorar.[28]

No local de trabalho, mulheres, pessoas não brancas e, especialmente, mulheres não brancas são mais propensas a experimentar certas formas de feedback distorcido por parte de gestores, temerosos de parecer racistas, sexistas, ou ambas as coisas. Mulheres em cargos de liderança podem não passar feedback corretivo por medo de ser vistas como "megeras", confirmando assim os estereótipos negativos sobre lideranças femininas.

O feedback, porém, é uma ferramenta essencial para a autoconsciência e para monitorar com precisão o progresso que estamos fazendo em direção aos nossos objetivos. Anteriormente, me referi ao trabalho de Joyce Ehrlinger sobre autopercepção precisa.[29] Sua pesquisa revelou que avaliações imprecisas de nossas habilidades podem variar de acordo com o grupo, porque os líderes distribuem feedback crítico de forma diferenciada. Se tudo o que você recebe são comentários superficiais como "Bom trabalho", porque seu chefe está preocupado em ser julgado racista ou sexista, você tende a acreditar que não há nenhum fundamento em que pode melhorar. Assim, pessoas de grupos sub-representados podem ter autopercepções mais imprecisas quando seu supervisor está preocupado em ser visto pelas lentes desses estereótipos culturais.

Steele e seus colegas Geoff Cohen e Lee Ross usam o termo *dilema do mentor* para descrever situações em que profissionais de grupos majoritários – em geral homens brancos – que ocupam cargos de mentoria de nível superior ou papéis de supervisão deparam com a questão: *Ofereço feedback crítico que vai ajudar alguém a crescer e a se desenvolver e corro o risco de acharem que estou fazendo essa avaliação porque sou racista ou sexista, ou me abstenho do feedback e diminuo a chance de sucesso da pessoa?* Felizmente, a pesquisa mostra que existem maneiras bem simples, porém efetivas, de resolver o dilema do mentor.[30]

O *feedback sensato* descreve uma série de estratégias que está em sintonia com a forma como as pessoas se veem e dão sentido ao mundo ao seu redor.[31] Especificamente, as intervenções sensatas atendem três necessidades: a de compreender o mundo social para que possamos tomar decisões adequadas sobre nosso comportamento; a de nos definirmos como pessoas íntegras (uma combinação entre ser "bom", competente e capaz de se adaptar); e a de pertencimento. O feedback crítico pode ameaçar qualquer uma delas em termos de autopercepção, por isso intervenções sensatas procuram neutralizar alguma ameaça potencial a essas três áreas. Uma intervenção feita com sabedoria tem uma eficácia bastante surpreendente, dada sua simplicidade.

Por meio de pesquisas anteriores, sabemos que uma das razões pelas quais os alunos negros tendem a receber notas mais baixas que seus pares se deve a uma desconfiança no sistema escolar e/ou nos julgamentos estereotipados dos professores. David Yeager e colegas estavam interessados em analisar intervenções que pudessem superar essas percepções e fomentar o sucesso entre os estudantes negros. Eles recrutaram alunos negros e brancos do sétimo ano que estavam obtendo notas B e C e lhes pediram que escrevessem uma redação sobre alguém que consideravam um herói. Quando os alunos receberam feedback sobre as redações, foram distribuídos aleatoriamente em um de dois grupos. Os alunos do grupo *condição padrão* receberam as redações de volta com um bilhete em anexo que dizia: "Estou fazendo estes comentários para que você tenha feedback sobre seu trabalho." Em outras palavras, um comentário que na essência não dizia nada. Os alunos do grupo *condição de crítica sensata* receberam um bilhete que dizia: "Estou fazendo estes comentários porque tenho expectativas muito altas e sei que você pode alcançá-las."

Dos alunos negros no grupo de feedback padrão, 27% optaram por reformular as redações. No grupo de crítica sensata, mais que o dobro dos estudantes negros optou por tentar novamente. Não houve diferença significativa entre os dois grupos de estudantes brancos em termos de quem escolheu refazer as redações: o conteúdo do feedback teve pouco efeito. Por que isso aconteceu? Os autores argumentam que os estudantes negros são céticos em relação ao feedback negativo de suas capacidades intelectuais, dados os estereótipos sociais que as contestam – especialmente quando se trata de um professor branco. Isso faz muito sentido. No mínimo, *a razão pela qual* o professor dá feedback crítico é ambígua. Pode ser porque o aluno precisa de fato melhorar suas habilidades de escrita, pode ser porque o professor acha que os alunos negros têm menos competência. É isso que torna a crítica sensata tão poderosa. O próprio feedback assegura aos alunos negros que o professor acredita em sua capacidade de satisfazer aqueles padrões elevados. Os estudantes brancos não costumam ter as mesmas preocupações: não existe nenhum estereótipo racial que conteste suas capacidades intelectuais. Portanto, eles não precisam enfrentar a mesma ambiguidade; podem interpretar o feedback crítico como um sinal de que precisam melhorar.[32]

Quando recebemos uma avaliação de um chefe, a forma como a aceitamos e o mindset que é acionado em nós podem ser influenciados pelo modo como pensamos que nosso chefe enxerga nossas habilidades – isto é, pelo que pensamos que *eles* pensam de nós, ou, no caso dos estereótipos, das pessoas do nosso grupo identitário. A jornalista Kara Swisher diz que durante anos se censurava no trabalho, monitorando com cuidado o jeito como se apresentava por se preocupar em ser estereotipada por gestores e colegas caso soubessem que ela era lésbica. (Agora Swisher diz que vê preconceitos mais explícitos como indícios de que está ganhando na argumentação, porque seu interlocutor começa a se afastar dos fatos em discussão. "Quando alguém tenta me calar me chamando de mandona ou grossa, é então que vou com tudo.")[33] É importante levar em conta se nosso chefe tem um mindset fixo ou de crescimento em relação às nossas competências, se ele acha que somos capazes de ter um desempenho de alto nível. Se percebermos que o gestor não acredita que podemos dar conta do recado – seja por preconceito ou por algum outro motivo –, teremos menos probabilidade de processar seu feedback com o mindset de crescimento ativado e mais probabilidade de ignorar ou desconsiderar o feedback. No entanto, se o gestor levar nosso ponto de vista em consideração e antes do feedback crítico nos assegurar que a razão pela qual o fornece é porque tem padrões elevados e acredita que podemos alcançá-los, ficamos muito mais inclinados a aceitar o desafio.

Desenvolver relacionamentos genuínos com aqueles a quem damos feedback torna o que temos a dizer mais relevante, sobretudo quando o oferecemos a alguém de um gênero, uma raça ou uma cultura diferentes dos nossos. A crítica ao trabalho de um funcionário que você não conhece verdadeiramente bem não terá o mesmo significado caso você tivesse desenvolvido uma relação de confiança e segurança psicológica com ele. Nesta última circunstância, é muito mais provável que as pessoas levem a sério o feedback e modifiquem suas ações de acordo com ele.

Já analisamos várias armadilhas potenciais ao fornecer feedback, para além de maneiras de fornecer um feedback voltado para o crescimento. Aqui estão mais algumas estratégias concretas que podem ajudá-lo a dar e receber feedback de forma mais efetiva.

FOMENTANDO UM MINDSET DE CRESCIMENTO DIANTE DE FEEDBACKS CRÍTICOS

Ao longo deste capítulo deixamos alguns tesouros escondidos – maneiras adicionais para apoiar um mindset de crescimento em torno do feedback. Aqui, nós as desvendamos, junto com algumas outras.

Normalize o feedback

Uma das formas mais efetivas de impedir que o feedback crítico acione o mindset fixo das pessoas é normalizá-lo. Conforme discuti na Parte Dois, as organizações com culturas de crescimento fortes integram vários caminhos e oportunidades para dar feedback. Na Pixar, os animadores estão acostumados a sessões diárias de feedback, nas quais cada um deles mostra partes das cenas em que está trabalhando e seus colegas fazem críticas detalhadas. O feedback é oferecido de forma ponderada, construtiva e regular. Dessa forma, fica entranhado na mente dos artistas e na de todos os outros que trabalham no filme que o feedback não é pessoal (é apenas a Pixar).[34]

Quando o feedback faz parte da rotina da cultura da empresa ou da equipe, é mais fácil recebê-lo acreditando que é para nos ajudar a progredir. Embora o feedback ainda precise ser específico e ter valor prático, nem sempre precisa ser formal e definitivamente não deve esperar por uma ocasião anual. Fornecer feedback no momento oportuno – como pedir a um funcionário que fique alguns minutos após a reunião – pode ajudá-lo a corrigir o curso mais rapidamente ou a repetir ações positivas mais cedo e de forma mais segura. As oportunidades de aprender e crescer devem ser claras e consistentes, e não apenas ocasionais. Além disso, locais de trabalho e salas de aula psicologicamente seguros incentivam o feedback em todas as direções. Em equipes e organizações com mindset de crescimento, o feedback é bem-vindo de cada uma das fontes, e é visto como uma ferramenta essencial para identificar o que funciona e o que não funciona em todos os níveis.

Contar histórias é outra ferramenta útil para normalizar o feedback. Saber que outras pessoas se recuperaram de críticas duras e conhecer suas estratégias para chegar lá nos mantêm orientados para o aprendizado. Quando Sadie Lincoln pediu conselhos ao seu grupo de pares, uma das mulheres compartilhou sua história ao receber um feedback desfavorável.[35] Podemos ir atrás de histórias de profissionais como forma de reafirmar que um feedback adverso não significa o fim da linha; ao contrário, ele pode apontar para uma via nova e mais efetiva de avançar.

Líderes podem dar o exemplo de como receber feedback. Quando James Park, da Fitbit, obteve uma avaliação desanimadora em uma pesquisa com funcionários, não a ignorou nem revidou com uma resposta agressiva. Ele refletiu de maneira ponderada, elaborou um plano de ação que envolvia os aspectos do feedback que ele acreditava (e que os dados mostravam) estarem corretos e o compartilhou com a equipe.[36] Misty Copeland, ao compartilhar o feedback em espaços públicos, como as redes sociais, estava desafiando a avaliação que considerou tendenciosa.[37]

Tenha uma conversa sobre feedback

Um bom feedback não precisa ser positivo, como expliquei no início do capítulo, mas deve ser claro, específico e com valor prático; caso contrário, os funcionários não terão como progredir. O feedback também deve ser sincero, sem frases decoradas. Se você estiver dando um feedback sensato, não vai querer usar a mesma expressão introdutória todas as vezes, ou sua sinceridade logo ficará sob suspeita. Da mesma forma, tome cuidado com o *sanduíche de feedback*: aquele em que comentários positivos formam o pão de um hambúrguer de crítica. A maioria de nós conhece bem essa tática, e o resultado é que muitos veem os comentários positivos iniciais como um preâmbulo destinado a nos desarmar antes do feedback *verdadeiro* – quando o substrato é ruim.

Uma abordagem efetiva para ser sincero ao fornecer feedback é torná-lo uma conversa em vez de uma apresentação. Os gestores podem perguntar ao funcionário sobre seus objetivos e suas percepções sobre o próprio progresso, com ênfase na compreensão do que contribuiu para êxitos e desafios, incluindo barreiras como estruturas ou políticas institucionais que podem prejudicar de forma desigual alguns funcionários. Isso possibilita insights e contextos dos quais os gestores talvez não estivessem cientes – e os ajuda a ver até que ponto as metas do profissional estão alinhadas com os propósitos da função ou da organização. O gestor pode tomar medidas para eliminar barreiras estruturais e fazer sugestões específicas sobre como o funcionário pode avançar, ao mesmo tempo que extrai ideias dele com base no que acha que pode funcionar. Isso motiva e engaja os profissionais que já são mais orientados para o crescimento, e também aqueles que de outra forma poderiam ser adultos de mochila. Quando o feedback crítico é normalizado e incluído numa conversa em vez de ser um decreto, é menos provável que seja visto como um julgamento periódico e mais como uma ferramenta para o desenvolvimento contínuo.

> **UM FEEDBACK ÚTIL...**
>
> - identifica questões específicas e direcionadas;
> - concentra-se em comportamentos, escolhas e processos que as pessoas podem controlar, e não em talentos inatos ou coisas que estão fora de seu controle;
> - reconhece os esforços dos funcionários;
> - foca o progresso e o desenvolvimento e ajuda os funcionários a mapear seu progresso;
> - discute estratégias e abordagens para melhorarem ainda mais.

Busque o feedback voltado para o crescimento

Na pesquisa que minha equipe realizou em 2020, filmamos sessenta professores de áreas STEM ministrando aulas ao longo do semestre. Usando um aplicativo que havíamos desenvolvido, entrevistamos os alunos no decorrer do curso, perguntando a eles o que os professores estavam fazendo e quais crenças de mindset eles achavam que os professores tinham. (Em seguida, comparamos essas respostas com as convicções reais dos professores, que obtivemos por meio de autorrelatos.) Uma grande conclusão do estudo foi algo que os docentes podem fazer para demonstrar um mindset de crescimento aos alunos: *pedir feedback crítico sobre si mesmos.* Para os alunos, a forma como o professor lidava com as oportunidades de feedback, como as avaliações dos cursos, era um indicador evidente do mindset dele. Os professores que incorporavam de maneira mais crônica um mindset fixo viam os formulários de feedback como um estorvo burocrático necessário mas em grande parte inconsequente. Aqueles que gravitavam em torno de um mindset de crescimento os levavam mais a sério e incentivavam os alunos a concluí-los – muitas vezes reservando tempo de aula para isso. Além das exigidas classificações em escala numérica, eles incluíam perguntas abertas, como: "Em quais áreas você teve dificuldade nas aulas e como eu poderia ter apoiado seu aprendizado de forma mais efetiva?", "Como você acha que posso melhorar como professor?" e "Que tipos de assistência você sugere que eu implemente nas aulas do próximo semestre?".[38]

Se queremos maximizar os benefícios do feedback crítico, por que esperar até o final do semestre para solicitá-lo? Quando fiz parte do Programa de Sucesso do Corpo Docente – um instituto nacional para professores não brancos –, recebemos o conselho de oferecer uma avaliação no meio do semestre com perguntas simples como: "Quais dificuldades você está enfrentando neste curso e quais mudanças posso fazer para ajudar?" Naquela altura do semestre, os estudantes se sentiam sobrecarregados com os trabalhos do curso. Isso dava ao professor a oportunidade de eliminar uma tarefa ou aliviar um pouco a pressão sobre eles. Não precisava ser algo grandioso, mas o gesto ajudava os alunos a ser ouvidos e apoiados, e essa prática indicava nosso interesse no feedback deles.[39] Podemos fazer isso também no local de trabalho, solicitando feedback dos funcionários ou realizando verificações nas quais pedimos feedback e avaliamos como cada um de nós está progredindo em direção aos nossos objetivos e como podemos ajudar uns aos outros (ou, se eles estiverem à frente de onde pensavam estar, oferecer elogios concretos sobre o que fizeram bem e um desafio de bolso como meta a ser atingida).

Se o gestor estiver com o mindset fixo ativado pelo feedback crítico, ele poderá se mostrar relutante em fornecê-lo. Quando recebemos pouco ou nenhum feedback, ou quando o feedback parece vago ou pouco sincero, podemos aumentar as chances de obter as informações necessárias solicitando-o diretamente, usando as mesmas diretrizes dadas antes para fornecer um feedback útil. Podemos pedir um feedback específico sobre nosso trabalho e sobre como estamos progredindo, solicitar estratégias e insights sobre como podemos melhorar ainda mais e assim por diante. Não estudei esta estratégia, mas você pode até tentar algo semelhante a um feedback sensato com seu chefe, dizendo: "Tenho padrões elevados para o meu desempenho. É importante continuar me desenvolvendo e crescendo, e sei que você pode fornecer informações e orientações que me ajudarão nisso." (Depois me conte se funcionou.)

A seguir, exploraremos o último gatilho de mindset: o sucesso dos outros. Mas, primeiro, alguma reflexão.

PERGUNTAS PARA REFLEXÃO

- Lembre-se da última vez que você recebeu um feedback crítico que acionou seu mindset de crescimento e o ajudou a tomar medidas para se aprimorar. O que disse a pessoa que o forneceu e como ela disse? Agradeça a pessoa. Reconheça como é vulnerável a posição de quem dá feedback crítico, e quão grato você está pela forma como ele o ajudou a recebê-lo no espírito com que foi planejado.
- Da próxima vez que estiver dando feedback crítico a alguém, deixe explícita sua crença sobre a capacidade que ele tem de mudar. Como você pode dizer de forma mais direta que está fornecendo esse feedback porque acredita na pessoa e em sua capacidade de mudar ou melhorar?
- Quando o feedback crítico nos leva ao mindset fixo, precisamos lembrar que ele faz com que nos voltemos para a nossa essência, e o foco em nós mesmos nos deixa com uma sensação de solidão e isolamento. Convoque seu parceiro ou seu núcleo de confiança, que são adeptos da cultura de crescimento, para realizar uma dramatização com o intuito de dar e receber feedback crítico. Quais estratégias funcionam melhor para levar você – como fornecedor e receptor – em direção ao mindset de crescimento?
- Você tem notado que não está recebendo muito feedback crítico dos outros? Pergunte a si mesmo por quê. Já aconteceu de receber feedback de uma forma que desencorajou as pessoas a lhe dar feedback crítico no futuro? Escreva algumas linhas sobre como você pode pedir feedback na próxima semana. Lembre-se de ser específico sobre o feedback que está procurando. Em vez de levantar questões genéricas como "O que você achou da minha apresentação?", considere fazer perguntas que possam motivar ações. "Minha apresentação fez você se sentir interessado? Curioso? Querendo saber mais? Como acha que eu poderia tornar o trabalho mais interessante para o cliente da próxima vez?"

CAPÍTULO 12

O sucesso dos outros

Você abre o boletim informativo de ex-alunos da faculdade e descobre que um colega de turma da mesma área de atuação acaba de ser promovido. Ou sua empresa está trabalhando há meses para resolver um problema e um colega chega a uma solução antes mesmo de você oferecer a sua. Nesses casos, você se sente inspirado ou desanimado? Parabeniza a pessoa ou atira dardos na foto dela? Aumenta seus esforços ou desiste? Sua resposta indica como você tende a reagir ao quarto gatilho comum de mindset: o sucesso dos outros.

Usar alguém como parâmetro não é bom nem ruim por si só. Quando as realizações de um colega nos inspiram a identificar as lacunas em nosso desempenho ou os passos que talvez precisemos dar para obter realizações semelhantes, isso implica que o sucesso dos outros ativa nosso mindset de crescimento. Porém, quando essa pessoa se torna um inimigo ou rival e seu êxito nos faz querer desistir ou, pior, derrubá-la, porque percebemos que o escritório não é grande o suficiente para os dois, é nosso mindset fixo que está no comando.

Quando observamos as conquistas alheias através de nosso mindset fixo, entramos no território de soma zero, enxergando um ambiente de escassez em que há menos oportunidades para nós.[1] É outra forma de autofoco extremo. Se vemos uma pessoa ter sucesso, pensamos coisas do tipo: "Ela é muito boa – nunca chegarei a esse nível. Para que tentar?" ou "Ela tem algum talento especial que eu não tenho". Uma das desvantagens de migrar para o mindset fixo quando colegas são bem-sucedidos é que perdemos a oportunidade de compreender potenciais estratégias e caminhos.

(E isso priva esses profissionais do reconhecimento, para além da conexão sincera entre colegas.) É algo que nos ameaça tanto que não analisamos mais detidamente o que a pessoa de fato fez para ter sucesso. E, se achamos que o feito dela se deve a algum talento inerente que não possuímos, isso alimenta nosso mindset fixo: enxergamos o sucesso como algo fora do nosso controle e, por isso, não tentamos desvendar como podemos alcançá-lo.

No entanto, é possível que essas mesmas situações nos levem ao mindset de crescimento, ao ficarmos curiosos sobre o que podemos aprender com o sucesso dos outros. O caminho será o mesmo? Provavelmente não. Podemos não ter os mesmos privilégios ou recursos que outros profissionais, mas identificar os elementos do que funcionou para eles pode ajudar em nossa trajetória. Alguém pode ter tido uma vantagem porque um familiar o apresentou a uma pessoa importante do setor. Talvez não contemos com esse tipo de atalho, mas podemos olhar para a situação e compreender que, se quisermos ter oportunidades semelhantes, precisaremos construir uma rede de contatos. Podemos ser criativos e autênticos na abordagem, inclusive observando como outras pessoas já a fizeram e buscando insights e apoio do nosso núcleo. No livro *Every Other Thursday: Stories and Strategies from Successful Women Scientists* (Quinzenalmente às quintas-feiras: histórias e estratégias de mulheres cientistas bem-sucedidas), Ellen Daniell conta como mulheres, em sua rede de professoras nas áreas STEM, viam outras se destacando e recebendo crédito por suas realizações, e como de início consideravam tal feito errado, constrangedor ou desagradável. Ao fazer a transição para o mindset de crescimento, tornaram-se capazes de reconhecer que, como mulheres, tinham sido socialmente programadas para minimizar suas conquistas. Com base nesse ponto, trabalharam juntas para praticar tanto o orgulho quanto a humildade ao aceitar elogios e ao assumir as próprias realizações profissionais.[2]

Um dos maiores desafios ao lidar com esse gatilho de mindset é reconhecê-lo. Sempre que pergunto aos participantes de workshops quantas pessoas identificam o sucesso alheio como um dos gatilhos de mindset fixo a sala fica em silêncio. Mais tarde, porém, é o gatilho que quase todo mundo quer discutir comigo em particular. É compreensível. Embora reconhecer qualquer tipo de situação que ative o mindset fixo exija algum grau de vulnerabilidade, talvez nenhuma exija mais que o sucesso dos outros. É provável que as pessoas relutem em compartilhar relatos porque falar de maneira aberta sobre com quem estamos nos comparando – ou sobre o fato de estarmos nos comparando – dá ao outro poder sobre nós. Se Anthony, da contabilidade, admitir que não ficou feliz quando sua colega Jacquie conseguiu a vaga pela qual ele vinha batalhando, dará a entender a Jacquie que Anthony está, pelo menos até certo ponto, comparando seu sucesso com o dela. Além disso, não queremos parecer egoístas diante dos outros, mesmo nos sentindo assim internamente.

Não há nada de errado em estimular uma "competição amigável" para motivar as pessoas, certo? A competição interpessoal pode criar uma linha muito tênue capaz de trazer à tona o que há de melhor ou de pior em nós (dependendo do nosso mindset no momento) – uma linha tão sutil que talvez não valha o risco. Apesar do apreço dos líderes corporativos por analogias com esportes competitivos, existem outras formas de encorajar as pessoas a dar tudo de si em vez de as colocar para concorrerem por recursos finitos. Aliás, mesmo no mundo dos esportes, em que a competição parece fundamental para o progresso, há muitos exemplos de atletas que tiveram seu mindset de crescimento ativado pelo sucesso alheio.

As rivalidades proporcionam alguns dos momentos esportivos mais memoráveis. Joe Frazier e Muhammad Ali. Arnold Palmer e Jack Nicklaus. Magic Johnson e Larry Bird. Uma das mais memoráveis e duradouras foi a rivalidade de quinze anos entre as lendas do tênis Chris Evert e Martina Navratilova. A dupla foi tão dominante no esporte que por mais de uma década se revezou no posto de melhor jogadora do ano.[3] Para fazer uma comparação, Joe Frazier e Muhammad Ali lutaram três vezes,[4] ao passo que Evert e Navratilova se enfrentaram em mais de oitenta partidas.[5] Evert conquistou 125 vitórias consecutivas em torneios no saibro. Navratilova conquistou impressionantes 354 títulos nas categorias simples, duplas e duplas mistas.

Apesar da rivalidade Evert-Navratilova, o que se desenvolveu, em vez de rancor, foi um respeito profundo e até uma amizade. E, no que foi mais relevante para suas carreiras, cada uma diz que a presença da outra a ajudou a melhorar o próprio desempenho. Para Navratilova, encarar Evert era como enfrentar "um muro impenetrável", e ela conta que a fortaleza mental de Evert a motivava a se tornar mais forte. Evert foi apelidada de "A dama de gelo" por sua serenidade implacável na quadra, mas ela confessou invejar a capacidade de Navratilova de expressar emoções.[6] Para se opor à força emocional de Evert havia a força física de Navratilova, que obrigava Evert a treinar duro na academia. "Eu tentava seguir o exemplo de Martina", lembra ela.[7] São indicadores essenciais de que as qualidades responsáveis pelo sucesso de cada jogadora levavam tanto Evert quanto Navratilova ao mindset de crescimento. À medida que se alternavam nas vitórias, elas olhavam uma para a outra em busca de pistas sobre o que poderiam melhorar em seu próprio jogo. Como diz Evert, quando ela perdia para Navratilova, "a derrota me impulsionava a trabalhar com mais afinco e a ser mais determinada". É por isso que conseguiram ser amigas: buscavam inspiração e informação uma na outra, mas nunca reduziram o jogo a essa rivalidade.

As duas até treinavam e faziam aquecimento juntas de vez em quando antes das partidas em que iriam competir. Isso ilustra algo que meus colegas e eu descobrimos em nossa pesquisa: quando baseamos o senso de sucesso em nosso progresso, e não em superar os rivais, oferecemos ajuda aos outros e dominamos aquilo em que estamos trabalhando ao ensinar a eles.[8] Se Navratilova e Evert tivessem se visto como uma ameaça, dificilmente teriam se tornado amigas e se transformado em lendas no tênis.

Vemos também exemplos de competição colaborativa no universo das corridas de rua. Quando Des Linden saiu às ruas de Boston para a maratona de 2018, o clima estava péssimo.[9] Ela já não vinha se sentindo bem e, depois de alguns quilômetros sob chuva fria e vento forte, decidiu que aquele não seria o dia dela. Mentalmente, desistiu, optando por poupar o esforço para outro dia, mas, em vez de sair do circuito, fez uma oferta sem precedentes à colega corredora e lenda das maratonas Shalane Flanagan. "Ei", disse Linden a Flanagan, "se precisar de ajuda com alguma coisa ao longo do trajeto, ficarei feliz em correr contra o vento para você e ser meio que um anteparo ou o que você precisar." Flanagan era uma concorrente, mas, em vez de Linden entrar no mindset fixo pela possível vitória de Flanagan, ativou o modo de equipe, decidindo perseverar para dar apoio à compatriota. Flanagan tinha reputação de ser generosa, apoiando e orientando jovens corredoras de forma rara no esporte ultracompetitivo. Mas, no final das contas, aquele dia em Boston também não seria de Flanagan. Assim que ela saiu, Linden foi até outra corredora, Molly Huddle, na esperança de ajudá-la a alcançar a linha de chegada.[10] Quando Huddle saiu do pelotão principal, Linden descobriu que ainda tinha forças para seguir em frente. "Só mais um quilômetro", ela disse a si mesma repetidas vezes, até alcançar a linha de chegada – em primeiro lugar.[11]

É fácil confundir um mindset de crescimento nos esportes com apenas esforçar-se mais e tornar-se mais competitivo, porém, como mostram os estudos que analisamos, a competitividade interpessoal limita nossas opções e nossa criatividade ao estreitar as estratégias. Sem o peso de ter que provar seu valor, Des Linden conseguiu permanecer flexível e aberta às opções à medida que o tempo passava. Foi capaz de avaliar para onde seria melhor direcionar seu esforço – em sua própria corrida, depois em suas companheiras de equipe e, por fim, em si mesma de novo. No início, se tivesse se sentido desanimada com a ideia de vitória de uma de suas rivais norte-americanas, ela teria encerrado a corrida e deixado as competidoras à própria sorte. Linden, ao contrário, tentou fazer uma boa ação para uma companheira de equipe e terminou abocanhando a primeira vitória em Boston. Linden estava ciente de que auxiliar outra esportista poderia ajudá-la.[12] No mundo da corrida, chamam essa "troca" de efeito Shalane: apoiar a carreira das pessoas ao redor ao mesmo tempo que usa esse impulso para avançar também. É o tipo de situação vantajosa para os dois lados e que se opõe à mentalidade de soma zero do mindset fixo.

Thomas Edison, é bem provável, teria zombado do efeito Shalane. Um dos inventores mais celebrados e prolíficos do mundo, Edison solicitou sua primeira patente aos 21 anos e, no final da carreira, já havia recebido 1.093 patentes por suas invenções.[13] Ou melhor, pelas invenções de sua *equipe*. Embora Edison fosse um gigante intelectual por mérito próprio, dizem que seu ego era igualmente grande, e ele com frequência diminuía ou apagava a importância das contribuições significativas feitas por seu dedicadíssimo grupo de engenheiros de Menlo Park.[14] Apesar de Edison ainda ser aclamado como um visionário a ser admirado, seu comportamento de mindset fixo diante do sucesso alheio é menos discutido (aliado ao fato de que se sabe que ele assumia descaradamente o crédito pelo trabalho de outras pessoas).

É curioso que, embora Edison seja elogiado como alguém que "tinha genialidade suficiente para ver a genialidade nos outros",[15] quando se tratou de identificar a genialidade de um de seus funcionários – um jovem sérvio chamado Nikola Tesla –, Edison logo migrou para o mindset fixo, com consequências desastrosas.[16] Na época, Edison havia declarado que, através de um sistema de corrente contínua (CC), sua empresa em breve forneceria energia elétrica a residências e indústrias de todo o país. Ele e sua equipe haviam tido êxito em criar dínamos e centrais de geração elétricas, mas enfrentavam dificuldade para levar a corrente CC a mais de um quilômetro da central. Inspirado pelo desafio, Tesla criou um projeto para um dínamo que funcionaria com corrente alternada (CA). Edison descartou o projeto considerando-o impraticável e perigoso; ele já havia anunciado ao mundo que o caminho a seguir era pela CC. Frustrado, Tesla saiu da equipe. Depois de um tempo, apresentou seu plano a um dos principais rivais de Edison no ramo de energia, George Westinghouse.

"A grande fraqueza de Edison foi a incapacidade de mudar seu mindset conforme a indústria evoluiu", diz Paul Israel, diretor e editor geral do projeto Thomas A. Edison Papers. "Ele havia investido dinheiro e também sua reputação pessoal na ideia."[17] Em alguns de seus dias mais sombrios, Edison fez uma parceria com um discípulo inescrupuloso e autorizou experimentos envolvendo tortura em cães de rua, cavalos e outros animais para provar que a CA era mortal. Embarcou numa campanha difamatória que envolveu fazer lobby junto aos funcionários do governo para que usassem a CA na primeira cadeira elétrica, querendo que a CA fosse considerada "a corrente da morte".

A certa altura, Westinghouse quis formar uma parceria com Edison para acabar com a guerra entre eles e acelerar a adoção da CA, mas o inventor recusou a proposta. No final, ele perdeu a confiança de seu próprio conselho, que reestruturou a empresa e o deixou com apenas 10% das ações.[18]

É natural nos compararmos aos outros. Quando profissionais de nossa área alcançam um reconhecimento maior, essa distinção faz a meta se alterar para todos. Prestamos atenção nesses avanços porque nos preocupamos com a nossa posição – em nossa área, na hierarquia social e profissional, em nosso trabalho. E, quando outras pessoas alcançam o sucesso, podemos ter o mindset fixo ativado. No entanto, é possível aprender a fazer a transição para uma atitude de aprendizagem. Historiadores especulam que se em algum momento Edison tivesse optado por incorporar a CA sua enorme operação poderia ter superado Westinghouse; porém, para ele, era uma questão de reputação. Para Edison, era pessoal, mas, às vezes, nosso mindset fixo é moldado pelos fatores estruturais e institucionais que nos cercam. Tudo, desde a colaboração e a inovação até a criatividade, sofre quando as pessoas são colocadas umas contra as outras por um sistema concebido para reconhecimento e recursos limitados. Infelizmente, as organizações institucionalizam essa competição.

QUANDO A ESCASSEZ VEM DO TOPO

A crença de soma zero instituída nas políticas e nos procedimentos de uma organização pode levar todos em direção ao mindset fixo. Nesses casos, a cultura de gênio vem do topo.

Talvez nenhuma outra prática ilustre tão bem a mentalidade de soma zero e ative mais o gatilho de mindset fixo do sucesso alheio que a classificação forçada – um sistema que descrevi anteriormente, no qual os funcionários são avaliados com regularidade e depois separados em faixas, com aqueles que estão no topo sendo recompensados e aqueles na parte inferior, substituídos.[19] A prática, coloquialmente conhecida como *rank and yank* ou curva da vitalidade, foi popularizada no início da década de 1980 por Jack Welch, então CEO da GE. A empresa criou três níveis: funcionários entre os 20% superiores, os 70% intermediários e os 10% inferiores, que tinham grandes chances de ser demitidos.

Em um artigo publicado em 2018, Welch (que morreu em 2020) ainda defendia o sistema, dizendo que não se tratava de expurgos, mas de consistência, transparência e franqueza, além de "garantir que todos os funcionários saibam em que ponto estão". Ele também afirmava que o processo deveria incluir aconselhamento e orientação intensivos para aqueles que estão no nível inferior, de modo que pudessem melhorar ou encontrar o caminho para a porta da rua. Welch escreveu: "Estou ciente de que algumas pessoas acreditam que o aspecto em curva de sino da diferenciação é 'cruel'. Isso sempre me pareceu estranho. Classificamos as crianças na escola, geralmente ainda aos 9 ou 10 anos, e ninguém chama isso de cruel. Mas, por alguma razão, os adultos não aguentam. Explique isso para mim."[20] Acontece que a classificação forçada não funciona muito bem nas salas de aula, como explicarei a seguir. (E há motivos para questionar qualquer tipo de ranking. Como destacou o jornalista de negócios Arwa Mahdawi, um número considerável dos indivíduos que apareceram na lista "30 Under 30" da Forbes – que reúne trinta jovens com menos de 30 anos que se destacam em suas áreas – e em listas semelhantes acabou enfrentando acusações criminais. Dar destaque às estrelas pode aumentar drasticamente a pressão para provar seu valor e executar.)[21]

Os críticos da classificação forçada ressaltam que colocar os funcionários uns contra os outros corrói o trabalho em equipe, ao que Welch contrapõe que se uma organização quer que o trabalho em equipe seja um valor basta identificá-lo como tal e depois "avaliar e recompensar as pessoas nesse sentido".[22] No entanto, essas mensagens contraditórias criam uma conflagração confusa de prioridades na mente dos funcionários: devemos trabalhar em parceria ou competir? Quando as empresas tentam reafirmar o valor do trabalho em equipe em um ambiente que usa rankings para demitir, os funcionários vão perceber uma grande lacuna entre valor e execução. A empresa pode dizer que valoriza o trabalho em equipe, mas a avaliação definitiva é determinada por todos como sendo a competição. Isso gera ceticismo e desconfiança – não apenas uns dos outros, mas também da empresa.

Para aqueles que dizem "Mas os 90% que não estão no nível inferior não têm com que se preocupar", isso não é verdade. Impulsionados em direção ao mindset fixo pelas características estruturais dos sistemas de recompensa e punição baseados em rankings, eles temem a perda de status – fazer algo que possa rebaixá-los. Os funcionários do nível superior são obrigados a defender o tempo todo sua posição, o que significa que são menos propensos a compartilhar recursos e ajudar os colegas por medo de ser ultrapassados nas classificações. Além disso, acabam dedicando mais energia observando os outros para avaliar a concorrência que focando em como e onde podem continuar crescendo.

Para aqueles que defendem a competição como um meio de encorajar as pessoas a melhorar ou cair fora, o desafio da competição é se tratar de uma linha tênue. A competição em si pode não ser inerentemente boa nem má (a lenda do futebol feminino Abby Wambach diz que o resultado incerto é o que torna a competição divertida para ela),[23] mas, como o cérebro está atento a qualquer coisa que possa impactar negativamente nossas chances de sobrevivência, quando estamos no mindset fixo experimentamos isso como uma ameaça. Os sistemas de classificação forçada tornam a percepção de ameaça uma realidade, aplicando consequências terríveis que podem prejudicar o desempenho – e, na pior das hipóteses, desencadear comportamentos antiéticos.

Em um escândalo agora famoso, os funcionários da linha de frente da Wells Fargo sentiram-se compelidos a criar contas falsas como forma de cumprir cotas e manter o emprego.[24] A competição acirrada por vagas limitadas foi a principal razão pela qual os funcionários do antigo *News of the World* e de vários outros jornais de Rupert Murdoch dizem ter cometido atos ilegais que iam desde escutas telefônicas e suborno policial até a fabricação de notícias.[25] E, de acordo com a ex-diretora-geral Jamie Fiore Higgins, a competição implacável e as frequentes demissões no Goldman Sachs levaram muitos funcionários a tentar fazer com que os outros parecessem ter um mau desempenho a fim de garantir a própria posição.[26] Antes uma cultura de gênio, a Microsoft aprendeu em primeira mão como a competição interpessoal pode impactar negativamente os resultados.

Uma "década repleta de erros, oportunidades perdidas e declínio de uma das inovadoras do setor".[27] Foi assim que Kurt Eichenwald caracterizou os dez anos anteriores da Microsoft em um artigo da *Vanity Fair* de 2012. Eichenwald entrevistou dezenas de executivos antigos e atuais da empresa. Ele escreveu: "Todos os funcionários da Microsoft que entrevistei – todos – citaram a classificação forçada como o processo mais destrutivo dentro da empresa, algo que afastou um número incalculável de profissionais." Um desenvolvedor de software disse ao jornalista: "Se você estivesse em uma equipe de dez pessoas, começaria no primeiro dia sabendo que, por melhores que todos fossem, duas pessoas receberiam uma ótima avaliação, sete seriam classificadas como medíocres e alguém receberia uma avaliação péssima. Isso faz com que os funcionários se concentrem em competir entre si, em vez de competir com outras empresas." Para descrever a situação na Microsoft quando se tornou CEO, Satya Nadella apontou para uma charge bem conhecida com uma simulação de organograma mostrando armas apontadas em todas as direções.[28]

Eichenwald escreveu, "Supondo que a Microsoft tivesse conseguido contratar os principais players da tecnologia e reunido todos eles em uma única unidade antes de se firmarem em outras empresas – Steve Jobs da Apple, Mark Zuckerberg do Facebook, Larry Page da Google, Larry Ellison da Oracle e Jeff Bezos da Amazon –, independentemente do desempenho, em uma das edições da classificação forçada dois deles teriam que ser classificados como abaixo da média e um considerado desastroso".[29] Aliás, uma das vítimas do sistema de classificação forçada de Welch foi David Cote, que se tornou CEO da Honeywell.[30] (Ironicamente, quando Cote assumiu o comando da Honeywell, sua primeira tarefa foi recuperar a empresa que se encontrava à beira da ruína graças a uma fusão fracassada com a GE.)

Mesmo que atingisse as metas, um funcionário numa cultura de gênio como a da Microsoft não teria garantia alguma de segurança, porque sempre era possível que um colega se saísse melhor. Então eles foram se concentrando mais em derrotar os colegas que em inovar. Como disse um engenheiro a Eichenwald, "Uma das coisas mais valiosas que aprendi foi dar a impressão de ser simpático enquanto ocultava dos colegas informações suficientes para garantir que eles não me ultrapassassem no ranking". Quando chegava a hora de classificar os funcionários, cerca de trinta supervisores faziam uma reunião a portas fechadas, discutindo quem deveria ficar em qual posição, ao mesmo tempo que mantinham o foco em seus próprios interesses.

Como Margaret Heffernan enfatiza numa palestra do TED Talk, a maioria das organizações passou os últimos cinquenta anos ou mais apoiando hierarquias nas quais "o sucesso é alcançado escolhendo as superestrelas – os mais brilhantes homens, ou às vezes mulheres, na sala – e depois dando a elas todos os recursos e todo o poder. E o resultado tem sido... agressão, disfunção e desperdício. Se a única forma de os mais produtivos terem sucesso é reprimindo a produtividade dos demais, então precisamos urgentemente encontrar uma forma melhor de trabalhar e mais saudável de viver".[31]

Reprimindo a diversidade e a inovação

A atmosfera supercompetitiva de idiotas brilhantes da cultura de gênio tem mais perdedores que vencedores. Um dos maiores perdedores é a empresa, quando os funcionários que não estão sob os holofotes ou não são atraídos por um clima de individualismo feroz acabam saindo. Pesquisas indicam ser mais provável que isso aconteça com mulheres e pessoas não brancas, que, em média, são mais motivadas por objetivos comunitários que por uma competição interpessoal acirrada.

Há muitos anos, a cultura hipercompetitiva da Microsoft quase lhe custou uma de suas estrelas em ascensão. No entanto, em vez de sair, Melinda French decidiu dar mais uma chance à empresa, em seus próprios termos. Até aquele ponto, ela estava fazendo o possível para imitar seus colegas homens e seguir as regras tácitas da cultura masculina que a cercava. Em vez de pedir demissão, ela decidiu correr um risco enorme: ser ela mesma. Iria liderar seu time da maneira que quisesse, com foco no trabalho em equipe e na inclusão.[32] (Em sua palestra do TED Talk, a professora Frances Frei, da Harvard Business School, identifica a autenticidade como um elemento necessário para gerar confiança.)[33] Em pouco tempo, diz a ex-executiva da Microsoft, que mais tarde viria a ser Melinda French Gates, outros líderes de equipe estavam se perguntando como ela conseguia atrair um número tão grande de excelentes funcionários da empresa para sua equipe. Acontece que, embora esses funcionários ainda quisessem fazer parte de uma cultura de alto desempenho, muitos estavam mais interessados em alcançar esses objetivos de modo coletivo. Dessa forma, ela foi bem-sucedida ao transitar por uma notória cultura de gênio criando sua própria cultura de crescimento – e isso atraiu alguns dos melhores talentos da empresa.[34]

As pessoas (em geral a diretoria) acreditam erroneamente que o prestígio da cultura de gênio, incorporado por normas da competição interpessoal, manterá os funcionários afiados, inovadores e no auge de sua capacidade intelectual. Isso não é verdade. **Em dezenas de estudos, descobrimos que, se puderem escolher entre organizações com uma cultura de crescimento ou uma cultura de gênio, todos os profissionais – e *especialmente* os de melhor desempenho – preferem a cultura de crescimento.**[35] A cultura de gênio exige uma vigilância da posição e do status do funcionário que interfere no trabalho e é desgastante em termos emocionais e cognitivos.

Nas organizações com que trabalhei e onde a inovação é essencial, integrantes de equipes de pesquisa e desenvolvimento que exemplificavam a cultura de crescimento eram mais criativos e apresentavam um desempenho superior em comparação com as equipes de cultura de gênio. Quando perguntei aos funcionários por que achavam que essas diferenças de desempenho surgiam (mesmo que as equipes estivessem trabalhando em projetos muito semelhantes), eles disseram que a cultura criada pelo time lhes permitia assumir riscos e se desenvolver em conjunto. Nem mesmo incentivos financeiros ou aumentos salariais poderiam afastá-los de suas microculturas de crescimento e aproximá-los das de mindset fixo.

Trabalhar em parceria amplia a capacidade de resolver problemas. Um grupo de pesquisadores do MIT estava interessado em descobrir se algum fator preditor torna certas equipes mais bem-sucedidas que outras na resolução de desafios complexos. Ao observarem 699 pessoas que trabalhavam em equipes pequenas, com até cinco membros, os pesquisadores encontraram três fatores que estavam ligados de modo confiável ao sucesso do grupo e ao que designaram como uma *inteligência coletiva* elevada: (1) os membros tinham fortes habilidades sociais; (2) a conversa abria espaço para contribuições e ideias de todos os integrantes, em vez de ser dominada por poucos; e (3) mulheres faziam parte da equipe. Igualmente interessante foi o que os pesquisadores *não* encontraram: a inteligência coletiva do grupo não se correlacionava com a inteligência média de seus membros nem com a inteligência de seu participante mais inteligente. Grupos em que a contribuição de todos é solicitada e valorizada promovem o tipo de segurança psicológica necessária para a inovação.[36] Em culturas de crescimento como a Pixar, o conflito não nasce da competição, mas é formulado como um atrito comprometido e respeitoso que torna as ideias melhores.[37] A classificação forçada, por outro lado, promove a autoproteção e a desconfiança, e, como as pesquisas apontam, as mulheres – que emergiram como principais impulsionadoras das equipes mais produtivas – têm menos probabilidade de chegar ao topo em tais sistemas.

Como observam Linda Carli e Alice Eagly, pesquisadoras sobre gênero e liderança, no local de trabalho os homens exibem mais *asserção negativa*, "que envolve ameaça, agressão, hostilidade ou controle sobre os outros", ao passo que as mulheres tendem a exibir mais *asserção positiva*, "que equilibra a expressão pessoal com respeito pelos direitos dos demais". Como a classificação forçada incentiva a competição em detrimento do apoio e do respeito mútuos, as organizações que a utilizam favorecem inerentemente os funcionários do sexo masculino. Carli e Eagly relatam que, no momento em que se envolvem em asserção negativa para promover a carreira, as mulheres tendem a reduzir suas chances de progredir, posicionando-as num "duplo vínculo".[38]

De acordo com a cientista comportamental e de dados Paola Cecchi-Dimeglio, as próprias avaliações de desempenho usadas para criar esses rankings normalmente prejudicam as mulheres. Uma análise de conteúdo de avaliações de desempenho individuais mostrou que "as mulheres tinham 1,4 vez mais probabilidade de receber um feedback crítico subjetivo (em oposição a um feedback positivo ou um feedback crítico objetivo)". Cecchi-Dimeglio afirma que a subjetividade das avaliações "abre a porta" para vieses de gênero e de confirmação, o que "pode levar a padrões duplos de julgamento, na medida em que uma situação pode ter uma interpretação positiva ou negativa, dependendo do gênero". Ela dá um exemplo de padrão duplo exibido nas avaliações de um gestor: "[O gestor observou,] 'Heidi parece encolher quando está perto de outras pessoas e, especialmente, perto de clientes; ela precisa ser mais confiante.' Mas um problema semelhante – a baixa autoconfiança no trabalho com clientes – ganhou um aspecto positivo quando um homem estava tendo dificuldade com isso: 'Jim precisa desenvolver sua habilidade natural para trabalhar com pessoas.' Em outro caso, o avaliador descreveu a 'paralisia por análise excessiva' de uma mulher, ao passo que o mesmo comportamento em um colega do sexo masculino foi visto como uma ponderação cuidadosa."[39]

Menos mulheres e pessoas não brancas ascendendo ao topo nesses sistemas significa menos diversidade no nível da liderança, o que pode dissuadi-las de querer fazer parte dessas organizações. Depois que os desafios culturais da Uber vieram à tona, um dos mediadores contratados para ajudar a salvar a empresa foi Bozoma Saint John, uma executiva conceituadíssima que havia sido gestora de marca na PepsiCo e, mais recentemente, atuado como diretora de marketing de consumo da Apple Music. Saint John deixou seu cargo como diretora de marca da Uber depois de apenas um ano, explicando: "Quando entrei na Uber, fui honesta em meu desejo de mudar o que eu considerava um ambiente desafiador, sobretudo para mulheres e pessoas não brancas. Em algum momento, ele se tornou opressor demais para mim", concluiu ela.[40] Como vimos no Capítulo 7, quando a competição é institucionalizada, tem um efeito desproporcional sobre os grupos marginalizados e pode transformar os esforços da DE&I numa batalha árdua e também fazer tais esforços parecer hipócritas para os funcionários.

A classificação forçada não é o único elemento estrutural dentro de culturas de gênio que inibe o progresso de mulheres e pessoas não brancas. Num sistema com poucos papéis de prestígio para um punhado de superestrelas, as reações de mindset fixo das pessoas ao sucesso alheio indicam algum grau de falta de oportunidades para elas. Saber que tende a haver menos posições para mulheres e pessoas não brancas naquela empresa pode amplificar esse fato como um gatilho de mindset em culturas de gênio. A escassez institucionalizada então se torna internalizada, levando a incidentes infelizes, tais como mulheres sabotando outras mulheres, incluindo supervisoras que dificultam a carreira de subordinadas do sexo feminino quando as consideram uma ameaça às suas próprias posições. Os gestores podem apoiar tal comportamento quando – por meio de palavras ou comportamentos individuais, ou da política formal da empresa – colocam os funcionários uns contra os outros. Nos piores casos, as abordagens de mindset fixo tendem a amparar sérias violações éticas.

Como Carol Dweck e eu mostramos em nossa pesquisa, os recém-chegados a uma área analisam as crenças de mindset de figuras proeminentes para determinar quais características são valorizadas ali.[41] Posteriormente, a análise da minha equipe mostrou que, no momento em que os estudantes percebem que os professores de áreas STEM endossam crenças de mindset fixo, se mostram menos interessados em seguir carreiras nessas áreas. Quando percebem que os professores endossam crenças de mindset de crescimento, acreditam que uma carreira nas STEM lhes permitirá atingir metas que atendem a eles individualmente bem como à sociedade como um todo.[42] As culturas de crescimento têm políticas, práticas e normas indicando que os funcionários podem atingir uma gama muito mais ampla de metas, desde objetivos comunitários (de auxílio, pró-sociais e de relacionamento) até objetivos mais independentes e autônomos. Conexão e pertencimento são estímulos compartilhados por todos. As culturas de gênio, em que os líderes costumam se posicionar em um mindset fixo, são menos atrativas para as mulheres e pessoas não brancas e também para todos os candidatos com objetivos comunitários.[43]

A competição não é a única maneira de estimular motivação, crescimento e conquistas. Quando se trata do sucesso alheio, podemos encorajar a nós mesmos e aos que nos rodeiam a adotar um mindset de crescimento fazendo do êxito de uma pessoa o do grupo e vice-versa. Quando Pierre Johnson, Max Madhere e Joseph Semien chegaram à Universidade Xavier, em Nova Orleans, há duas décadas, eram estranhos com duas coisas em comum: queriam ser médicos e eram negros. Eles sabiam que, de certa forma, ser pretos dificultaria ser médicos. A medicina acadêmica é uma cultura de gênio notória, e esses homens tinham consciência de que os professores não veriam neles o protótipo do sucesso da faculdade.[44] Poucos veem. De acordo com a Associação Americana das Faculdades de Medicina (AAMC, na sigla em inglês), em 2018 apenas 5% dos médicos em atividade eram negros.[45] Os jovens enfrentaram preconceitos inerentes à cultura da medicina acadêmica e tiveram que lidar quase que de imediato com seus traumas resultantes de experiências anteriores. Como diz Johnson, "Quando descobrimos uns aos outros, estávamos todos clinicamente deprimidos". Segundo seu relato, a princípio os três começaram a conversar sobre basquete, mas logo reconheceram algo mais em comum. "Nós nos olhávamos e víamos apenas determinação (…) e, mesmo que estivéssemos mal naquele momento, sabíamos que tínhamos a motivação (…). Éramos jovens com um sonho e uma visão de realizar algo maior que nós mesmos." A partir daí, fizeram um pacto. "Dissemos, 'Não sabemos o que o amanhã nos reserva, mas sabemos que podemos avançar juntos.'" Eles se encorajaram e se aconselharam mutuamente, durante toda a graduação e em escolas médicas distintas, até se tornarem médicos praticantes.[46]

Como essa história poderosa mostra, no momento em que encontramos pessoas que nos ajudam a migrar para o mindset de crescimento, não nos importamos quando os outros têm sucesso, aliás, *queremos* que tenham sucesso. É uma versão do efeito Shalane. Esses três médicos bem-sucedidos investem agora na carreira de futuros médicos, dedicando parte de seus salários ao financiamento de bolsas de estudo. Semien se lembra de certo dia estar sentado no consultório olhando para a parede onde todos os seus diplomas estavam afixados, perguntando-se por que não se sentia tão feliz quanto esperava que se sentiria naquele momento, dadas todas as suas conquistas. "Era porque eu precisava compartilhar algo com outra pessoa, impelir alguém não para atingir os meus objetivos, mas para fazer melhor, para ir além do que eu havia feito."

A história deles é um lindo exemplo dos objetivos coletivos e individuais no trabalho, mostrando como a criação de um núcleo com uma cultura de crescimento pode ajudar a superar as mensagens de mindset fixo emitidas por um sistema tendencioso (embora o sistema deva ser responsabilizado e mudar). É ainda um exemplo de como um grupo de pares pode criar uma microcultura de crescimento com forte segurança psicológica. A competição enfraquece a segurança psicológica, sobretudo nos locais onde mais precisamos dela, como as escolas.[47]

COMPETIÇÃO NA SALA DE AULA

Não há maneira mais efetiva de um professor sinalizar uma cultura de gênio na sala de aula que organizar os alunos por ordem de pontuação do QI, mas foi o que aconteceu com Carol Dweck quando estava no primeiro ciclo do ensino fundamental. Numa forma de classificação forçada, os alunos foram levados aos seus mindsets fixos desde o primeiro dia, pois ninguém queria passar pela vergonha de ser relegado para o fundo da sala de aula.

Embora esse comportamento possa parecer extremo, expomos de maneira rotineira os estudantes a uma variedade de sistemas de classificação altamente visíveis, desde a exibição aberta do ranking da turma e da nota média de cada aluno até a separação em grupos por desempenho. A pressão para fazer provas para programas de superdotados já no jardim de infância deu início a um aumento drástico no número de empresas de reforço escolar focadas em ajudar as crianças a vencer a concorrência no batatinha frita 1, 2, 3 (um jogo que a escola usa como parte de seu teste de admissão).[48] Pais ansiosos e privilegiados, tendo os recursos necessários, investirão muita energia e dinheiro em esforços para que os filhos sejam encaminhados às melhores universidades o mais cedo possível.

Tendo experimentado a mentalidade de soma zero já no início do ensino fundamental, não é de admirar que tantos estudantes da Cornell pendurassem pôsteres acima das camas repreendendo-se por dormir enquanto "outra pessoa está passando na sua frente". Nessa altura da vida, a comparação social pode estar tão enraizada que é difícil enxergar o mundo de outra forma. Esses pôsteres e uma atitude competitiva são vistos por alguns como uma forma saudável de motivação. No entanto, quando vigora um sistema de crenças que diz que a realização é uma proposição de soma zero, as consequências vão de infelizes a trágicas – desde o não compartilhamento de conhecimentos e recursos até o suicídio.[49]

A Universidade Cornell lançou uma enorme campanha envolvendo o CAPS e seu renomado departamento de comunicação em saúde, juntamente com outros professores e estudantes, com o objetivo de ajudar os alunos a redefinir seus mindsets em torno da competição e das realizações. A campanha inclui informações sobre a necessidade e os benefícios de horas suficientes de sono e a importância de cuidar da saúde mental, além de desestigmatizar a busca por ajuda. Cornell criou com êxito momentos virais em torno de campanhas voltadas para a comunidade universitária que incentivam a conexão social em vez da comparação social. Esses programas impulsionam os alunos para o mindset de crescimento e os afastam da estreiteza que decorre de uma visão de mindset fixo sobre o que significa ser um aluno bem-sucedido.[50]

Os distúrbios de saúde mental não são um problema exclusivo da Cornell. De acordo com dados da Aliança Nacional sobre Doenças Mentais, nos Estados Unidos 80% dos estudantes se sentem sobrecarregados com as responsabilidades universitárias, 50% descrevem sua saúde mental como ruim ou abaixo da média e 40% não procuram ajuda.[51] A Reuters relata que, de 2013 a 2018, o número de estudantes universitários com depressão grave aumentou de 9,4% para 21,1%.[52] Embora existam muitos fatores por trás desses números, a sobreposição de uma cultura de gênio com sua percepção estreita de quem pode ser bem-sucedido aliada à autoconcentração que ativa sem dúvida desempenha um papel significativo. Ao falar de comparação social, sobretudo entre os jovens, seria negligente ignorar o papel das influências que operam muito além das fronteiras do campus.

Talvez nenhuma ferramenta atice mais o fogo da comparação social que as redes sociais, encontradas em todos os campi e presentes em todas as salas de aula e dormitórios universitários do planeta. Em 2023, mais da metade da população mundial utilizava redes sociais, numa média de duas horas e 22 minutos por dia.[53] Como ilustra de forma assustadora o documentário *O dilema das redes*, o impulso pela comparação pode se tornar um vício quando perdemos uma noção clara de quem somos, exceto no contraste com os demais.[54] Ironicamente, não estamos nos avaliando em relação à realidade, mas a exibições bastante editadas – medimos nosso sucesso e nosso valor conforme o que os outros querem que pensemos que são. Ficamos parecidos com os patos de Stanford: performáticos, desorientados, exaustos. Pesquisas mostram que, embora teoricamente os estudiosos acreditassem que a comparação social poderia melhorar a autoestima (desde que você acredite que está no topo), a comparação frequente induz sentimentos de inveja, culpa, arrependimento e atitude defensiva. Também está associada ao aumento de mentiras e culpabilização dos outros.[55]

Como demonstra a pesquisa da minha equipe sobre o mindset do corpo docente, os professores podem ter um impacto descomunal no mindset e no desempenho dos alunos porque são os criadores da cultura de sua sala de aula. As campanhas visando todo o campus são uma excelente ideia porque ajudam a definir e a veicular a cultura de mindset de uma instituição, mas, assim como acontece com os gestores de uma empresa, intervenções mais diretas e, talvez em alguns casos, mais impactantes podem ocorrer em nível interpessoal, dentro das salas de aula. Quando pensamos no ciclo da cultura, a mudança em qualquer nível – social, institucional, interpessoal e individual – terá impacto nos outros, criando uma cultura de mindset mais efetiva.[56]

A música clássica é um campo sabidamente competitivo, e ainda assim um dos maiores violinistas de todos os tempos procura contrariar a cultura de mindset dominante entre seus alunos. Na cinebiografia *Itzhak*,[57] Itzhak Perlman diz que ele e sua esposa, Toby, que são gestores do Programa de Música Perlman, recebem pedidos frequentes de meios de comunicação querendo acompanhar uma aula com um de seus "melhores alunos". Itzhak diz: "Nunca fazemos isso, porque achamos que essa coisa de melhor aluno não existe." Toby acrescenta: "Cada criança se desenvolve em seu próprio ritmo. Elas chegam até nós oriundas dessas situações competitivas, e somos exatamente o oposto." Toby fundou o Programa de Música Perlman, em que Itzhak é o líder do corpo docente, com o objetivo de criar uma alternativa ao "ambiente competitivo e de segregação que jovens artistas excepcionais costumam enfrentar na busca por sua arte".

O programa procura desenvolver os alunos em um ambiente que "enfatiza a conexão em lugar da competição".[58]

Itzhak descreve os primeiros anos de sua educação musical como "o triângulo do inferno", com o professor pressionando seus pais, seus pais pressionando Itzhak, o professor pressionando o aluno. Seus pais o comparavam com outros jovens músicos, dizendo que ele não era motivado o suficiente, e o professor lhe dizia: "Faça o que eu digo e você tocará muito bem."[59] Quando chegou à Juilliard, prestigiada faculdade de artes performáticas de Nova York, Itzhak ficava perplexo quando a professora Dorothy DeLay lhe perguntava "O que você achou disso?" (referindo-se ao desempenho dele), incentivando um processo de aprendizagem mais aberto e autorreflexivo. No início, o estilo o deixava desconfortável; queria que lhe dissessem o que fazer. Hoje, é o estilo de DeLay que ele adotou como professor. Quase nunca toca durante suas máster classes porque sabe que muitos alunos têm ouvidos tão apurados que tentarão imitá-lo. "Sempre que fizerem algo, quero que parta deles mesmos, porque darão o seu jeito", diz Itzhak. Dois violinistas podem ter interpretações muito diferentes da mesma peça, incluindo dedilhados e arcadas diferentes. Há muito espaço para a criatividade, e é isso que os Perlman querem promover: aprender com os outros ao mesmo tempo que avançam e se desenvolvem à sua maneira.

Quando perdemos o foco em nossos objetivos e somos levados ao mindset fixo pelo sucesso alheio, nós nos fixamos na ideia de que as realizações de outra pessoa diminuem nossas chances de êxito. Os riscos se tornam maiores e podem parecer fora de nosso controle. E esta não é somente uma função mental; o corpo pode refletir e amplificar esse estado, como mostram as pesquisas.

DESAFIO X AMEAÇA

Os psicofisiologistas sociais Jim Blascovich e Wendy Berry Mendes estudaram como avaliamos os agentes estressores em nosso ambiente. Conforme explicam, os estados de desafio e ameaça representam uma interação complexa de processos cognitivos e emocionais e também de processos fisiológicos: ameaça e desafio são, além de estados mentais ou emocionais, estados corporais.[60]

Os estados de ameaça e desafio passam a desempenhar um papel quando estamos em situações nas quais esperamos mostrar desempenho e ser avaliados (incluindo autoavaliações) e em que o desempenho é relevante para nossos objetivos. Em outras palavras, quando acreditamos que nosso desempenho é importante e que seremos julgados por ele. Nessas situações, nem sempre estamos conscientes da maneira como avaliamos a nós mesmos e o cenário em que nos encontramos. No processo de análise, aferimos as exigências do contexto e os recursos que temos para lidar com essas demandas – o perigo, a incerteza ou o esforço necessário versus os recursos, o conhecimento e as competências que possuímos para a tarefa. Trata-se, essencialmente, de uma avaliação em duas camadas: qual é a exigência? Tenho os meios para satisfazer essa demanda com efetividade? Quando presumimos que temos recursos suficientes – ainda que precisemos nos esforçar um pouco – para dar conta das reivindicações e apresentar um bom desempenho, entramos em *estado de desafio*. Se acharmos que as demandas excedem nossa capacidade de satisfazê-las, entraremos em *estado de ameaça*. É o que provavelmente acontecerá se estivermos no mindset fixo.

Quando percebemos o sucesso dos outros, podemos vivenciar reações de desafio ou de ameaça. Se acreditamos que conseguimos realizar algo semelhante e até mesmo aprender com o êxito dessa pessoa, entramos em estado de desafio. Talvez tenhamos de nos esforçar, mas podemos dar conta. Em um mindset fixo, quando achamos que o sucesso do outro torna tudo mais difícil ou impossível para nós, ou que ele tem alguma habilidade e talento inato que não temos e que não somos capazes de desenvolver, entramos em estado de ameaça. Felizmente, podemos invocar algumas ferramentas para enfrentar o desafio.

COMO PROMOVER INSPIRAÇÃO EM VEZ DE AFRONTA QUANDO OS OUTROS TÊM SUCESSO

Quando um rival recebe um prêmio, nossa resposta inicial pode ser um "Parabéns" com a mandíbula cerrada e as mãos fechadas em punho. A boa notícia é que não precisamos permanecer nesse estado e, com alguma prática, podemos começar a migrar de forma mais consistente para o mindset de crescimento, a partir do qual iremos formular os próximos passos.

Lembre-se de sua grandeza

Você é maior que sua menor resposta ao sucesso dos outros, e lembrar-se disso pode ajudá-lo a avançar em direção ao mindset de crescimento. Anteriormente, descrevi o exercício de autoafirmação. Essa atividade é útil para fazer a transição do estado de ameaça para o estado de desafio, ao lembrar a nós mesmos quão grandes e multifacetados somos e de quantos recursos interpessoais dispomos. Não sou apenas uma cientista, ou uma esposa, ou uma tutora de cachorro, ou uma tia divertida, ou uma fã de comida mexicana; sou todas essas coisas, e você também é plural. Visualizar nossas múltiplas identidades valiosas ajuda a diminuir a parcela do nosso eu sob ameaça quando alguém tem sucesso. Se eu me identificar quase exclusivamente com meu papel como acadêmica, e meu próximo pedido de subsídio for rejeitado, pode parecer que 90% do que sou está sob ameaça. Quando amplio o horizonte e considero todas as minhas diversas funções, essa porcentagem diminui de maneira substancial, dando-me o espaço necessário para reavaliar a situação. Enquanto faço isso, posso lembrar a mim mesma que enfrentar desafios e ir além da minha zona de conforto faz meu cérebro crescer.

Podemos obter um impulso adicional ao constatarmos os recursos que arregimentamos no passado e que poderiam ser úteis sob a ameaça do mindset fixo. Nosso núcleo de pares pode ajudar nessa tarefa. Quando a efetivação da pesquisadora Ellen Daniell foi negada – uma medida que acabou encerrando seu vínculo com a universidade –, ela ficou arrasada.[61] Felizmente, havia outras seis mulheres cientistas em seu grupo. Elas a orientaram num processo de autoafirmação no qual Daniell reconheceu outros papéis que desempenhava e atentou para as competências e a aprendizagem que eles poderiam lhe oferecer ao lidar com a situação. Não é que todos os problemas estivessem resolvidos após a reunião com suas colegas, mas ela percebeu que tinha outros recursos, o que lhe permitiu passar da ameaça ao desafio.[62]

A autoafirmação pode se mostrar como uma resistência saudável. Bozoma Saint John causou impacto na Pepsi quando convenceu a empresa a contratar uma novata chamada Beyoncé Knowles (você já deve ter ouvido falar dela) para ser embaixadora da marca. Ela trabalhou com a cantora em seu show do intervalo do Super Bowl de 2013, que foi um "definidor de cultura". Mais tarde naquele ano, na avaliação de desempenho de Saint John, seu chefe disse que ela "não estava acertando *home runs* suficientes" – *home runs* são jogadas de imenso sucesso no beisebol. (Não sei quanto a você, mas se esses dois feitos não constituem *home runs*, não entendo o que seria necessário para ser avaliada positivamente por aquele gestor.) Diante do que teria sido um banho de água fria para a maioria de nós, Saint John resolveu comprar um taco de beisebol – não para acertar as janelas do carro de seu supervisor, mas como forma de autoafirmação. "O taco ficava na minha sala para me lembrar que eu faço, sim, *home runs*. E, quando eu fizer, vou aplaudir a mim mesma."[63] Quando nosso desempenho é injustamente comparado ao dos outros, podemos nos defender de maneira verbal ou simbólica.

Reconheça o efeito ator-observador

Quando vemos outra pessoa realizar um grande feito, é como se fôssemos o público no teatro enquanto ela ocupa o palco principal. Em nosso mindset fixo, dizemos a nós mesmos que ela deve ter nascido com habilidades especiais e que há um elemento de magia e mistério em seu sucesso. Na psicologia social, esse é um viés de atribuição denominado *assimetria do ator-observador*.[64] Quando somos o ator – aquele que teve êxito –, temos uma boa noção do caminho que percorremos para chegar lá. Sabemos sobre as muitas pessoas e circunstâncias que nos influenciaram e nos ajudaram ao longo da trajetória, que decisões tomamos, que desafios superamos e o esforço que empreendemos. Na maioria dos casos, essa jornada não está disponível para o observador – que só enxerga o resultado final. O sucesso do ator parece mágico ou inacessível para nós quando estamos no papel de observador.

Uma forma de inverter essa situação é, em vez de nos concentrarmos no resultado, refletirmos sobre o caminho que o ator percorreu para chegar lá – especialmente os desafios, uma vez que eles têm maior probabilidade de transmitir insights. Uma coisa é dizer: "Ela tem poderes míticos que lhe foram conferidos pelos ancestrais – ela nasceu especial." Outra é ver sua jornada. "Ah, ela treinou a vida inteira para esse papel, e depois teve que demonstrar seu aprendizado em vários contextos e até lutar por sua posição, que perdeu e depois precisou batalhar para reconquistar! Como ela teve a perseverança para fazer isso? Quais ferramentas usou?" Toda pessoa bem-sucedida tem sua história, e muitas delas instruem sobre como *nós* podemos ter sucesso, sobretudo quando essas narrativas envolvem desafios e lutas.

Embora seja ótimo que os indivíduos tomem a iniciativa de explorar essas histórias, não queremos colocar o ônus apenas sobre os funcionários. Somos mais beneficiados ao construirmos esse tipo de perspectiva na cultura do local de trabalho. Podemos convidar pessoas para dar palestras em que descrevem sua trajetória e até respondem a perguntas. A Atlassian usa narrativas corporativas em um podcast chamado *Teamistry* para compartilhar exemplos de como grandes equipes alcançaram êxito, incluindo os desafios que enfrentaram e o que superaram ao longo do caminho.[65] Itzhak Perlman pergunta sempre a seus alunos em que estão tendo dificuldade – não *se* algo os está desafiando, mas *o quê* –, normalizando, assim, o esforço. Ele então compartilha como resolveu alguns de seus desafios (e o que ainda o desafia) e orienta os alunos a encontrar suas próprias soluções. Tudo isso reforça algo fundamental: o sucesso dos outros também tem valor para nós.[66]

Uma maneira de as empresas normalizarem o compartilhamento da jornada é por meio de mentoria ou do agrupamento de pessoas com o propósito de compartilhar habilidades. No meu trabalho com a Shell, a análise de dados revelou uma equipe que havia criado uma incrível cultura de crescimento entre si. Surpreendentemente, era uma equipe composta 100% de gerentes de projeto, cada um servindo outras equipes. Como o grupo não tinha nenhuma sobreposição material além de suas funções, não havia competição, e eles se sentiam livres para compartilhar desafios e soluções que haviam funcionado para eles no passado.

Reconheça o valor do sucesso dos outros

Na definição de Simon Sinek, um rival digno é alguém que inspira você a melhorar seu jogo (não alguém que você deseja esmagar a todo custo) e também alguém que *ajuda você a fazer isso* porque é mais forte nas áreas em que você se desenvolveu menos.[67] Assim como Evert e Navratilova fizeram uma pela outra, um rival digno auxilia você a identificar pontos de melhoria e dá pistas de como fazê-lo. Observe que, embora essa ideia de rivais dignos tenha um quê de competição, não se trata no fundo de superar a outra pessoa, mas de você se aprimorar.

Já tive minha cota de rivais dignos no meu trabalho, muitos dos quais são amigos queridos – as duas coisas não precisam ser mutuamente excludentes. Na pós-graduação, porém, enfrentei alguma dificuldade com isso, assim como muitos (talvez a maioria) no mundo acadêmico. Quando você está saindo dos estudos e entrando na carreira profissional, a consciência do número limitado de empregos na academia pode prejudicar os relacionamentos. Vejo isso hoje entre os alunos de pós-graduação com quem trabalho. Adotei a prática de aceitar dois ou três pós-doutorandos de cada vez para que tenham um pequeno grupo com quem possam colaborar, e inevitavelmente muitos deles se tornam bons amigos. No entanto, quando estão prestes a entrar no mercado, seu mindset fixo pode começar a interferir e surgem tensões, pois cada um deles precisa de cartas de recomendação, por vezes para a mesma posição.

Felizmente, entendo a situação e, como já venho fazendo isso há um tempo, posso oferecer alguma perspectiva para empurrá-los na direção do mindset de crescimento. Nesses casos, eu os encorajo a falar sobre o constrangimento entre si para normalizar esses sentimentos e ampliar o ponto de vista. Discutimos os benefícios a longo prazo de ter amigos e colegas próximos na área. Não há como desenvolver uma carreira de sucesso na academia se você for o único estudando alguma coisa. Se está em um nicho tão pequeno que não há outras pessoas trabalhando com o mesmo assunto, você está com sérios problemas. É preciso querer que suas ideias sejam adotadas por outras pessoas porque elas terão um alcance maior para melhorar a sociedade e serão expandidas em direções que você nunca teria imaginado. Além disso, se deixarmos que uma percepção de ameaça envenene nossas relações desde o início, não teremos relacionamentos produtivos e de coleguismo mais tarde; isso torna mais difícil o nosso sucesso e exerce um impacto negativo em nossa qualidade de vida. Enquanto tranquiliza os outros, você pode contar a história de Des Linden e do efeito Shalane como mais uma ilustração de que o êxito está disponível para todos nós e que, quando agimos com base nesse mindset de crescimento, é mais provável que o experimentemos.

Reconheça quando é o seu sucesso que está levando os outros ao mindset fixo

Talvez tenha acontecido com você: um amigo ou colega ficou estranhamente distante depois que você foi promovido. Às vezes, é o nosso sucesso que funciona como gatilho para os outros. A fim de construir as melhores e mais eficazes equipes e resultados, devemos lembrar que isso envolve colaboração, e a colaboração é baseada em relacionamentos. Então, o que fazemos quando nosso sucesso é o catalisador que leva os outros a adotar um mindset fixo? Não queira minimizar a sua conquista. As mulheres, em particular, sofrem pressão social para fazer isso, com impacto negativo em seu progresso.[68]

O que podemos fazer quando somos a fonte da inveja é considerar o efeito ator-observador: lembrar que os outros não viram nossa jornada e, portanto, têm percepções imprecisas sobre o que foi necessário para chegarmos aonde chegamos. Podemos remediar isso compartilhando nossas experiências, de modo formal ou informal. Podemos chamar um colega para uma conversa e nos oferecer como conselheiros ou mentores. Se tivermos muita visibilidade, podemos falar sobre nossa jornada em entrevistas. Em ambientes mais informais, podemos lembrar aos outros os pontos em que tropeçamos. "Lembra quando fui preterido para o cargo? Naquela época, fiquei muito feliz por outras pessoas terem me ajudado a identificar meus recursos e o modo como eu poderia me recuperar e avançar estrategicamente. Se eu não tivesse tomado tal atitude, não teria mudado para a indústria privada e nunca teria me tornado vice-presidente." Isso neutraliza o gatilho e contribui para impulsionar outras pessoas, como os três médicos que estão voltando às suas comunidades para ajudar outros aspirantes a médicos a vislumbrar um caminho para o sucesso.

PERGUNTAS PARA REFLEXÃO

- Na próxima vez em que você sentir aquela tensão no corpo quando seu rival for elogiado e perceber que está entrando no mindset de soma zero e escassez, comece a listar todas as maneiras pelas quais esse profissional e pessoas como ele o ajudaram em maior ou menor grau para você se tornar quem é hoje. Sinta a tensão desaparecer e a gratidão ganhar espaço. Com seus sentimentos de conexão restaurados, você consegue contar a essas pessoas como elas o inspiraram? Pode passar algum tempo conhecendo-as melhor? É a engenharia reversa da desconexão que o mindset fixo gera.
- Uma auditoria de indutores focada em suas próprias práticas de elogio e nas de sua equipe é uma boa tática. Ela poderia, involuntariamente, incitar as pessoas a adotar um mindset fixo? O que pode ser feito para direcionar os profissionais para o mindset de crescimento? Como destacar o aprendizado e as estratégias que levaram ao sucesso para que possam empoderar a todos?
- Outra coisa que você pode fazer com seu núcleo de cultura de crescimento é coletar e compartilhar histórias de pessoas cujo sucesso é inspirador. Escolha uma delas, estudem o exemplo juntos e passem algum tempo discutindo como a pessoa chegou lá. Existem estratégias que vocês podem usar para perseguir seus objetivos?

Conclusão

Conseguimos! No que diz respeito a este livro, nossa jornada terminou. No que diz respeito ao trabalho da cultura de mindset, está apenas começando. Ainda bem que esse trabalho não precisa ser feito sozinho, nem pode, na verdade. Quando se trata de concretizar o potencial do mindset para mudar a forma como vivemos e trabalhamos juntos, é preciso um esforço conjunto. Mas pode começar por você e se estender às equipes e organizações das quais faz parte – desde locais de trabalho a escolas, equipes esportivas, comunidades espirituais, famílias.

"Fala sério", você pode dizer. "Qual é a probabilidade de isso realmente acontecer?"

Bem, vejamos um exemplo. Na década de 1950, um grupo de cientistas quis observar como o comportamento aprendido entre macacos se espalhava e se tornava normativo dentro de um grupo cultural. Eles foram a uma remota ilha subtropical no Japão, onde macacos viviam havia várias gerações com pouco contato humano. Lá, os cientistas deixaram batatas (uma novidade!) na praia. Mas os macacos não ficavam muito na praia, preferindo a selva junto ao mar. Quando finalmente se aventuraram à beira-mar e descobriram as batatas, acharam que não fossem comestíveis por estarem cobertas de areia. Um dia, porém, uma macaca que os pesquisadores chamaram de Imo (palavra japonesa para "batata") descobriu uma solução: ela mergulhou uma batata no mar, esfregou-a até eliminar toda a areia e comeu com grande prazer. Os jovens macacos observaram Imo com curiosidade (e imagino que com um pouco de inveja, pois aquilo parecia delicioso). Depois de um tempo, eles começaram a imitar seu comportamento, limpando e depois devorando as batatas. Por fim, até os macacos mais velhos e relutantes seguiram o exemplo de todos. Em questão de meses, esse grupo de macacos aprendeu a lavar batatas, e o comportamento deles se estendeu às colônias de macacos adjacentes.[1] Foi o equivalente símio a uma dancinha viral do TikTok.

É assim que a inovação pode se propagar nas culturas de crescimento. É claro que os macacos não acreditam necessariamente no mindset de crescimento – pelo menos não da mesma forma que os humanos. Mas eles não se reprimem com as crenças limitantes do mindset fixo. As culturas de crescimento contêm oportunidades de aprendizagem e adaptabilidade funcional, e essa abertura à mudança permite que as estratégias se propaguem pela cultura e melhorem o todo. Não estou dizendo que nas culturas de crescimento a mudança seja fácil – não é. É simplesmente mais acessível. É mais fácil considerar outras formas de ser quando você tem a crença fundamental de que o aprendizado e o crescimento são possíveis. Que a capacidade de desenvolver e expandir nossas habilidades é algo inerente a todos nós.

A propósito, um adendo sobre Imo. Ao longo de sua vida, ela foi pioneira em outras inovações para o bando, como a descoberta de que assim que era submerso na água o trigo boiava até a superfície sem areia. Esse sistema foi adotado pelas demais colônias da ilha. Sem as limitações do mindset fixo, o ciclo de inovação continuou.

O mindset organizacional é poderoso porque molda a forma como interpretamos e damos sentido ao mundo que nos rodeia. Tem o poder de alinhar nossos objetivos, crenças e comportamentos. É por isso que produz efeitos tão vastos e consistentes em tantos comportamentos e resultados diferentes em "organizações" tão variadas. Novamente, onde quer que duas ou mais pessoas estejam reunidas em um grupo, a cultura de mindset estará em ação. Mudar a cultura, portanto, requer questioná-la pela raiz. Precisamos atentar para as políticas e práticas, as mensagens transmitidas pela liderança e assim por diante, examinando-as pelas lentes da cultura de mindset. Se quisermos transformar as organizações para que sejam mais coesas, bem-sucedidas, inovadoras e diversificadas, para criar um impacto amplo e duradouro, a mudança cultural deve estar no cerne do trabalho.

Mais uma vez, não é fácil. O mindset de crescimento como conceito é relativamente simples, mas colocá-lo em prática e infundi-lo em toda a organização é exaustivo e pode demandar uma parceria com especialistas em mudança cultural. Se você está inserido em uma cultura de gênio, não se sinta derrotado. A beleza da cultura é que ela está sempre evoluindo, e substituir a cultura de mindset é factível. Comece com algumas das estratégias que ofereci aqui. E se você está inserido em uma forte cultura de crescimento (parabéns!), lembre-se de que sustentar e cuidar da cultura é uma jornada contínua, não um destino final. Os exemplos organizacionais que forneço aqui são retratos instantâneos dessas culturas tal como existiam no momento em que este livro foi escrito; não significa que permanecerão assim. Construir e manter culturas de crescimento fortes requer atenção, recursos e anos de esforço consistente, e, depois, um compromisso contínuo de cuidar delas à medida que evoluem.

Ainda assim, qualquer que seja o ângulo – especialmente o que considera o valor de maximizar o potencial humano para produzir e, mais importante ainda, o potencial humano para extrair um significado e um senso de propósito da vida –, vale a pena.

Cada um de nós é um *criador de cultura*. Você tem o poder de moldar seu próprio mindset e de ajudar outras pessoas a moldar o delas. De identificar o que move você e aqueles com quem interage em direção ao mindset fixo ou ao de crescimento, e de empregar estratégias para ativar seu mindset de crescimento com mais frequência. Ao fazer isso, você se torna uma versão moderna e humana de Imo, mostrando aos demais como se faz. Tornando possível que todos nós brilhemos. Lembre-se de que você pode causar o impacto oposto. (E estou me dirigindo especialmente aos líderes neste momento.) Ao incorporar o mindset fixo na maior parte do tempo em suas interações com os outros, você encoraja esse modo de pensar e de se comportar. Cada um de nós tem o poder de definir um tom, e cabe a nós estarmos cientes de como estamos sendo ouvidos.

Ao engajar outras pessoas e gerar mais oportunidades para incorporar o crescimento, você amplifica esse tom. Portanto, encontre seu núcleo, trabalhe junto com ele para criar suas microculturas de crescimento. Então, lidere pelo exemplo e observe-as se espalhar. Lembre-se de que apenas um pequeno passo, uma inovação, pode criar um impulso poderoso em direção a uma cultura de crescimento.

Espero que este livro tenha inspirado você a se comprometer com essa jornada e que retorne às histórias, às ferramentas e aos recursos destas páginas para apoiá-lo ao longo do caminho. Por favor, considere-me um membro do seu núcleo e me informe como as coisas estão caminhando. No estilo do mindset de crescimento, vou aguardar ansiosamente o seu feedback e as oportunidades que ele proporcionará para refinar ainda mais essas ideias e o trabalho da minha equipe.

Junte-se a mim nesta jornada valiosa de formação de culturas de crescimento inclusivas para que, juntos, possamos criar as condições necessárias para equidade, pertencimento, desenvolvimento e sucesso para todos.

Agradecimentos

Escrever este livro foi meu projeto de pandemia. Eu nunca havia escrito um livro antes. Será que eu conseguiria? Por onde começar? Pense em um potencial gatilho de mindset fixo. Mas segui meu próprio conselho e cultivei um núcleo de cultura de crescimento que, para minha sorte, estava disposto a fazer a jornada comigo. A ciência não acontece no vácuo – e, pelo jeito, escrever um livro com base na ciência também não. É preciso uma aldeia, e sou muito grata pela minha.

Em primeiro lugar, não haveria *Culturas de crescimento* sem a minha parceira, a supertalentosa e apaixonadamente dedicada Kelly Madrone. Meu agente literário, Jim Levine, nos apresentou quando assinei o contrato do livro (obrigada, Jim!), e o resto é história. A sabedoria, o conhecimento profundo e o comprometimento inabalável de Kelly me deram a confiança de que eu precisava para chegar até o final. Ela foi basicamente a doula do meu livro. Segurou minha mão durante os rascunhos e as entrevistas, e se certificou de que eu continuasse respirando e fazendo força. Se você gostou das histórias e dos exemplos deste livro, provavelmente deve agradecer a Kelly por eles. Ela entendeu o fenômeno e se mostrou tão entusiasmada com a pesquisa quanto com os exemplos dele no mundo. Obrigada, Kelly, por acreditar nisso. Obrigada pelas inúmeras horas de pesquisa e edição. E, acima de tudo, obrigada por me ajudar a encontrar a minha voz. Sou muito grata a você.

Não existiria *Culturas de crescimento* sem Jim Levine. Eu me encontrei com muitos agentes, indicados por amigos, e Jim foi especial. Ele captou imediatamente a ideia do livro, enviando-me uma porção de exemplos interessantes antes mesmo de eu assinar o contrato. Conseguiu ver como essas ideias poderiam ajudar as pessoas em todo o mundo. Ele me ajudou a elaborar uma proposta de livro atraente, transformou Kelly e eu numa dupla e intercedeu por mim durante todo o processo. Jim acreditou em mim, e sua confiança inspirou a minha. Sempre que eu vinha com uma pergunta, Jim tinha uma boa resposta. Tive muita sorte em fazer essa parceria com ele. Jim, sou profundamente grata a você.

Depois, vem Stephanie Frerich. Senti uma conexão imediata com Stephanie quando falei com ela e Jon Karp na editora Simon & Schuster. Ela entendeu as ideias de cara e fez ótimas perguntas. Eu sabia que, se ela havia feito aquelas perguntas sem ter muito conhecimento sobre o trabalho, não haveria limites para o que poderia fazer quando mergulhássemos no projeto para valer. Os conselhos e a sabedoria de Stephanie foram essenciais para o livro que você está lendo hoje. Ela sabia onde cortar, o que acrescentar, o que *não* repetir. Stephanie, o trabalho de um editor não é fácil, requer elegância e equilíbrio, e você entrou neste projeto com ambas as qualidades de sobra. Obrigada por ser do Time Crescimento.

É claro que não haveria pesquisa para compartilhar sem meus mentores, colaboradores e alunos. Nunca publiquei um artigo de pesquisa sozinha porque não é assim que a ciência funciona. Fazemos ciência em equipe. Claude Steele me inspirou desde o primeiro dia e me ensinou ao longo dos anos a fazer grandes perguntas sobre como tornar o mundo um lugar mais justo. A orientação e os conselhos de Claude sempre me mantiveram no caminho. Ele fez com que eu sentisse e acreditasse que estava onde deveria estar, e sou eternamente grata por sua orientação e amizade. No meu último ano da pós-graduação, houve o encontro decisivo com Carol Dweck, que acabara de chegar a Stanford. Esse timing foi auspicioso. Mal sabia eu que aquele momento assinalaria o início de uma bela colaboração e amizade que continuaria por décadas. Sou muito grata por Carol ter adotado um mindset de crescimento em reação à minha visão sobre a cultura de mindset – e por termos trabalhado juntas desde então para trazê-la ao mundo. Sou grata também pela orientação e pela amizade de Jennifer Richeson, que me apoiou como pós-doutoranda na Northwestern, ajudando-me a me tornar a acadêmica que sou hoje. Meus colegas de pós-graduação e eu formamos nossa própria cultura de crescimento para dar assistência uns aos outros durante o doutorado e além. Valerie Jones Taylor, Sapna Cheryan, Nic Anderson, Julie Heiser, Natalia Mislavsky Khilko, Nick Davidenko, Dave Nussbaum, Paul Hamilton, Chris Bryan, Kelly Wilson, Jennifer Wagner, Hal Hershfield, Valerie Purdie Greenaway, Phil Solomon, Paul Davies, Joyce Ehrlinger e Kali Trzesniewski – sou muito grata pelas risadas que compartilhamos. Meus colaboradores e coautores que estiveram na linha de frente dos estudos e experimentos que realizamos e que compartilharam as muitas rejeições de periódicos e bolsas de pesquisa, bem como a doce vitória dos trabalhos aceitos. Há muita gente para listar, mas faço um agradecimento especial a Sabrina Zirkel, Julie Garcia, Daryl Wout, Stephanie Fryberg, Laura Brady, Megan Bang, Amanda Diekman, Greg Walton, David Yeager, Nick Bowman, Ken Fujita, Laura Wallace, Aneeta Rattan, Josh Clarkson, Ben Tauber e Chris Samsa. Agradecimentos mais especiais à minha "cônjuge no trabalho", Christine Logel, que colaborou com este projeto, participou da gestão do nosso laboratório e me lembrou de descansar, comer e ir ao spa. Agradeço a Tiffany Han, que me orientou e me apoiou nestes últimos cinco anos. Sou grata a Margaret Levi, à turma de 2015-2016 e à equipe do Centro de Estudos Avançados em Ciências do Comportamento da Universidade Stanford, onde passei um ano incrível em uma acolhedora camaradagem, pensando e escrevendo sobre essas ideias e dando início a este livro.

Meus alunos, pós-doutorandos e gestores de laboratório merecem seus próprios agradecimentos, pois seu brilhantismo e sua dedicação enriqueceram essas ideias; grande parte do trabalho que relato aqui foi feita em colaboração com esses cientistas dedicados. Sylvia Perry, Kathy Emerson, Evelyn Carter, Katie Kroeper, Elise Ozier, Heidi Williams, Caitlyn Jones, Katie Boucher, Elizabeth Canning, Katie Muenks, Dorainne Green, Jennifer LaCosse, Stephanie Reeves, Wen Bu, Asha Ganesan, Nedim Yel, Shahana Ansari, Julian Rucker, Trisha Dehrone, Tiffany Estep, Ben Oistad, obrigada por trabalharem comigo nestes últimos 16 anos. Tenho orgulho da diferença que vocês estão fazendo no mundo.

Quero agradecer também à equipe da Equity Accelerator, do passado e do presente, por levar este trabalho de cultura de crescimento a milhares de pessoas em faculdades e empresas em todo o mundo. Steve Bernardini, Jen Coakley, Kathy Emerson, Cassie Hartzog, Sophie Kuchynka, Katie

Mathias, Krysti Ryan, Stephanie Schacht, Samantha Stevens, Chris Smith, Chaghig Walker e Sara Woodruff, obrigada por sua inovação e sua dedicação em criar ambientes de aprendizagem e trabalho mais equitativos, e por cocriar e sustentar uma cultura de crescimento em nossa organização.

Sou grata aos meus colegas da Universidade de Illinois, em Chicago, e da Universidade de Indiana, que me deram feedback sobre este trabalho ao longo dos anos, leram propostas de bolsas de pesquisa e apoiaram a mim e aos meus alunos. Courtney Bonam, Bette Bottoms, Dan Cervone, Jim Larson, Linda Skitka, Sabine French-Rolnick de Illinois e Amanda Diekman, Dorainne Green, Ed Hirt, Kurt Hugenberg, Anne Krendl, BJ Rydell, Jim Sherman, Rich Shiffrin e Eliot Smith de Indiana – obrigada por tornar nosso trabalho melhor. Minha gratidão aos financiadores que apoiaram este trabalho ao longo dos anos, incluindo a Fundação Nacional para a Ciência, a Fundação Raikes, o Character Lab, a Fundação Bill & Melinda Gates, a Fundação Spencer, a Fundação Russell Sage, a Fundação Alfred P. Sloan, a Fundação Família Kern, a Fundação Ewing Marion Kauffman e a Student Experience Research Network. Agradecimentos especiais a Lisa Quay, Dina Blum e Zoe Stemm-Calderon, que ofereceram orientação e assistência ao longo dos anos.

Obrigada a todos que participaram das entrevistas pessoais e compartilharam suas histórias: Alison Mudditt, Amanda Arrington, Amy Bosley, Becki Cohn-Vargas, Ben Tauber, Bill Strickland, Bruce Friedrich, Candy Duncan, Carol Dweck, Cassie Roma, Claude Steele, Dina Blum, Jacqueline Novogratz, Jennifer Danek, Jorrit van der Togt, Karen Gross, Kathleen Boyle Dalen, Wendy Torrance, Kinney Zalesne, Laura Braden, Lou Wool, Sandy Shugart, Susan Mackie, Tom Kudrle e Verne Harnish. Lamento que, por limitações de espaço, eu não tenha podido utilizar todas elas, mas a minha gratidão permanece.

Obrigada a Adam Grant, Angela Duckworth, Dave Nussbaum, Dolly Chugh, Eli Finkel, Emily Balcetis, Elizabeth Dunn, Jennifer Eberhardt, Katherine Howe, Katy Milkman, Kerry Ann Rockquemore, Michele Gelfand e Tim Wilson, que me deram conselhos sobre o processo de escrita do livro e me apresentaram a outras pessoas que poderiam me ajudar.

Por fim, sou muito grata à minha família, especialmente à minha mãe (Bertie), ao meu pai (Richard), ao meu pai (Tom), a Patrick, Maureen, Yen e toda a tribo Esquivel, que sempre me apoiaram e tornaram possíveis a vida e a carreira que tenho hoje. Sou especialmente agradecida por, naquele primeiro encontro, Victor Quintanilla ter insistido em dançarmos juntos no casamento de nossos amigos – e por não termos parado nunca mais. Obrigada, Victor, por viver a vida comigo; ela é mais significativa, mais alegre e mais encantadora porque você é meu parceiro em tudo isso.

Notas

INTRODUÇÃO

1. Ashley Stewart e Shana Lebowitz, "Satya Nadella Employed a 'Growth Mindset' to Overhaul Microsoft's Cutthroat Culture and Turn it Into a Trillion-Dollar Company – Here's How He Did It", *Business Insider*, 7 de março de 2020, https://www.businessinsider.com/microsoft-ceo-satya-nadella-company-culture-change-growth-mindset.
2. Eric Jackson, "Steve Ballmer Deserves His Due as a Great CEO", CNBC, 17 de Janeiro de 2018, https://www.cnbc.com/2018/01/17/steve-ballmer-deserves-his-due-as-a-great-ceo.html.
3. "Microsoft Corp", Barchart, acesso em 5 de maio de 2023, https://www.barchart.com/stocks/quotes/MSFT/performance.
4. Will Feuer, "Microsoft Becomes Second US Company to Reach $2 Trillion Valuation", *New York Post*, 23 de junho de 2021, https://nypost.com/2021/06/23/microsoft-second-us-company-to-reach-2-trillion-valuation/.
5. Amy Kraft, "Microsoft Shuts Down AI Chatbot After It Turned into a Nazi", CBS News, 25 de março de 2016, https://www.cbsnews.com/news/microsoft-shuts-down-ai-chatbot-after-it-turned-into-racist-nazi/.
6. Kif Leswing, "Microsoft's Bing A.I. Made Several Factual Errors in Last Week's Launch Demo", CNBC, 14 de fevereiro de 2023, https://www.cnbc.com/2023/02/14/microsoft-bing-ai-made-several-errors-in-launch-demo-last-week-.html.
7. Anthony Colannino, "Celtics' Brad Stevens Discusses a Growth Mindset", *Mindset Works*, 10 de agosto de 2016, https://blog.mindsetworks.com/entry/celtics-brad-stevens-discusses-a-growth-mindset-1; Kevin Ding, "This LeBron Season Exemplifies His Lifelong Mindset", *The Point*, 30 de março de 2020, https://www.nba.com/lakers/the-point-lebron-season-exemplifies-his-lifelong-mindset; Lee Jenkins, "From 'The Dungeon' to the Top: Erik Spoelstra's Rise with the Heat", https://www.si.com/nba/2014/09/24/erik-spoelstra-miami-heat.

8   Avery Hartmans, Sarah Jackson e Azmi Haroun, "The Rise and Fall of Elizabeth Holmes, the Former Theranos CEO Found Guilty of Wire Fraud and Conspiracy – Who Just Managed to Delay Her Prison Reporting Date", *Business Insider*, 26 de abril de 2023, https://www.businessinsider.com/theranos-founder-ceo-elizabeth-holmes-life-story-bio-2018-4.

9   David Smith, "A Financial Fairytale: How One Man Fooled the Global Elite", *The Guardian*, 14 de julho de 2021, https://www.theguardian.com/books/2021/jul/14/the-key-man-simon-clark-will-louch-private-equity.

10 Arwa Mahdawi, "30 Under 30-Year Sentences: Why So Many of Forbes' Young Heroes Face Jail", *The Guardian*, 7 de abril de 2023, https://www.theguardian.com/business/2023/apr/06/forbes-30-under-30-tech-finance-prison.

11 Mary C. Murphy e Carol S. Dweck, "A Culture of Genius: How an Organization's Lay Theory Shapes People's Cognition, Affect, and Behavior", *Personality and Social Psychology Bulletin* 36, nº 3 (outubro de 2009): pp. 283-296, https://doi.org/10.1177/0146167209347380.

CAPÍTULO 1: O ESPECTRO DO MINDSET

1   Mary C. Murphy e Stephanie L. Reeves, "Personal and Organizational Mindsets at Work", *Research in Organizational Behavior* 39 (2019), https://doi.org/10.1016/j.riob.2020.100121.

2   Carol S. Dweck e Ellen L. Leggett, "A Social-Cognitive Approach to Motivation and Personality", *Psychological Review* 95, nº 2 (1988): pp. 256-273, https://doi.org/10.1037/0033-295X.95.2.256; Carol S. Dweck, *Self-Theories: Their Role in Motivation, Personality, and Development* (Filadélfia: Psychology Press, 2000); Carol Dweck, *Mindset: The New Psychology of Success* (Nova York: Ballantine Books, 2007) [Edição brasileira: *Mindset: A nova psicologia do sucesso* (Rio de Janeiro: Objetiva, 2017)].

3   Murphy e Reeves, "Personal and Organizational Mindsets at Work"; gráfico produzido por Reid Wilson, Wayfaring Path, www.wayfaringpath.com.

4   Carol Dweck, "What Having a 'Growth Mindset' Actually Means", *Harvard Business Review*, 13 de janeiro de 2016, https://hbr.org/2016/01/what-having-a-growth-mindset-actually-means; Carol Dweck, "Carol Dweck Revisits the 'Growth Mindset'", *Education Week*, 22 de setembro de 2015, https://www.edweek.org/leadership/opinion-carol-dweck-revisits-the-growth-mindset/2015/09?print=1; Carol Dweck, "Recognizing and Overcoming False Growth Mindset", *Edutopia*, 11 de janeiro de 2016, https://www.edutopia.org/blog/recognizing-overcoming-false-growth-mindset-carol-dweck; Christine Gross-Loh, "How Praise Became a Consolation Prize", *The Atlantic*, 16 de dezembro de 2016, https://www.theatlantic.com/education/archive/2016/12/how-praise-became-a-consolation-prize/510845/.

5   Mary Murphy, Stephanie Fryberg, Laura Brady, Elizabeth Canning e Cameron

Hecht, "Global Mindset Initiative Paper 1: Growth Mindset Cultures and Teacher Practices", *Growth Mindset Cultures and Practices* (27 de agosto de 2021), http://dx.doi.org/10.2139/ssrn.3911594; K. Morman, L. Brady, C. Wang, M. C. Murphy, M. Bang e S. Fryberg, "Creating Identity Safe Classrooms: A Cultural Educational Psychology Approach to Teacher Interventions", artigo apresentado no Encontro Anual da Associação Americana de Pesquisa Educacional, Chicago, Illinois (abril de 2023).

6 Aneeta Rattan, Catherine Good e Carol Dweck, "'It's Ok – Not Everyone Can Be Good at Math': Instructors with an Entity Theory Comfort (and Demotivate) Students", *Journal of Experimental Social Psychology* 48, nº 3 (maio de 2012): pp. 731-737, https://doi.org/10.1016/j.jesp.2011.12.012.

7 Murphy e Reeves, "Personal and Organizational Mindsets at Work"; Dweck, "What Having a 'Growth Mindset' Actually Means".

8 Carol S. Dweck, *Mindset*; Peter A. Heslin, Lauren A. Keating e Susan J. Ashford, "How Being in Learning Mode May Enable a Sustainable Career Across the Lifespan", *Journal of Vocational Behavior* 117 (março de 2020), https://doi.org/10.1016/j.jvb.2019.103324.

9 Murphy e Reeves, "Personal and Organizational Mindsets at Work"; L. S. Blackwell, K. H. Trzesniewski e C. S. Dweck, "Implicit Theories of Intelligence Predict Achievement Across an Adolescent Transition: A Longitudinal Study and an Intervention", *Child Development* 78, nº 1 (2007): pp. 246-263, http://dx.doi.org/10.1111/j.1467-8624.2007.00995.x; Y. Hong, C. Chiu, C. S. Dweck, D. M.-S. Lin e W. Wan, "Implicit Theories, Attributions, and Coping: A Meaning System Approach", *Journal of Personality and Social Psychology* 77 (1999): pp. 588-599, https://doi.org/10.1037/0022-3514.77.3.588; A. David Nussbaum e Carol S. Dweck, "Defensiveness Versus Remediation: Self-Theories and Modes of Self-Esteem Maintenance", *Personality and Social Psychology Bulletin* 34, nº 5 (5 de março de 2008): pp. 599-612, https://doi.org/10.1177/0146167207312960; Dweck e Leggett, "A Social-Cognitive Approach to Motivation and Personality"; Heslin, Keating e Ashford, "How Being in Learning Mode May Enable a Sustainable Career Across the Lifespan".

10 Murphy e Reeves, "Personal and Organizational Mindsets at Work"; Mary C. Murphy e Carol S. Dweck, "A Culture of Genius: How an Organization's Lay Theory Shapes People's Cognition, Affect, and Behavior", *Personality and Social Psychology Bulletin* 36, nº 3 (outubro de 2009): pp. 283-296, https://doi.org/10.1177/0146167209347380; Murphy *et al.*, "Global Mindset Initiative Paper 1"; Katherine T. U. Emerson e Mary C. Murphy, "Identity Threat at Work: How Social Identity Threat and Situational Cues Contribute to Racial and Ethnic Disparities in the Workplace", *Cultural Diversity and Ethnic Minority Psychology* 20, nº 4 (outubro de 2014): pp. 508-520, https://doi.org/10.1037/a0035403; Elizabeth A. Canning, Mary C. Murphy, Katherine T. U. Emerson, Jennifer A. Chatman, Carol

S. Dweck e Laura J. Kray, "Cultures of Genius at Work: Organizational Mindsets Predict Cultural Norms, Trust, and Commitment", *Personality and Social Psychology Bulletin* 46, nº 4 (2020): pp. 626-642.

11 Murphy e Reeves, "Personal and Organizational Mindsets at Work"; Murphy e Dweck, "A Culture of Genius"; Elizabeth A. Canning, Katherine Muenks, Dorainne J. Green e Mary C. Murphy, "STEM Faculty Who Believe Ability Is Fixed Have Larger Racial Achievement Gaps and Inspire Less Student Motivation in Their Classes", *Science Advances* 5, nº 2 (15 de fevereiro de 2019), https://doi.org/10.1126/sciadv.aau4734; Mary C. Murphy e Carol S. Dweck, "Mindsets Shape Consumer Behavior", *Journal of Consumer Psychology* 26, nº 1 (2016): pp. 127-136, http://dx.doi.org/10.1016/j.jcps.2015.06.005; K. Muenks, E. A. Canning, J. LaCosse, D. J. Green, S. Zirkel e J. A. Garcia, "Does My Professor Think My Ability Can Change? Students' Perceptions of Their STEM Professors' Mindset Beliefs Predict Their Psychological Vulnerability, Engagement, and Performance in Class", *Journal of Experimental Psychology: General* 149, nº 11 (2020): pp. 2.119-2.144, https://doi.org/10.1037/xge0000763; Canning *et al.*, "Cultures of Genius at Work"; David S. Yeager, Jamie M. Carroll, Jenny Buontempo, Andrei Cimpian, Spencer Woody, Robert Crosnoe, Chandra Muller, Jared Murray, Pratik Mhatre, Nicole Kersting, Christopher Hulleman, Molly Kudym, Mary Murphy, Angela Lee Duckworth, Gregory M. Walton e Carol S. Dweck, "Teacher Mindsets Help Explain Where a Growth-Mindset Intervention Does and Doesn't Work", *Psychological Science* 33, nº 1 (2022): pp. 18-32, https://doi.org/10.1177/09567976211028984; Elizabeth A. Canning, Elise Ozier, Heidi E. Williams, Rashed AlRasheed e Mary C. Murphy, "Professors Who Signal a Fixed Mindset about Ability Undermine Women's Performance in STEM", *Social Psychological and Personality Science* 13, nº 5 (2022): pp. 927-937, https://doi.org/10.1177/19485506211030398; Cameron A. Hecht, David S. Yeager, Carol S. Dweck e Mary C. Murphy, "Beliefs, Affordances, and Adolescent Development: Lessons from a Decade of Growth Mindset Interventions", *Advances in Child Development and Behavior* 61 (2021): pp. 169-197, https://doi.org/10.1016/bs.acdb.2021.04.004; Cameron A. Hecht, Carol S. Dweck, Mary C. Murphy, Kathryn M. Kroeper e David S. Yeager, "Efficiently Exploring the Causal Role of Contextual Moderators in Behavioral Science", *Proceedings of the National Academy of Sciences* 120, nº 1 (2023): https://doi.org/10.1073/pnas.2216315120.

12 Megan DiTrolio, "Being a Female CEO Is Not My Identity", *Marie Claire*, 3 de julho de 2019, https://www.marieclaire.com/career-advice/a28243947/sadie-lincoln-barre-3/; "Sadie Lincoln Is Rewriting the Fitness Story: Thoughts on Movement, Community, Risk & Vulnerability, Episode 501", entrevista feita por Rich Roll, *Rich Roll Podcast*, 24 de fevereiro de 2020, https://www.richroll.com/podcast/sadie-lincoln-501/.

13 DiTrolio, "Being a Female CEO Is Not My Identity".

14 "How I Built Resilience: Live with Sadie Lincoln", entrevista feita por Guy Raz, *How I*

Built This, 20 de junho de 2020, https://www.npr.org/2020/06/18/880460529/how-i--built-resilience-live-with-sadie-lincoln.

15 "How I Built Resilience: Live with Sadie Lincoln", entrevista feita por Guy Raz.

16 "Diversity, Equity, and Inclusion Update at Barre3: An Update", *Barre3 Magazine*, 4 de fevereiro de 2021, https://blog.barre3.com/diversity-equity-inclusion-update/.

17 Murphy e Reeves, "Personal and Organizational Mindsets at Work"; Murphy e Dweck, "A Culture of Genius"; Katherine T. U. Emerson e Mary C. Murphy, "A Company I Can Trust? Organizational Lay Theories Moderate Stereotype Threat for Women", *Personality and Social Psychology Bulletin* 41, nº 2 (1º de fevereiro de 2015): pp. 295-307, https://doi.org/10.1177/01461672145649; Canning *et al.*, "Cultures of Genius at Work".

18 *Ibid.*

19 *Ibid.*

20 *Ibid.*

21 Marjorie Garber, "Our Genius Problem: Why This Obsession with the Word, with the Idea, and with the People on Whom We've Bestowed the Designation?", *The Atlantic*, dezembro de 2002, https://www.theatlantic.com/magazine/archive/2002/12/our-genius-problem/308435/.

22 Carol Dweck, entrevista feita por Mary Murphy, 23 de junho de 2021.

23 Claude Steele, entrevista feita por Mary Murphy, 9 de julho de 2021.

24 Murphy e Reeves, "Personal and Organizational Mindsets at Work"; Canning *et al.*, "Professors Who Signal a Fixed Mindset"; Murphy *et al.*, "Global Mindset Initiative Paper 1"; Canning *et al.*, "STEM Faculty Who Believe Ability Is Fixed"; L. Bian, S. Leslie, M. C. Murphy e A. Cimpian, "Messages about Brilliance Undermine Women's Interest in Educational and Professional Opportunities", *Journal of Experimental Social Psychology* 76 (maio de 2018): pp. 404-420, https://doi.org/10.1016/j.jesp.2017.11.006; Lile Jia, Chun Hui Lim, Ismaharif Ismail e Yia Chin Tan, "Stunted Upward Mobility in Learning Environment Reduces the Academic Benefits of Growth Mindset", *Proceedings of the National Academy of Sciences* 118, nº 10 (1º de março de 2021): https://doi.org/10.1073/pnas.20118321. Ver também: D. Storage, T. E. S. Charlesworth, M. R. Banaji e A. Cimpian, "Adults and Children Implicitly Associate Brilliance with Men More than Women", *Journal of Experimental Social Psychology* 90 (2020), https://doi.org/10.1016/j.jesp.2020.104020; L. Bian, S. J. Leslie, and A. Cimpian, "Evidence of Bias Against Girls and Women in Contexts that Emphasize Intellectual Ability", *American Psychologist* 73, nº 9 (2018): pp. 1.139-1.153, https://doi.org/10.1037/amp0000427; E. K. Chestnut, R. F. Lei, S. J. Leslie e A. Cimpian, "The Myth that Only Brilliant People are Good at Math and Its Implications for Diversity", *Education Sciences* 8, nº 2 (2018): p. 65, https://doi.org/10.3390/educsci8020065; Andrei Cimpian e Sarah-Jane Leslie, "The Brilliance Paradox: What Really Keeps Women and Minorities from Excelling in Academia", *Scientific American*, 1º de setembro de 2017, https://www.scientifica-

merican.com/article/the-brilliance-paradox-what-really-keeps-women-and-minorities-from-excelling-in-academia/; D. Storage, Z. Horne, A. Cimpian e S. J. Leslie, "The Frequency of 'Brilliant' and 'Genius' in Teaching Evaluations Predicts the Representation of Women and African Americans Across Fields", *PLOS ONE* 11, nº 3 (3 de março de 2016), https://doi.org/10.1371/journal.pone.0150194; e S. J. Leslie, A. Cimpian, M. Meyer e E. Freeland, "Expectations of Brilliance Underlie Gender Distributions Across Academic Disciplines", *Science* 347, nº 6.219 (2015): pp. 262-265, https://doi.org/10.1126/science.1261375.

25 Canning *et al.*, "STEM Faculty Who Believe Ability Is Fixed"; Yeager *et al.*, "Teacher Mindsets"; K. M. Kroeper, A. Fried e M. C. Murphy, "Toward Fostering Growth Mindset Classrooms: Identifying Teaching Behaviors that Signal Instructors' Fixed and Growth Mindset Beliefs to Students", *Social Psychology of Education* 25 (2022): pp. 371-398, https://doi.org/10.1007/s11218-022-09689-4; K. M. Kroeper, K. Muenks, E. A. Canning e M. C. Murphy, "An Exploratory Study of the Behaviors that Communicate Perceived Instructor Mindset Beliefs in College STEM Classrooms", *Teaching and Teacher Education* 114 (2022), https://doi.org/10.1016/j.tate.2022.103717; Muenks *et al.*, "Does My Professor Think My Ability Can Change?"; J. LaCosse, M. C. Murphy, J. A. Garcia e S. Zirkel, "The Role of STEM Professors' Mindset Beliefs on Students' Anticipated Psychological Experiences and Course Interest", *Journal of Educational Psychology* 113 (2021): pp. 949-971, https://doi.org/10.1037/edu0000620; K. L. Boucher, M. A. Fuesting, A. Diekman e M. C. Murphy, "Can I Work With and Help Others in the Field? How Communal Goals Influence Interest and Participation in STEM Fields", *Frontiers in Psychology* 8 (2017), https://doi.org/10.3389/fpsyg.2017.00901; Melissa A. Fuesting, Amanda B. Diekman, Kathryn L. Boucher, Mary C. Murphy, Dana L. Manson e Brianne L. Safer, "Growing STEM: Perceived Faculty Mindset as an Indicator of Communal Affordances in STEM", *Journal of Personality and Social Psychology* 117, nº 2 (2019): pp. 260-281, https://doi.org/10.1037/pspa0000154; K. Boucher, M. C. Murphy, D. Bartel, J. Smail, C. Logel e J. Danek, "Centering the Student Experience: What Faculty and Institutions Can Do to Advance Equity", *Change: The Magazine of Higher Learning* 53 (2021): pp. 42-50, https://doi.org/10.1080/00091383.2021.1987804.

26 Murphy e Reeves, "Personal and Organizational Mindsets at Work"; Murphy e Dweck, "A Culture of Genius"; Emerson e Murphy, "A Company I Can Trust?"; Canning *et al.*, "Cultures of Genius at Work".

27 *Ibid.*

28 *Ibid.*

29 Murphy e Reeves, "Personal and Organizational Mindsets at Work".

CAPÍTULO 2: MINDSETS ORGANIZACIONAIS

1 William James, *The Principles of Psychology* (Nova York: Henry Holt, 1890), p. 294.

2   Carol Dweck, *Mindset: The New Psychology of Success* (Nova York: Ballantine Books, 2007) [Edição brasileira: *Mindset: A nova psicologia do sucesso* (Rio de Janeiro: Objetiva, 2017)]; H. Grant e C. S. Dweck, "Clarifying Achievement Goals and their Impact", *Journal of Personality and Social Psychology* 85 (2003): pp. 541-553, https://doi.org/10.1037/0022-3514.85.3.541; Y. Hong, C. Chiu, C. S. Dweck, D. M.-S. Lin e W. Wan, "Implicit Theories, Attributions, and Coping: A Meaning System Approach", *Journal of Personality and Social Psychology* 77 (1999): pp. 588-599, https://doi.org/10.1037/0022-3514.77.3.588; D. C. Molden e C. S. Dweck, "Finding 'Meaning' in Psychology: A Lay Theories Approach to Self-Regulation, Social Perception, and Social Development", *American Psychologist* 61 (2006): pp. 192-203, https://doi.org/10.1037/0003-066X.61.3.192; Dweck e Leggett, "A Social-Cognitive Approach to Motivation and Personality"; David Nussbaum e Carol S. Dweck, "Defensiveness Versus Remediation: Self-Theories and Modes of Self-Esteem Maintenance", *Personality and Social Psychology Bulletin* 34, nº 5 (5 de março de 2008): pp. 599-612, https://doi.org/10.1177/0146167207312960; J. S. Moser, H. S. Schroder, C. Heeter, T. P. Moran e Y.-H. Lee, "Mind Your Errors: Evidence for a Neural Mechanism Linking Growth Mind-Set to Adaptive Posterior Adjustments", *Psychological Science* 22 (2011): pp. 1.484-1.489, https://doi.org/10.1177/0956797611419520; J. A. Mangels, B. Butterfield, J. Lamb, C. Good e C. S. Dweck, "Why Do Beliefs about Intelligence Influence Learning Success? A Social Cognitive Neuroscience Model", *Social Cognitive and Affective Neuroscience* 1 (2006): pp. 75-86; https://doi.org/10.1093/scan/nsl013; L. S. Blackwell, K. H. Trzesniewski e C. S. Dweck, "Implicit Theories of Intelligence Predict Achievement Across an Adolescent Transition: A Longitudinal Study and an Intervention", *Child Development* 78, nº 1 (2007): pp. 246-263, http://dx.doi.org/10.1111/j.1467-8624.2007.00995.x; C. S. Dweck, C. Chiu e Y. Hong, "Implicit Theories and Their Role in Judgments and Reactions: A World from Two Perspectives", *Psychological Inquiry* 6 (1995): pp. 267-285, https://doi.org/10.1207/s15327965pli0604_1; S. R. Levy, J. E. Plaks, Y. Hong, C. Chiu e C. S. Dweck, "Static Versus Dynamic Theories and the Perception of Groups: Different Routes to Different Destinations", *Personality and Social Psychology Review* 5 (2001): pp. 156-168, https://doi.org /10.1207/S15327957PSPR0502_6; C. Chiu, Y. Hong e C. S. Dweck, "Lay Dispositionism and Implicit Theories of Personality", *Journal of Personality and Social Psychology* 73 (1997): pp. 19-30, https://doi.org/10.1037/0022-3514.73.1.19; C. A. Erdley e C. S. Dweck, "Children's Implicit Personality Theories as Predictors of their Social Judgments", *Child Development* 64 (1993): pp. 863-878, https://doi.org /10.2307/1131223; S. R. Levy, S. J. Stroessner e C. S. Dweck, "Stereotype Formation and Endorsement: The Role of Implicit Theories", *Journal of Personality and Social Psychology* 74 (1998): pp. 1.421-1.436, https://doi.org/10.1037/0022-3514.74.6.1421; J. E. Plaks, S. J. Stroessner, C. S. Dweck e J. W. Sherman, "Person Theories and Attention Allocation: Preferences for Stereotypic Versus Counter-stereotypic Information", *Journal of Personality and Social*

Psychology 80 (2001): pp. 876-893, https://doi.org/10.1037/0022-3514.80.6.876; J. E. Plaks, "Implicit Theories: Assumptions that Shape Social and Moral Cognition", In: *Advances in Experimental Social Psychology* 56, ed. J. M. Olson (Nova York: Academic Press, 2017), pp. 259-310.

3 Mary C. Murphy e Stephanie L. Reeves, "Personal and Organizational Mindsets at Work", *Research in Organizational Behavior* 39 (2019), https://doi.org/10.1016/j.riob.2020.100121; Mary C. Murphy e Carol S. Dweck, "A Culture of Genius: How an Organization's Lay Theory Shapes People's Cognition, Affect, and Behavior", *Personality and Social Psychology Bulletin* 36, nº 3 (outubro de 2009): pp. 283-296, https://doi.org/10.1177/0146167209347380; Katherine T. U. Emerson e Mary C. Murphy, "A Company I Can Trust? Organizational Lay Theories Moderate Stereotype Threat for Women", *Personality and Social Psychology Bulletin* 41, nº 2 (1º de fevereiro de 2015): pp. 295-307, https://doi.org/10.1177/01461672145649; Elizabeth A. Canning, Mary C. Murphy, Katherine T. U. Emerson, Jennifer A. Chatman, Carol S. Dweck e Laura J. Kray, "Cultures of Genius at Work: Organizational Mindsets Predict Cultural Norms, Trust, and Commitment", *Personality and Social Psychology Bulletin* 46, nº 4 (2020): pp. 626-642.

4 Murphy e Reeves, "Personal and Organizational Mindsets at Work"; Canning *et al.*, "Cultures of Genius at Work".

5 Murphy e Reeves, "Personal and Organizational Mindsets at Work"; Emerson e Murphy, "A Company I Can Trust?"; Canning *et al.*, "Cultures of Genius at Work".

6 Benjamin Frimodig, "Heuristics: Definition, Examples, and How They Work", *Simply Psychology*, 14 de fevereiro de 2023, https://www.simplypsychology.org/what-is-a-heuristic.html; L. Bian, S. J. Leslie e A. Cimpian, "Gender Stereotypes About Intellectual Ability Emerge Early and Influence Children's Interests", *Science* 355 (2017): pp. 389-391, https://doi.org/10.1126/science.aah6524; M. Bennett, "Men's and Women's Self-Estimates of Intelligence", *Journal of Social Psychology* 136 (1996): pp. 411-412, https://doi.org/10.1080/00224545.1996.9714021; M. Bennett, "Self-Estimates of Ability in Men and Women", *Journal of Social Psychology* 137 (1997): pp. 540-541, https://doi.org/10.1080/00224549709595475; K. C. Elmore e M. Luna-Lucero, "Light Bulbs or Seeds? How Metaphors for Ideas Influence Judgments about Genius", *Social Psychological and Personality Science* 8 (2017): pp. 200-208, https://doi.org/10.1177/1948550616667611; B. Kirkcaldy, P. Noack, A. Furnham e G. Siefen, "Parental Estimates of Their Own and Their Children's Intelligence", *European Psychologist* 12 (2007): pp. 173-180, https://doi.org/10.1027/1016-9040.12.3.173; A. Lecklider, *Inventing the Egghead: The Battle over Brainpower in American Culture* (Filadélfia: University of Pennsylvania Press, 2013); Seth Stephens-Davidowitz, "Google, Tell Me. Is My Son a Genius?", *The New York Times*, 18 de janeiro de 2014, http://www.nytimes.com/2014/01/19/opinion/sunday/google-tell-me-is-my-son-a-genius.html; J. Tiedemann, "Gender-Related Beliefs of Teachers in Elementary School Mathematics", *Educational Studies in Ma-*

thematics 41 (2000): pp. 191-207, https://doi.org/10.1023/A:1003953801526; Sandra Upson e Lauren F. Friedman, "Where are all the Female Geniuses?", *Scientific American Mind*, 1º de novembro de 2012, https://www.scientificamerican.com/article/where-are-all-the-female-geniuses/.

7 "What Does Genius Look Like?", busca no Google, acesso em 6 de maio de 2023, https://www.google.com/search?q=what+does+a+genius+look+like&tbm=isch&ved=2ahUKEwj9h5Obi=-H-AhUTL4NAHXhZAQI2Q-cCegQIABAA&oq-what+does+a+genius+look+like&gs_lcp=CgNpbWcQAzIECCMQJzIGCAA-QBxAeMgYIABAIEB5Q9gJYoAlgpQpoAXAAeACAAZMBiAHxAZIBAzEuM-ZgBAKABAaoBC2d3cy13aXotaW1nLXNlbnAAEB&sclient=img&ei=53xWZL34I5PY--LYP-LKFEA.

8 L. Bian, S. Leslie, M. C. Murphy e A. Cimpian, "Messages about Brilliance Undermine Women's Interest in Educational and Professional Opportunities", *Journal of Experimental Social Psychology* 76 (maio de 2018): pp. 404-420; https://doi.org/10.1016/j.jesp.2017.11.006.

9 Canning *et al.*, "Cultures of Genius at Work".

10 Edgar H. Schein, *Organizational Culture and Leadership*, 4ª ed. (São Francisco: Jossey-Bass, 2010).

11 Murphy e Reeves, "Personal and Organizational Mindsets at Work"; Canning *et al.*, "Cultures of Genius at Work".

12 Murphy e Reeves, "Personal and Organizational Mindsets at Work".

13 Murphy e Reeves, "Personal and Organizational Mindsets at Work"; Murphy e Dweck, "A Culture of Genius".

14 Murphy e Reeves, "Personal and Organizational Mindsets at Work"; Murphy e Dweck, "A Culture of Genius"; Emerson e Murphy, "A Company I Can Trust?"; Canning *et al.*, "Cultures of Genius at Work".

15 Canning *et al.*, "Cultures of Genius at Work".

16 Emerson e Murphy, "A Company I Can Trust?"; Canning *et al.*, "Cultures of Genius at Work".

17 Canning *et al.*, "Cultures of Genius at Work". Ver também: P. A. Heslin, "'Potential' in the Eye of the Beholder: The Role of Managers Who Spot Rising Stars", *Industrial and Organizational Psychology: Perspectives on Science and Practice* 2, nº 4 (2009): pp. 420-424, https://doi.org/10.1111/j.1754-9434.2009.01166.x.

18 Mary C. Murphy, "Mindsets in Entrepreneurship: Measurement and Validation Results", relatório para o G2 Advisory Group e a Fundação Kauffman (abril 2020).

CAPÍTULO 3: COLABORAÇÃO

1 Mary C. Murphy e Stephanie L. Reeves, "Personal and Organizational Mindsets at Work", *Research in Organizational Behavior* 39 (2019), https://doi.org/10.1016/j.riob.2020.100121; Mary C. Murphy e Carol S. Dweck, "A Culture of Genius: How an

Organization's Lay Theory Shapes People's Cognition, Affect, and Behavior", *Personality and Social Psychology Bulletin* 36, nº 3 (outubro de 2009): pp. 283-296, https://doi.org/10.1177/0146167209347380; Elizabeth A. Canning, Mary C. Murphy, Katherine T. U. Emerson, Jennifer A. Chatman, Carol S. Dweck e Laura J. Kray, "Cultures of Genius at Work: Organizational Mindsets Predict Cultural Norms, Trust, and Commitment", *Personality and Social Psychology Bulletin* 46, nº 4 (2020): pp. 626-642; M. C. Murphy, B. Tauber, C. Samsa e C. S. Dweck, "Founders' Mindsets Predict Company Culture and Organizational Success in Early Stage Startups" (documento de trabalho); Mary C. Murphy, "Mindsets in Entrepreneurship: Measurement and Validation Results", relatório para o G2 Advisory Group e a Fundação Kauffman (abril de 2020). Observação: o trabalho com a Fundação Kauffman foi conduzido em colaboração com Wendy Torrance e Kathleen Boyle Dalen.
2. *Or the Making and Breaking of a $47 Billion Unicorn*, dirigido por Jed Rothstein, Campfire/Forbes Entertainment/Olive Hill Media, 2021.
3. Steve Bates, "Forced Ranking", *HR Magazine*, 1º de junho de 2003, https://www.shrm.org/hr-today/news/hr-magazine/pages/0603bates.aspx.
4. Reeves Wiedeman, *Billion Dollar Loser: The Epic Rise and Fall of WeWork* (Londres: Hodder & Stoughton, 2020).
5. "There Are Significant Business Costs to Replacing Employees", Centro para o Progresso Americano, 16 de novembro de 2012, https://www.americanprogress.org/article/there-are-significant-business-costs-to-replacing-employees/.
6. Amy Adkins, "Millennials: The Job-Hopping Generation", Gallup, acesso em 6 de maio de 2023, https://www.gallup.com/workplace/231587/millennials-job-hopping-generation.aspx.
7. Lauren Vesty, "Millennials Want Purpose Over Paychecks. So Why Can't We Find It at Work?", *The Guardian*, 14 de setembro de 2016, https://www.theguardian.com/sustainable-business/2016/sep/14/millennials-work-purpose-linkedin-survey.
8. Canning *et al.*, "Cultures of Genius at Work".
9. "Quits: Total Nonfarm", Banco Federal Reserve de St. Louis, acesso em 6 de maio de 2023, https://fred.stlouisfed.org/series/JTSQUL?utm_source=npr_newsletter&utm_medium=email&utm_content=20220122&utm_term=6236291&utm_campaign=money&utm_id=1253516&orgid=278&utm_att1=nprnews.
10. Donald Sull, Charles Sull e Ben Zweig, "Toxic Culture Is Driving the Great Resignation", *MIT Sloan Management Review*, 11 de janeiro de 2022, https://sloanreview.mit.edu/article/toxic-culture-is-driving-the-great-resignation/.
11. Murphy e Reeves, "Personal and Organizational Mindsets at Work"; Katherine T. U. Emerson e Mary C. Murphy, "A Company I Can Trust? Organizational Lay Theories Moderate Stereotype Threat for Women", *Personality and Social Psychology Bulletin* 41, nº 2 (1º de fevereiro de 2015): pp. 295-307, https://doi.org/10.1177/01461672145649; Canning *et al.*, "Cultures of Genius at Work"; P. A. Heslin, "'Potential' in the Eye of the Beholder: The Role of Managers Who Spot Rising

Stars", *Industrial and Organizational Psychology: Perspectives on Science and Practice* 2, nº 4 (2009): pp. 420-424, https://doi.org/10.1111/j.1754-9434.2009.01166.x; Heslin, Keating e Ashford, "How Being in Learning Mode May Enable a Sustainable Career Across the Lifespan".

12 *WeWork: Or the Making and Breaking of a $47 Billion Unicorn*.
13 Murphy e Reeves, "Personal and Organizational Mindsets at Work"; Emerson e Murphy, "A Company I Can Trust?"; Canning *et al.*, "Cultures of Genius at Work".
14 *WeWork: Or the Making and Breaking of a $47 Billion Unicorn*.
15 Samantha Subin, "Outsted WeWork CEO Says $47 Billion Valuation Went to His Head Before Botched IPO", CNBC, 9 de novembro de 2021, https://www.cnbc.com/2021/11/09/ousted-wework-ceo-adam-neumann-47-billion-valuation-went-to-his-head.html; Wiedeman, *Billion Dollar Loser*.
16 Wiedeman, *Billion Dollar Loser*.
17 John Carreyrou, *Bad Blood: Secrets and Lies in a Silicon Valley Startup* (Nova York: Knopf, 2018) [edição brasileira: *Bad blood: fraude bilionária no Vale do Silício* (Rio de Janeiro: Alta Books, 2019)]; *A inventora – À procura de sangue no Vale do Silício*, dirigido por Alex Gibney, HBO Documentary Films/Jigsaw Productions, 2019.
18 Chris Prentice e Pete Schroeder, "Former Wells Fargo Exec Faces Prison, Will Pay $17 Million Fine Over Fake Accounts Scandal", Reuters, 15 de março de 2023, https://www.reuters.com/legal/former-wells-fargo-executive-pleads-guilty-obstructing-bank-examination-fined-17-2023-03-15/.
19 Bethany McLean e Peter Elkind, *Smartest Guys in the Room: The Amazing Rise and Scandalous Fall of Enron* (Nova York: Portfolio, 2003).
20 A. J. Hess, "Ranking Workers Can Hurt Morale and Productivity. Tech Companies Are Doing It Anyway", *Fast Company*, 16 de fevereiro de 2023, https://www.fastcompany.com/90850190/stack-ranking-workers-hurt-morale-productivity-tech-companies?utm_source=newsletters&utm_medium=email&utm_campaign=FC%20-%20Compass%20Newsletter.Newsletter%20-%20FC%20-%20Compass%202-17-23&leadId=7181911.
21 Murphy e Reeves, "Personal and Organizational Mindsets at Work"; Emerson e Murphy, "A Company I Can Trust?"; Canning *et al.*, "Cultures of Genius at Work".
22 Canning *et al.*, "Cultures of Genius at Work".
23 Margaret Heffernan, *A Bigger Prize: How We Can Do Better than the Competition* (Filadélfia: PublicAffairs, 2014).
24 Omri Gillath, Christian S. Crandall, Daniel L. Wann e Mark H. White II, "Buying and Building Success: Perceptions of Organizational Strategies for Improvement", *Journal of Applied Psychology* 51, nº 5 (maio de 2021): pp. 534-546, https://doi.org/10.1111/jasp.12755.
25 "How to Nail Your Design Interview: What to Expect and What We Look For", Atlassian, acesso em 6 de maio de 2023, https://www.atlassian.com/company/careers/resources/interviewing/how-to-nail-your-design-interview.

26 "Breaking the Glass Ceiling in Tech: Advice from Three Atlassian Engineering Managers", Atlassian, acesso em 6 de maio de 2023, https://www.atlassian.com/company/careers/resources/career-growth/breaking-the-glass-ceiling-in-tech.
27 "Common Challenges of Interns and Grads and the Solutions to Them", Atlassian, acesso em 6 de maio de 2023, https://www.atlassian.com/company/careers/resources/career-growth/common-challenges-of-interns-and-grads.
28 "Employee Development Templates", Atlassian, acesso em 6 de maio de 2023, https://www.atlassian.com/software/confluence/templates/collections/employee-development.
29 "From New Grads to Engineering Managers: Three Atlassian[s] on their Journeys, Constant Learning, and Support Along the Way", Atlassian, acesso em 6 de maio de 2023, https://www.atlassian.com/company/careers/resources/career-growth/from-new-grads-to-engineering-managers.
30 Sarah Larson, "The Employee Attrition Spike is Here: How to Hang on to Your Best People", Atlassian, 22 de junho de 2021, https://www.atlassian.com/blog/leadership/attrition-spike.
31 "Atlassian", Glassdoor, acesso em 6 de maio de 2023, https://www.glassdoor.com/Reviews/Atlassian-Reviews-E115699.htm.
32 "Atlassian", MarketCap, acesso em 6 de maio de 2023, https://companiesmarketcap.com/atlassian/marketcap/.
33 Ronald A. Cohen, "Yerkes-Dodson Law", *Encyclopedia of Clinical Neuropsychology*, acesso em 6 de maio de 2023, https://link.springer.com/referenceworkentry/10.1007/978-0-387-79948-3_1340.
34 Canning *et al.*, "Cultures of Genius at Work"; Murphy e Reeves, "Personal and Organizational Mindsets at Work"; Emerson e Murphy, "A Company I Can Trust?".
35 Walter Isaacson, *The Code Breaker: Jennifer Doudna, Gene Editing, and the Future of the Human Race* (Nova York: Simon & Schuster, 2021) [edição brasileira: *A decodificadora: Jennifer Doudna, edição de genes e o futuro da espécie humana* (Rio de Janeiro: Intrínseca, 2021)].
36 Walter Isaacson, "CRISPR Rivals Put Patents Aside to Help in Fight Against Covid-19", STAT, 3 de março de 2021, https://www.statnews.com/2021/03/03/crispr-rivals-put-patents-aside-fight-against-covid-19/.
37 "STATus List 2022: Jennifer Doudna", STAT, acesso em 6 de maio de 2023, https://www.statnews.com/status-list/2022/jennifer-doudna/.
38 Walter Isaacson, *The Code Breaker*.
39 Yvon Chouinard, *Let My People Go Surfing: The Education of a Reluctant Businessman – Including 10 More Years of Business Unusual* (Nova York: Penguin, 2016) [edição brasileira: *Lições de um empresário rebelde* (São Paulo: Rocky Mountain, 2015)].
40 "Overview", Lenox Hill Hospital, acesso em 6 de maio de 2023, https://lenoxhill.northwell.edu/about.

41 *Lenox Hill*, 1ª temporada, episódio 1, "Growth Hurts". Netflix, 2020.
42 "Steve Magness: How to Do Hard Things and the Surprising Science of Resilience, Episode 686", entrevista feita por Rich Roll, *Rich Roll Podcast*, 13 de junho de 2022, https://www.richroll.com/podcast/steve-magness-686/.
43 *Friends*, 5ª temporada, episódio 13, "Aquele com a bolsa do Joey", NBC, 4 de fevereiro de 1999.
44 Lisa Bodell, "Reward Programs that Actually Boost Collaboration", *Forbes*, 30 de novembro de 2019, https://www.forbes.com/sites/lisabodell/2019/11/30/reward-programs-that-actually-boost-collaboration/?sh=706c797871ee.
45 Stephen Miller, "'Stack Ranking' Ends at Microsoft, Generating Heated Debate", SHRM, 20 de novembro de 2013, https://www.shrm.org/resourcesandtools/hr-topics/compensation/pages/stack-ranking-microsoft.aspx.
46 "Can Patagonia Change the World? With CHRO Dean Carter and Dr. David Rock", entrevista feita por Chris Weller, *Your Brain at Work*, 5 de agosto de 2019, https://neuroleadership.com/podcast/planting-seeds-at-patagonia-with-dean-carter.
47 "Talent Assessment Program", GitLab, acesso em 6 de maio de 2023, https://about.gitlab.com/handbook/people-group/talent-assessment/#measuring-growth-potential.

CAPÍTULO 4: INOVAÇÃO E CRIATIVIDADE

1 Jorrit van der Togt, entrevista a Mary Murphy, 8 de julho de 2021.
2 "Safety: Our Approach", Shell, acesso em 6 de maio de 2023, https://www.shell.com/sustainability/safety/our-approach.html.
3 Candace Duncan, entrevista a Kelly Madrone, 2 de dezembro de 2020.
4 Crystal L. Hoyt, Jeni L. Burnette e Audrey N. Innella, "I Can Do That: The Impact of Implicit Theories on Leadership Role Model Effectiveness", *Personality and Social Psychology Bulletin* 38, nº 2 (5 de dezembro de 2011), https://doi.org/10.1177/0146167211427922.
5 Mike Isaac, *Super Pumped: The Battle for Uber* (Nova York: W. W. Norton & Company, 2019) [edição brasileira: *A guerra pela Uber* (Rio de Janeiro: Intrínseca, 2020)].
6 Candace Duncan, entrevista a Kelly Madrone, 2 de dezembro de 2020.
7 Mike Isaac, *Super Pumped*.
8 Frances Frei, "How to Build (and Rebuild) Trust", TED2018, abril de 2018, https://www.ted.com/talks/frances_frei_how_to_build_and_rebuild_trust#t-848544.
9 Kara Swisher, "Here's One of Uber CEO Dara Khosrowshahi's New Rules of the Road: 'We Do the Right Thing. Period'", *Vox*, 7 de novembro de 2017, https://www.vox.com/2017/11/7/16617340/read-uber-dara-khosrowshahi-new-rule-values-meeting.
10 Marie Crouzevialle e Fabrizio Butera, "Performance-Approach Goals Deplete Wor-

king Memory and Impair Cognitive Performance", *Journal of Experimental Psychology* 142, nº 3 (agosto de 2013): pp. 666-678, https://doi.org/10.1037/a0029632.
11 Nujaree Intasao e Ning Hao, "Beliefs about Creativity Influence Creative Performance: The Mediation Effects of Flexibility and Positive Affect", *Frontiers in Psychology* 9 (24 de setembro de 2018), https://doi.org/10.3389/fpsyg.2018.01810.s.
12 Alexander J. O'Connor, Charlan J. Nemeth e Satoshi Akutsu, "Consequences of Beliefs about the Malleability of Creativity", *Creativity Research Journal* 25, nº 2 (17 de maio de 2013): pp. 155-162, https://doi.org/10.1080/10400419.2013.783739.
13 *Ibid.*
14 "It Is Not the Strongest of the Species that Survives but the Most Adaptable", *Quote Investigator*, acesso em 8 de maio de 2023, https://quoteinvestigator.com/2014/05/04/adapt/.
15 Charles A. O'Reilly e Michael L. Tushman, *Lead and Disrupt: How to Solve the Innovator's Dilemma* (Redwood City, Califórnia: Stanford Business Books, 2016) [edição brasileira: *Liderança e disrupção* (Barueri: HSM, 2018)].
16 Elizabeth A. Canning, Mary C. Murphy, Katherine T. U. Emerson, Jennifer A. Chatman, Carol S. Dweck e Laura J. Kray, "Cultures of Genius at Work: Organizational Mindsets Predict Cultural Norms, Trust, and Commitment", *Personality and Social Psychology Bulletin* 46, nº 4 (2020): pp. 626-642; Don Vandenwalle, "A Growth and Fixed Mindset Exposition of the Value of Conceptual Clarity", *Industrial and Organizational Psychology* 5, nº 3 (7 de Janeiro de 2015): pp. 301-305, https://doi.org/10.1111/j/1754-9434.2012.01450.x.
17 Jacqueline Novogratz, *The Blue Sweater: Bridging the Gap Between Rich and Poor in an Interconnected World* (Nova York: Rodale, 2009); Jacqueline Novogratz, *Manifesto for a Moral Revolution: Practices to Build a Better World* (Nova York: Henry Holt, 2020); Jacqueline Novogratz, entrevista a Mary Murphy, 16 de março de 2023.
18 "1,400,000 Lives. Transformed", d.light, acesso em 8 de maio de 2023, https://www.dlight.com/.
19 Jacqueline Novogratz, *Manifesto for a Moral Revolution*.
20 Jacqueline Novogratz, entrevista a Mary Murphy, 16 de março de 2023.
21 Mary C. Murphy e Carol S. Dweck, "Mindsets Shape Consumer Behavior", *Journal of Consumer Psychology* 26, nº 1 (2016): pp. 127-136, http://dx.doi.org/10.1016/j.jcps.2015.06.005.
22 Cammy Crolic, Joshua J. Clarkson, Ashley S. Otto e Mary C. Murphy, "Motivated Knowledge Acquisition: Implicit Self-Theories and the Preference for Knowledge Breadth or Depth", *Personality and Social Psychology Bulletin* (no prelo, 2024).
23 Carol S. Dweck e Ellen L. Leggett, "A Social-Cognitive Approach to Motivation and Personality", *Psychological Review* 95, nº 2 (1988): pp. 256-273, https://doi.org/10.1037/0033-295X.95.2.256.
24 Murphy e Dweck, "Mindsets Shape Consumer Behavior"; Mary C. Murphy e Carol

S. Dweck, "Mindsets and Consumer Psychology: A Response", *Journal of Consumer Psychology* 26 (2015): pp. 165-166, https://doi.org/10.1016/j.jcps.2015.06.006.
25 Murphy e Dweck, "Mindsets Shape Consumer Behavior"; J. K. Park e D. R. John, "Got to Get You Into My Life: Do Brand Personalities Rub Off on Consumers?", *Journal of Consumer Research* 37 (2010): pp. 655-669, https://doi.org/10.1086/655807; J. K. Park e D. R. John, "Capitalizing on Brand Personalities in Advertising: The Influence of Implicit Self-Theories on Ad Appeal Effectiveness", *Journal of Consumer Psychology* 22 (2012): pp. 424-432, https://doi.org/10.1016/j.jcps.2011.05.004.
26 Murphy e Dweck, "Mindsets Shape Consumer Behavior"; Emerson e Murphy, "A Company I Can Trust?"; Mary C. Murphy e Carol S. Dweck, "A Culture of Genius: How an Organization's Lay Theory Shapes People's Cognition, Affect, and Behavior", *Personality and Social Psychology Bulletin* 36, nº 3 (outubro de 2009): pp. 283-296, https://doi.org /10.1177/0146167209347380.
27 Seth Stevenson, "We're No. 2! We're No. 2! How a Mad Men – Era Ad Firm Discovered the Perks of Being an Underdog", *Slate*, 12 de agosto de 2013, https://slate.com/business/2013/08/hertz-vs-avis-advertising-wars-how-an-ad-firm-made-a--virtue-out-of-second-place.html; Murphy e Dweck, "Mindsets Shape Consumer Behavior".
28 "Millennials + Money: The Unfiltered Journey", Meta, 25 de setembro de 2016, https://www.facebook.com/business/news/insights/millennials-money-the-unfiltered-journey.
29 Christopher Klein, "Why Coca-Cola's 'New Coke' Flopped", *History*, 13 de março de 2020, https://www.history.com/news/why-coca-cola-new-coke-flopped; Murphy e Dweck, "Mindsets Shape Consumer Behavior".
30 Sandie Glass, "What Were They Thinking? The Day Ketchup Crossed the Line from Perfect to Purple", *Fast Company*, 14 de setembro de 2011, https://www.fastcompany.com/1779591/what-were-they-thinking-day-ketchup-crossed-line-perfect-purple.
31 Murphy e Dweck, "Mindsets Shape Consumer Behavior"; E. A. Yorkston, J. C. Nunes e S. Matta, "The Malleable Brand: The Role of Implicit Theories in Evaluating Brand Extensions", *Journal of Marketing* 74 (2010): pp. 80-93, https://doi.org/10.1509/jmkg.74.1.80; P. Mathur, S. P. Jain e D. Maheswaran, "Consumers' Implicit Theories about Personality Influence Their Brand Personality Judgments", *Journal of Consumer Psychology* 22 (2012): pp. 545-557, https://doi.org/10.1016/j.jcps.2012.01.005.
32 Murphy e Dweck, "Mindsets Shape Consumer Behavior".
33 E. Halperin, A. Russell, K. Trzesniewski, J. J. Gross e C. S. Dweck, "Promoting the Middle East Peace Process by Changing Beliefs about Group Malleability", *Science* 333, nº 6.050 (2011): pp. 1.767-1.769, https://doi.org/10.1126/science.1202925; R. J. Rydell, K. Hugenberg, D. Ray e D. M. Mackie, "Implicit Theories about Groups and Stereotyping: The Role of Group Entitativity", *Personality and Social Psychology Bulletin* 33 (2007): pp. 549-558, https://doi.org/10.1177/0146167206296956.

34 Mark Stevenson, "Taco Bell's Fare Baffles Mexicans", *The Seattle Times*, 10 de outubro de 2007, https://www.seattletimes.com/business/taco-bells-fare-baffles-mexicans/; Murphy e Dweck, "Mindsets Shape Consumer Behavior".
35 Murphy e Dweck, "Mindsets Shape Consumer Behavior"; D. Daszkowski, "How American Fast Food Franchises Expanded Abroad", About.com, acesso em 15 de maio de 2023, http://franchises.about.com.
36 Amy Edmondson, *The Fearless Organization: Creating Psychological Safety in the Workplace for Learning, Innovation, and Growth* (Nova York: Wiley, 2018) [edição brasileira: *A organização sem medo* (Rio de Janeiro: Alta Books, 2020)].
37 Novogratz, *The Blue Sweater*.
38 Jorrit van der Togt, entrevista a Mary Murphy, 8 de julho de 2021.
39 Jorrit van der Togt, entrevista a Mary Murphy, 8 de julho de 2021; "Oil and Gas Extraction", Departamento Norte-Americano de Estatísticas do Trabalho, acesso em 15 de maio de 2023, https://www.bls.gov/iag/tgs/iag211.htm; "Oil Mining and Gas Extraction", Departamento Norte-Americano de Estatísticas do Trabalho, acesso em 15 de maio de 2023, https://data.bls.gov/pdq/SurveyOutputServlet.
40 Chouinard, *Let My People Go Surfing*.
41 Ed Catmull com Amy Wallace, *Creativity, Inc.: Overcoming the Unseen Forces that Stand in the Way of True Inspiration* (Nova York: Random House, 2014) [edição brasileira: *Criatividade S. A.* (Rio de Janeiro: Rocco, 2014)].
42 "The Wildfang Way: Emma McIlroy", entrevista a Jonathan Fields, *The Good Life Podcast*, 7 de agosto de 2019, https://www.goodlifeproject.com/podcast/emma-mcilroy-wildfang/.
43 "Dee Hock", Quotes, acesso em 8 de maio de 2023, https://www.quotes.net/quote/41629.
44 "ShipIt", Atlassian, acesso em 8 de maio de 2023, https://www.atlassian.com/company/shipit.
45 Kaomi Goetz, "How 3M Gave Everyone Days Off and Created an Innovation Dynamo", *Fast Company*, 1º de fevereiro de 2011, https://www.fastcompany.com/1663137/how-3m-gave-everyone-days-off-and-created-an-innovation-dynamo.
46 Bill Murphy Jr., "Google Says It Still Uses '20 Percent Rule' and You Should Totally Copy It", *Inc.*, 11 de novembro de 2020, https://www.inc.com/bill-murphy-jr/google-says-it-still-uses-20-percent-rule-you-should-totally-copy-it.html.
47 Heffernan, *A Bigger Prize*; Jay Rao, "W. L. Gore: Culture of Innovation", Babson College, 12 de abril de 2012, http://www.elmayorportaldegerencia.com/Documentos/Innovacion/%5bPD%5d%20Documentos%20-%20Culture%20of%20innovation.pdf.
48 Jorrit van der Togt, entrevista a Mary Murphy, 8 de julho de 2021.
49 Novogratz, *The Blue Sweater*.
50 Nikolaus Franke, Marion K. Poetz e Martin Schreier, "Integrating Problem Sol-

vers from Analogous Markets in New Product Ideation", *Management Science* 60, nº 4 (26 de novembro de 2013): pp. 805-1.081, https://doi.org/10.1287/mnsc.2013.1805.

51 John Mackey, Steve McIntosh e Carter Phipps, *Conscious Leadership. Elevating Humanity Through Business* (Nova York: Portfolio, 2020) [edição brasileira: *Liderança consciente* (Rio de Janeiro: Alta Books, 2021)].

52 @kimberlyquinn, "Have you heard of a surprise journal? When people do something that surprised you, write it down. If you analyze it and figure out why it was surprising, you can learn about what your implicit default expectations are – which can suggest interesting hypotheses" (Já ouviu falar de um diário de surpresas? Quando as pessoas fizerem algo que o surpreenda, tome nota. Se você analisar a situação e descobrir por que foi surpreendente, poderá aprender quais são suas expectativas implícitas padrão – o que pode sugerir hipóteses interessantes), 8 de março de 2021, 13h50, https://twitter.com/kimberlyquinn/status/1369012627217788928.

CAPÍTULO 5: DISPOSIÇÃO PARA ASSUMIR RISCOS E RESILIÊNCIA

1 David Smith, "Is Donald Trump's Love-Hate Relationship with Twitter on the Rocks?", *The Guardian*, 31 de maio de 2020, https://www.theguardian.com/us-news/2020/may/31/donald-trump-twitter-love-hate-relationship.

2 Ben Tauber, entrevista a Mary Murphy, 30 de junho de 2021.

3 Reeves Wiedeman, *Billion Dollar Loser: The Epic Rise and Fall of WeWork* (Londres: Hodder & Stoughton, 2020).

4 Clint Rainey, "Adam Neumann Talked About Flow for a Full Hour and We Still Don't Know What It Is", *Fast Company*, 8 de fevereiro de 2023, https://www.fastcompany.com/90847220/adam-neumann-a16z-flow-startup-real-estate-explained.

5 Ben Tauber, entrevista a Mary Murphy, 30 de junho de 2021.

6 Rob Asghar, "Why Silicon Valley's 'Fail Fast' Mantra is Just Hype", *Forbes*, 14 de julho de 2014, https://www.forbes.com/sites/robasghar/2014/07/14/why-silicon-valleys-fail-fast-mantra-is-just-hype/?sh=3f54c7d724bc.

7 Ben Tauber, entrevista a Mary Murphy, 30 de junho de 2021.

8 Herminia Ibarra, Aneeta Rattan e Anna Johnston, "Satya Nadella at Microsoft: Instilling a Growth Mindset", London Business School, 2018, https://hbsp.harvard.edu/product/LBS128-PDF-ENG.

9 Satya Nadella, *Hit Refresh: The Quest to Rediscover Microsoft's Soul and Imagine a Better Future for Everyone* (Nova York: Harper Business, 2017) [edição brasileira: *Aperte o F5* (São Paulo: Benvirá, 2018)].

10 Kinney Zalesne, entrevista a Mary Murphy, 29 de junho de 2021.

11 Catherine Poirier, Carina Cheng, Ellora Sarkar, Henry Silva e Tom Kudrle, "The Culture of Data Leaders", Keystone, 2 de fevereiro de 2021, https://www.keystone.ai/news-publications/whitepaper-the-culture-of-data-leaders/.

12 Louis Wool, entrevista a Mary Murphy, 29 de setembro de 2020.
13 David A. Singer, "Harrison School's Louis N. Wool Named New York Superintendent of the Year", *HuffPost*, 11 de dezembro de 2009, https://www.huffpost.com/entry/harrison-schools-louis-n_b_389177.
14 Louis Wool, entrevista a Mary Murphy, 29 de setembro de 2020.
15 Amy Stuart Wells, Lauren Fox e Diana Cordova-Cobo, "How Racially Diverse Schools and Classrooms Can Benefit All Students", Century Foundation, 9 de fevereiro de 2016, https://tcf.org/content/report/how-racially-diverse-schools-and-classrooms-can-benefit-all-students/?agreed=1. Ver também: Aaliyah Samuel, "Why an Equitable Curriculum Matters", NWEA, 19 de setembro de 2019, https://www.nwea.org/blog/2019/why-an-equitable-curriculum-matters/.
16 Singer, "Harrison School's Louis N. Wool Named New York Superintendent of the Year."
17 Louis Wool, entrevista a Mary Murphy, 29 de setembro de 2020. Metas orientadas para objetivos de proficiência ajudam a levar os alunos para o mindset de crescimento e podem aumentar a determinação deles. Como mostrou a pesquisa de Angela Duckworth e sua equipe, "os alunos que percebiam a escola como mais orientada para o nível de proficiência eram mais determinados e obtinham notas mais altas. Em contraste, os alunos que percebiam a escola como mais orientada para objetivos de desempenho eram menos determinados e obtinham notas mais baixas". Daeun Park, Alisa Yu, Rebecca N. Baelen, Eli Tsukayama e Angela L. Duckworth, "Fostering Grit: Perceived School Goal-Structure Predicts Growth in Grit and Grades", *Contemporary Educational Psychology* 55 (outubro de 2018): pp. 120-128, https://doi.org/10.1016/j.cedpsych.2018.09.007.
18 Louis Wool, correspondência com Mary Murphy, 3 de maio de 2023.
19 Louis Wool, entrevista a Mary Murphy, 29 de setembro de 2020.
20 Chris Weller, "Patagonia and the Regenerative Approach to Performance Management", NeuroLeadership Institute, 15 de agosto de 2019, https://neuroleadership.com/your-brain-at-work/patagonia-your-brain-at-workpodcast; "Can Patagonia Change the World? With CHRO Dean Carter and Dr. David Rock", entrevista a Chris Weller, *Your Brain at Work*, 5 de agosto de 2019, https://neuroleadership.com/podcast/planting-seeds-at-patagonia-with-dean-carter.
21 Ash Jurberg, "Patagonia Has Provided a Business Blueprint in How to Avoid the Great Resignation", Entrepreneur's Handbook, 26 de novembro de 2021, https://medium.com/entrepreneur-s-handbook/patagonia-has-provided-a-business-blueprint-in-how-to-avoid-the-great-resignation-6dcd6ea6f668.
22 John Corrigan, "Elon Musk Gives Remaining Twitter Employees an Ultimatum", 16 de novembro de 2022, https://www.hcamag.com/us/specialization/employee-engagement/elon-musk-gives-remaining-twitter-employees-an-ultimatum/427677.
23 "The Wildfang Way: Emma McIlroy", entrevista a Jonathan Fields, *The Good Life*

Podcast, 7 de agosto de 2019, https://www.goodlifeproject.com/podcast/emma-mcilroy-wildfang/.
24 Robert C. Wilson, Amitai Shenhav, Mark Straccia e Jonathan D. Cohen, "The Eighty Five Percent Rule for Optimal Learning", *Nature Communications* 10, nº 1 (5 de novembro de 2019), https://doi.org/10.1038/s41467-019-12552-4.
25 Taylor Soper, "'Failure and Innovation are Inseparable Twins': Amazon Founder Jeff Bezos Offers 7 Leadership Principles", *GeekWire*, 28 de outubro de 2016, https://www.geekwire.com/2016/amazon-founder-jeff-bezos-offers-6-leadership-principles-change-mind-lot-embrace-failure-ditch-powerpoints/.

CAPÍTULO 6: INTEGRIDADE E COMPORTAMENTO ÉTICO

1 Mary C. Murphy e Stephanie L. Reeves, "Personal and Organizational Mindsets at Work", *Research in Organizational Behavior* 39 (2019), https://doi.org/10.1016/j.riob.2020.100121; Mary C. Murphy e Carol S. Dweck, "Mindsets Shape Consumer Behavior", *Journal of Consumer Psychology* 26, nº 1 (2016): pp. 127-136, http://dx.doi.org/10.1016/j.jcps.2015.06.005.
2 Susan Fowler, "Reflecting on One Very, Very Strange Year at Uber", blog de Susan Fowler, 19 de fevereiro de 2017, https://www.susanjfowler.com/blog/2017/2/19/reflecting-on-one-very-strange-year-at-uber.
3 Mike Isaac, *Super Pumped: The Battle for Uber* (Nova York: W. W. Norton & Company, 2019) [edição brasileira: *A guerra pela Uber* (Rio de Janeiro: Intrínseca, 2020)].
4 John Carreyrou, *Bad Blood: Secrets and Lies in a Silicon Valley Startup* (Nova York: Knopf, 2018) [edição brasileira: *Bad blood: fraude bilionária no Vale do Silício* (Rio de Janeiro: Alta Books, 2019)].
5 Reeves Wiedeman, *Billion Dollar Loser: The Epic Rise and Fall of WeWork* (Londres: Hodder & Stoughton, 2020).
6 Emily Flitter, Kate Kelly e David Enrich, "A Top Goldman Banker Raised Ethics Concerns. Then He Was Gone", *The New York Times*, 11 de setembro de 2018, https://www.nytimes.com/2018/09/11/business/goldman-sachs-whistleblower.html.
7 Jamie Fiore Higgins, *Bully Market: My Story of Money and Misogyny at Goldman Sachs* (Nova York: Simon & Schuster, 2022).
8 Bruce Friedrich, entrevista a Mary Murphy, 8 de julho de 2021.
9 Laura Braden, entrevista a Kelly Madrone, 10 de outubro de 2022.
10 Bruce Friedrich, entrevista a Mary Murphy, 8 de julho de 2021.
11 Robert Glazer, "The Biggest Lesson from Volkswagen: Culture Dictates Behavior", *Entrepreneur*, 8 de janeiro de 2016, https://www.entrepreneur.com/leadership/the-biggest-lesson-from-volkswagen-culture-dictates/254178.
12 Susan Mackie, entrevista a Mary Murphy, 13 de julho de 2021; Susan Mackie, correspondência com Mary Murphy, 8 de maio de 2023. Susan observou que existem

três estratégias principais capazes de transformar os programas de experiência do cliente: 1. Desenvolver conversas com os clientes direcionadas a metas, em vez de conversas com base em tarefas; 2. Criar sistemas de gestão de desempenho e de recompensa que perpetuem uma orientação para metas; e 3. Desenvolver um mindset de crescimento para incentivar o cumprimento de metas e conversas direcionadas a metas na equipe de atendimento ao cliente. A transição da orientação por tarefas para a orientação por metas exige que as organizações façam mais que dar às pessoas competências básicas para realizar um trabalho básico e desenvolvam a capacidade de pensar, engajar-se e resolver problemas. Elas devem distinguir treinamento de aprendizado. Enquanto o primeiro é projetado para abordar elementos rotineiros e básicos da função, o aprendizado ensina o funcionário a buscar soluções para problemas vagamente definidos. Um funcionário com mindset fixo – incentivado nesse sentido pela cultura organizacional – pode atender a ligação de um cliente e pensar: "Sei que deveria tentar salvar esta conta, mas minhas estatísticas ficarão ruins se eu perder muito tempo com o interlocutor." Já um funcionário com mindset de crescimento – que é apoiado por uma cultura de crescimento – pode dizer ao cliente: "É interessante que você não sinta que este produto atende às suas necessidades. Posso pedir que me explique quais são suas exigências para que talvez eu consiga ajudá-lo a encontrar um produto que funcione melhor para você?" É claro que desenvolver funcionários que pensem dessa maneira exige mais trabalho – afinal, é mais fácil capturar e mensurar métricas de desempenho relacionadas a tarefas e ensinar comportamento orientado a tarefas que ensinar e ajudar as pessoas a cultivar competências mais complexas. No entanto, uma cultura de crescimento visa mais o valor a longo prazo de manter contas e os benefícios subsequentes de relações positivas com os clientes e ter funcionários com mais autoeficiência.

13 Verne Harnish, entrevista a Mary Murphy, 14 de julho de 2021.
14 Simine Vazire, "Do We Want to Be Credible or Incredible?" Associação para a Ciência Psicológica (EUA), 23 de dezembro de 2019, https://www.psychologicalscience.org/observer/do-we-want-to-be-credible-or-incredible.
15 Walter Isaacson, *The Code Breaker: Jennifer Doudna, Gene Editing, and the Future of the Human Race* (Nova York: Simon & Schuster, 2021) [edição brasileira: *A decodificadora: Jennifer Doudna, edição de genes e o futuro da espécie humana* (Rio de Janeiro: Intrínseca, 2021)].
16 Antonio Regalado, "The Creator of the CRISPR Babies has been Released from a Chinese Prison", *MIT Technology Review*, 4 de abril de 2022, https://www.technologyreview.com/2022/04/04/1048829/he-jiankui-prison-free-crispr-babies/. Além disso, como Regalado observa em artigo anterior, mesmo que He tenha agido por conta própria, ele foi encorajado por seus pares: "Embora a responsabilidade pelo experimento recaísse sobre He e outros membros da equipe chinesa, muitos outros cientistas sabiam do projeto e o encorajaram. Entre eles estavam Michael

Deem, ex-professor da Universidade Rice que participou do experimento, e John Zhang, diretor de uma grande clínica de fertilização *in vitro* em Nova York que tinha planos de comercializar a tecnologia." Antonio Regalado, "Disgraced CRISPR Scientist Had Plans to Start a Designer-Baby Business", *MIT Technology Review*, 1º de agosto de 2019, https://www.technologyreview.com/2019/08/01/133932/crispr-baby-maker-explored-starting-a-business-in-designer-baby-tourism/.

17 Alison Mudditt, entrevista a Mary Murphy, 30 de setembro de 2020.

18 Stuart Firestein, *Failure: Why Science Is So Successful* (Oxford: Oxford University Press, 2015) [edição brasileira: *Fracasso – Por que a ciência é tão bem-sucedida* (São Paulo: Editora Unesp, 2023)].

19 @Stanford, "I understand the gravity of being a woman and now a #Nobel laureate in the sciences. There aren't that many of us – yet. (Eu entendo a importância de ser mulher e agora ganhadora do Nobel nas ciências. Não existem muitas de nós – ainda.)" Prof.ª @CarolynBertozzi sobre química, mentoria e representatividade, 5 de outubro de 2022, 22h45, https://twitter.com/Stanford/status/1577882613293146113.

20 Mary C. Murphy, Amanda F. Mejia, Jorge Mejia, Xiaoran Yan, Sapna Cheryan, Nilanjana Dasgupta, Mesmin Destin, Stephanie A. Fryberg, Julie A. Garcia, Elizabeth L. Haines, Judith M. Harackiewicz, Alison Ledgerwood, Corinne A. Moss-Racusin, Lora E. Park, Sylvia P. Perry, Kate A. Ratliff, Aneeta Rattan, Diana T. Sanchez, Krishna Savani, Denise Sekaquaptewa, Jessi L. Smith, Valerie Jones Taylor, Dustin B. Thoman, Daryl A. Wout, Patricia L. Mabry, Susanne Ressl, Amanda B. Diekman e Franco Pestilli, "Open Science, Communal Culture, and Women's Participation in the Movement to Improve Science", *Proceedings of the National Academy of Sciences* 117, nº 39 (29 de setembro de 2020): pp. 24.154-24.164, https://doi.org/10.1073/pnas.1921320117.

21 Murphy e Reeves, "Personal and Organizational Mindsets at Work"; Elizabeth A. Canning, Mary C. Murphy, Katherine T. U. Emerson, Jennifer A. Chatman, Carol S. Dweck e Laura J. Kray, "Cultures of Genius at Work: Organizational Mindsets Predict Cultural Norms, Trust, and Commitment", *Personality and Social Psychology Bulletin* 46, nº 4 (2020): pp. 626-642; M. C. Murphy, B. Tauber, C. Samsa e C. S. Dweck, "Founders' Mindsets Predict Company Culture and Organizational Success in Early Stage Startups" (documento de trabalho); Mary C. Murphy, "Mindsets in Entrepreneurship: Measurement and Validation Results", relatório para o G2 Advisory Group e a Fundação Kauffman (abril de 2020).

22 *Ibid.*

23 Jennifer Danek, entrevista a Mary Murphy, 2 de julho de 2021.

24 Amy Edmondson, *The Fearless Organization: Creating Psychological Safety in the Workplace for Learning, Innovation, and Growth* (Nova York: Wiley, 2018) [edição brasileira: *A organização sem medo* (Rio de Janeiro: Alta Books, 2020)].

25 Jennifer Danek, entrevista a Mary Murphy, 2 de julho de 2021.

26 "Seiko's Duelling Factories", *Teamistry Podcast*, 2ª temporada, episódio 1, 20 de setembro de 2020, https://www.atlassian.com/blog/podcast/teamistry/season/season-2/seiko-duelling-factories.
27 "The Wildfang Way: Emma McIlroy", entrevista a Jonathan Fields, *The Good Life Podcast*, 7 de agosto de 2019, https://www.goodlifeproject.com/podcast/emma-mcilroy-wildfang/.
28 Murphy e Dweck, "Mindsets Shape Consumer Behavior".
29 Susan Mackie, entrevista a Mary Murphy, 13 de julho de 2021.
30 Marianne Jennings, *The Seven Signs of Ethical Collapse: How to Spot Moral Meltdowns in Companies… Before It's Too Late* (Nova York: St. Martin's Press, 2006).
31 Jacqueline Novogratz, entrevista a Mary Murphy, 16 de março de 2023.
32 Arwa Mahdawi, "30 Under 30-Year Sentences: Why So Many of Forbes' Young Heroes Face Jail", *The Guardian*, 7 de abril de 2023, https://www.theguardian.com/business/2023/apr/06/forbes-30-under-30-tech-finance-prison.
33 Jacqueline Novogratz, entrevista a Mary Murphy, 16 de março de 2023.
34 Susan Mackie, entrevista a Mary Murphy, 13 de julho de 2021.
35 Jennifer Danek, entrevista a Mary Murphy, 2 de julho de 2021.
36 Susan Mackie, entrevista a Mary Murphy, 13 de julho de 2021.
37 Jennings, *The Seven Signs of Ethical Collapse*.

CAPÍTULO 7: DIVERSIDADE, EQUIDADE E INCLUSÃO

1 Mary C. Murphy, Claude M. Steele e James J. Gross, "Signaling Threat: How Situational Cues Affect Women in Math, Science, and Engineering Settings", *Psychological Science* 18, nº 10 (outubro de 2007): pp. 879-885, https://doi.org/10.1111/j.1467-9280.2007.01995.x; Kathryn M. Kroeper, Heidi E. Williams e Mary C. Murphy, "Counterfeit Diversity: How Strategically Misrepresenting Gender Diversity Dampens Organizations' Perceived Sincerity and Elevates Women's Identity Threat Concerns", *Journal of Personality and Social Psychology* 122, nº 3 (2022): pp. 399-426, https://doi.org/10.1037/pspi0000348; M. C. Murphy e V. J. Taylor, "The Role of Situational Cues in Signaling and Maintaining Stereotype Threat", In: *Stereotype Threat: Theory, Process, and Applications*, ed. M. Inzlicht e T. Schmader (Oxford: Oxford University Press, 2012), pp. 17-33; K. L. Boucher e M. C. Murphy, "Why So Few? The Role of Social Identity and Situational Cues in Understanding the Underrepresentation of Women in STEM Fields", In: *Self and Social Identity in Educational Contexts*, ed. K. I. Mavor, M. Platow, e B. Bizumic (Filadélfia: Routledge/Taylor & Francis, 2017), pp. 93-111; M. C. Murphy, K. M. Kroeper e E. Ozier, "Prejudiced Places: How Contexts Shape Inequality and How We Can Change Them", *Policy Insights from the Behavioral and Brain Sciences* 5 (2018): pp. 66-74, https://doi.org/10.1177/2372732217748671; Katherine T. U. Emerson e Mary C. Murphy, "Identity Threat at Work: How Social Identity Threat and Situational Cues

Contribute to Racial and Ethnic Disparities in the Workplace", *Cultural Diversity and Ethnic Minority Psychology* 20, nº 4 (outubro de 2014): pp. 508-520, https://doi.org/10.1037/a0035403; G. M. Walton, M. C. Murphy e A. M. Ryan, "Stereotype Threat in Organizations. Implications for Equity and Performance", *Annual Review of Organizational Psychology and Organizational Behavior* 2 (2015): pp. 523-550, https://doi.org/10.1146/annurev-orgpsych-032414-111322.

2   Mary C. Murphy e Stephanie L. Reeves, "Personal and Organizational Mindsets at Work", *Research in Organizational Behavior* 39 (2019), https://doi.org/10.1016/j.riob.2020.100121; Mary C. Murphy e Carol S. Dweck, "A Culture of Genius: How an Organization's Lay Theory Shapes People's Cognition, Affect, and Behavior", *Personality and Social Psychology Bulletin* 36, nº 3 (outubro de 2009): pp. 283-296, https://doi.org/10.1177/0146167209347380; Elizabeth A. Canning, Katherine Muenks, Dorainne J. Green e Mary C. Murphy, "STEM Faculty Who Believe Ability Is Fixed Have Larger Racial Achievement Gaps and Inspire Less Student Motivation in Their Classes", *Science Advances* 5, nº 2 (15 de fevereiro de 2019), https://doi.org/10.1126/sciadv.aau4734; K. Muenks, E. A. Canning, J. LaCosse, D. J. Green, S. Zirkel e J. A. Garcia, "Does My Professor Think My Ability Can Change? Students' Perceptions of Their STEM Professors' Mindset Beliefs Predict Their Psychological Vulnerability, Engagement, and Performance in Class", *Journal of Experimental Psychology: General* 149, nº 11 (2020): pp. 2.119-2.144, https://doi.org/10.1037/xge0000763; David S. Yeager, Jamie M. Carroll, Jenny Buontempo, Andrei Cimpian, Spencer Woody, Robert Crosnoe, Chandra Muller, Jared Murray, Pratik Mhatre, Nicole Kersting, Christopher Hulleman, Molly Kudym, Mary Murphy, Angela Lee Duckworth, Gregory M. Walton e Carol S. Dweck, "Teacher Mindsets Help Explain Where a Growth-Mindset Intervention Does and Doesn't Work", *Psychological Science* 33, nº 1 (2022): pp. 18-32, https://doi.org/10.1177/09567976211028984; Elizabeth A. Canning, Elise Ozier, Heidi E. Williams, Rashed AlRasheed e Mary C. Murphy, "Professors Who Signal a Fixed Mindset about Ability Undermine Women's Performance in STEM", *Social Psychological and Personality Science* 13, nº 5 (2022): pp. 927-937, https://doi.org/10.1177/19485506211030398; M. C. Murphy e G. M. Walton, "From Prejudiced People to Prejudiced Places: A Social-Contextual Approach to Prejudice", In: *Frontiers in Social Psychology Series: Stereotyping and Prejudice*, eds. C. Stangor e C. Crandall (Nova York: Psychology Press, 2013), pp. 181-203; Emerson e Murphy, "Identity Threat at Work"; Katherine T. U. Emerson e Mary C. Murphy, "A Company I Can Trust? Organizational Lay Theories Moderate Stereotype Threat for Women", *Personality and Social Psychology Bulletin* 41, nº 2 (1º de fevereiro de 2015): pp. 295-307, https://doi.org/10.1177/01461672145649; Walton, Murphy e Ryan, "Stereotype Threat in Organizations"; Boucher e Murphy, "Why So Few?"; L. Bian, S. Leslie, M. C. Murphy e A. Cimpian, "Messages about Brilliance Undermine Women's Interest in Educational and Professional Opportunities", *Journal of Experimental Social Psychology* 76 (maio de 2018): pp.

404-420, https://doi.org/10.1016/j.jesp.2017.11.006; Melissa A. Fuesting, Amanda B. Diekman, Kathryn L. Boucher, Mary C. Murphy, Dana L. Manson e Brianne L. Safer, "Growing STEM: Perceived Faculty Mindset as an Indicator of Communal Affordances in STEM", *Journal of Personality and Social Psychology* 117, nº 2 (2019): pp. 260-281, https://doi.org/10.1037/pspa0000154; L. A. Murdock-Perriera, K. L. Boucher, E. R. Carter e M. C. Murphy, "Belonging and Campus Climate: Belonging Interventions and Institutional Synergies to Support Student Success in Higher Education", In: *Higher Education Handbook of Theory and Research*, vol. 34, ed. M. Paulsen (Nova York: Springer, 2019), pp. 291-323; Murphy *et al.*, "Open Science, Communal Culture, and Women's Participation in the Movement to Improve Science", *Proceedings of the National Academy of Sciences* 117, nº 39 (29 de setembro de 2020): pp. 24.154-24.164, https://doi.org/10.1073/pnas.1921320117; K. Boucher, M. C. Murphy, D. Bartel, J. Smail, C. Logel e J. Danek, "Centering the Student Experience: What Faculty and Institutions Can Do to Advance Equity", *Change: The Magazine of Higher Learning* 53 (2021): pp. 42-50, https://doi.org/10.1080/00091383.2021.1987804; Canning *et al.*, "Professors Who Signal a Fixed Mindset"; D. J. Green, D. A. Wout e M. C. Murphy, "Learning Goals Mitigate Identity Threat for Black Individuals in Threatening Interracial Interactions", *Cultural Diversity and Ethnic Minority Psychology* 27 (2021): pp. 201-213, https://doi.org/10.1037/cdp0000331; J. LaCosse, M. C. Murphy, J. A. Garcia e S. Zirkel, "The Role of STEM Professors' Mindset Beliefs on Students' Anticipated Psychological Experiences and Course Interest", *Journal of Educational Psychology* 113 (2021): pp. 949-971, https://doi.org/10.1037/edu0000620; Mary Murphy, Stephanie Fryberg, Laura Brady, Elizabeth Canning e Cameron Hecht, "Global Mindset Initiative Paper 1: Growth Mindset Cultures and Teacher Practices", *Growth Mindset Cultures and Practices* (27 de agosto de 2021), http://dx.doi.org/10.2139/ssrn.3911594.

3   Jilana Jaxon, Ryan F. Lei, Reut Shachnai, Eleanor K. Chestnut e Andrei Cimpian, "The Acquisition of Gender Stereotypes and Intellectual Ability: Intersections with Race", *Journal of Social Issues* 75, nº 4 (dezembro de 2019): pp. 1.192-1.215, https://doi.org/10.1111/josi.12352.

4   Murphy e Reeves, "Personal and Organizational Mindsets at Work"; Canning *et al.*, "STEM Faculty Who Believe Ability Is Fixed"; Canning *et al.*, "Professors Who Signal a Fixed Mindset"; Murphy e Walton, "From Prejudiced People to Prejudiced Places"; Emerson e Murphy, "A Company I Can Trust?"; Walton, Murphy e Ryan, "Stereotype Threat in Organizations"; Boucher e Murphy, "Why So Few?"; Bian *et al.*, "Messages about Brilliance"; Canning *at al.*, "Professors Who Signal a Fixed Mindset"; LaCosse *et al.*, "The Role of STEM Professors' Mindset Beliefs"; Murphy *et al.*, "Global Mindset Initiative Paper 1"; M. C. Murphy e S. Zirkel, "Race and Belonging in School: How Anticipated and Experienced Belonging Affect Choice, Persistence, and Performance", *Teacher's College Record* 117 (2015): pp. 1-40, https://doi.org/10.1177/016146811511701204; Murphy e Taylor, "The Role of Situational Cues".

5   Murphy, Steele e Gross, "Signaling Threat: How Situational Cues Affect Women in Math, Science, and Engineering Settings"; Murphy e Taylor, "The Role of Situational Cues"; Boucher e Murphy, "Why So Few?"; Murphy, Kroeper e Ozier, "Prejudiced Places. How Contexts Shape Inequality and How We Can Change Them"; Emerson e Murphy, "Identity Threat at Work"; Walton, Murphy e Ryan, "Stereotype Threat in Organizations"; Claude M. Steele e Joshua Aronson, "Stereotype Threat and the Intellectual Test Performance of African Americans", *Journal of Personality and Social Psychology* 69, nº 5 (1995): pp. 797-811, https://doi.org/10.1037/0022-3514.69.5.797; Claude M. Steele, Steven J. Spencer e Joshua Aronson, "Contending with Group Image: The Psychology of Stereotype and Social Identity Threat", In: *Advances in Experimental Social Psychology*, vol. 34, ed. M. P. Zanna (Nova York: Academic Press: 2002), https://doi.org/10.1016/S0065-2601(02)80009-0; Claude M. Steele, "A Threat in the Air: How Stereotypes Shape Intellectual Identity and Performance", *American Psychologist* 52, nº 6 (1997): pp. 613-629, https://doi.org/10.1037/0003-066X.52.6.613; Claude Steele, *Whistling Vivaldi: How Stereotypes Affect Us and What We Can Do* (Nova York: W. W. Norton & Company, 2010); Steven J. Spencer, Christine Logel e Paul G. Davies, "Stereotype Threat", Annual Review of Psychology 67 (2015): pp. 415-437, https://doi.org/10.1146/annurev-psych-0731150103235; Geoffrey L. Cohen e Julio Garcia, "Identity, Belonging, and Achievement: A Model, Interventions, Implications", *Current Directions in Psychological Science* 17, nº 6 (2008), https://doi.org/10.1111/j.1467-8721.2008.00607.x.

6   Murphy, Steele e Gross, "Signaling Threat: How Situational Cues Affect Women in Math, Science, and Engineering Settings"; Murphy e Taylor, "The Role of Situational Cues"; Boucher e Murphy, "Why So Few?"; Emerson e Murphy, "Identity Threat at Work"; Walton, Murphy e Ryan, "Stereotype Threat in Organizations"; Steele, Spencer e Aronson, "Contending with Group Image"; Spencer, Logel e Davies, "Stereotype Threat"; D. Sekaquaptewa e M. Thompson, "Solo Status, Stereotype Threat, and Performance Expectancies: Their Effects on Women's Performance", *Journal of Experimental Social Psychology* 39, nº 1 (2003): pp. 68-74, https://doi.org/10.1016/S0022-1031(02)00508-5; Nicholas A. Bowman, Christine Logel, Jennifer LaCosse, Lindsay Jarratt, Elizabeth A. Canning, Katherine T. U. Emerson e Mary C. Murphy, "Gender Representation and Academic Achievement Among STEM-Interested Students in College STEM Courses", *Journal of Research in Science Teaching* 59, nº 10 (2022): pp. 1.876-1.900, https://doi.org/10.1002/tea.21778.

7   Em 2021, a porcentagem de mulheres que ocupavam cargos de gestão sênior em nível mundial era de 31%. A África liderava as regiões com 39%, seguida pelo Sudeste Asiático com 38%, e as regiões da América do Norte e da Ásia-Pacífico vinham atrás com 33% e 28%, respectivamente. "Women in Management (Quick Take)", Catalyst, 1º de março de 2022, https://www.catalyst.org/research/women-in-management/. Entre as empresas da lista Fortune 500, apenas 15% eram comandadas por mulheres em 2022. Katharina Buchholz, "How Has the Number

of Female CEOs in Fortune 500 Companies Changed Over the Last 20 Years?", World Economic Forum, 10 de março de 2022, https://www.weforum.org/agenda/2022/03/ceos-fortune-500-companies-female. E, é claro, essas porcentagens eram bem menores para mulheres não brancas. Em 2021, somente duas empresas da Fortune 500 eram lideradas por mulheres negras. Beth Kowitt, "Roz Brewer on What It Feels Like to Be 1 of 2 Black Female CEOs in the Fortune 500", *Fortune*, 4 de outubro de 2021, https://fortune.com/longform/roz-brewer-ceo-walgreens-boots-alliance-interview-fortune-500-black-female-ceos/.

8   M. Johns, M. Inzlicht e T. Schmader, "Stereotype Threat and Executive Resource Depletion: Examining the Influence of Emotion Regulation", *Journal of Experimental Psychology: General* 137, nº 4 (2008): pp. 691-705, https://doi.org/10.1037/a0013834; W. B. Mendes e J. Jamieson, "Embodied Stereotype Threat: Exploring Brain and Body Mechanisms Underlying Performance Impairment", In: *Stereotype Threat: Theory, Process, and Application*, ed. M. Inzlicht e T. Schmader, pp. 51-68; R. J. Rydell e K. L. Boucher, "Stereotype Threat and Learning", In: *Advances in Experimental Social Psychology* (Nova York: Elsevier Academic Press, 2017): pp. 81-129, https://doi.org/10.1016/bs.aesp.2017.02.002; R. J. Rydell, A. R. McConnell e S. L. Beilock, "Multiple Social Identities and Stereotype Threat: Imbalance, Accessibility, and Working Memory", *Journal of Personality and Social Psychology* 96, nº 5 (2009): pp. 949-966, https://doi.org/10.1037/a0014846; T. Schmader e S. Beilock, "An Integration of Processes that Underlie Stereotype Threat", In: *Stereotype Threat: Theory, Process, and Application*, ed. M. Inzlicht e T. Schmader, pp. 34-50; T. Schmader, C. E. Forbes, S. Zhang e W. B. Mendes, "A Metacognitive Perspective on the Cognitive Deficits Experienced in Intellectually Threatening Environments", *Personality and Social Psychology Bulletin* 35, nº 5 (2009): pp. 584-596, https://doi.org/10.1177/0146167208330450; T. Schmader e M. Johns, "Converging Evidence that Stereotype Threat Reduces Working Memory Capacity", *Journal of Personality and Social Psychology* 85, nº 3 (2003): pp. 440-452, https://doi.org/10.1037/0022-3514.85.3.440; Spencer, Logel e Davies, "Stereotype Threat"; Murphy, Steele e Gross, "Signaling Threat: How Situational Cues Affect Women in Math, Science, and Engineering Settings"; C. Logel, G. M. Walton, S. J. Spencer, E. C. Iserman, W. von Hippel e A. E. Bell, "Interacting with Sexist Men Triggers Social Identity Threat Among Female Engineers", *Journal of Personality and Social Psychology* 96, nº 6 (2009): pp. 1.089-1.103, https://doi.org/10.1037/a0015703.

9   Emerson e Murphy, "Identity Threat at Work"; Emerson e Murphy, "A Company I Can Trust?".

10 *Ibid*.

11 Murphy, "Mindsets in Entrepreneurship: Measurement and Validation Results".

12 Canning *et al.*, "STEM Faculty Who Believe Ability Is Fixed".

13 Murphy e Reeves, "Personal and Organizational Mindsets at Work"; Murphy e Dweck, "A Culture of Genius"; Canning *et al.*, "STEM Faculty Who Believe Abi-

lity Is Fixed"; Muenks *et al.*, "Does My Professor Think My Ability Can Change?"; Elizabeth A. Canning, Mary C. Murphy, Katherine T. U. Emerson, Jennifer A. Chatman, Carol S. Dweck e Laura J. Kray, "Cultures of Genius at Work: Organizational Mindsets Predict Cultural Norms, Trust, and Commitment", *Personality and Social Psychology Bulletin* 46, nº 4 (2020): pp. 626-642; Canning *et al.*, "Professors Who Signal a Fixed Mindset"; Emerson e Murphy, "Identity Threat at Work"; Emerson e Murphy, "A Company I Can Trust?"; Walton, Murphy e Ryan, "Stereotype Threat in Organizations"; Green *et al.*, "Learning Goals Mitigate Identity Threat for Black Individuals in Threatening Interracial Interactions"; LaCosse *et al.*, "The Role of STEM Professors' Mindset Beliefs"; Murphy *et al.*, "Global Mindset Initiative Paper 1".

14 Katherine W. Phillips, "How Diversity Makes Us Smarter: Being Around People Who are Different from Us Makes Us More Creative, More Diligent and Harder-Working", *Scientific American*, 1º de outubro de 2014, https://www.scientificamerican.com/article/how-diversity-makes-us-smarter/. Também vale destacar: Uma análise internacional de 2.360 empresas revelou retornos e crescimento maiores quando há pelo menos uma mulher no conselho de administração (discuto minha pesquisa sobre o fenômeno de "uma única mulher" mais adiante neste capítulo). Num levantamento realizado com 177 bancos nacionais dos Estados Unidos, naqueles que focavam inovação a diversidade racial previu um desempenho financeiro melhor.

15 Dame Vivian Hunt, Dennis Layton e Sara Prince, "Why Diversity Matters", McKinsey & Company, 1º de janeiro de 2015, https://www.mckinsey.com/capabilities/people-and-organizational-performance/our-insights/why-diversity-matters.

16 J. A. Richeson e J. N. Shelton, "Negotiating Interracial Interactions: Costs, Consequences, and Possibilities", *Current Directions in Psychological Science* 16, nº 6 (2007): pp. 316-320, https://doi.org/10.1111/j.1467-8721.2007.00528.x; Sophie Trawalter, Jennifer A. Richeson e J. Nicole Shelton, "Predicting Behavior During Interracial Interactions: A Stress and Coping Approach", *Personality and Social Psychology Review* 13, nº 4 (2009), https://doi.org/10.1177/1088868309345850; A. D. Galinsky, A. R. Todd, A. C. Homan, K. W. Phillips, E. P. Apfelbaum, S. J. Sasaki, J. A. Richeson, J. B. Olayon e W. W. Maddux, "Maximizing the Gains and Minimizing the Pains of Diversity: A Policy Perspective", *Perspectives on Psychological Science* 10 (2015): pp. 742-748, https://doi.org/10.1177/1745691615598513; D. van Knippenberg, C. K. W. De Dreu e A. C. Homan, "Work Group Diversity and Group Performance: An Integrative Model and Research Agenda", *Journal of Applied Psychology* 89 (2004): pp. 1.008-1022, https://doi.org/10.1037/0021-9010.89.6.1008; John F. Dovidio, Samuel L. Gaertner e Kerry Kawakami, "Intergroup Contact: The Past, the Present, and the Future", *Group Processes and Intergroup Relations* 6, nº 1 (2003), https://doi.org/10.1177/1368430203006001009; J. F. Dovidio, S. E. Gaertner, K. Kawakami e G. Hodson, "Why Can't We Just Get Along? Interpersonal

Biases and Interracial Distrust", *Cultural Diversity and Ethnic Minority Psychology* 8, nº 2 (2002): pp. 88-102, https://doi.org/10.1037/1099-9809.8.2.88.

17 Samantha Goddiess, "The 10 Largest Recruiting Firms in the United States", Zippia, 12 de abril de 2022, https://www.zippia.com/advice/largest-recruiting-firms/.

18 "Act One Group: Janice Bryant Howroyd (2018)", entrevista a Guy Raz, *How I Built This*, 28 de dezembro de 2020, https://www.npr.org/2020/12/22/949258732/actone-group-janice-bryant-howroyd-2018; "Janice Bryant Howroyd and Family", *Forbes*, acesso em 11 de maio de 2023, https://www.forbes.com/profile/janice-bryant-howroyd/?sh=244962786da8.

19 "Being an Underrepresented Founder with Courtney Blagrove", entrevista a Jenny Stojkovic, *VWS Pathfinders Podcast*, Spotify, 3 de maio de 2021, https://podcasters.spotify.com/pod/pod/show/veganwomensummit/episodes/Being-an-Underrepresented-Founder-with-Courtney-Blagrove--Co-founder-of-Whipped--on-the--VWS-Pathfinders-Podcast-with-Jenny-Stojkovic-e10668i.

20 Ray Douglas, "Lack of Diversity Increases Risk of Tech Product Failures", *Financial Times*, 13 de novembro de 2018, https://www.ft.com/content/0ef656a8-cd8a-11e-8-8d0b-a6539b949662.

21 Shane Ferro, "Here's Why Facial Recognition Tech Can't Figure Out Black People", *HuffPost*, 2 de março de 2016, https://www.huffpost.com/entry/heres-why-facial--recognition-tech-cant-figure-out-black-people_n_56d5c2b1e4b0bf0dab3371eb.

22 *Ibid*.

23 George Aye, "Surviving IDEO", Medium, 23 de maio de 2021, https://medium.com/surviving-ideo/surviving-ideo-4568d51bcfb6. Aye segue escrevendo que uma mulher foi demitida enquanto estava em licença-maternidade garantida por lei. Segundo consta, o mesmo gestor que a demitiu já havia reclamado com ela por "ter que pagar por um ano inteiro de licença-maternidade" para outra funcionária "para depois ela nem voltar". Várias pessoas contaram a Aye um incidente em que os funcionários foram indagados se tinham alguma objeção em trabalhar para uma rede de fast food que contribui ativamente para causas anti-LGBTQIAPN+. Quando vários funcionários se manifestaram, foram posteriormente repreendidos, e a empresa assumiu a rede de restaurantes de qualquer maneira. Uma avaliação de diversidade e inclusão na IDEO, aclamada pelo setor de design por sua genialidade, concluiu que "os homens e os funcionários brancos têm mais probabilidade de sentir que pertencem ao lugar, que estão envolvidos na tomada de decisões e que suas vozes são ouvidas. Funcionários homens e brancos também estão significativamente super-representados em posições de liderança".

24 "The STEM Struggle", entrevista a Mark Reggers, 3M Science of Safety, 12 de novembro de 2018, https:/3mscienceofsafety.libsyn.com/episode-18-the-stem--struggle.

25 Entre seus programas embasados por dados, a 3M tem Defensores da Inclusão e Equipes de Inclusão que trabalham em estreita colaboração com as Redes de

Recursos de Funcionários da empresa a fim de garantir uma espécie de controle de qualidade de DE&I para que, em todas as culturas geográficas e de local de trabalho, os funcionários e líderes estejam engajados em um comportamento inclusivo e celebrem a diversidade em todo o negócio. Isso inclui reuniões regulares entre os Defensores da Inclusão, os líderes da Rede de Recursos de Funcionários e os diretores-executivos. Assim como a SAP, a empresa assumiu compromissos financeiros importantes para apoiar a formação nas áreas STEM em ambientes diversos, incluindo um financiamento dedicado à criação de mais oportunidades educacionais para comunidades negras. A organização Equidade e Comunidade da 3M tem a tarefa de desempenhar funções variadas, inclusive um trabalho com toda a empresa para garantir a equidade e a inclusão para além do apoio à justiça social em áreas que incluem desenvolvimento de produtos, defesa de políticas e diversidade de fornecedores. Em 2020, a 3M criou duas funções de liderança para apoiar iniciativas DE&I – o diretor de estratégias e iniciativas de justiça social e o vice-presidente de equidade e comunidade e chefe de equidade. A empresa monitora de perto seus dados de diversidade, e no relatório de 2020 a 3M alcançou quase 50% de diversidade combinada (incluindo 39,7% de mulheres, 8,7% de diversidade racial e étnica, 1,4% de diversidade relacionada a deficiência e 0,5% de LGBTQIAPN+) entre trabalhadores globais fora da área de produção e quase 70% de diversidade (incluindo 34,7% de mulheres e 24,8% de diversidade racial e étnica) entre vice-presidentes e cargos superiores. Além disso, 36,4% do conselho de administração da empresa era formado por mulheres. Em uma pesquisa realizada pela empresa, 76% dos funcionários da 3M disseram que se sentiam pertencentes e incluídos na empresa. "Global Diversity, Equity & Inclusion Report", 3M, 2020, https://multimedia.3m.com/mws/media/1955238O/3m-global-diversity-equity--and-inclusion-report-2020.pdf.

26 "The STEM Struggle", entrevista a Mark Reggers.
27 Emerson e Murphy, "Identity Threat at Work"; Emerson e Murphy, "A Company I Can Trust?".
28 Madeline Bennett, "Black History Month: SAP's Diversity Chief Busts the Talent Pipeline Myth", *Diginomica*, 2 de fevereiro de 2021, https://diginomica.com/black-history-month-saps-diversity-chief-busts-talent-pipeline-myth; Emily Chang, *Brotopia: Breaking Up the Boys' Club of Silicon Valley* (Nova York: Portfolio, 2018) [edição brasileira: *Manotopia: como o Vale do Silício tornou-se um clubinho machista* (Rio de Janeiro: Alta Books, 2019)].
29 No Reino Unido, somente 4% dos trabalhadores em tecnologia são de origem negra, asiática e de minorias étnicas combinadas (BAME: *Black, Asian, Minority Ethnic*), mas, de acordo com dados da Colorintech – uma organização sem fins lucrativos com sede em Londres que trabalha para diversificar a indústria tecnológica –, no ano acadêmico 2013-2014 havia mais alunos de minorias étnicas estudando ciências, engenharia e tecnologia que estudantes brancos. Hoje, esses

ex-alunos estariam disponíveis para trabalhar em carreiras nas áreas STEM. Dion McKenzie, cofundador da Colorintech, diz que o problema não é o pipeline. "Se estou ajudando uma das empresas do meu portfólio a contratar alguém, constatamos que os candidatos com origem BAME não conseguem passar nem mesmo pela fase de seleção. É preciso se perguntar por que isso acontece." Douglas, "Lack of Diversity Increases Risk of Tech Product Failures".

30 "Equity Accelerator", https://accelerateequity.org/.
31 "Open Hiring at Greyston Bakery", YouTube, 30 de julho de 2020, https://www.youtube.com/watch?v=fiKwkh2teQg; "Homepage", Greyston, acesso em 11 de maio de 2023, https://www.greyston.org/.
32 Karen Gross, entrevista a Mary Murphy, 13 de julho de 2021; Karen Gross, "A Case for Getting Proximate", Universidade de St. Thomas, acesso em 11 de maio de 2023, https://blogs.stthomas.edu/holloran-center/a-case-for-getting-proximate/.
33 Joshua J. Clarkson, Joshua T. Beck e Mary C. Murphy, "To Repeat or Diversify? The Impact of Implicit Self-Theories and Preferences Forecasting on Anticipated Consumption Variety" (manuscrito em revisão).
34 L. J. Kray e M. P. Haselhuhn, "Implicit Negotiation Beliefs and Performance: Experimental and Longitudinal Evidence", *Journal of Personality and Social Psychology* 93, nº 1 (2007): pp. 49-64, https://doi.org/10.1037/0022-3514.93.1.49. Além disso, em uma extensão deste trabalho no mundo real, eles mensuraram as crenças de mindset mais crônicas dos estudantes de MBA sobre negociação e examinaram como essas crenças influenciavam a capacidade dos estudantes de navegar em um cenário de negociação desafiadora que pode terminar em fracasso. Quanto mais uma dupla endossava as crenças do mindset de crescimento, mais ela perseverava quando suas idas e vindas se tornavam desafiadoras e eram capazes de desenvolver soluções mais integrativas.
35 Mary C. Murphy, "Cultures of Genius and Cultures of Growth: Effects on Board Gender Diversity in the Fortune 500", manuscrito inédito.
36 Boucher *et al.*, "Centering the Student Experience"; "Increasing Equity in College Student Experience: Findings from a National Collaborative. A Report of the Student Experience Project", https://studentexperienceproject.org/wp-content/uploads/Increasing-Equity-in-Student-Experience-Findings-from-a-National--Collaborative.pdf; https://studentexperienceproject.org/.
37 Sanford Shugart, entrevista a Mary Murphy, 23 de setembro de 2020.
38 Louis Wool, entrevista a Mary Murphy, 29 de setembro de 2020.
39 Sanford Shugart, entrevista a Mary Murphy, 23 de setembro de 2020.
40 Amy Bosley, entrevista a Kelly Madrone, 22 de outubro de 2020.
41 Sanford Shugart, entrevista a Mary Murphy, 23 de setembro de 2020.
42 Courtney L. McCluney, Kathrina Robotham, Serenity Lee, Richard Smith e Myles Durkee, "The Costs of Code-Switching", *Harvard Business Review*, 15 de novembro de 2019, https://hbr.org/2019/11/the-costs-of-codeswitching.

43 Emerson e Murphy, "A Company I Can Trust?"; Murphy e Reeves, "Personal and Organizational Mindsets at Work"; Emerson e Murphy, "Identity Threat at Work"; Canning *et al.*, "Professors Who Signal a Fixed Mindset"; LaCosse *et al.*, "The Role of STEM Professors' Mindset Beliefs".

44 "Lanaya Irvin: Talking About Race at Work", entrevista a Veronica Dagher, *Secrets of Wealthy Women*, podcast do *The Wall Street Journal*, 10 de junho de 2020, https://www.wsj.com/podcasts/secrets-of-wealthy-women/lanaya-irvin-talking-about-race-at-work/918158fb-b9a6-422e-b21d-cd6d4a82ffff.

45 *Ibid.*

46 *Ibid.*

47 *Ibid.*

48 Ellen Pao, *Reset: My Fight for Inclusion and Lasting Change* (Nova York: Random House, 2017).

49 Karen Gross, entrevista a Mary Murphy, 13 de julho de 2021; "Compassion Contract", Citizen Discourse, acesso em 11 de maio de 2023. Para saber mais, visite o site da Citizen Discourse – www.citizendiscourse.org – e baixe o Contrato de Compaixão: https://citizendiscourse.org/compassion-contract/.

50 "Open Hiring at Greyston Bakery", YouTube.

51 Mara Leighton, "MIT Offers Over 2.000 Free Online Courses – Here Are 13 of the Best Ones", *Business Insider*, 9 de fevereiro de 2021, https://www.businessinsider.com/guides/learning/free-massachusetts-institute-of-technology-online-courses.

CAPÍTULO 8: MICROCULTURAS DE MINDSET

1 Mary C. Murphy e Stephanie L. Reeves, "Personal and Organizational Mindsets at Work", *Research in Organizational Behavior* 39 (2019), https://doi.org/10.1016/j.riob.2020.100121.

2 Mary C. Murphy, Claude M. Steele e James J. Gross, "Signaling Threat: How Situational Cues Affect Women in Math, Science, and Engineering Settings", *Psychological Science* 18, nº 10 (outubro de 2007): pp. 879-885, https://doi.org/10.1111/j.1467-9280.2007.01995.x; Katherine T. U. Emerson e Mary C. Murphy, "Identity Threat at Work: How Social Identity Threat and Situational Cues Contribute to Racial and Ethnic Disparities in the Workplace", *Cultural Diversity and Ethnic Minority Psychology* 20, nº 4 (outubro de 2014): pp. 508-520, https://doi.org/10.1037/a0035403; G. M. Walton, M. C. Murphy e A. M. Ryan, "Stereotype Threat in Organizations: Implications for Equity and Performance", *Annual Review of Organizational Psychology and Organizational Behavior* 2 (2015): pp. 523-550, https://doi.org/10.1146/annurev-orgpsych-032414-111322; Murphy e Taylor, "The Role of Situational Cues in Signaling and Maintaining Stereotype Threat"; Murphy e Reeves, "Personal and Organizational Mindsets at Work"; Elizabeth A. Canning, Mary C. Murphy, Katherine T. U. Emerson, Jennifer A. Chatman, Ca-

rol S. Dweck e Laura J. Kray, "Cultures of Genius at Work: Organizational Mindsets Predict Cultural Norms, Trust, and Commitment", *Personality and Social Psychology Bulletin* 46, nº 4 (2020): pp. 626-642; Elizabeth A. Canning, Elise Ozier, Heidi E. Williams, Rashed AlRasheed e Mary C. Murphy, "Professors Who Signal a Fixed Mindset about Ability Undermine Women's Performance in STEM", *Social Psychological and Personality Science* 13, nº 5 (2022): pp. 927-937, https://doi.org/10.1177/19485506211030398; J. LaCosse, M. C. Murphy, J. A. Garcia e S. Zirkel, "The Role of STEM Professors' Mindset Beliefs on Students' Anticipated Psychological Experiences and Course Interest", *Journal of Educational Psychology* 113 (2021): 949-971, https://doi.org/10.1037/edu0000620; K. Muenks, E. A. Canning, J. LaCosse, D. J. Green, S. Zirkel e J. A. Garcia, "Does My Professor Think My Ability Can Change? Students' Perceptions of Their STEM Professors' Mindset Beliefs Predict Their Psychological Vulnerability, Engagement, and Performance in Class", *Journal of Experimental Psychology: General* 149, nº 11 (2020): pp. 2.119-2.144, https://doi.org/10.1037/xge0000763.

3   Murphy e Reeves, "Personal and Organizational Mindsets at Work"; Canning *et al.*, "Cultures of Genius at Work"; Emerson e Murphy, "Identity Threat at Work"; Katherine T. U. Emerson e Mary C. Murphy, "A Company I Can Trust? Organizational Lay Theories Moderate Stereotype Threat for Women", *Personality and Social Psychology Bulletin* 41, nº 2 (1º de fevereiro 2015): pp. 295-307, https://doi.org/10.1177/01461672145649; Canning *et al.*, "Professors Who Signal a Fixed Mindset"; LaCosse *et al.*, "The Role of STEM Professors' Mindset Beliefs".

4   Dan Scofield, "Daniel 'Rudy' Ruettiger, Notre Dame's Famous Walk-On: The True Story", *Bleacher Report*, 18 de janeiro de 2010, https://bleacherreport.com/articles/328263-the-true-story-of-notre-dames-famous-walk-on-daniel-rudy-reutigger.

5   "How to Change Your Brain with Dr. Andrew Huberman, Episode 533", entrevista a Rich Roll, *Rich Roll Podcast*, 20 de julho de 2020, https://www.richroll.com/podcast/andrew-huberman-533/.

6   Mary C. Murphy e Carol S. Dweck, "A Culture of Genius: How an Organization's Lay Theory Shapes People's Cognition, Affect, and Behavior", *Personality and Social Psychology Bulletin* 36, nº 3 (outubro de 2009): pp. 283-296, https://doi.org/10.1177/0146167209347380; Emerson e Murphy, "A Company I Can Trust?".

7   Candace Duncan, entrevista a Kelly Madrone, 2 de dezembro de 2020.

8   Jorrit van der Togt, entrevista a Mary Murphy, 8 de julho de 2021.

CAPÍTULO 9: SITUAÇÕES AVALIATIVAS

1   L. S. Blackwell, K. H. Trzesniewski e C. S. Dweck, "Implicit Theories of Intelligence Predict Achievement Across an Adolescent Transition: A Longitudinal Study and an Intervention", *Child Development* 78, nº 1 (2007): pp. 246-263, http://dx.doi.org/

10.1111/j.1467-8624.2007.00995.x; Y. Hong, C. Chiu, C. S. Dweck, D. M.-S. Lin e W. Wan, "Implicit Theories, Attributions, and Coping: A Meaning System Approach", *Journal of Personality and Social Psychology* 77 (1999): pp. 588-599, https://doi.org/10.1037/0022-3514.77.3.588; A. David Nussbaum e Carol S. Dweck, "Defensiveness Versus Remediation: Self-Theories and Modes of Self-Esteem Maintenance", *Personality and Social Psychology Bulletin* 34, nº 5 (5 de março de 2008): pp. 599-612, https://doi.org/10.1177/0146167207312960.

2 John Carreyrou, *Bad Blood: Secrets and Lies in a Silicon Valley Startup* (Nova York: Knopf, 2018) [edição brasileira: *Bad blood: fraude bilionária no Vale do Silício* (Rio de Janeiro: Alta Books, 2019)].

3 *A inventora – À procura de sangue no Vale do Silício*, dirigido por Alex Gibney, HBO Documentary Films/Jigsaw Productions, 2019.

4 Avery Hartmans, Sarah Jackson e Azmi Haroun, "The Rise and Fall of Elizabeth Holmes, the Former Theranos CEO Found Guilty of Wire Fraud and Conspiracy – Who Just Managed to Delay Her Prison Reporting Date", *Business Insider*, 26 de abril de 2023, https://www.businessinsider.com/theranos-founder-ceo-elizabeth-holmes-life-story-bio-2018-4.

5 Carreyrou, *Bad Blood*.

6 *A inventora*, dirigido por Alex Gibney; Hartmans, Jackson e Haroun, "The Rise and Fall of Elizabeth Holmes".

7 "Style Startup to IPO with Katrina Lake at the Commonwealth Club", entrevista a Lauren Schiller, *Inflection Point*, YouTube, 20 de junho de 2018, https://www.youtube.com/watch?v=69MiU-4v3NU; Jessica Pressler, "How Stitch Fix CEO Katrina Lake Built a $2 Billion Company", *Elle*, 28 de fevereiro de 2018, https://www.elle.com/fashion/a15895336/katrina-lake-stitch-fix-ceo-interview/.

8 "Katrina Lake", entrevista a Carly Zakin e Danielle Weisberg, *Skimm'd from the Couch*, 25 de julho de 2018, https://www.theskimm.com/money/sftc-katrina-lake.

9 Na economia pós-pandemia, a valoração de muitas empresas de tecnologia sofreu, incluindo a da Stitch Fix. O fato é que a abordagem voltada para o crescimento de Katrina Lake à situação avaliativa de abrir o capital de sua empresa fez da Stitch Fix um grande sucesso por muitos anos. Lake deixou o cargo de CEO em 2021 e retornou em 2023. Adriana Lee, "Stitch Fix Plans to Return Focus to What Built the Business", Yahoo!Money, 8 de março de 2023, https://money.yahoo.com/stitch-fix-plans-return-focus-222156568.html.

10 "These Are Not Uncertain Times: Ways to Pivot, Lead, and Thrive – Simon Sinek with Dave Asprey, #740", *Human Upgrade*, 21 de maio de 2020, https://daveasprey.com/simon-sinek-740/.

11 Anne Helen Petersen, *Can't Even: How Millennials Became the Burnout Generation* (Nova York: Houghton Mifflin Harcourt, 2020) [edição brasileira: *Não aguento mais não aguentar mais: como os millennials se tornaram a geração do burnout* (Rio de Janeiro: HarperCollins, 2021)].

12 Catherine Poirier, Carina Cheng, Ellora Sarkar, Henry Silva e Tom Kudrle, "The Culture of Data Leaders", Keystone, 2 de fevereiro de 2021, https://www.keystone.ai/news-publications/whitepaper-the-culture-of-data-leaders/.

13 Mary Murphy, Stephanie Fryberg, Laura Brady, Elizabeth Canning e Cameron Hecht, "Global Mindset Initiative Paper 1: Growth Mindset Cultures and Teacher Practices", *Growth Mindset Cultures and Practices* (27 de agosto de 2021), http://dx.doi.org/10.2139/ssrn.3911594; K. Morman, L. Brady, C. Wang, M. C. Murphy, M. Bang e S. Fryberg, "Creating Identity Safe Classrooms: A Cultural Educational Psychology Approach to Teacher Interventions". Artigo apresentado no Encontro Anual da Associação Americana de Pesquisa Educacional, Chicago, Illinois, abril de 2023.

14 John Mackey, Steve McIntosh e Carter Phipps, *Conscious Leadership: Elevating Humanity Through Business* (Nova York: Portfolio, 2020) [edição brasileira: *Liderança consciente* (Rio de Janeiro: Alta Books, 2021)].

15 "Badass Bozoma Saint John", entrevista a Charli Penn e Cori Murray, *Yes, Girl!*, 26 de outubro de 2020, https://www.essence.com/lifestyle/career-advice-uber-cbo-bozoma-saint-john/.

16 Kurt Wagner, "Mark Zuckerberg Shares Facebook's Secrets with All His Employees, and Almost None of It Leaks", *Vox*, 5 de janeiro 2017, https://www.vox.com/2017/1/5/13987714/mark-zuckerberg-facebook-qa-weekly.

CAPÍTULO 10: SITUAÇÕES DE ALTO ESFORÇO

1 Mary C. Murphy e Stephanie L. Reeves, "Personal and Organizational Mindsets at Work", *Research in Organizational Behavior* 39 (2019) https://doi.org/10.1016/j.riob.2020.100121.

2 "Ramona Hood", entrevista a Carly Zakin e Danielle Weisberg, *Skimm'd from the Couch*, 11 de novembro de 2020, https://www.theskimm.com/money/skimmd-from-the-couch-ramona-hood.

3 Stephen King, *On Writing: A Memoir of the Craft* (Nova York: Scribner, 2000) [edição brasileira: *Sobre a escrita* (Rio de Janeiro: Suma, 2016)].

4 "Stephen King Books in Order: Complete Series List", *Candid Cover*, 3 de maio de 2023, https://candidcover.net/stephen-king-books-in-order-list/.

5 King, *On Writing*.

6 Jason R. Tregellas, Deana B. Davalos e Donald C. Rojas, "Effect of Task Difficulty on the Functional Anatomy of Temporal Processing", *Neuroimage* 32, nº 1 (19 de abril de 2006): pp. 307-315, https://doi.org/10.1016/j.neuroimage.2006.02.036.

7 Conselho Nacional de Pesquisa dos Estados Unidos, *How People Learn: Brain, Mind, Experience, and School: Expanded Edition* (Washington, D.C.: National Academies Press, 2020) [edição brasileira: *Como as pessoas aprendem: cérebro, mente, experiência e escola* (São Paulo: Senac, 2007)].

8. Cathy O'Neil, "Weapons of Math Destruction", *Discover*, 31 de agosto de 2016, https://www.discovermagazine.com/the-sciences/weapons-of-math-destruction.
9. "The Inside Story of the Ever-Changing Brain", entrevista a Brené Brown, *Unlocking Us*, 2 de dezembro de 2020, https://brenebrown.com/podcast/brene-with-david-eagleman-on-the-inside-story-of-the-ever-changing-brain/.
10. David Curry, "Fitbit Revenue and Usage Statistics (2023)", *Business of Apps*, 9 de janeiro de 2023, https://www.businessofapps.com/data/fitbit-statistics/.
11. "Fitbit: James Park", entrevista a Guy Raz, *How I Built This*, 27 de abril de 2020, https://www.npr.org/2020/04/22/841267648/fitbit-james-park.
12. Lin-Manuel Miranda, Keinan Warsame, Claudia Feliciano, Rizwan Ahmed, René Pérez Joglar e Jeffrey Penalva, "Immigrants (We Get the Job Done)", *The Hamilton Mixtape*, Atlantic Records, 2 de dezembro de 2016.
13. Julia A. Leonard, Dominique N. Martinez, Samantha C. Dashineau, Anne T. Park e Allyson P. Mackey, "Children Persist Less When Adults Take Over", *Child Development* 92, nº 4 (julho/agosto de 2021): pp. 1.325-1.336, https://doi.org/10.1111/cdev.13492.
14. "Don't Be a Duck! How to Resist the Stanford Duck Syndrome", Universidade Stanford, acesso em 11 de maio de 2023, https://studentaffairs.stanford.edu/focus-dont-be-duck-how-resist-stanford-duck-syndrome.
15. Jennifer Epstein, "A 'Suicide School'?", *Inside Higher Ed*, 15 de março de 2010, https://www.insidehighered.com/news/2010/03/16/suicide-school; Trip Gabriel, "After 3 Suspected Suicides, Cornell Reaches Out", *The New York Times*, 16 de março de 2010, https://www.nytimes.com/2010/03/17/education/17cornell.html; Tovia Smith, "Deaths Revive Cornell's Reputation as 'Suicide School'", NPR, 18 de março de 2010, https://www.npr.org/templates/story/story.php?storyId=124807724.
16. Nancy Doolittle, "Cornell Reviews Its Mental Health Approach, Looks Ahead", *Cornell Chronicle*, 18 de janeiro de 2018, https://news.cornell.edu/stories/2018/01/cornell-reviews-its-mental-health-approach-looks-ahead.
17. Elizabeth Bjork e Robert A. Bjork, "Making Things Hard on Yourself, but in a Good Way: Creating Desirable Difficulties to Enhance Learning", In: *Psychology and the Real World*, ed. Morton Ann Gernsbacher, Richard W. Pew, Leaetta M. Hough e James R. Pomerantz (Nova York: Worth, 2009), pp. 56-64.
18. David Epstein, *Range: Why Generalists Triumph in a Specialized World* (Nova York: Macmillan, 2019) [edição brasileira: *Por que os generalistas vencem em um mundo de especialistas* (Rio de Janeiro: Globo Livros, 2020)].
19. Epstein, *Range*; Harold W. Stevenson e James W. Stigler, *The Learning Gap: Why Our Schools Are Failing and What We Can Learn from Japanese and Chinese Education* (Nova York: Touchstone, 1992).
20. Stevenson e Stigler, *The Learning Gap*.
21. Nate Kornell, Matthew Jensen Hays e Robert A. Bjork, "Unsuccessful Retrieval Attempts Enhance Subsequent Learning", *Journal of Experimental Psychology* 35, nº 4 (2009): pp. 989-998, https://doi.org/10.1037/a0015729.

22 Shui-Fong Lam, Pui-shan Lim e Yee-lam Ng, "Is Effort Praise Motivational? The Role of Beliefs in the Effort – Ability Relationship", *Contemporary Educational Psychology* 33, nº 4 (outubro de 2008): pp. 694-710, https://doi.org/10.1016/j.cedpsych.2008.01.005.

23 Lam, Lim e Ng, "Is Effort Praise Motivational?"; Michael Chapman e Ellen A. Skinner, "Children's Agency Beliefs, Cognitive Performance, and Conceptions of Effort and Ability: Individual and Developmental Differences", *Child Development* 60, nº 5 (1989): pp. 1.229-1.238, https://doi.org/10.2307/1130796; John G. Nicholls, "The Development of the Concepts of Effort and Ability, Perception of Academic Attainment, and the Understanding that Difficult Tasks Require More Ability", *Child Development* 49, nº 3 (1978): pp. 800-814, https://doi.org/10.2307/1128250.

24 @sarahelizalewis, "Martin Luther King Jr received two Cs in public speaking. Actually went from a C+ to a C the next term. Here's the transcript. Live your dream" (Martin Luther King Jr. recebeu duas notas C em oratória. Na verdade, foi de C + para C no período seguinte. Aqui está a transcrição. Viva o seu sonho), 11 de janeiro de 2020, 17h09, https://twitter.com/sarahelizalewis/status/1216150254120247297?lang=en.

25 Paul A. O'Keefe, Carol S. Dweck e Gregory M. Walton, "Implicit Theories of Interest: Finding Your Passion or Developing It?", *Psychological Science* 29, nº 10 (6 de setembro de 2018): pp. 1.653-1.664, https://doi.org/10.1177/0956797618780643.

26 "Meet the Speakers: Dr. Sapna Cheryan", entrevista a Andrew Watson, *Learning & the Brain*, 15 de outubro de 2017, https://www.learningandthebrain.com/blog/meet-the-speakers-dr-sapna-cheryan/.

27 Emily Chang, *Brotopia: Breaking Up the Boys'Club of Silicon Valley* (Nova York: Portfolio, 2018) [edição brasileira: *Manotopia: como o Vale do Silício tornou-se um clubinho machista* (Rio de Janeiro: Alta Books, 2019)].

28 Walter Isaacson, *Steve Jobs* (Nova York: Simon & Schuster, 2011) [edição brasileira: *Steve Jobs: a biografia* (São Paulo: Companhia das Letras, 2011)].

29 "The Wildfang Way: Emma McIlroy", entrevista a Jonathan Fields, *The Good Life Podcast*, 7 de agosto de 2019, https://www.goodlifeproject.com/podcast/emma-mcilroy-wildfang/.

30 Katherine T. U. Emerson e Mary C. Murphy, "Identity Threat at Work: How Social Identity Threat and Situational Cues Contribute to Racial and Ethnic Disparities in the Workplace", *Cultural Diversity and Ethnic Minority Psychology* 20, nº 4 (outubro de 2014): pp. 508-520, https://doi.org/10.1037/a0035403; Ashley Bittner e Brigette Lau, "Women-Led Startups Received Just 2.3% of VC Funding in 2020", *Harvard Business Review*, 25 de fevereiro de 2021, https://hbr.org/2021/02/women-led-startups-received-just-2-3-of-vc-funding-in-2020; Gabrielle Fonrouge, "Venture Capital for Black Entrepreneurs Plummeted 45% in 2022, Data Shows", CNBC, 2 de fevereiro de 2023, https://www.cnbc.com/2023/02/02/venture-capital-black-founders-plummeted.html; Dana Kanze, Mark A. Conley, Tyler G. Okimoto,

Damon J. Phillips e Jennifer Merluzzi, "Evidence that Investors Penalize Female Founders for Lack of Industry Fit", *Science Advances* 6, nº 48 (2020), https://doi.org/10.1126/sciadv.abd7664; Elsa T. Chan, Pok Man Tang e Shuhui Chen, "The Psychology of Women in Entrepreneurship: An International Perspective", In: *The Cambridge Handbook of the International Psychology of Women*, ed. Fanny M. Cheung e Diane F. Halpern (Cambridge: Cambridge University Press, 2020), https://www.cambridge.org/core/books/abs/cambridge-handbook-of-the-international-psychology-of-women/psychology-of-women-in-entrepreneurship/029B74F2B34330350BF6C72FADC8363D; L. Bigelow, L. Lundmark, J. McLean Parks e R. Wuebker, "Skirting the Issues: Experimental Evidence of Gender Bias in IPO Prospectus Evaluations", *Journal of Management* 40, nº 6 (2012): pp. 1.732-1.759, https://doi.org/10.1177/0149206312441624; E. H. Buttner e B. Rosen, "Bank Loan Officers' Perceptions of the Characteristics of Men, Women, and Successful Entrepreneurs", *Journal of Business Venturing* 3, nº 3 (1988): pp. 249-258, https://doi.org/10.1016/0883-9026(88)90018-3; Mark Geiger, "A Meta-Analysis of the Gender Gap(s) in Venture Funding: Funderand Entrepreneur-Driven Perspectives", *Journal of Business Venturing Insights* 13 (2020), https://doi.org/10.1016/j.jbvi.2020.e00167; Candida Brush, Patricia Greene, Lakshmi Balachandra e Amy Davis, "The Gender Gap in Venture Capital: Progress, Problems, and Perspectives", *Venture Capital* 20, nº 2 (2018): pp. 115-136, https://doi.org/10.1080/13691066.2017.1349266 ; Michael S. Barr, "Minority and Women Entrepreneurs: Building Capital, Networks, and Skills", Hamilton Project, texto para discussão 2015-03 (março de 2015), https://www.brookings.edu/wp-content/uploads/2016/07/minority_women_entrepreneurs_building_skills_barr.pdf; Rosanna Garcia e Daniel W. Baack, "The Invisible Racialized Minority Entrepreneur: Using White Solipsism to Explain the White Space", *Journal of Business Ethics* (2022), https://doi.org/10.1007/s10551-022-05308-6.

31 Dominic-Madori Davis, "Women-Founded Startups Raised 1.9% of All VC Funds in 2022, a Drop from 2021", *TechCrunch*, 18 de janeiro de 2023, https://techcrunch.com/2023/01/18/women-founded-startups-raised-1-9-of-all-vc-funds-in-2022-a-drop-from-2021/.

32 Silvia Mah, "Why Female Founders Still Aren't Getting the Big Number Investments – And Why They Should", *Forbes*, 30 de novembro de 2022, https://www.forbes.com/sites/forbesbusinesscouncil/2022/11/30/why-female-founders-still-arent-getting-the-big-number-investments-and-why-they-should/?sh=58c769902761.

33 Dominic-Madori Davis, "Black Founders Still Raised Just 1% of All VC Funds in 2022", *TechCrunch*, 6 de janeiro de 2023, https://techcrunch.com/2023/01/06/black-founders-still-raised-just-1-of-all-vc-funds-in-2022/. A CNBC mostra que: "Embora investir em equipes diversas possa ser visto como um imperativo moral e algo que é feito porque é o certo a fazer, estudos mostram que pode levar a retornos mais elevados para os investidores, disse John Roussel, diretor-executivo da

Colorwave". Fonrouge, "Venture Capital for Black Entrepreneurs Plummeted 45% in 2022, Data Shows".

34 Mary C. Murphy, "Mindsets in Entrepreneurship: Measurement and Validation Results", relatório para o G2 Advisory Group e a Fundação Kauffman (abril de 2020); M. C. Murphy, B. Tauber, C. Samsa e C. S. Dweck, "Founders' Mindsets Predict Company Culture and Organizational Success in Early Stage Startups" (documento de trabalho).

35 "Style Startup to IPO with Katrina Lake at the Commonwealth Club", entrevista a Lauren Schiller, *Inflection Point*, YouTube, 20 de junho de 2018, https://www.youtube.com/watch?v=69MiU-4v3NU.

36 "Calendly: Tope Awotona", entrevista a Guy Raz, *How I Built This*, 14 de setembro de 2020, https://www.npr.org/2020/09/11/911960189/calendly-tope-awotona.

37 "McBride Sisters Wine (Part 1 of 2): Robin McBride and Andréa McBride John", entrevista a Guy Raz, *How I Built This*, 19 de outubro de 2020, https://www.npr.org/2020/10/15/924227706/mcbride-sisters-wine-part-1-of-2-robin-mcbride-and-andr-a-mcbride-john; "McBride Sisters Wine (Part 2 of 2): Robin McBride e Andréa McBride John", entrevista a Guy Raz, *How I Built This*, 26 de outubro de 2020, https://www.npr.org/2020/10/23/927158151/mcbride-sisters-wine-part-2-of-2-robin-mcbride-and-andr-a-mcbride-john.

38 "Our Story", McBride Sisters Wine Company, acesso em 11 de maio de 2023, https://www.mcbridesisters.com/Sisters-Story.

39 "McBride Sisters Wine (Part 1 of 2): Robin McBride and Andréa McBride John", entrevista a Guy Raz; "McBride Sisters Wine (Part 2 of 2): Robin McBride and Andréa McBride John", entrevista a Guy Raz.

40 "McBride Sisters Wine (Part 2 of 2): Robin McBride and Andréa McBride John", entrevista a Guy Raz.

41 "Rotpunkt: Alex Megos Climbs His Hardest Project Yet", *Patagonia*, YouTube, acesso em 11 de maio de 2023, https://www.youtube.com/watch?v=COuxNFuAS1Q; Michael Levy, "Interview: Alex Megos on 'Bibliographie' (5.15d)", *Rock & Ice*, 11 de agosto de 2020, https://www.rockandice.com/climbing-news/inteview-alex-megos-on-bibliographie-5-15d/.

42 Anne Lamott, *Bird by Bird: Some Instructions on Writing and Life* (Nova York: Pantheon, 1994) [edição brasileira: *Palavra por palavra* (Rio de Janeiro: Sextante, 2011)].

43 "McBride Sisters Wine (Part 2 of 2): Robin McBride and Andréa McBride John", entrevista a Guy Raz.

44 Claude M. Steele, "The Psychology of Self-Affirmation: Sustaining the Integrity of the Self", *Advances in Experimental Social Psychology* 21 (1988): pp. 261-262, https://doi.org/10.1016/S0065-2601(08)60229-4; David K. Sherman e Geoffrey L. Cohen, "The Psychology of Self-Defense: Self-Affirmation Theory", *Advances in Experimental Social Psychology* 38 (2006): pp. 183-242, https://doi.org/10.1016/S0065-2601(06)38004-5.

45 Rebecca Riffkin, "In U.S., 55% of Workers Get Sense of Identity from Their Job", *Gallup*, 22 de agosto de 2014, https://news.gallup.com/poll/175400/workers-sense-identity-job.aspx.

46 Steele, "The Psychology of Self-Affirmation"; Sherman e Cohen, "The Psychology of Self-Defense".

47 "Jay-Z: The Hip-Hop Billionaire Who Couldn't Even Get a Record Deal", Black BOSS Channel, YouTube, acesso em 11 de maio de 2023, https://www.youtube.com/watch?v=aVP4NjvuB50.

48 Charles Duhigg, "What Google Learned from Its Quest to Build the Perfect Team", *The New York Times Magazine*, 15 de fevereiro de 2016, https://www.nytimes.com/2016/02/28/magazine/what-google-learned-from-its-quest-to-build-the-perfect-team.html.

49 "State of the Global Workplace: 2022 Report", *Gallup*, acesso em 11 de maio de 2023, https://www.gallup.com/workplace/349484/state-of-the-global-workplace-2022-report.aspx#ite-393245.

50 "The Impact of Employee Engagement on Retention", Oak Engagement, 20 de abril de 2023, https://www.oak.com/blog/impact-of-employee-engagement-on-retention/.

CAPÍTULO 11: FEEDBACK CRÍTICO

1 Segundo o Wikiquote, a citação original é a seguinte: "Se você quer escapar do assassinato moral e físico, não faça nada, não diga nada, não seja nada – procure a obscuridade, pois é somente no esquecimento que reside a segurança", de Elbert Hubbard, *Little Journeys to the Homes of American Statesman* (1898), https://en.wikiquote.org/wiki/Aristotle#Misattributed.

2 Mary C. Murphy e Stephanie L. Reeves, "Personal and Organizational Mindsets at Work", *Research in Organizational Behavior* 39 (2019), https://doi.org/10.1016/j.riob.2020.100121; J. N. Belding, K. Z. Naufel e K. Fujita, "Using High-Level Construal and Perceptions of Changeability to Promote Self-Change Over Self-Protection Motives in Response to Negative Feedback", *Personality and Social Psychology Bulletin* 41, nº 6 (2015): pp. 822-838, https://doi.org/10.1177/0146167215580776; David Nussbaum e Carol S. Dweck, "Defensiveness Versus Remediation: Self-Theories and Modes of Self-Esteem Maintenance", *Personality and Social Psychology Bulletin* 34, nº 5 (5 de março de 2008): pp. 599-612, https://doi.org/10.1177/0146167207312960; Y. Trope e E. Neter, "Reconciling Competing Motives in Self-Evaluation: The Role of Self-Control in Feedback Seeking", *Journal of Personality and Social Psychology* 66, nº 4 (1994): pp. 646-657, https://doi.org/10.1037/0022-3514.66.4.646.

3 "Sadie Lincoln Is Rewriting the Fitness Story – Thoughts on Movement, Community, Risk & Vulnerability, Episode 501", entrevista a Rich Roll; "How I Built Resi-

liência: Live with Sadie Lincoln", entrevista a Guy Raz, *How I Built This*, 20 de junho de 2020, https://www.npr.org/2020/06/18/880460529/how-i-built-resilience-live-with-sadie-lincoln.

4   Lisa Feldman Barrett, "The Theory of Constructed Emotion: An Active Inference Account of Interoception and Categorization", *Social Cognitive and Affective Neuroscience* 12, nº 1 (janeiro de 2017): pp. 1-23, https://doi.org/10.1093/scan/nsw154; Lisa Feldman Barrett, *How Emotions Are Made: The Secret Life of the Brain* (Nova York: Mariner Books, 2017).

5   "Sadie Lincoln Is Rewriting the Fitness Story", entrevista a Rich Roll.

6   "All About Amygdala Hijack", PsychCentral, acesso em 11 de maio de 2023, https://psychcentral.com/health/amygdala-hijack.

7   "Sadie Lincoln Is Rewriting the Fitness Story", entrevista a Rich Roll.

8   *Seinfeld*, 9ª temporada, episódio 5, "A correspondência indesejada", NBC, 30 de outubro de 1997.

9   *Questão de honra*, dirigido por Rob Reiner, Columbia Pictures/Castle Rock Entertainment/David Brown Productions, 1992.

10 Nussbaum e Dweck, "Defensiveness Versus Remediation". Observação: os resultados foram similares nos dois outros estudos.

11 Jennifer A. Mangels, Brady Butterfield, Justin Lamb, Catherine Good e Carol S. Dweck, "Why Do Beliefs about Intelligence Influence Learning Success? A Social Cognitive Neuroscience Model", *Social Cognitive and Affective Neuroscience* 1, nº 2 (1º de setembro de 2006): pp. 75-86, https://doi.org/10.1093/scan/nsl013; Hans S. Schroder, Megan E. Fisher, Yanli Lin, Sharon L. Lo, Judith H. Danovitch e Jason S. Moser, "Neural Evidence for Enhanced Attention to Mistakes among School-Aged Children with a Growth Mindset", *Developmental Cognitive Neuroscience* 24 (abril de 2017): pp. 42-50, https://doi.org/10.1016/j.dcn.2017.01.004.

12 "The Rise, the Creative Process, and the Difference Between Mastery and Success, with Dr. Sarah Lewis", entrevista a Brené Brown, *Dare to Lead*, 30 de novembro de 2020, https://brenebrown.com/podcast/brene-with-dr-sarah-lewis-on-the-rise-the-creative-process-and-the-difference-between-mastery-and-success/.

13 D. S. Yeager, H. Y. Lee e J. P. Jamieson, "How to Improve Adolescent Stress Responses: Insights from Integrating Implicit Theories of Personality and Biopsychosocial Models", *Psychological Science* 27 (2016): pp. 1.078-1.091, https://doi.org/10.1177/0956797616649604; D. S. Yeager, K. H. Trzesniewski, K. Tirri, P. Nokelainen e C. S. Dweck, "Adolescents' Implicit Theories Predict Desire for Vengeance After Peer Conflicts: Correlational and Experimental Evidence", *Developmental Psychology* 47 (2011): 1.090-1.097, https://doi.org/10.1037/a0023769; Weidong Tao, Dongchi Zhao, Huilan Yue, Isabel Horton, Xiuju Tian, Zhen Xu e Hong-Jin Sun, "The Influence of Growth Mindset on the Mental Health and Life Events of College Students", *Frontiers in Psychology* 13 (2022), https://doi.org/10.3389/fpsyg.2022.821206; L. S. Blackwell, K. H. Trzesniewski e C. S. Dweck, "Implicit

Theories of Intelligence Predict Achievement Across an Adolescent Transition: A Longitudinal Study and an Intervention", *Child Development* 78, nº 1 (2007): pp. 246-263, http://dx.doi.org/10.1111/j.1467-8624.2007.00995.x; R. W. Robins e J. L. Pals, "Implicit Self-Theories in the Academic Domain: Implications for Goal Orientation, Attributions, Affect, and Self-Esteem Change", *Self and Identity* 1, nº 4 (2002): pp. 313-336, https://doi.org/10.1080/15298860290106805; R. B. King, D. M. McInerney e D. A. Watkins, "How You Think About Your Intelligence Determines How You Feel in School: The Role of Theories of Intelligence on Academic Emotions", *Learning and Individual Differences* 22, nº 6 (2002): pp. 814-819, https://doi.org/10.1016/j.lindif.2012.04.005.

14 A. Rattan, K. Kroeper, R. Arnett, X. Brown e M. C. Murphy, "Not Such a Complainer Anymore: Confrontation that Signals a Growth Mindset Can Attenuate Backlash", *Journal of Personality and Social Psychology* 124, nº 2 (2003): pp. 344-361, https://doi.org/10.1037/pspi0000399.

15 Betsy Ng, "The Neuroscience of Growth Mindset and Intrinsic Motivation", *Brain Sciences* 8, nº 2 (2018), https://doi.org/10.3390/brainsci8020020; Hans S. Schroder, Megan E. Fisher, Yanli Lin, Sharon L. Lo, Judith H. Danovitch e Jason S. Moser, "Neural Evidence for Enhanced Attention to Mistakes Among School-Aged Children with a Growth Mindset", *Developmental Cognitive Neuroscience* 24 (abril de 2017): pp. 42-50, https://doi.org/10.1016/j.dcn.2017.01.004; J. S. Moser, H. S. Schroder, C. Heeter, T. P. Moran e Y.-H. Lee, "Mind Your Errors: Evidence for a Neural Mechanism Linking Growth Mind-Set to Adaptive Posterior Adjustments", *Psychological Science* 22 (2011): pp. 1.484-1.489, https://doi.org/10.1177/0956797611419520; H. S. Schroder, T. P. Moran, M. B. Donnellan e J. S. Moser, "Mindset Induction Effects on Cognitive Control: A Neurobehavioral Investigation", *Biological Psychology* 103 (2014): pp. 27-37, https://doi.org/10.1016/j.biopsycho.2014.08.004; Mangels *et al.*, "Why Do Beliefs about Intelligence Influence Learning Success?".

16 *Ibid.*

17 Justin Kruger e David Dunning, "Unskilled and Unaware of It: How Difficulties in Recognizing One's Own Incompetence Lead to Inflated Self-Assessments", *Journal of Personality and Social Psychology* 77, nº 6 (1999): pp. 1.121-1.134, https://doi.org/10.1037/0022-3514.77.6.1121.

18 Joyce Ehrlinger, Ainsley L. Mitchum e Carol S. Dweck, "Understanding Overconfidence: Theories of Intelligence, Preferential Attention, and Distorted Self-Assessment", *Journal of Experimental Psychology* 63 (março de 2016): pp. 94-100, https://doi.org/10.1016/j.jesp.2015.11.001.

19 "The Rise, the Creative Process, and the Difference Between Mastery and Success, with Dr. Sarah Lewis", entrevista a Brené Brown.

20 "Misty Copeland", entrevista a Carly Zakin e Danielle Weisberg, 9 to 5ish, Apple Podcasts, https://podcasts.apple.com/us/podcast/misty-copeland-principal-dancer--american-ballet-theatre/id1345547675?i=1000493035612.

21 "Misty Copeland on Blackness and Ballet", entrevista a Karen Hunter, *Urban View*, SiriusXM, https://www.youtube.com/watch?v=tgnVHGbnLDQ&t=4s.
22 *Um conto de bailarina*, dirigido por Nelson George, Urban Romances/Nice Dissolve/Rumble Audio, 2015.
23 "Misty Copeland", entrevista a Carly Zakin e Danielle Weisberg.
24 Devon Elizabeth, "Misty Copeland Responds to 'Swan Lake' Performance Criticism", *Teen VOGUE*, 28 de março de 2018, https://www.teenvogue.com/story/misty-copeland-responds-criticisms-swan-lake-performance.
25 "Jessica Hische", entrevista a Debbie Millman, *Design Matters*, 2020, https://www.designmattersmedia.com/podcast/2020/Jessica-Hische.
26 Blackwell, Trzesniewski e Dweck, "Implicit Theories of Intelligence Predict Achievement Across an Adolescent Transition"; Carol S. Dweck e Ellen L. Leggett, "A Social-Cognitive Approach to Motivation and Personality", *Psychological Review* 95, nº 2 (1988): pp. 256-273, https://doi.org/10.1037/0033-295X.95.2.256; Nussbaum e Dweck, "Defensiveness Versus Remediation".
27 John Mackey, Steve McIntosh e Carter Phipps, *Conscious Leadership: Elevating Humanity Through Business* (Nova York: Portfolio, 2020) [edição brasileira: *Liderança consciente* (Rio de Janeiro: Alta Books, 2021)]; "Whole Foods CEO John Mackey on Conscious Capitalism, Leadership and Win-Win-Win Thinking", entrevista a Matt Bodner, *The Science of Success*, 8 de setembro de 2020, https://www.successpodcast.com/show-notes/2020/9/8/b-whole-foods-ceo-john-mackey-on-conscious-capitalism-leadership-and-win-win-win-thinking.
28 *Claude Steele estipula*: Claude Steele, entrevista a Mary Murphy, 9 de julho de 2021; M. C. Murphy, V. J. Taylor e C. M. Steele, "Stereotype Threat: A Situated Theory of Social Cognition", In: *Oxford Handbook of Social Cognition*, org. K. Hugenberg, K. Johnson e D. Carlston (Nova York: Oxford University Press, nova edição em breve).
29 Ehrlinger *et al.*, "Understanding Overconfidence".
30 Geoffrey G. Cohen, Claude M. Steele e Lee Ross, "The Mentor's Dilemma: Providing Critical Feedback Across the Racial Divide", *Personality and Social Psychology Bulletin* 25, nº 10 (outubro de 1999): pp. 1.302-1.318, https://doi.org/10.1177/0146167299258011.
31 Cohen *et al.*, "The Mentor's Dilemma"; D. S. Yeager, V. Purdie-Vaughns, J. Garcia, N. Apfel, P. Brzustoski, A. Master, W. T. Hessert, M. E. Williams e G. L. Cohen, "Breaking the Cycle of Mistrust: Wise Interventions to Provide Critical Feedback Across the Racial Divide", *Journal of Experimental Psychology* 142, nº 2 (2014): pp. 804-824, https://doi.org/10.1037/a0033906; Joel Brockner e David K. Sherman, "Wise Interventions in Organizations", *Research in Organizational Behavior* 39 (2019): pp. 100-125, https://doi.org/10.1016/j.riob.2020.100125.
32 Yeager *et al.*, "Breaking the Cycle of Mistrust". Em outra versão deste estudo, os professores deram aos alunos a oportunidade de revisar suas redações. Dos participantes do grupo de crítica sensata, 71% dos alunos negros optaram por revisar

os trabalhos (em comparação com 17% dos alunos do grupo de feedback padrão). Além disso, a qualidade do trabalho revisado também foi melhor. Oitenta e oito por cento das notas dos alunos negros melhoraram após a revisão, em comparação com apenas 34% das dos alunos negros no grupo padrão. A intervenção sensata foi mais efetiva com estudantes negros que tinham menos probabilidade de concordar com a afirmação "Sou tratado de forma justa pelos professores e outros adultos na minha escola". Foi mais efetiva quando a confiança havia sido inicialmente baixa. Quando os professores esclareciam por que estavam dando feedback crítico e dissipavam a preocupação de que os alunos estavam sendo tratados negativamente por causa de sua raça, as críticas sensatas ajudavam os alunos negros a se sentir mais confiantes, e essa confiança os liberava para se concentrar em seu trabalho, resultando em um desempenho melhor.

33 "Kara Swisher", entrevista a Carly Zakin e Danielle Weisberg, 9 to 5ish, Apple Podcasts, https://podcasts.apple.com/us/podcast/kara-swisher-host-pivot-sway-podcasts-co-founder-recode/id1345547675?i=1000503251587.

34 Ed Catmull com Amy Wallace, *Creativity, Inc.: Overcoming the Unseen Forces that Stand in the Way of True Inspiration* (Nova York: Random House, 2014) [edição brasileira: *Criatividade S. A.* (Rio de Janeiro: Rocco, 2014)].

35 "Sadie Lincoln Is Rewriting the Fitness Story", entrevista a Rich Roll.

36 "Fitbit: James Park", entrevista a Guy Raz, *How I Built This*, 27 de abril de 2020, https://www.npr.org/2020/04/22/841267648/fitbit-james-park.

37 Elizabeth, "Misty Copeland Responds to 'Swan Lake' Performance Criticism".

38 K. Muenks, E. A. Canning, J. LaCosse, D. J. Green, S. Zirkel e J. A. Garcia, "Does My Professor Think My Ability Can Change? Students' Perceptions of Their STEM Professors' Mindset Beliefs Predict Their Psychological Vulnerability, Engagement, and Performance in Class", *Journal of Experimental Psychology: General* 149, nº 11 (2020): pp. 2.119-2.144, https://doi.org/10.1037/xge0000763; K. M. Kroeper, A. Fried e M. C. Murphy, "Toward Fostering Growth Mindset Classrooms: Identifying Teaching Behaviors that Signal Instructors' Fixed and Growth Mindset Beliefs to Students", *Social Psychology of Education* 25 (2022): pp. 371-398, https://doi.org/10.1007/s11218-022-09689-4; K. M. Kroeper, K. Muenks, E. A. Canning e M. C. Murphy, "An Exploratory Study of the Behaviors that Communicate Perceived Instructor Mindset Beliefs in College STEM Classrooms", *Teaching and Teacher Education* 114, nº 4 (2022), https://doi.org/10.1016/j.tate.2022.103717.

39 "Faculty Success Program: Achieve Academic Success and Better Work-Life Balance", https://www.facultydiversity.org/fsp-bootcamp.

CAPÍTULO 12: O SUCESSO DOS OUTROS

1. L. S. Blackwell, K. H. Trzesniewski e C. S. Dweck, "Implicit Theories of Intelligence Predict Achievement Across an Adolescent Transition: A Longitudinal Study and an Intervention", *Child Development* 78, nº 1 (2007): pp. 246-263, http://dx.doi.org/10.1111/j.1467-8624.2007.00995.x; Carol S. Dweck e Ellen L. Leggett, "A Social-Cognitive Approach to Motivation and Personality", *Psychological Review* 95, nº 2 (1988): pp. 256-273, https://doi.org/10.1037/0033-295X.95.2.256; F. Rhodewalt, "Conceptions of Ability, Achievement Goals, and Individual Differences in Self-Handicapping Behavior: On the Application of Implicit Theories", *Journal of Personality* 62, nº 1 (1994): pp. 67-85, http://dx.doi.org/10.1111/j.1467-6494.1994.tb00795.x; Carol S. Dweck, "Mindsets and Human Nature: Promoting Change in the Middle East, the Schoolyard, the Racial Divide, and Willpower", *American Psychologist* 67, nº 8 (2012): pp. 614-622, https://doi.org/10.1037/a0029783.
2. Ellen Daniell, *Every Other Thursday: Stories and Strategies from Successful Women Scientists* (New Haven, Connecticut: Yale University Press, 2008).
3. *30 for 30*, 1ª temporada, episódio 15, "Unmatched (Evert & Navratilova)", Disney-ESPN, 14 de setembro de 2010, https://www.youtube.com/watch?v=7eDGNAw97XM&t=62s.
4. Greg Logan, "Muhammad Ali vs. Joe Frazier: A Brutal Trilogy", *Newsday*, 4 de junho de 2016, https://www.newsday.com/sports/boxing/muhammad-ali-vs-joe-frazier-a-brutal-trilogy-v59775.
5. *30 for 30*, "Unmatched (Evert & Navratilova)", Disney-ESPN.
6. J. A. Allen, "Queens of the Court: Chris Evert, Never Count Out the 'Ice Maiden'", *Sports Then and Now*, 20 de dezembro de 2009, http://sportsthenandnow.com/2009/12/20/queens-of-the-court-chris-evert-never-count-out-the-ice-maiden/.
7. *30 for 30*, "Unmatched (Evert & Navratilova)", Disney-ESPN.
8. Mary C. Murphy e Stephanie L. Reeves, "Personal and Organizational Mindsets at Work", *Research in Organizational Behavior* 39 (2019), https://doi.org/10.1016/j.riob.2020.100121; K. M. Kroeper, A. Fried e M. C. Murphy, "Toward Fostering Growth Mindset Classrooms: Identifying Teaching Behaviors that Signal Instructors' Fixed and Growth Mindset Beliefs to Students", *Social Psychology of Education* 25 (2022): pp. 371-398, https://doi.org/10.1007/s11218-022-09689-4; K. M. Kroeper, K. Muenks, E. A. Canning e M. C. Murphy, "An Exploratory Study of the Behaviors that Communicate Perceived Instructor Mindset Beliefs in College STEM Classrooms", *Teaching and Teacher Education* 114, nº 4 (2022), https://doi.org/10.1016/j.tate.2022.103717; Melissa A. Fuesting, Amanda B. Diekman, Kathryn L. Boucher, Mary C. Murphy, Dana L. Manson e Brianne L. Safer, "Growing STEM: Perceived Faculty Mindset as an Indicator of Communal Affordances in STEM", *Journal of Personality and Social Psychology* 117, nº 2 (2019): pp. 260-281,

https://doi.org/10.1037/pspa0000154; K. L. Boucher, M. A. Fuesting, A. Diekman e M. C. Murphy, "Can I Work With and Help Others in the Field? How Communal Goals Influence Interest and Participation in STEM Fields", *Frontiers in Psychology* 8 (2017), https://doi.org/10.3389/fpsyg.2017.00901.

9 Alisa Chang, "Runner Tells Herself 'Just Show Up for One More Mile' – and Wins the Boston Marathon", *NPR*, 17 de abril de 2018, https://www.npr.org/2018/04/17/603189901/runner-tells-herself-just-show-up-for-one-more-mile-and-wins-the-boston-marathon.

10 Sarah Lorge Butler e Erin Strout, "Behind the Scenes of Desiree Linden's Incredible Boston Marathon Win", *Runner's World*, 1º de maio de 2018, https://www.runnersworld.com/news/a20087622/behind-the-scenes-of-desiree-lindens-incredible-boston-marathon-win/.

11 Chang, "Runner Tells Herself 'Just Show Up for One More Mile'".

12 Lindsay Crouse, "How the 'Shalane Flanagan Effect' Works", *The New York Times*, 11 de novembro de 2017, https://www.nytimes.com/2017/11/11/opinion/sunday/shalane-flanagan-marathon-running.html.

13 Patrick J. Kiger, "6 Key Inventions by Thomas Edison", *History*, 6 de março de 2020, https://www.history.com/news/thomas-edison-inventions.

14 O inventor se apoiava em dezenas dos chamados *muckers* – nome que dava a homens jovens e instruídos que trabalhavam 55 horas ou mais por semana e recebiam salários abaixo da média para transformar as ideias de Edison em realidade. Embora alguns descrevessem o trabalho como inspirador, a maioria apontava Edison como dominador e crítico. Como descreveu um *mucker*, o chefe poderia "intimidar alguém com seu sarcasmo mordaz ou ridicularizá-lo até a sua aniquilação". Alguns dizem que se Edison tinha um talento particular para além de sua aptidão real para resolver problemas, era sua capacidade de atrair uma equipe de funcionários altamente engajados. No entanto, Edison parece ter sido um líder intimidadoramente carismático, e seu laboratório em Menlo Park, uma cultura de gênio. "The Gifted Men Who Worked for Edison", National Park Service, acesso em 12 de maio de 2023, https://www.nps.gov/edis/learn/kidsyouth/the-gifted-men-who-worked-for-edison.htm.

15 "The Gifted Men Who Worked for Edison", National Park Service.

16 Tom McNichol, *AC/DC: The Savage Tale of the First Standards War* (Nova York: Jossey-Bass, 2013).

17 *American Genius*, 1ª temporada, episódio 8, "Edison vs Tesla", National Geographic, 22 de junho de 2015.

18 McNichol, *AC/DC*.

19 Steve Bates, "Forced Ranking", *HR Magazine*, 1º de junho de 2003, https://www.shrm.org/hr-today/news/hr-magazine/pages/0603bates.aspx.

20 Jack Welch, "Rank-and-Yank? That's Not How It's Done", Universidade Strayer, 12 de abril de 2018, https://jackwelch.strayer.edu/winning/rank-yank-differentiation/.

21 Arwa Mahdawi, "30 Under 30-Year Sentences: Why So Many of Forbes' Young Heroes Face Jail", *The Guardian*, 7 de abril de 2023, https://www.theguardian.com/business/2023/apr/06/forbes-30-under-30-tech-finance-prison.
22 Jack Welch, "Rank-and-Yank? That's Not How It's Done".
23 "Fun: What the Hell Is It and Why Do We Need It?", entrevista a Glennon Doyle, *We Can Do Hard Things*, 1º de junho de 2021, https://momastery.com/blog/episode-04/.
24 Chris Prentice e Pete Schroeder, "Former Wells Fargo Exec Faces Prison, Will Pay $17 Million Fine Over Fake Accounts Scandal", Reuters, 15 de março de 2023, https://www.reuters.com/legal/former-wells-fargo-executive-pleads-guilty-obstructing-bank-examination-fined-17-2023-03-15/.
25 Margaret Heffernan, *A Bigger Prize: How We Can Do Better than the Competition* (Filadélfia: PublicAffairs, 2014); Sarah Childress e Gretchen Gavett, "The News Corp. Phone-Hacking Scandal: A Cheat Sheet", *Frontline*, 24 de julho de 2012, https://www.pbs.org/wgbh/frontline/article/the-news-corp-phone-hacking-scandal-a-cheat-sheet/.
26 Jamie Fiore Higgins, *Bully Market: My Story of Money and Misogyny at Goldman Sachs* (Nova York: Simon & Schuster, 2022).
27 Kurt Eichenwald, "Microsoft's Lost Decade", *Vanity Fair*, 24 de julho de 2012, https://www.vanityfair.com/news/business/2012/08/microsoft-lost-mojo-steve-ballmer.
28 Satya Nadella, *Hit Refresh: The Quest to Rediscover Microsoft's Soul and Imagine a Better Future for Everyone* (Nova York: Harper Business, 2017) [edição brasileira: *Aperte o F5* (São Paulo: Benvirá, 2018)].
29 Eichenwald, "Microsoft's Lost Decade".
30 Peter Cohan, "Why Stacked Ranking Worked Better at GE than Microsoft", *Forbes*, 13 de julho de 2012, https://www.forbes.com/sites/petercohan/2012/07/13/why-stack-ranking-worked-better-at-ge-than-microsoft/?sh=62c989d23236.
31 Margaret Heffernan, "Forget the Pecking Order at Work", TEDWomen 2015, maio de 2015, https://www.ted.com/talks/margaret_heffernan_forget_the_pecking_order_at_work.
32 "The Moment of Lift with Melinda French Gates", entrevista a Brené Brown, *Unlocking Us*, 20 de janeiro de 2021, https://brenebrown.com/podcast/brene-with-david-eagleman-on-the-inside-story-of-the-ever-changing-brain/https://brenebrown.com/podcast/brene-with-melinda-gates-on-the-moment-of-lift/.
33 Frances Frei, "How to Build (and Rebuild) Trust", TED2018, abril de 2018, https://www.ted.com/talks/frances_frei_how_to_build_and_rebuild_trust#t-848544.
34 "The Moment of Lift with Melinda French Gates", entrevista a Brené Brown.
35 Mary C. Murphy e Carol S. Dweck, "A Culture of Genius: How an Organization's Lay Theory Shapes People's Cognition, Affect, and Behavior", *Personality and Social Psychology Bulletin* 36, nº 3 (outubro de 2009): pp. 283-296, https://doi.org/10.1177/0146167209347380; Elizabeth A. Canning, Katherine Muenks,

Dorainne J. Green e Mary C. Murphy, "STEM Faculty Who Believe Ability Is Fixed Have Larger Racial Achievement Gaps and Inspire Less Student Motivation in Their Classes", *Science Advances* 5, nº 2 (15 de fevereiro de 2019), https://doi.org/10.1126/sciadv.aau4734; K. Muenks, E. A. Canning, J. LaCosse, D. J. Green, S. Zirkel e J. A. Garcia, "Does My Professor Think My Ability Can Change? Students' Perceptions of Their STEM Professors' Mindset Beliefs Predict Their Psychological Vulnerability, Engagement, and Performance in Class", *Journal of Experimental Psychology: General* 149, nº 11 (2020): pp. 2.119-2.144, https://doi.org/10.1037/xge0000763; Elizabeth A. Canning, Mary C. Murphy, Katherine T. U. Emerson, Jennifer A. Chatman, Carol S. Dweck e Laura J. Kray, "Cultures of Genius at Work: Organizational Mindsets Predict Cultural Norms, Trust, and Commitment", *Personality and Social Psychology Bulletin* 46, nº 4 (2020): pp. 626-642; L. Bian, S. Leslie, M. C. Murphy e A. Cimpian, "Messages about Brilliance Undermine Women's Interest in Educational and Professional Opportunities", *Journal of Experimental Social Psychology* 76 (maio de 2018): pp. 404-420, https://doi.org/10.1016/j.jesp.2017.11.006; Fuesting *et al.*, "Growing STEM: Perceived Faculty Mindset as an Indicator"; Elizabeth A. Canning, Elise Ozier, Heidi E. Williams, Rashed AlRasheed e Mary C. Murphy, "Professors Who Signal a Fixed Mindset about Ability Undermine Women's Performance in STEM", *Social Psychological and Personality Science* 13, nº 5 (2022): pp. 927-937, https://doi.org/10.1177/19485506211030398; J. LaCosse, M. C. Murphy, J. A. Garcia e S. Zirkel, "The Role of STEM Professors' Mindset Beliefs on Students' Anticipated Psychological Experiences and Course Interest", *Journal of Educational Psychology* 113 (2021): pp. 949-971, https://doi.org/10.1037/edu0000620.

36 Anita Williams Woolley, Christopher F. Chabris, Alex Pentland, Nada Hashmi e Thomas W. Malone, "Evidence for a Collective Intelligence Factor in the Performance of Human Groups", *Science* 330, nº 6.004 (30 de setembro de 2010): pp. 686-688, https://doi.org/10.1126/science.1193147.

37 Catmull with Wallace, *Creativity, Inc.*

38 Linda L. Carli e Alice H. Eagly, "Gender and Leadership", In: *The SAGE Handbook of Leadership*, ed. Alan Bryman, David L. Collinson, Keith Grint, Brad Jackson e Mary Uhl-Bien (Nova York: SAGE Publications, 2011), pp. 103-117.

39 Paola Cecchi-Dimeglio, "How Gender Bias Corrupts Performance Reviews, and What to Do About It", *Harvard Business Review*, 12 de abril de 2017, https://hbr.org/2017/04/how-gender-bias-corrupts-performance-reviews-and-what-to-do-about-it.

40 Jeff Miller, "Bozoma Saint John Explains Why She Left Uber", Yahoo! Entertainment, 13 de março de 2019, https://www.yahoo.com/entertainment/endeavor-bozoma-saint-john-leaving-210150391.html.

41 Murphy e Dweck, "A Culture of Genius"; Kroeper *et al.*, "Toward Fostering Growth Mindset Classrooms"; Kroeper *et al.*, "An Exploratory Study of the Behaviors";

Bian *et al.*, "Messages about Brilliance"; Murphy e Reeves, "Personal and Organizational Mindsets at Work".
42 Fuesting *et al.*, "Growing STEM: Perceived Faculty Mindset as an Indicator"; LaCosse *et al.*, "The Role of STEM Professors' Mindset Beliefs"; Muenks *et al.*, "Does My Professor Think My Ability Can Change?"; Bian *et al.*, "Messages about Brilliance".
43 Fuesting *et al.*, "Growing STEM: Perceived Faculty Mindset as an Indicator"; Boucher *et al.*, "Can I Work With and Help Others"; Murphy e Reeves, "Personal and Organizational Mindsets at Work".
44 Rochelle Riley, "Trio's Boys-to-Men Journey Leads to Successful Careers as Doctors", Detroit Free Press, 16 de dezembro de 2018, https://www.freep.com/story/news/columnists/rochelle-riley/2018/12/16/riley-doctors-overcome-odds/2324825002/.
45 "Diversity in Medicine: Facts and Figures 2019", Associação Americana das Faculdades de Medicina, acesso em 12 de maio de 2023, https://www.aamc.org/data-reports/workforce/data/figure-18-percentage-all-active-physicians-race/ethnicity-2018.
46 Riley, "Trio's Boys-to-Men Journey Leads to Successful Careers as Doctors".
47 Amy Edmondson, *The Fearless Organization: Creating Psychological Safety in the Workplace for Learning, Innovation, and Growth* (Nova York: Wiley, 2018) [edição brasileira: *A organização sem medo* (Rio de Janeiro: Alta Books, 2020)].
48 Heffernan, *A Bigger Prize*.
49 Os alunos da Cornell podem enfrentar uma camada adicional de pressão para provar seu valor e executar. Sem dúvida, a Cornell é uma universidade de alto nível, mas, em alguns círculos, acredita-se que ela caia no último lugar entre as melhores escolas – a "menos Ivy League" ou mesmo a "Falsa Ivy", como alguns a chamam. As pessoas baseiam essa afirmação em uma variedade de fatores, desde seu índice maior de aceitação e um número maior de matrículas na graduação até sua relativa juventude em comparação com outras universidades da Ivy League. Além disso, alguns estudantes de alto desempenho que se candidataram a Harvard ou Yale candidataram-se a Cornell como plano B, e por isso, embora pareça ridículo para muitos de nós pensar na aceitação de Cornell como algo que não uma grande conquista, alguns alunos viram isso como uma forma de fracasso.
50 Cornell tem um dos melhores departamentos de comunicação em saúde do mundo, e a universidade envolveu o departamento em um esforço para melhorar a saúde mental em todo o campus. Além de aumentar o número de funcionários do CAPS (grupo de Aconselhamento de Saúde e Serviços Psicológicos da universidade), foram arrecadados mais 2,5 milhões de dólares em verbas para o programa.
51 Nemanja Petkovic, "Top 25 Mental Health Statistics", Health Careers, 12 de maio de 2020, https://healthcareers.co/college-student-mental-health-statistics/.
52 *Ibid.*

53 "Average Daily Time Spent on Social Media", Broadband Search, acesso em 12 de maio de 2023, https://www.broadbandsearch.net/blog/average-daily-time-on-social-media.
54 *O dilema das redes*, dirigido por Jeff Orlowski-Yang, Exposure Labs/Argent Pictures/The Space Program, 2020.
55 Judith B. White, Ellen J. Langer, Leeat Yariv e John C. Welch IV, "Frequent Social Comparisons and Destructive Emotions and Behaviors: The Dark Side of Social Comparison", *Journal of Adult Development* 13, nº 1 (2006): pp. 36-44, https://doi.org/10.1007/s10804-006-9005-0. Um estudo no mesmo artigo mostrou que os policiais que faziam comparações sociais frequentes também tinham mais preconceito dentro do grupo e demonstravam menos satisfação no trabalho.
56 Fuesting *et al.*, "Growing STEM: Perceived Faculty Mindset as an Indicator"; Canning *et al.*, "STEM Faculty Who Believe Ability Is Fixed"; Muenks *et al.*, "Does My Professor Think My Ability Can Change?"; David S. Yeager, Jamie M. Carroll, Jenny Buontempo, Andrei Cimpian, Spencer Woody, Robert Crosnoe, Chandra Muller, Jared Murray, Pratik Mhatre, Nicole Kersting, Christopher Hulleman, Molly Kudym, Mary Murphy, Angela Lee Duckworth, Gregory M. Walton e Carol S. Dweck, "Teacher Mindsets Help Explain Where a Growth-Mindset Intervention Does and Doesn't Work", *Psychological Science* 33, nº 1 (2022): pp. 18-32, https://doi.org/10.1177/09567976211028984; Canning *et al.*, "Professors Who Signal a Fixed Mindset"; Bian *et al.*, "Messages about Brilliance"; K. Boucher, M. C. Murphy, D. Bartel, J. Smail, C. Logel e J. Danek, "Centering the Student Experience: What Faculty and Institutions Can Do to Advance Equity", *Change: The Magazine of Higher Learning* 53 (2021): pp. 42-50, https://doi.org/10.1080/00091383.2021.1987804; LaCosse *et al.*, "The Role of STEM Professors' Mindset Beliefs"; Mary Murphy, Stephanie Fryberg, Laura Brady, Elizabeth Canning e Cameron Hecht, "Global Mindset Initiative Paper 1: Growth Mindset Cultures and Teacher Practices", *Growth Mindset Cultures and Practices* (27 de agosto de 2021), http://dx.doi.org/10.2139/ssrn.3911594.
57 *Itzhak*, dirigido por Alison Chernick, American Masters Pictures, 2018.
58 "Toby's Dream", Perlman Music Program, acesso em 12 de maio de 2023, https://www.perlmanmusicprogram.org/about-pmp.
59 "Itzhak Perlman Teaches Violin", MasterClass, https://www.masterclass.com/classes/itzhak-perlman-teaches-violin.
60 Jim Blascovich e Wendy Berry Mendes, "Challenge and Threat Appraisals: The Role of Affective Cues", In: *Feeling and Thinking: The Role of Affect in Social Cognition*, ed. Joseph P. Forgas (Cambridge: Cambridge University Press, 1999): pp. 59-81, https://books.google.com/books?hl=en&lr=&id=PSiU9wsJ13QC&oi=fnd&pg=PA59&dq=challenge+and+threat+appraisals&ots=ekJs1IuyUL&sig=RUndkRkiwgeTyewnTWpl1hL7DDI#v=onepage&q=challenge%20and%20threat%20appraisals&f=false. Para um de seus estudos, Blascovich e Mendes induziram os participantes ao estado

de desafio ou ameaça submetendo-os a uma versão da situação classicamente estressante chamada Teste de Estresse Social de Trier (TSST na sigla em inglês). O TSST exige que os participantes preparem e façam um discurso e respondam verbalmente a um problema matemático desafiador na presença de um público avaliativo – o que está bem longe da minha ideia de diversão. Mas, primeiro, Blascovich e Mendes faziam os participantes ouvir instruções gravadas em áudio. Para o estado de desafio, as instruções encorajavam os participantes a "dar o seu melhor e a pensar na tarefa como algo a ser cumprido e superado". Para o estado de ameaça, eram informados de que a tarefa era obrigatória e que seu desempenho seria avaliado. Em seguida, os pesquisadores administravam uma série de tarefas matemáticas e monitoravam a frequência cardíaca e a pressão arterial dos participantes. Enquanto trabalhavam nos problemas de matemática, ambos os grupos experimentaram um aumento semelhante na frequência cardíaca. A principal diferença apareceu na mobilização do fluxo sanguíneo pelo corpo. Para aqueles no estado de desafio, o sangue foi mobilizado por todo o corpo de maneira semelhante ao desempenho cardiovascular durante um exercício aeróbico. A resposta representou uma "mobilização eficiente de energia para enfrentamento" da situação estressante. No entanto, quando as pessoas eram colocadas em estado de ameaça, ocorria o oposto: o corpo direcionava o fluxo sanguíneo para longe dos membros e em direção ao centro do corpo. Os pesquisadores descobriram que a resposta fisiológica do corpo ao desafio *versus* à ameaça é essencialmente a diferença entre se preparar para o desempenho ou para a sobrevivência. Mas as reações fisiológicas não foram as únicas; o desafio e a ameaça chegaram a influenciar as habilidades cognitivas das pessoas. Em termos de desempenho, aqueles no grupo de ameaça resolveram menos problemas e aqueles que os concluíram acertaram menos. Em nosso mindset de crescimento, reconhecemos as estratégias e os recursos que temos para lidar com situações desafiadoras e estressantes – e os mobilizamos para atender às demandas das situações. Em nosso mindset fixo, podemos entrar no estado de ameaça – o que, em última análise, prejudica o bem-estar físico e o desempenho cognitivo. Um item adicional digno de nota é que Blascovich e Mendes dizem que o fato de estarmos ou não conscientes das avaliações não afeta substancialmente o resultado.

61 Daniell, *Every Other Thursday*.
62 Outro benefício do núcleo no que se refere ao sucesso dos outros é que podemos ser vulneráveis e nos abrir sobre as pessoas com quem nos comparamos e a como o sucesso delas está nos afetando.
63 Miller, "Bozoma Saint John Explains Why She Left Uber".
64 Kendra Cherry, "Actor-Observer Bias in Social Psychology", *Verywell Mind*, 1º de abril de 2022, https://www.verywellmind.com/what-is-the-actor-observer-bias-2794813.
65 *Teamistry*, Atlassian, acesso em 12 de maio de 2023, https://www.atlassian.com/blog/podcast/teamistry/season/season-1.
66 "Itzhak Perlman Teaches Violin", MasterClass.

67 Simon Sinek, "How Having the Right Kind of Rival Can Help You Thrive in a Changing World", TED, 15 de outubro de 2019, https://ideas.ted.com/how-having-the-right-kind-of-rival-can-help-you-thrive-in-a-changing-world/.
68 Daniell, *Every Other Thursday*.

CONCLUSÃO

1 Humberto R. Maturana e Francisco J. Varela, *The Tree of Knowledge: The Biological Roots of Human Understanding* (Boulder, Colorado: Shambhala, 1992); S. Hirata, K. Watanabe e M. Kawai. "'Sweet-Potato Washing' Revisited", In: *Primate Origins of Human Behavior*, ed T. Matsuzawa (Nova York: SpringerVerlag, 2001); Tetsuro Matsuzawa, "Sweet Potato Washing Revisited: 50th Anniversary of the Primates Article", *Primates* 56 (2015): pp. 285-287, https://doi.org/10.1007/s10329-015-0492-0.

CONHEÇA ALGUNS DESTAQUES DE NOSSO CATÁLOGO

- Augusto Cury: Você é insubstituível (2,8 milhões de livros vendidos), Nunca desista de seus sonhos (2,7 milhões de livros vendidos) e O médico da emoção
- Dale Carnegie: Como fazer amigos e influenciar pessoas (16 milhões de livros vendidos) e Como evitar preocupações e começar a viver
- Brené Brown: A coragem de ser imperfeito – Como aceitar a própria vulnerabilidade e vencer a vergonha (900 mil livros vendidos)
- T. Harv Eker: Os segredos da mente milionária (3 milhões de livros vendidos)
- Gustavo Cerbasi: Casais inteligentes enriquecem juntos (1,2 milhão de livros vendidos) e Como organizar sua vida financeira
- Greg McKeown: Essencialismo – A disciplinada busca por menos (700 mil livros vendidos) e Sem esforço – Torne mais fácil o que é mais importante
- Haemin Sunim: As coisas que você só vê quando desacelera (700 mil livros vendidos) e Amor pelas coisas imperfeitas
- Ana Claudia Quintana Arantes: A morte é um dia que vale a pena viver (650 mil livros vendidos) e Pra vida toda valer a pena viver
- Ichiro Kishimi e Fumitake Koga: A coragem de não agradar – Como se libertar da opinião dos outros (350 mil livros vendidos)
- Simon Sinek: Comece pelo porquê (350 mil livros vendidos) e O jogo infinito
- Robert B. Cialdini: As armas da persuasão (500 mil livros vendidos)
- Eckhart Tolle: O poder do agora (1,2 milhão de livros vendidos)
- Edith Eva Eger: A bailarina de Auschwitz (600 mil livros vendidos)
- Cristina Núñez Pereira e Rafael R. Valcárcel: Emocionário – Um guia lúdico para lidar com as emoções (800 mil livros vendidos)
- Nizan Guanaes e Arthur Guerra: Você aguenta ser feliz? – Como cuidar da saúde mental e física para ter qualidade de vida
- Suhas Kshirsagar: Mude seus horários, mude sua vida – Como usar o relógio biológico para perder peso, reduzir o estresse e ter mais saúde e energia

sextante.com.br